세 가 지 빛 깔 이 빚 어 내 는 / 장 곡 중 학 교 수 업 이 야 기

수업
고수들
수업
교육과정
평가를
말하다

세 가지 빛깔이 빚어내는
창곡중학교 수업 이야기
수업
고수들

수업
교육과정
평가를
말하다

초판 1쇄 발행 2015년 8월 8일
초판 5쇄 발행 2018년 6월 25일

지은이 박현숙 · 김현정 · 손가영 · 이경숙 · 백윤애 · 이윤정
펴낸이 김승희
펴낸곳 도서출판 살림터

기획 정광일
편집 조현주
북디자인 꼬리별

인쇄·제본 (주)현문
종이 월드페이퍼(주)

주소 서울시 양천구 목동동로 293, 22층 2215-1호
전화 02-3141-6553
팩스 02-3141-6555
출판등록 2008년 3월 18일 제313-1990-12호
이메일 gwang80@hanmail.net
블로그 http://blog.naver.com/dkffk1020

ISBN 978-89-94445-93-9 13370

세 가 지 빛 깔 이 빚 어 내 는 / 장 곡 중 학 교 수 업 이 야 기

수업
고수들

수업
교육과정
평가를
말하다

박현숙 · 김현정 · 손가영
이경숙 · 백윤애 · 이윤정
함께 지음

살림터

오래된 미래로서의 배움의 공동체

손민호•인하대학교 교육학과 교수

학교에 공동체성을 불어넣고자 하는 움직임은 인성교육이나 특정 정파적인 주장의 차원을 훨씬 벗어난다. 지나치게 관료화되어온 학교 조직에 보다 유연한 공동체성을 되살리고자 하는 관심은 글로벌하게 펼쳐지는 시대정신에서 비롯된다. 현대 사회에서 어떤 학교 개혁도 결국 공동체성을 어떻게 회복할 것인가의 문제로 수렴된다. 공동체성은 우리가 어떤 경험을 공유하고 새롭게 생성하는 데 근원이 되는 인식론적인 그리고 실천론적인 기반이기 때문이다. 후기산업시대 정보사회의 도래가 가속화될수록 공동체성이 갖는 기반적 역할은 더욱 부각될 것이다. 학교가 배움의 공동체가 된다는 것은 무엇을 뜻하는가?

첫째, 한 학교가 배움의 공동체가 된다는 것은 교사와 학생이 교수자와 학생이라는 이분법적 역할로부터 벗어나 누구나 다 배우고 가르칠 수 있게 되었다는 것을 뜻한다.

현행 학교제도에는 교사와 학생이라는 전형화된 역할이 구분되어 있다. 통상 관료화된 조직에서는 조직 내 참여자들 사이에 '사회적 역할social role'이라는 것이 제도화된다. 관료화는 곧 조직 운영의 효율성을 의미한다. 그러나 관료화가 커질수록 공식적으로 하게 되어 있는 일과 비공식적인 경험들 사이에 괴리가 커지면서 효율성의 신화에 균열이 생기기 시작한다. 교사는 가르침teaching보다는 선생질teachering을, 학생은 배움 learning보다는 학생질studenting의 모습을 띨 때가 많아진다. 어느 조직도 본연의 기능보다 그 조직 자체의 재생산 기능이 커졌을 때 그 조직은 존폐 위기를 맞게 된다.

공동체에는 제도화된 역할이라는 개념이 따로 없다. 자신들이 보고 듣고 행하는 것이 곧 자신들의 정체성으로 수렴된다. 교수자라는 개념 또한 조직의 관료화 가운데 창출되는 역할 개념이다. 가르치는 일만 하는 사람이 따로 있다는 것은 오직 관료화된 학교 조직에서만 찾아볼 수 있다. 일반적으로는 아마 스승이나 멘토가 있을 뿐이다. 왜냐하면 가르치는 일은 배우는 사람에 대하여 상대적으로 결정되는 누구나 하는 일이기 때문이다. 한 집단이 배움의 공동체가 된다는 것은 참여하는 사람이라면 누구나 다 배우고 가르치는 일에 관여해야 한다는 것을 의미한다. 이를 위해서는 교사에게 학습권을 그리고 학생에게는 교수권을 보장해야 한다.

둘째, 배움의 공동체가 된다는 것은 조직의 표준화된 매뉴얼과 운영 절차로부터 벗어나 누구나 다 각자의 위치에서 자신들의 삶의 궤적, 즉 정체성identity을 추구할 수 있게 된다는 것을 의미한다. 학교 조직이 학습공동체를 지향하고자 한다는 것은 조직의 표준화된 매뉴얼과 운영 절차를 그대로 따르지 않고 해당 조직의 자율적인 목적에 맞게 그것을 자유자재로 활용할 수 있는 역량을 갖춘다는 것을 뜻한다.

현행 학교의 모습에서 찾아볼 수 있는 대표적인 관료화의 산물은 표준화된 교육과정이다. 교과화된 경험들은 국가교육과정이나 교과서와 같이 표준화된 매뉴얼 그리고 분절화된 단원을 중심으로 진도와 같은 표준화된 운영 절차에 따라서 다루어진다. 문제는 어떤 경험들은 분절화하자마자 그 의미를 잃어버릴 수 있다는 데 있다. 교과와 지식의 구조로 일별되는 현행 학교교육 내용들은 관료화된 조직이 초래한 가장 나쁜 증상이다. 교과나 지식의 구조라는 아이디어는 모든 교과가 교과의 지위를 누리기 위한 정당화 논리로 둔갑해왔다. 현행의 분절화되어 있는 교과들은 소위 인류 보편적인 지식이라는 의미의 지식의 구조라는 논리로 그 지위를 정당화하고 있다. 지식의 구조라는 아이디어 자체가 어떤 공유된 경험들을 신비화시키고자 동원된 논리(이데올로기)다. 그러한 논리는 학교에서 다양한 경험의 양상이나 실천 양식들을 제대로 다루지 못하게 하는 데 일조하였다. 설령 양보하더라도 현행 교과 중에 지식의 구조를 보여주고 있는 교과는 몇 개 안 된다. 더욱이 수업을 둘러싼 교육 이론들은 오랫동안 이를 떠받치는 기능주의와 개인주의 논리로 점철되어왔다.

공동체에서는 누구나 다 그 공동체가 공유하고 있는 삶의 궤적을 각자의 위치에서 추구해나간다. 그러한 궤적은 결코 명시화될 수도 없고 형식화될 수도 없다. 왜냐하면 삶의 궤적으로서의 교육과정은 누가 언제냐에 따라서 항상 상황적으로 결정되기 때문이다. 여기서 배움과 정체성의 형성은 서로 구분됨 없이 함께 동반되었다.

배움의 공동체에서 각자의 삶의 궤적identity은 국가교육과정, 지식의 구조보다 교육과정을 편성 운영하는 데 제일 먼저 고려되어야 할 원칙이다. 결국 공동체가 만들어내는 것은 각자의 정체성이고 공동체는 곧 정체성의 형성 기제이기 때문이다. 교과의 내용을 두루 배우기보다는 하나라도 '자기것화identified'하는 경험을 하도록 교육과정을 설계해야 한다. 사실상 학교 조직이 관료 조직이 아니라는 것을 반증하기 위해서는 학생들의 삶의 궤적을 추구하고자 하는 학교교육과정이 국가교육과정보다 상위의 기준이라는 점을 분명히 보여주어야 한다.

셋째, 배움의 공동체가 된다는 것은 구성원들로 하여금 소속감과 호혜적 관계의 형성 등 그들을 하나로 묶어주는 기제가 작동된다는 것을 의미한다.

이는 학교 분위기의 조성, 즉 지적 경험을 어떻게 설계할 것인가가 아닌 정서를 어떻게 설계할 것인가 하는 문제와 관련된다. 종전에 학교와 교육 설계의 담론은 지식이나 경험의 설계를 목표로 하였다. 그러나 배움의 공동체의 담론은 정서를 어떻게 설계할 것인가를 목표로 한다. 경험이나 지식이 공유되고 새롭게 창출되는 것은 정서가 기반이 되어 가능하기 때문이다. 구성원들 사이에서 "우리 학교에서는" "우리 학교는"과 같이 회자되는 이야기, 스토리, 상징물, 선배나 선생님들의 영웅담 등 또한 구성원들을 한데 묶어주는 기제로 작용한다. 결국 배움의 공동체에 따른 학교의 설계는 새로운 조직과 생태의 조성, 즉 수업 방식의 변화나 연수 방법의 개선보다 훨씬 포괄적인 차원에서 다루어져야 한다.

이번에 장곡중학교 선생님들이 엮어낸 이야기들은 이러한 지향점들을 몸소 구체화하여 세상에 내놓은 선물이다. 새로운 시대의 교사는 지식의 전달자이어선 안 되며 역동하는 사회를 읽어낼 수 있을 뿐만 아니라 리드하는 역량을 갖춘 사람이어야 한다는 것을 이들 선생님들의 이야기에서 여실히 확인할 수 있다. 그들의 이러한 시도가 우리 사회 우리 학교에 확산되기를 절실하게 염원한다. 우리 사회에서 공교육이 지속가능할 수 있는가는 바로 이러한 시도의 성패 여부에 달려 있다고 보아도 과언이 아닐 것이다.

장곡중학교의 보물 이야기

정용택 • 장곡중학교 교장

대도시의 학교도 아닌 중소 도시의 중학교에서 혁신학교를 시작한 이후 자신들의 모든 것을 낱낱이 까발리는 세 권의 책이 세상에 나왔다. 학교를 자랑하기 위함이 아니라 우리나라 공교육의 밑돌이 되기 위하여 그동안의 모습을 담았는데, 이번 책은 그간에 좀 더 실천하고 진행된 것을 보고하는 내용이다.

우리 학교는 수업을 즐겁고 의미 있게 하는 것에서 학교 혁신을 시작해야 한다고 생각하여, 아이들이 수업 시간에 즐겁고 교사도 행복한 수업 혁신을 위해 매진하였다. 그리고 몇 년의 과정을 거친 후에 각각의 수업 혁신 이야기들을 모아 교육과정의 재구성 혹은 새로운 교육과정을 만들어내는 작업을 하고 있다. 그리고 그 모든 것의 종결 지점에 평가가 있다. 다만 평가는 내용 면에서만 다루어져서 내가 생각하는 '교사에게 평가권을'이라는 측면과는 좀 거리가 있다.

얼마 전, 1학년 학기 말 학년 통합 교육과정의 하나로 '우리 마을의 보물찾기' 수업을 하였다. 1학년 몇 모둠의 아이들이 우리 학교가 위치한 장곡동의 5가지 보물 중 하나로 '장곡중'을 선정하고선, 교장실로 찾아와서 인터뷰 요청을 하였다. "교장선생님은 그 장곡중 속의 보물이 무엇이라고 생각하느냐"는 질문에 바로 "너희들"이라고 답을 하였다. 그런데 그 아이들을 다듬고 다듬어서 보물로 만들어낸 또 다른 보물들이 바로 "우리 학교 선생님들"이다.

우리 선생님들은 그야말로 학교 일에 푹 빠져 일상이 돌아간다. 톱니바퀴처럼 한 치의 오차도 없이 움직인다. 평일에는 겨우겨우 시간을 내어 밤늦도록 독서와 토론을 하고, 토요일에는 수업 보기 모임을 통해 각자의 수업을 성찰하고 발전을 도모한다. 학년 협의회를 통해 교육과정을 만들고 실행을 고민한다. 상당수 학교의 교사들이 꺼려 하는 수업 공개를 기꺼이 한다. 그렇게 한다고 하여 월급을 더 주는 것도 아닌데 이들은 그렇게 하루를 살고, 한 달을 살고, 일 년을 산다. 무섭고 고마운 이들이다. 이들이 있어 장곡중이 있다.

이 책은 3명의 교사들 이야기를 통해 우리 학교의 전반적인 교육과정과 생활을 망라하여 다루고 있다. 따라서 장곡중학교에 관심이 있거나 혹은 학교 혁신을 하려는 의욕이 있는 이들에게 권하고 싶다. 이를 통해 우리나라의 모든 학교들이 각각의 환경과 여건을 바탕으로 자신들의 개성과 특징을 살리고 마음 놓고 발산하여 그 학교만의 멋진 상을 만들어갔으면 좋겠다. 그래서 더 이상 장곡중학교 이야기가 새롭지 않을 수 있기를, 이 땅 어디에서나 볼 수 있는 평범한 사례가 되는 때가 오기를 간절히 원한다.

우리 교육을 위해 용기를 내어 자신의 모든 것을 공개한 박현숙 선생님, 김현정 선생님, 올해 안양공고로 전근 간 손가영 선생님, 그리고 이들과 함께 따뜻한 시선으로 글을 써 내려간 이경숙 선생님, 백윤애 선생님, 이윤정 선생님에게 감사드린다.

누군가에겐 작은 마중물이 되기를 희망하며

'장곡중학교 통통담쟁이교실수업연구회'라는 이름을 달고 가볍게 시작했던 일이었다. 2014학년도 경기도교육청에서는 기존의 교과연구회와는 다른, NTTP 과제개발형 교과교육연구회를 새롭게 만들어 단위 학교 내에서 배움중심수업의 모델이 될 수 있는 수업 우수 교사를 발굴하고, 그 교사의 배움중심수업의 실천적 매뉴얼을 자유롭게 만들어 일반화할 수 있는 현장 연구 활동을 지원해주었다.

이에 우리 학교에서는 수업 공개가 일상화되어 있었고, 몇 년 동안 배움의 공동체 철학을 실천하면서 소위 감동적이면서도 배움이 펄펄 살아 있는 수업을 펼치는 고수들이 있었기에 별 고민 없이 '통통담쟁이교실수업연구회'라는 이름으로 7명의 교사[1]가 뭉치게 된 것이다. 그리고 '배움과 삶이 통통 살아 흐르는 통합수업-배움의 공동체 철학과 삶이 만나는 교과통합수업의 실천적 매뉴얼 제작'이라는 거창한 주제를 달았다. 고심 끝에 지난 4년 동안의 실천적 경험이 축적되어 있는, 수업과 학년별 통합

---

1. 안상임·김미경·이경숙(1학년 박현숙 선생님 연구팀), 백윤애·권영미(2학년 김현정 선생님 연구팀), 이윤정·장은미(3학년 손가영 선생님 연구팀)이다. 최종 보고서 정리는 백윤애, 이윤정, 이경숙이 맡았다.

수업을 각각 대표할 수 있는 학년별, 교과별로 다양화한 3명의 고수를 찾아 '우수 교사'(1학년-국어-박현숙 선생님, 2학년-역사-김현정 선생님, 3학년-영어-손가영 선생님)로 선정하여 그들의 수업을 들여다보고 교과통합 수업 자료들을 정리하는 작업을 진행한 것이다. 더불어 우리 학교에서 일상으로 펼쳐지는 수업과 협력적 수업 설계 모습을 관찰하고, 학교교육 활동과 연계하여 진행되는 2월 신학기 준비 교육과정 연수, 수업 공개와 수업 연구회, 독서토론 모임, 혁신교육연구회, 수업 보기 모임 등의 교사 연구 활동 속에서 교육과정 재구성, 교과통합 설계 및 수업 적용, 평가로 이어지는 다양한 상황들을 일반화할 수 있는 수업 방법 매뉴얼로 정리하게 되었다.

꿈은 컸다. 자발적인 연구 모임을 통해 전문적 학습공동체로서의 학교 문화를 활성화함으로써 현재 학교가 안고 있는 많은 교육적 문제들을 해결할 수 있는 학교 혁신의 또 하나의 길을 찾고 싶었다는……

우리들끼리 돌려보고자 자료집 제작 차원에서 연구 보고서를 작은 책자로 만들었는데, 그만 이렇게 큰일이 되어버렸다. 수많은 논의와 고민을 거쳐 제목부터 다시 달고, 편집 방향을 잡아야 했다. '장곡중학교 수업, 교육과정, 평가 이야기'라는 커다란 그림판에 수업 고수 3명의 각각의 이야기를 풀어가되, 그 수업 고수의 안과 밖을 심층적으로 분석하고 들여다볼 수 있도록 하였다. 결국 본래 매뉴얼화를 목적으로 했던 연구 내용을 좀 더 깊고 넓게 확장해서 풀어갈 연구팀 3명이 각 장을 맡되, 그 속에 수업 고수의 자기소개와 수업철학을 담아내면서 총 6명의 집필진이 꾸려졌다.

이 책은 5장으로 구성되어 있다. 1장은 우리 학교 수업의 진화 과정과 더불어 수업 고수로 선정된 세 명의 교사들이 직접 쓴 자기소개를 담았다. 2장, 3장, 4장은 수업 고수 각각의 장으로 비슷한 틀로 짜였다. 맨 앞에 수업 고수 선생님이 직접 말하는 자신의 수업철학과 수업 실천 이야기를 풀어놓았으며, 이어 2014년도에 함께한 동료 교사들이 연구자의 입장에서 풀어낸 수업과 교과통합수업 사례, 평가 이야기들을 담았다. 5장은 장곡중학교의 전문적 학습공동체 문화를 바탕으로 지속가능한 학교 변화의 꿈을 담았다. 되도록 객관화하려고 애썼으나 있는 그대로 풀어내는 것도 쉽지는 않았다. '장곡중학교'라는 한 울타리 안에서 진행된 세 가지 빛깔의 수업과 교육과정과 평가 이야기가 또 다른 세 개의 시선에 의해 펼쳐지다 보니 우리가 함께했던 시간이나 공간만큼 겹치고 엉킬 수밖에 없었다. 다듬고 덜어내려고 애썼으나 부족함이 많다. 따뜻한 이해를 바란다. 다만 이 부족함이 많은 책이, 어쩌면 날것 그대로가 누군가에게는 작은 희망이 될 수도 있지 않을까 하는, 참으로 속절없는 바람도 얹어본다.

우리 학교 수업 고수 세 명의 이야기를 정리하면서 새삼 왜 배움중심수업이고 교과통합수업인지를 되물어보았다. 수업을 잘하려면 많은 수업을 보라고 한다. 특히 배움과 돌봄이 동시적으로 진행되어야 하는 이 시대의 교실 상황은 함께 배우고 함께 성장하는 수업 관찰이 절대적으로 필요하며, 수업 연구회를 통해 치유와 공감의 배움터를 만들어가야 한다. 지난 일 년 수업 관찰, 혁신철학 연수, 워크숍, 교육 활동 실천 사례 나눔 및 평가 등 끊임없이 펼쳐졌던 학교 내외 활동 속에서 고민하고 성찰하면서, 자칫 교과의 본질을 벗어나버릴 수도 있는 교과통합수업과 실천 사례들을 찾고 직접 구안하면서, 그리고 쉽지 않았던 수업 혁신의 경험들을 모으면서 생각한 것은 결국 기본은 '사람의 일'이라는 것이다.

'교사가 행복해야 학교가 행복해진다'는 말을 입에 달고 살게 된 것은 함께 고민하고 함께 나누었던 옆자리 선생님들, 바로 내 동료 교사들 덕분이었다. 그 힘이 오늘 세 가지 빛깔을 가진 수업 이야기를 꾸리는 자리까지 오게 하였다. 지난 6년 우리가 추구했던 배움의 공동체 철학 속에서 한 명의 아이도 소외됨이 없는 수업을 위하여 한 방향을 바라보고 왔던지라, 어찌 보면 별다르지 않을 수도 있지만 각각의 독특한 개성들이 빛어내는 수업 이야기는 또 다른 배움이고 성장의 힘이었다.

　장곡중학교 2층 교무실 한쪽에는 작은 탁자와 그 탁자에 어울리지 않게 덩치만 커서 함께 모여 앉기가 불편한 의자 몇 개가 놓여 있다. 거기에는 70쪽짜리 연구 보고서가 350쪽이 넘는 책으로 만들어지기까지 아침이나 방과 후, 혹은 늦은 밤까지 우리가 주로 모여 나누었던 수천 개의 말들이며 숱하게 쓰고 지웠던 연필 자국들이 고스란히 남아 있다. '애고, 애고' 일상 속에서 시간의 여유가 절실했던 마음과 방향감각을 잃고 헤맬 때마다 커피 한 잔과 함께 온몸을 부려놓았던 그 자리……. 가끔은 2층 유리창을 넘나들던 담쟁이 잎들이 귀를 모으기도 했을까.

　이 책이 만들어지기까지 고마운 사람들이 참 많다. 이 모든 이야기가 가능할 수 있도록 장곡중학교를 이끌어주신 정용택 교장선생님, 우리들의 온갖 수다를 조용조용 경청해주신 방제필 교감선생님, 통통 회원으로 밑거름이 되어준 안상임·김미경·권영미·장은미 선생님, 그리고 배움의 공동체 철학을 되뇌며 늘 함께 수업을 고민하고 모든 교육 활동 자료들을 기꺼이 공유하는 장곡중의 모든 선생님들께 깊이 고개를 숙인다. 그리고 2014년 당시 우리 교감선생님이셨던, 시흥교육지원청 류승희 교수학습과장님을 어떻게 잊을 수 있을까. 장곡중이니까 저 '담쟁이'를 연구회 이름에 넣으면 좋겠다고 했다가 "에잉, 담쟁이가 뭐예요?" 했던 우리가 결국 '담쟁이'를 최종 선택한 걸 알고선 "허허~" 그 멋진 웃음을 날려주시던 따뜻함이 지금도 눈에 선하다. 달랑 연구 보고서만 보고 장곡중학교의 네 번째 이야기를 기획하고 느린 작업 속도에도 기꺼이 기다려 소중한 책으로 엮어주신 살림터 정광일 대표님, 더불어 우리 장곡중학교를 지켜보면서 열렬한 지원과 격려뿐 아니라 늘 처음을 일깨워주는 따뜻한 비판도 아끼지 않는 많은 분들께도 말로 다 할 수 없는 감사함을 전할 뿐이다.

　자, 서툴고 부끄러운 기록자의 역할은 이제 털자. 여기에 다 기록하지 못한 숱한 이야기들에 대한 미련도 버리자. 돌아서서 추억하는 시간은 아름다울 수밖에 없다. 그렇게 힘들었으나 또한 함께해서 좋았던 사람들이 있었기에 가능했던 작업이었다. 또 다른 수업 설계를 만들어내고 수업과 일상의 고민을 나누면서 그래서 더욱 즐거웠던 공감의 시간들이 자연적으로 잊힐 어느 시점까지 우리 각자에게 소중하고 소중한 선물이 되리라.

9월쯤이면 2015 개정교육과정이 고시된다는 소문이 들린다. 다시 새 판을 짜야 하는 교과서와 교육과정이 교사들의 어깨를 짓누르고 힘들게 할 거라는 예감이 든다. 뭔가 새롭다고 다 좋은 것만은 아니듯이 시대를 따라 흘러갈 것은 흘러가더라도 굳건히 지킬 것은 또 지켜가야 하지 않을까 싶다. 우리 교육에도 백 년을 내다보는 긴 호흡이 필요하다는 옛말이 새삼 새롭게 다가온다.

여기에 담긴 소위 수업 고수들의 이야기나 장곡중학교의 수업 혁신이며 교육과정 재구성 사례들은 사례일 뿐이다. '혼자가 아니기에' 가능했던 이 사례가 어느 학교, 어느 교사에게 아주 작은 마중물이 될 수 있기를 희망할 뿐이다. 고여 있던 물이 개울로 흐르고, 그 개울들이 조금씩 모여 강물이 되고 바다로 흘러가는 것처럼 혁신학교라는 이름으로 시작했던 그 수많은 학교 개혁의 몸부림들이, 모두가 행복한 학교를 꿈꾸며 만들어낸 학교의 작은 변화들이 모여 우리들이 꿈꾸는 세상으로 바꿀 수도 있지 않을까 하는.

덧붙여, 교사로서 가장 교사다워야 하는 교실에서 아이들과 함께 행복한 수업을 만들어가는 전국의 수많은 '수업 고수'들이 다 함께 연대하여 우리 아이들을 위해 이 땅의 수업을, 이 땅의 교육을, 올곧은 방향으로 흔들어대기를 감히 바란다.

2015년 여름
박현숙·김현정·손가영·이경숙·백윤애·이윤정

차례

3장 두 번째 고수 김현정 선생님과 함께하는 역사 수업 177

4장 세 번째 고수 손가영 선생님과 함께하는 영어 수업 257

세 가지 빛깔의 수업 고수를 만나다

_박현숙·이경숙

① 장곡중학교 수업 이야기를 풀다

1. 수업 혁신의 시작, 그리고 현재

가. '학교'라는 공간

누가 그랬을까. 이 세상에서 가장 어려운 일은 생각하는 것이라고. 배우는 것은 생각이 아니라 새로운 생각을 만들어내는 것이라고.

경기도 시흥시 장곡중학교. 농촌과 도시 어중간한 지점의 아파트촌 아이들이 다니는 보통의 공립중학교인 장곡중학교가 경기도교육청 지정 혁신학교를 시작한 지 6년. 2010년 3월, '즐겁고 행복한 배움의 공동체'를 위하여 실은 아무것도 보이지 않는, 한겨울 허허벌판 같았던 혁신학교 첫걸음을 내디디며 너무나 아득하게만 느껴졌던 그 세월이 지나고 있다. 이젠 감히 혁신 교육의 중심이자 공교육 모델 학교라고 부끄럽지 않은 마음으로 내세우지만, 늘 살아 움직이는 학교라는 공간은 어디나 비슷비슷할 수밖에 없다.

학교. 교육의 산실이라 했던가. 혹은 배움의 공간, 교육공동체가 모여 공공의 책임과 의무를 실천하는 공간이기도 한가? 1,000여 명의 아이들과 급식실까지 포함하면 80여 명의 어른들이 바글바글 교문 안에서 하루를 보낸다. 학교 종이 울리는 대로 하루를 시작하고 학교 종이 울리는 대로 하루 일과가 끝난다. 수업이 진행되고 점심도 먹고 화장실도 가고 수많은 눈빛들이 만나고 셀 수 없이 많은 말들이 모였다 흩어진다. 때론 규칙에 매여 관계가 깨지기도 하고 때론 감동과 소통의 소용돌이가 학교를 뒤흔들기도 한다.

참 힘들었던 시절, 모두가 행복한 학교를 꿈꾸었을까. '혁신학교'라는 이름표를 달고 배움의 공동체 철학을 바탕으로 수업을 바꾸고, 행정 업무를 줄여 교사들을 수업과 생활지도가 중심인 본래의 자리로 돌려놓고, 학생 자치 문화를 만들어내고, 학교 가기가 즐거운 학교를 위해 더듬더듬하면서도 서로 다독이면서 그 먼 길을 걸어왔다. 쉽지 않았지만 즐거웠고, 힘들었지만 행복했다. 아이들의 배울 권리를 보장해야 한다는 철학을 실천하려고 아이들 한 명, 한 명의 배움을 챙기려니 속이 썩어 문드러지면서도 아이들의 눈빛이 조금씩 순해지고, 연필을 잡는 손가락을 들여다보면서 감동하던 시간을 어찌 잊을 수 있을까. 쉬는 시간에도 서로 의자 돌려서 수업 이야기하다가 활동지 바꾸고, 힘든 아이나 힘든 반이 생기면 함께 고민하고 해결해가던…… 기존의 1, 2년 하고 나면 끝나는 연구시범학교가 아니었기에, 일상적이면서도 지속가능한 학교 문화를 만들려고 '우리는 혁신학교입니다'에 매달려 참 열심히 살았다.

나. 지금 장곡중학교에서는

지난 2월 마지막 주, '전입 교사와 함께하는 새 학기 교육과정 만들기 연수'가 5일 동안 펼쳐졌다. 전체 교사가 모두 모여 혁신학교 철학을 공유하고, 마을교육공동체와 만나는 교육과정을 짜고, 잠자고 있던 교사 강령을 뜯어고치고, 회복적 성찰 프로그램으로 동료 샘들의 속내를 들여다보기도 하고, 처음처럼 배움의 공동체 수업이며 학년 교과통합수업을 가지고 들썩거렸다. '신입생 오리엔테이션 프로그램'이 만들어지고, 지난 토요일은 '학부모와 함께 행복한 만남'이라는 주제로 학부모총회도 치렀다. 각 학년의 철학과 교육과정이 만나는 수업들이 3월의 꽃샘추위 속에서 펼쳐졌다. 3학년은 '지구를 생각하는 시간' 프로젝트가 날아다니고, 2학년은 '역사-새로운 세상을 향한 발걸음'을 주제로 한 5월 현장 체험학습을 위해 역사 독서 읽기가 벌써 시작되었다. 1학년은 창체 농사 체험활동을 준비하면서 장 담그기와 마을 지도 그리기 계획이 한창이다.

3월 어느 날, 몇몇 교사들은 계획에도 없는 공개수업(?)을 했다. 2월 종업식 이후 5일 동안 펼쳐진, '전입 교사와 함께하는 새 학기 교육과정 만들기 연수'의 여파 탓인지 올해 새로 전입해 온 선생님들이 자발적으로 수업을 보여달라고 하신 것이다. 물론 공식적으로 진행되는 수석교사의 모델 수업으로 전체 제안 수업이 열리기도 하고, 4월부터는 학년별 제안 수업이 예정되어 있었다. 그런데도 불구하고 바쁜 시기에 빡빡한 시간표 사이 공강 시간을 내어 참관 수업을 즐기시는(?) 전입 교사나, 배우고 싶어 하는 그 마음에 감격해하면서 기꺼이 언제든 들어오세요, 하는 기존 교사나 다들 고맙고 아름답다. 이 멋진 자발성과 동료성이 만나 다시, 우리는 3월 전입 교사 환영 교사 워크숍 1박 2일을 진행하면서 행복하게 망가지는 시간을 가졌다.

그리고 4월. 세월호 참사의 아픈 상처를 서로 보듬고 치유하고자, 제대로 알 것은 알아야지 하는 마음으로 전체 교사가 함께 『금요일엔 돌아오렴』 책을 읽고 독서토론을 했다. 그리고 나서 전 학년이 함께하는 교과통합수업을 구상해보았다. 물론 교장선생님, 교감선생님도 함께하는 자리였다. 한 페이지를 넘기는 게 쉽지 않았던 마음들을 나누며 울먹거리고 시대가 어떻게 흘러가고 있는지 개탄하면서, 우리 아이들을 어떻게, 무엇을 가르쳐야 할까 고민을 공유했다.

결국 학년별로 4월 16일 진행될 1주기 추모 행사와 맞물리면서 다양한 형태의 교과통합수업을 만들었다. 3학년은 국어과 중심으로 이미 진행된

'세상을 바꾸는 이야기' 속에서 주장하는 글쓰기와 모둠별 사회적 실천 보고서를 기획하여 직접 실천해보는 활동을 하고 있었다. 사회과, 영어과는 각 교과의 성취 기준과 연결 지어 신문 기사나 영상 자료를 활용하는 수업을 했다. 2학년은 '기억의 벽을 만들며'라는 주제로 노란 리본을 만들어 전교생에게 나누어주고, 3층 복도에 '기억의 벽'을 만드는 프로젝트를 기획했다. 1학년은 학급별로 영상을 제작하여 함께 보는 시간을 갖기로 했다.

2. 아이들이 살아 있는 수업,
함께 배우고 성장하는 수업 들여다보기

가. 어느 교사의 수업철학

일 년 전, 세월호 참사 소식을 듣고, 말도 안 되는 일이라며, 어떻게 이런 나라가 있을 수 있냐며 분노하고 며칠을 눈물로 지새웠습니다. 그리고 촛불 집회에서 아이들을 돌려달라며 목청껏 외치기도 하였습니다. 하지만 세월호가 물에 잠긴 후 단 한 명의 아이도 살아오지 못했고, 아홉 명의 희생자는 아직 가족의 품으로 돌아오지 못하고 있습니다. 그리고 지금까지도 많은 유가족들과 시민들이 진상 규명과 세월호 인양을 촉구하며 거리에 나서고 있습니다.

다시 교육을 생각합니다. '사람의 변화'를 이끌어내는 학교에서 교사의 역할을 다시 생각해봅니다. 언젠가 우리 학교 연수에서 한 선생님께서 하셨던 말씀이 생각납니다. 앞으로 세월호와 같은 위기 상황에 직면하게 됐을 때 학생들에게 무엇이라 말할 것이냐고요. 사회는 믿을 곳이 못되니 너희들 알아서 각자 살길을 찾아라, 할 것이냐고요. 그분은 명확하게 이야기하셨습니다. 아니라고요. 여전히 공인된 전문가의 지시에 따라 질서 있게 탈출하라고 말해야 한다 하셨습니다. 그리고 그 가르침이 거짓이 되지 않도록 현실을 바로잡는 역할까지 교사는 해야 한다고 말입니다. 그 말씀이 제 가슴을 쿵 쳤습니다. 정말 맞는 말씀이지만, 저 한 개인으로 해내기엔 너무나 힘든 일이기 때문입니다.

하지만 장곡중학교는 이런 저에게 항상 힘이 되어주는 곳입니다. 함께 고민하는 선생님들과 그것을 믿고 서로 배우는 우리 아이들이 있기에 이번 세월호 프로젝트도 가능하지 않았나 생각합니다. 『금요일엔 돌아오렴』 책을 통해 사고 그날의 가슴 아픈 기억과 그 무엇과도 바꿀 수 없는 희생 학생들 한 명 한 명의 이야기를 들을 수 있었습니다. 「다이빙 벨」 영화를 보고 주요 언론이 진실을 어떻게 왜곡했는지, 약자의 편에 서서 진실을 지켜내는 것이 얼마나 어려운 일인지도 새삼 알게 되었습니다. 저는 이번 세월호 프로젝트를 통해 우리 아이들이 세월호의 진실은 무엇이며 그 진실을 어떻게 밝혀내야 하는지, 그리고 우리 사회의 지향점에 대해 고민하는 시간이 되길 바라며, 무엇보다 우리 아이들이 더 이상 이런 비극이 일어나지 않는 사회의 희망이 되어주길 바랍니다.

4월 전체 제안 수업이자 협력 수업으로 진행되는 영어과 선생님이 쓴 수업철학과 설계에 담긴 글이다. 벌써 올해 세 번째 열리는 공개수업이다. 수업 주제는 '2015년 세월호 교과통합 프로젝트—The truth shall not sink with Sewol.' 수업 연구회 때마다 감동해서 울고, 행복하다고 울고 해서 장곡중학교 대표 울보 선생님이기도 하다. 수업 중에 절대 울지 않기로 맹세(?)까지 하였건만 수업철학을 읽는데 벌써 가슴이 먹먹해졌다. 어쨌든 이 교사의 이야기 속에는 장곡중학교의 철학과 시스템과 교사들의 배움이 어떻게 흘러왔는지 고스란히 담겨 있다.

나. 혁신학교, 배움의 공동체 철학을 만나다

2010년 2월. '수업 혁신'을 중심에 두고 시작한 장곡중학교의 혁신학교는 그 출발점에서 배움의 공동체 수업철학을 만났다. 일본 사토 마나부(佐藤 学, 1996) 교수는 "배움의 공동체로서의 학교란 아이들이 서로 배우고 성장할 뿐만 아니라 교사들도 교육의 전문가로서 함께 배우면서 서로 성장하고 부모와 시민도 배우면서 서로 성장하는 공간으로서의 학교이다. 배움의 공동체의 기본 철학은 '모든 아이들이 배울 권리와 질 높은 배움을 보장'하는 데 있다"고 한다.

모든 아이들에게 배울 권리와 질 높은 배움을 보장하는 것, 한 명의 아이도 배움으로부터 소외되지 않는 수업을 하는 것. 경쟁이 아닌 협력과 관계, 공동체적 삶을 함께 배우고 성장하는 것. 이 철학은 어떻게 가르칠까만 고민했던 교사들의 가치관을 뒤집어놓았으며, 자기 수업을 돌아보고 수업에 대한 고민을 하게 했다.

3월 2일 개학날. 모든 교실을 모둠별 협력 학습 활동이 가능한 '배움의 공동체' 책상 배열인 'ㄷ'자형으로 배치했다. 이 책상 배열은 학습자 중심의 토의 활동이나 모둠 학습 활동이 자유로운 구조로 교사 위주의 일방적 지식 전달이나 주입식 수업 형태, 즉 '교사

ㄷ자형 교실 배치 모습

의 가르치는 기술'을 지양하고, '학습자의 배움' 중심의 교실을 만드는 것이다. 담임교사와 함께 미리 4명씩 8개 모둠을 구성하고 교과 수업에 그대로 적용하여 운영하기로 했다. 'ㄷ'자형으로 처음 마주 보며 앉은 아이들은 쑥스러워하면서도 건너편으로 신호 보내기에 여념이 없었다. 아이들은 자기 생각을 표현하는 것을 어려워했다. 그냥 열심히 자기 활동지

에 쓰기만 했고 공유와 소통을 잘 하지 못했다. 점차 학생-학생, 교사-학생 간의 더불어 배우는 모둠별 활동지 및 발표 수업 중심의 교과 수업으로 바꾸어갔다. 그리고 모둠별 탐구 활동을 하면 수업 시간마다 1~2회 정도 책상을 돌려야 하는데 짜증을 내는 아이도 있었고 반만 돌리고 말기도 했다. 참고 또 참아야 했다. 그리고 기다려야 했다. 그랬더니 아이들이 변하기 시작했다. 모든 교실에서, 거의 모든 교사들이 함께 시작하다 보니 나름 익숙해졌는지 수업 속으로, 배움 속으로 들어왔다.

이젠 책상을 돌리고 모둠 활동을 하는 일이 아주 자연스럽다. 서로가 배움의 공동체라는 인식은 학생들이 서로에게 도움이 되는 존재임을 각인하는 것이기도 하다. "우리는 공동체란다, 경청해야지, 도와주지 않을래?" 등등 주술처럼 되뇌었던 말들과 실천적 행동들이 아이들에게도, 교사 자신에게도, 학교의 낡은 벽 사이사이에도 스며든 것이다.

다. 혁신학교, 그 변화의 모습들

매주 수요일 오후, 전 교사가 참여하는 배움의 공동체 수업 컨설팅 및 수업 연구회, 교과별 연구회 등을 통해 기존의 주입식 수업이 아닌, 학생 중심의 다양한 협력 학습 수업 사례를 함께 공부하면서 교수-학습 방법을 개선해갔다. 모둠별 토의 학습 등을 통해 학생들 스스로가 함께 배워가는 수업, 학생들을 위해 즐겁고 행복하게 수업하려는 다양한 노력들을 모아 우리가 실현하고자 하는 수업의 길을 더듬더듬 찾아갔다.

물론 모두가 함께하는 일이 쉽지는 않았지만, 강압하지는 않았다. 할 수 있는 것만 해보자, 하고 싶은 사람은 함께 더 배우자, 수업 열고 싶은 사람 선착순 등 자율적인 분위기에서 조금씩, 천천히 걸었다.

또한 교사들의 연구 활동 시간을 확보하려고 기존에 관행적으로 해오던 시스템을 바꾸었다. 행정실무사 배치로 인한 행정 업무 경감, 잡무 없애기, 학년 중심 체제 구축 등으로 수업과 학생에 좀 더 집중할 수 있었다. 특히 학생들이 참여하는 실질적인 학생 자치 활동 실현과 즐거운 등 굣길 만들기, 친구 사랑의 날, 또래 상담자 교육 등 즐겁고 행복한 배움의 공동체를 꿈꾸며 실천한 다양한 학생 중심 활동은 배움이 즐거운 학교로 만들어가는 데 큰 뿌리가 되었다.

수업이 바뀌어가면서 학교가 정말 바뀔까 했는데, 학교가 바뀌었다. 70% 이상 달고 다니던 수업용 마이크가 사라지고, 교무실에서 큰 소리로 아이들을 혼내던 풍경이 사라졌다. 권위로 가득 차 있던 중앙현관이 이 동식 탁구대 4개를 접었다 폈다 하면서 아이들이 자유롭게 탁구를 하는 공간이 되었다. 가끔은 방과 후에 춤 동아리 아이들이 음악을 꽝꽝 틀어 놓고 춤을 연습하는 공간이 되기도 한다. 아이들의 표정이 밝아졌다. 아이들이 존중받고 스스로 자신들의 세상을 열어간다. 교사는 그 아이들과 더불어 배우고 성장한다.

라. 학생중심수업으로 바꾸기

배움의 공동체 철학은 나를 부끄럽게 하였다. 학교라는 공간이 어떤 곳인지, 한 명의 아이도 소외됨 없이 배움이 일어나는 수업이 어떤 것인지, 교사가 아이들을 통해 함께 배우는 게 어떤 것인지 끊임없이 나를 두드려대었다. 지금까지 뭐하고 살았나? 정말 아이들을 위한 수업을 했었나? 내 수업에서 소외된 아이들은 몇이나 될까? 교사로서 제대로 된 수업을 하긴 한 걸까?

배움의 공동체 수업을 시작하면서 목소리를 낮추고, 말을 줄이고, 아이들의 표현을 기다리는 일이 정말 어려웠다. 공부를 하면 할수록 어려웠다. 배움을 중심으로 한 수업은 '수업 디자인-수업 실천-성찰과 반성'으로 이어지는데, 수업을 디자인하는 것부터 점프 과제를 만들어내는 일이 쉽지 않았다.

이 수업에서 선생님들의 가장 큰 고민은 바로 수업 디자인-활동지를 만들어내는 일이었다. 그리고 점프 과제를 무엇으로 할 것인지가 늘 어려운 숙제였다. 점프 과제는 혼자서 해결하기 어려운 모둠별 탐구 활동 과제, 또는 수업 내용을 사회나 세상과의 연결 짓기 과정에서 깊이 있게 실천해보는 학습 활동으로 구성된다. 즉 배움의 공동체 철학에서 말하는 질 높은 배움을 추구하는 활동 내용으로, 기존의 학습 목표 도달도를 뛰어넘는 활동 과제이다. 또한 모둠 활동은 자유롭게 구성하되 절대로 성적 등으로 구성하지 않는다. 잘하는 아이 중심인 기존의 모둠 활동이 아닌, 모두가 평등하게 배우고 협력하는 협력적 모둠 활동을 이끌어내고 그 배움을 세상이나 아이들의 삶과 연결해주어야 한다.

결국 아이들이 스스로 문제를 고민하고 탐색하고 해결해가는 과정으로서의 학생중심수업, 배움중심수업이 핵심인 '배움의 공동체'를 이루려면 교실을 평등하고 민주적인 공간으로 만들어야 한다. 배움의 관계가 평등하지 않으면 학생들은 아무에게나 스스럼없이 물어볼 수가 없다. 교실이 민주적이지 않을 때 지식은 권력이 되고, 권력은 아이들을 차별하게 만든다. 교사가 교실을 '배움의 공동체'로 만들어가려면 무엇보다도 교실 분위기를 편안하고 부드럽게, 학생들이 긴장하지 않고 누구에게든 물어볼 수 있도록 해야 한다. 편안하고 부드러운 가운데 끊임없이 협력하고 소통하며 '배우는 것', 이것이 바로 우리가 꿈꾸던 수업의 모습이 아닐까.

마. 소통과 관계를 만들어가는 수업 배우기

지난 시절, 내 수업에 들어오지 않는 아이가 미웠다. 그 아이가 있는 교실로 갈라치면 걸음이 뒤로 가는 것 같았다. 개인 상담도 하고, 얼러보기도 혼을 내보기도 했지만 아이는 묵묵부답, 그리고 끊임없이 수업을 방해했다. 옆 친구를 건드리고, 엉뚱한 대답으로 수업 흐름을 끊어놓고, 그냥 아무것도 안 하고……. 혼자서 끙끙댔는데 그 반 담임선생님이 갑자기 수업을 열겠다고 했다. 우리 반 수업을 좀 보아달라는 것이다. 담임인 본인은 수업이 별로 힘들지 않은데, 몇 분 선생님들이 수업이 힘들다고 하니, 원인 분석을 해달라는 것이다. 그렇게 해서 소위 '임상 수업' 식으로 진행된 학년 공개수업이 열렸다.

수업이 진행되는 동안 모둠 관찰을 해야 하는 선생님들의 눈빛이 전부 그 아이에게로 쏠렸다. 나부터도 마찬가지였다.

그런데 이럴 수가! 그놈이 손을 들고 발표를 했다. 모둠별 협력 활동을 하는데 친구들과 진지하게 주제를 가지고 대화를 나누고 심지어 웃기도 했다. 수업을 진행하는 선생님을 바라보는 눈빛이 반짝반짝했다.

수업이 끝나고 참관하던 선생님들 사이에 일대 동요가 일었다. 아니, 그놈이 발표를 하네? 배신이야, 배신……. 1모둠부터 8모둠까지 모둠 관찰 이야기를 나누었는데, 그동안 수업하면서 힘들었던 상황과 상처들을 쏟아내며 그 아이의 수업 태도에 놀라고 의아해했다. 지금까지 다른 교과 선생님들이 이 학급에서 수업이 힘들었던 이유가 그 아이 때문이었던 것이다. 그 아이는 왜 이 수업에 그렇게 열심히 참여했을까. "오늘만 그런 거지요?" 하고 물었더니 담임선생님 왈, "아니요. 제 수업 시간에는 별 문제 없는데, 평소 모습이에요."

모든 게 소통과 관계의 문제였다. 학기 초, 부모의 갑작스러운 이혼으로 인해 힘들고 어려웠던 마음이 뒤늦게 찾아온 사춘기와 맞물리면서 소심한 반항으로 튕겨 나와 수업을 방해했던 것이다. 그 아이의 현재 삶에서 수업은 아무것도 아니었다. 그냥 학교를 나오는 것 자체가 대단할 만큼 힘들었던 아픔과 상처를 담임선생님만 알고 있었던 것이다.

결국 문제는 우리와의 관계망이었다. 그 아이의 아픔을 전혀 알 수 없었던 우리들은 수업에 들어오지 않는다며 닦달하고 괴롭히고 야단만 친 꼴이었다. 담임교사의 수업 성찰과 그 아이에 대한 이해, '그 모든 행위의 원인을 알고 보니 보였다'처럼 안개가 걷히자 마음도 가벼워졌다. 자, 그럼 상상해보라. 공개수업과 연구회가 끝난 다음 날 그 반의 수업은 어떻게 펼쳐졌을까.

그 공개수업 이후 수업을 방해하거나 엎어져 자려는 아이가 있으면 먼저 물어본다. 무슨 일 있니? 수업하기 힘들어? 힘들면 조금 누워 있다가 할래?

아이들과의 소통과 관계 만들기가 얼마만큼 중요한지 뼈저리게 느낀 우리들은 한 학기 내내 함께 자체 연수를 받았다. 비폭력 대화 기법, 그리고 회복적 생활교육 등.

바. 학생중심수업을 위한 장치들

그래도 수업이 힘들다. 아이들은 해마다 바뀐다. 학교 현장, 그것도 교실 수업 속 상황은 언제나 변화무쌍하다. 날씨가 더워지고 한파가 몰아쳐서 아이들이 수업에 집중하기 어려운 환경들은 또 얼마나 많은지…… 몇 달에 걸쳐 죽어라 만들어놓았더니 대도시에서 전학 온 한두 명이 한 교실을 망가뜨리는 것은 순식간이다. 모래성 같다. 교사들의 고민과 고민이 맞물리고 모아져서 뭔가 대안이 필요했다. 우리가 하고 있는 배움중심수업의 지속가능한 방향 찾기랄까, 한 명의 아이도 소외됨 없이 수업을 펼치고 싶은 욕심이었을까. 끊임없는 고민과 대화와 소통의 자리가 진행되면서 자연스럽게 생겨난 프로그램 몇 가지를 소개한다.

(1) 학생 참여 연수, 혹은 수업 지원 솔루션

수업에 들어오지 않는 아이들을 위해 연수가 필요하다는 것을 누가 생각해냈을까. 이제 막 혁신학교를 만들어가는 교사들의 숱한 고민과 한 명의 아이도 놓칠 수 없다는 배움의 공동체 수업철학이 빚어낸 장곡중만의 멋진 프로그램, 학생 참여 연수. 이 연수의 필요성을 박현숙 선생님은 다음과 같이 말한다. 배움중심수업을 하다 보니 경청이 잘 안 되는 지점을 어떻게 해결하면 좋을까에 대한 답이기도 하다.

  수업이 교사 혼자 하는 것이 아니라면, 변화된 수업에 대한 연수는 교사에게도 필요하지만 함께 수업을 만들어가는 학생들에게도 필요합니다. 특히 교사 중심 수업이 아닌 수업에서는 학생들의 연수가 더더욱 필요하지요. 배움의 공동체 수업을 하면서 학생들에게 연수를 하지 않고 수업을 바꿀 경우, 학생들이 지나치게 떠들거나 활동할 때 수업 이외의 이야기를 하면서 교실을 소란하게 만듭니다. 그래서 반드시 학생 연수를 실시해야 합니다. 전체 학교가 '배움의 공동체 수업'을 할 경우에는 전체 학생들 대상으로 해야 하나 한 학년이나 담당 교사가 할 때는 학년 단위로, 담당 교사가 수업하는 반을 대상으로 해야 합니다.

배움의 공동체 철학을 실천하는 수업을 펼치면서 교사들은 많은 것들을 내려놓아야 했다. 매가 사라지고, 아이들을 하나의 인격체로서 존중하는 언어를 사용하고, 조용조용 대화를 나눈다는 것은 말처럼 쉽지 않았다. 결국 수업에서 빠져나가는 아이들이 생기고, 무기력한 아이들은 모둠 활동에서 스스로 소외되는 상황도 벌어졌다. 수업에 참여하지 않는 아이들을 어떻게 할 것인가. 고민을 나누던 교사들은 결국 우리만 공부하지 말고 아이들도 연수를 해보자, 왜 수업에서 멀어지는지, 왜 협력 활동이 어려운지 스스로 고민하게 해보고 답을 찾을 수 있도록 지원하는 시스템을 만들게 되었다.

처음에는 혁신부 주관으로 각 학년별 협의회를 거쳐 뽑힌(?) 20~30명을 모아 '학생 경청 연수'를 실시했다. 물론 학부모님께 정중하게 학교장 이름으로 된 편지를 보내고 상담을 하면서 그 아이를 수업 속으로 들어오게 하려고 고심했다. 일화 하나를 소개하자면, 학생 경청 연수 대상자로 한 학급 대표로 온 아이가 있었다. 대부분의 교과 선생님들이 그 아

전체 연수 (학기 초)	학급별 연수 (학기 중)	모둠별 연수 (학기 중)	돌봄 연수 (학기 중)	평가 (학기 말)
배움의 공동체 수업과 경청, 모둠 수업 연수	수업이 잘 이루어지지 않는 반을 대상으로 수업 촬영	학년 연구회 대상 학생 선정, 가정통신문 발송, 학부모 상담, 수업 개선 솔루션 진행	치유 프로그램 –독서지도사, 상담사 치료	변화과정 –자존감 회복, 자기주도학습
‖	‖	‖	‖	‖
파워포인트, 배움 활동지	경청 활동지	학년별 수업 개선 솔루션	독서 활동지	평가지

학생들의 수업 참여를 위한 지원 연수 시스템

이가 수업을 방해하고 힘들게 한다고 했다. 방과 후 첫 연수가 열리던 날, 학년부 교무실로 그 아이가 씩씩거리면서 찾아왔단다. 자기가 왜 거기에 끼였느냐고, 전부 이상한 아이들만 있던데 자기는 도대체 말도 안 되는 상황이라고……. 알고 보니 그 아이가 속한 반이 전체적으로 분위기가 괜찮은 반이었는데, 그 속에서 그 아이가 도드라졌던 게다. 학년부장과 당당하게 면담을 한 그 아이는 결국 3일 정도 진행되는 경청 연수를 훌륭하게 받고 개과천선했다는 웃지 못할 사연이다. 어느 교사 왈, 교육청 생활지도 출장 갔다가 타 학교 교사들과 이야기를 나누던 중, 우리 학년에서는 수업에서 빠져나가는 한 놈 때문에 힘들어 죽겠다고 했다가 몰매 맞을 뻔했단다.

학년 중심 체제로 전환되면서 학생 경청 연수 프로그램은 자연스럽게 학년 업무로 옮겨 갔다. 그리고 ‘수업 개선 솔루션’, ‘학생 참여 연수’ 등의 이름으로 시기, 대상 선정, 진행 방법 등 학년 특색에 맞게 학년별로 알아서 진행하는 프로그램으로 자리를 잡았다. 다음은 2014년에 2학년에서 진행된 학생 수업 개선 관련 자료와 프로그램 활동지 일부이다.

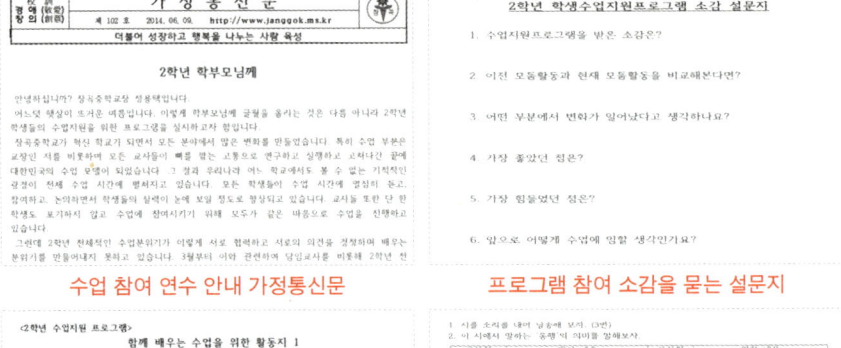

수업 참여 연수 안내 가정통신문

프로그램 참여 소감을 묻는 설문지

2학년 수업 지원 프로그램 활동지-함께 배우는 수업을 위한 활동지 1

(2) 한 학급을 통째로 솔루션하다

　한 학급 전체가 수업이 힘든 경우가 있다. 습관적으로 수업 불참 학생이 한두 명인 경우는 선별하여 책임 지도함으로써 모든 학생을 배움에 참여하도록 하면 되는데, 학급 분위기가 들떠 있다거나 반대로 무기력한 아이들이 대부분이어서 활동 중심 수업이 너무 힘들다는 고민도 있고, 담임선생님이 학급 생활지도가 벽에 부딪친다는 하소연을 하는 경우도 있다. 그런 경우는 일단 수업 관찰로 들어간다. 수석교사가 상시적으로 하는 수업 관찰을 며칠 동안은 그 학급에 집중적으로 실시하면서 더불어 공강인 교사들이 자발적으로 동참한다. 다들 바쁘고 할 일도 쌓였지만 함께하는 일이기에, '너희 반'이 아닌 '우리 아이들'이기에 기꺼이 수업을 보고 점심시간이든 쉬는 시간이든 짬을 내어 협의회를 진행한다. 물론 학년 중심 체제이기에 가능한 일이다. 문제를 진단하고 그 문제를 분석하고 해결책을 찾아가다 보면, 늘 관계나 소통의 문제가 바닥에 깔려 있음을 실감한다. 어쨌든 이런 일이 몇 번 진행되면 아이들은 스스로 느끼고 스스로 일어난다.

(3) 수업을 참관하는 아이들 - 자발적인 배움으로 이끌다

어떤 반에 수업을 망가뜨리는 아이들 아홉 명이 있었다. 수업 솔루션도, 방과 후 학습 참여 연수도 의미가 없었다. 교사들이 모였다. 수석교사를 비롯하여 학년 전체 협의회를 통해 그 아이들에게 특별한 프로그램을 적용해보기로 했다. 바로 수업 참관이었다. 하루 종일 2, 3명씩 수업 활동지를 들고 다른 반 수업을 참관하게 했다. 그 아이들을 위한 수업 참관 계획이 만들어졌고 아이들은 수업 소감문을 썼다. 그리고 함께한 교사들과 간담회 형식으로 소감을 나누었다. 아이들은 스스로 배움의 태도를 돌아보았다고 했는데, 특히 수업을 방해하는 아이들을 보고 많은 것을 느꼈단다. 자신의 모습이 떠오르면서 부끄러웠다고 했다. 교실로 돌아간 아이들은 어떤 꾸지람이나 벌보다 낯설고 색다른 경험을 통해 스스로 깨닫게 해준 선생님들에게 고마워했으며, 수업 속으로 들어왔다.

(4) 배움과 돌봄의 철학, 학교 시스템으로 구축하다

그래도 안 되는 아이들이 있다. 기초학력이 너무 낮아 배움 자체가 힘든 아이들도 있고, 무기력함이나 과잉행동장애 증세를 보이면 어떻게 해볼 도리가 없다. 배움보다는 돌봄이 필요한 아이들이다. 특별 관리 프로그램이 필요했다. 고맙게도 시흥혁신교육지구에서 지원하는 인력 시스템이 우리 학교에서는 훌륭하게 작동되고 있다. 상담사의 상담 치유, 독서지도 교사와 함께하는 독서 치유 프로그램, 수석교사와 교장선생님까지 연계하여 진행하는 가정방문까지 끝까지 포기하지 않고 한 아이의 배움과 성장을 위해 최선을 다하고 있다. 정말 한 명의 아이도 소외됨이 없이 보듬고 가는, 배움의 공동체 철학을 구현하는 실천적 시스템이라고 할 수 있다.

사. 신입생 오리엔테이션 프로그램

새 학기가 시작되면 늘 모든 일이 새롭게 진행된다. 아이들이 새로 들어오면 처음부터 다시 혁신학교에 대해, 배움의 공동체 철학에 대해, 모둠 활동에 대해, 생활 규칙, 청소하는 법까지 일반 학교에서 펼쳐지는 풍경 위에 더 많은 교육이 필요했다. 늘 똑같은 상황과 반복적 고민 속에 지쳐갈 때 마침 주변 혁신학교에서 먼저 신입생 오리엔테이션 프로그램을 하고 있다는 소문을 듣게 되었다.

그동안은 입학식 날 하루를 오리엔테이션으로 잡았다. 물론 교사들의 건의와 논의를 거쳐 진행되었다. 그런데 2014년 2월 새 학기 교육과정 연수 시간에 학년부장들의 논의와 논의를 거쳐 오리엔테이션 일정이 일주일로 늘어났다. 와락 겁이 났다. 일주일 동안 수업을 안 한다고? 그래도 되나 싶었다. 프로그램을 짜다 보니 적어도 일주일의 시간이 필요했고, 연간 운영 계획에서 수업 외에 꼭 해야 하는 교육들을 모아서 집어넣었다. 절실한 마음을 몽땅 매뉴얼화하여 프로그램으로 만들었다. 그런데 체육관이 없는 우리 학교의 특성상 교실에서 이루어지는 교육 활동이 대부분이었다. 그래서 자칫 소홀해질 수 있는 부분을 보완하고자 교육이 있으면 바로 이어서 그 주제에 대한 활동 수업을 기획했다. 활동지는 관련 부서나 교과, 학년에서 준비했다. 다음은 2015학년도 신입생 오리엔테이션 프로그램 일정이다. 2, 3학년은 학년 교육과정 운영 계획에 따라 2일, 혹은 3일 정도의 공통 프로그램이나 별도의 프로그램을 기획하여 진행한다.

이 중에서 '학생 수업 참여 연수'는 앞서 소개한 '학생 참여 연수'의 맨

2015 입학식 및 신입생 오리엔테이션 일정

구분	3월 2일 월	3월 3일 화	3월 4일 수	3월 5일 목	3월 6일 금
1 교 시	2, 3학년 담임 시간	학생 수업 참여 연수-배움의 공동체 수업, 경청과 협력 (강사, 담임)	학교 폭력 예방 교육 (각 반 교실)	나의 꿈 찾기 (타임캡슐, 미래 명함 만들기)	우리 학교 투어 (교장실, 도서실, 보건실, 상담실)
2 교 시	1, 2, 3학년 입학식 및 시업식 (운동장)	배움의 공동체 철학 나누기 (담임 임장, 모둠 만들기 및 말문 트기 실습)	교육 내용 공유하며 의견 나누기 (활동지 준비)	인성검사	
3 교 시	담임 시간 (학급 경영 안내, 자기소개서 작성, 담임 및 자기소개)	자살 예방 교육 (각 반 교실)	담임선생님과 함께 사진 찍기 (개인, 단체)	성폭력 예방 교육 (각 반 교실)	장애인 인식 개선 교육 (각 반 교실)
4 교 시	담임 시간 (급식 도우미, 분리수거 도우미 선출, 청소 구역 나누기)	교육 내용 공유하며 의견 나누기 (활동지 준비)		교육 내용 공유하며 의견 나누기 (활동지 준비)	교육 내용 공유하며 의견 나누기 (활동지 준비)
5 교 시	청소력 (동영상) 시청	학생생활인권 규정에 관한 공청회 준비	학년 공동체 놀이 (운동장 및 교실)	학교생활 안내	학급 대의원 선출 및 학급 운영 조직 (1인 1역할, 에너지 지킴이, 멀티 담당, 도서부장, 체험학습 준비위원회)
6 교 시	대청소	공청회 시청 및 의견 나누기		배움에 임하는 우리의 다짐, 급훈, 학급 규칙 세우기	
7 교 시					
비 고			학급 대의원 입후보 마감	대의원 후보 유세	

교장선생님 특강   학급별 수업 참여 연수를 준비하는 교사들

첫 장을 여는 프로그램이다. 학급당 1명의 강사(배움의 공동체 수업 경력 2년 이상)와 수업 지원 교사(신규, 전입 교사, 혹은 담임교사) 팀티칭으로 연계하여 혁신학교 철학과 경청의 방법, 협력 수업은 어떻게 하는지 등 의미 있는 동영상과 함께 진행한다. 이 10명의 강사들에게 수석교사인 박현숙 선생님은 미리 학생 참여 연수를 위한 파워포인트와 활동지 자료를 만들어서 사전 연수를 실시한다. 이 과정에서 어떻게 하면 아이들에게 효과적인 연수가 될 수 있을까를 논의하면서 '하브루타'나 '오바마의 질문', 전년도 공개수업 등 다양한 영상 자료도 추가하여 구성한다. 신입생인 1학년을 대상으로 시작하여 2학년, 3학년 순으로 학급별 전체 경청 연수로 진행된다. 1학년들에겐 혁신학교 입학생으로서 새로운 다짐과 새로운 수업 참여 방식을 배우는 자리라면 2, 3학년들에겐 혁신학교 학생으로서 다시금 학교 철학을 되새기고, 수업의 자세를 다지는 시간이다. 이때 또 하나의 의미 있는 지점은 수업 지원 교사로 함께 들어오는 교사들의 배움이다. 2월 연수를 함께하긴 했으나 신규 교사나 전입 교사의 경우 아직 배움의 공동체 수업에 대한 인식이 혼란스러운 상태에다 이제 수업을 시작해야 하는 상황이 부담스러운데, 이 연수 프로그램을 통해 아이들을 어떻게 만나야 하는지, 모둠별 협력 수업은 어떻게 진행해야 하는지 구체적으로 배우는 것이다.

학생 수업 참여 연수 파워포인트 구성 내용

- 혁신학교란 어떤 학교인가?
- 배움의 공동체란 어떤 수업인가?
- 배움이란 무엇인가?
- 우리 학교의 수업이 다른 학교의 수업과 어떻게 다르게 펼쳐질 것인가?
- 수업 속에서 모두가 주인공이 되는 것이란 어떤 것을 말하나?
- 서로 함께 배우는 교실은 어떤 교실이며, 서로 함께 배우려면 어떻게 해야 하는가?
- ㄷ자 형 책상 배치의 장점, 이 배치의 장점을 가장 잘 살리는 학습 태도는 어떠한 것인가?
- 모둠 학습은 어떻게 참여해야 하는가?
- 경청의 방법은 구체적으로 어떤 것인가?
- 표현(공유)하기는 왜 필요한가?

학생 대상 학습 참여 연수 프로그램 내용과 파워포인트 표지

다음은 학생들의 수업 참여 연수 파워포인트의 내용과 그에 따른 수업 활동지이다. 학생들에게 연수를 하면서 활동지를 주고 연수를 받는 중에 활동지의 과제를 해결하도록 한다.

일주일 뒤, 첫 수업을 들어갔다. 활동지를 나누어주고 모둠 활동

신입생들의 우리 학교 투어-상담실을 찾아서

을 진행하는데, 이럴 수가! 아이들이 자연스럽게 모둠을 만들고 대화를 나누는 것이다. 그전에는 이런 거 왜 해요? 저요, 저요, 고개가 아파요, 별 소리들이 다 쏟아져 나왔을 텐데. 한마디로 경이로웠다. 1학년 수업을 들어갔던 선생님들의 반응이 똑같았다. 보통 모둠 수업이 제대로 펼쳐지려면 4월 중반쯤에나 익숙해지고 안정이 되는데 정말 신기하다고 했다.

작년 1학년들을 대상으로 수업 평가를 받았을 때, 20% 정도가 이 오리

엔테이션을 기억하고 좋았다고 평가했다. 중학교가 낯설고 두려웠는데 입학식 날부터 차근차근 어떻게 수업을 하는지, 생활 규정은 어떻게 개정되는지, 청소하는 법, 관계를 만들어가는 방법 등을 친절하게 알려주어 좋았단다. 특히 우리 학교 투어 프로그램은 존중받는 느낌을 받았다고 했다.

학습 참여 연수 활동지-1학년용

배움의 공동체 연수	학년	반	번	이름	
배움의 공동체 - 경청과 협력			학급 전체가 함께하는 학습 참여 연수		

※ '학습 참여 연수'를 들으며 다음 사항을 정리하시오.

1. 혁신학교의 의미 중 가장 마음에 드는 것을 골라 적으시오.

2. 모든 학생이 수업에서 주인공이 된다는 것의 의미를 생각해서 적어보자.

3. ㄷ자 책상 배열에서 가장 중요한 행동은 어떤 것일까?

4. 모둠 활동할 때 가장 중요한 행동은 어떤 것일까?

5. 모둠 활동에서 말을 하는 것이 왜 중요할까?

6. 배움의 공동체 수업에서 제1덕목은 무엇일까?

7. 배움의 공동체 수업에서 제2덕목은 무엇일까?

8. 배움의 공동체 수업에서 제3덕목은 무엇일까?

9. 가장 효율적인 배움은 어떤 활동에서 일어날까?

※ 다음은 모둠 활동을 하며 생각을 넓혀봅시다.

1. 모든 학생이 수업에서 주인공이 되려면 어떻게 해야 할까?

2. 어떻게 하면 모둠에서 협력해서 함께 배울 수 있을까?

3. 모둠 활동을 할 때 전부 잘 배우기 위해서는 어떻게 해야 할까?

4. 말로 표현하는 것이 좋은 배움인 이유를 말해보자.

5. 경청을 하면 좋은 이유를 말해보자.

3. 교과서 재구성, 이젠 필수입니다

가. 수업이 만들어낸 교육과정 재구성

수업이 바뀌었다. 모두가 함께 수업을 열고, 참관하고, 수업 연구회를 통해 그 배움을 나누고 성찰했다. 교과의 벽이 저절로 허물어지고, 좀 더 질 높은 수업과 아이들의 삶이 담긴 수업 설계를 고민하면서 자연스럽게 교육과정이 보이기 시작했다. 좋은 수업에 대한 고민은 혼자서는 하고 싶어도 할 수 없었던 수업들을 만들어내고, 오롯이 수업 중심의 살아 있는 교육과정이 만들어지기 시작했다.

혁신학교를 시작하면서 배움의 공동체 철학을 바탕으로 한, 전 교사가 함께하는 전체 제안 수업과 수업 연구회가 진행되었다. 수업이 열리면서 기존의 교과 중심으로 소소하게 진행되던 시스템이 아니라 한 교사의 수업을 전체 교사가 함께 참관하고 소감을 나누면서 서로 배우고 공감하는 시간이 이어졌다. 중학교에서 굳이 다른 교과의 수업을 봐야 하나 하는 생각들은 수업을 공개하고 협의회를 진행하는 일이 단순히 교사의 수업 기술을 보고 평가하는 것이 아님을 새롭게 배우고 깨달아가면서 교과는 무의미해지고 수업 자체의 의미를 살릴 수 있었다. 말 그대로 교과 간의 벽이 허물어졌다. 그러다 보니 자연스럽게 비슷하거나 똑같은 내용을 각각의 교과에서 서로 다르게 가르치고 있다는 사실을 알게 되면서 수업을 버무려보자는 통합수업 이야기가 흘러나왔다.

수업 혁신을 실천하면서 또 다른 고민이 시작되었다. 분절된 교육과정의 맹점과 정기 고사 이후 펼쳐지는 교실 풍경을 어떻게 수업 속에서 해결해나가야 하는지 고민했다. 행정 업무가 줄어든 혁신학교 시스템에서 자연스럽게 수업과 아이들 이야기가 대화의 중심이 되었던 교사들의 일상과 문화 속에서 새로운 방향의 수업 모델을 찾게 된 것이다.

교육과정을 재구성해야 한다는 필요성이 제기되었다. 경기도교육청에서 중심 화두로 잡았던 창의지성 교육과정이나 교육과정 운영의 다양화, 특성화 등의 여러 정책들과 맞물리면서 전체 교사가 각 교과별, 학년별로 교육과정 재구성 작업을 실시했으며, 지금의 장곡중학교 교과교육과정이 탄생하게 되었다.

나. 교과서는 교과서일 뿐이다

국정 교과서에서 검인정 교과서로 바뀐 지가 꽤 오래되었다. 전국 어디서나 똑같은 교과서를 사용하던 시절, 25종의 국어 교과서를 던져주며 가르치고 싶은 교과서를 선택하라고 했을 때의 충격이 이젠 아득하다.

이십 몇 년의 교직 생활 동안 대부분을 교과서대로 가르쳤다. 교과서와 교육과정이 어떤 관계인지, 교육과정이 왜 저렇게 자꾸 바뀌어야 하는지, 개정 교육과정 어쩌고 하면서 절차와 형식을 따져서 비슷비슷한 짜임과 체계를 가지고 있는 수십 종의 교과서를 뒤졌다. 그리고 또 2년 뒤 '통합 교과서'라며 그 과정을 되풀이하면서 낭비가 아닌가 싶었다. 하지만 업무에 치이면서도 아이들에게 제대로 된 교과서를 가르치고 싶다는 욕심에 애써 고르고 또 골라야 했다.

그렇게 힘들게 고른 교과서를 이제는 별로 중요하게 생각하지 않는다. 왜냐하면 교과서를 교육과정이라고 착각하고 살았다는 것을 이제는 알았으니까. 교과서는 하나의 텍스트일 뿐임을 깨달은 것은 대단한 경험이었다.

사토 마나부 교수는 이렇게 말한다.

> 교육과정이란 한마디로 말하면 '배움의 경험'이다. 배움의 흔적이며 배움의 이력이다. 즉, 교육과정 만들기란 목표나 계획의 일람을 만드는 것이 아니라 실제로 배움의 경험을 창조하는 일이다.[1]

그렇다. 배움의 공동체 수업철학을 만나고, 동료 선생님들과 공부를 하고, 일상의 수업을 공개하고, 조금씩 수업을 바꾸어가면서 '배움의 경험'이 어떻게 교육과정으로 만들어지는지를 알게 되었다.

결국 교육과정을 고민하면서 저절로 교육과정 재구성이 진행되었으며, 교과통합수업이라는 이름으로 다양한 수업들이 연결되고 새롭게 펼쳐졌다. 교과 특성에 따라, 교사들의 개성과 역량에 따라 조금씩 모양이 달라지긴 하지만 학교 시스템 속에서 함께 교육과정을 만들어가는 시간들이 충분히 교사들을 춤추게 한다.

다. 국어과 교육과정 들여다보기

국어과에서도 1, 2학기 교과서를 넘나들며 차례부터 단원 내 학습 활동까지 총체적이면서도 복합적으로 재구성하여 운영한다. 여기 2015학년도 장곡중학교 국어과에서 재구성한 국어과 교육과정 운영 계획[2]을 사례로 제시한다.

2015학년도 국어과 교육과정 운영 계획(3학년)

1학기	주	단원	(핵심) 성취 기준	평가 및 교과통합	학사일정
3월	1	6-5. 말살이 돌아보기	29112-1. 전통적 듣기·말하기 문화의 특성을 설명할 수 있다.	오리엔테이션	오리엔테이션
	2	6-5. 말살이 돌아보기	29112-2. 오늘날의 듣기·말하기 문화를 반성적으로 점검할 수 있다. 29112-3. 전통적 말 문화의 장점을 계승하고 건전한 말 문화를 형성하는 태도를 지닌다.		
	3	6-5. 말살이 돌아보기	29113-1. 폭력적인 언어 사용이 개인과 사회에 미치는 심각성과 폐해를 설명할 수 있다. 29113-2. 폭력적인 언어를 긍정적이고 서로를 존중하는 바람직한 언어 표현으로 순화하여 말할 수 있다.		평화 캠프 1차
	4	5-2. 문학이 주는 선물	2952-2. 갈등의 진행과 해결 과정을 바탕으로 작품의 의미를 이해할 수 있다.		
4월	1	5-2. 문학이 주는 선물	2954-1. 문학적 표현에 담긴 작가의 태도와 표현의 효과를 분석할 수 있다. 2954-2. 문학적 표현 방식을 활용하여 자신의 의도를 표현할 수 있다.		
	2	5-2. 문학이 주는 선물 (3) 세상을 바꾸는 이야기	29510-2. 문학 작품을 읽고 그 작품이 자신의 삶에 어떤 영향을 미쳤으며 어떤 가치를 지니는지 말할 수 있다.	지구를생각하는 시간	영어 듣기 과학의 날

1. 사토 마나부, 『수업이 바뀌면 학교가 바뀐다』, 에듀케어, 2006.
2. 2015 장곡중학교 교과 교육과정 운영 계획서 참조.

	3	5-4. 나는 이렇게 생각해요	2931-2. 주제, 목적, 독자를 고려하여 쓰기 활동을 계획할 수 있다. 2931-3. 주제, 목적, 독자를 고려하여 쓰기 과정을 점검하고 조정할 수 있다.		
	4	5-4. 나는 이렇게 생각해요	2916-1. 다양한 논제에 대해 주장과 근거를 제시할 수 있다.	주장하는 글쓰기	
	5	5-4. 나는 이렇게 생각해요	2916-2. 규칙을 준수하며 토론에 적극적으로 참여할 수 있다. 2916-3. 토론의 과정과 결과를 평가할 수 있다.		1차 지필평가
5 월	1	6-2. 어떻게 읽을까	29210-1. 읽기의 과정과 원리를 설명할 수 있다.		재량휴업일
	2	6-2. 어떻게 읽을까	29210-2. 읽기의 원리에 따라 자신의 읽기 과정을 점검하며 조절할 수 있다.		
	3	6-2. 어떻게 읽을까 6-3. 한글, 매체를 만나다	29211-2. 읽기 학습 경험을 일상생활에 적용하는 태도를 가질 수 있다. 2939-3. 매체의 특성을 고려하여 효과적으로 글을 쓸 수 있다.	여행 안내서 제작	현장 체험학습
	4	6-3. 한글, 매체를 만나다	2939-3. 매체의 특성을 고려하여 효과적으로 글을 쓸 수 있다.		학부모 공개수업
6 월	1	5-5. 생활 속 읽기	29210-1. 읽기의 과정과 원리를 설명할 수 있다.		
	2	5-5. 생활 속 읽기	29210-2. 읽기의 원리에 따라 자신의 읽기 과정을 점검하며 조절할 수 있다.		
	3	5-5. 생활 속 읽기	29211-1. 읽기의 가치와 중요성을 설명할 수 있다.		
	4	5-5. 생활 속 읽기	29211-2. 읽기 학습 경험을 일상생활에 적용하는 태도를 가질 수 있다.		학업성취도 평가(3)
7 월	1	독서 한마당	2929-2. 독서를 통해 자아에 대해 성찰할 수 있다.	반전·반핵·평화 플래시몹	
	2	독서 한마당	2929-2. 독서를 통해 자아에 대해 성찰할 수 있다.		2차 지필평가
	3	1학기 활동 평가	2916-3. 토론의 과정과 결과를 평가할 수 있다.		여름방학

2학기	주	단원	(핵심) 성취 기준	평가 및 교과통합	학사 일정
8 월	3	5-1. 삶을 보다	2937-1. 자서전의 구성 및 표현상의 특징을 설명할 수 있다.		개학식
	4	5-1. 삶을 보다	2937-2. 자신의 삶에서 의미 있는 사건들을 중심으로 쓸 내용을 정리할 수 있다.		평화 캠프
9 월	1	5-1. 삶을 보다	2937-3. 자신의 삶을 성찰하고 계획하는 글을 쓸 수 있다.	자기소개서	
	2	6-3. 한글, 매체를 만나다	29411-1. 한글 창제의 정신과 동기를 설명할 수 있다. 29411-2. 한글의 우수성과 과학성을 설명할 수 있다.	한글 프로젝트	학부모 대상 공개수업
	3	6-3. 한글, 매체를 만나다	2939-2. 매체의 특성이 쓰기의 내용과 형식에 미치는 영향을 파악할 수 있다.		
	4	6-3. 한글, 매체를 만나다	2939-3. 매체의 특성을 고려하여 효과적으로 글을 쓸 수 있다.		장곡마을 축제
	5	6-1. 작가의 의도를 찾아서	2954-1. 문학적 표현에 담긴 작가의 태도와 표현의 효과를 분석할 수 있다.		재량휴업일
10 월	1	6-1. 작가의 의도를 찾아서	2954-2. 문학적 표현 방식을 활용하여 자신의 의도를 표현할 수 있다.		
	2	6-1. 작가의 의도를 찾아서	2954-2. 문학적 표현 방식을 활용하여 자신의 의도를 표현할 수 있다.		
	3	6-4. 역사 속으로	29111-1. 협상의 중요성과 방법을 설명할 수 있다. 29111-2. 협상 참여자의 의견 차이를 분석할 수 있다. 29111-3. 의견이 다른 상대와 타협과 조정을 통해 문제를 해결할 수 있다.		1차 지필평가
	4	6-4. 역사 속으로	2956-1. 문학 작품에 등장하는 인물의 말과 행동, 인물들 간의 관계, 다양한 사건 등을 통해 작품에 드러난 사회·문화·역사적 상황을 파악할 수 있다.		교과 체험 학습의 날
11 월	1	6-4. 역사 속으로	2956-2. 작품이 창작된 사회·문화·역사적 상황을 바탕으로 작품의 의미를 설명할 수 있다.		
	2	5-3. 그때그때 달라요	2949-1. 높임법의 문법 요소를 이해하고 담화 상황에 맞게 사용할 수 있다. 2949-2. 시간을 나타내는 문법 요소를 이해하고 담화 상황에 맞게 사용할 수 있다.		

	3	5-3. 그때그때 달라요	2949-3. 피동·사동을 나타내는 문법 요소를 이해하고 담화 상황에 맞게 사용할 수 있다. 2949-4. 부정 표현과 관련되는 문법 요소를 이해하고 담화 상황에 맞게 사용할 수 있다.		
	4	5-3. 그때그때 달라요	29410-2. 지역, 세대, 성별, 다문화 등의 사회·문화적 맥락과 관련된 언어 변이 현상을 설명할 수 있다.		2차 지필평가 (3학년)
12 월	1	교과통합 프로젝트 -단편영화 만들기	2951-2. 다양한 문학적 표현 방식을 활용하여 자신의 생각과 감정을 표현할 수 있다.		
	2	단편영화 만들기	2952-2. 갈등의 진행과 해결 과정을 바탕으로 작품의 의미를 이해할 수 있다.		2차 지필평가 (1, 2학년)
	3	단편영화 만들기	2954-2. 문학적 표현 방식을 활용하여 자신의 의도를 표현할 수 있다.	단편영화 제작	
	4	단편영화 만들기	2959-2. 자신의 일상에서 의미 있는 경험을 찾아 다양한 갈래의 문학 작품으로 표현할 수 있다		교육 활동 발표회
2 월	1	2학기 활동 평가			졸업식

라. 학교와 학년 철학이 살아 흐르는 교과통합수업

우리 학교에는 '더불어 행복한 배움의 공동체'라는 학교 철학이 있고, 해마다 조금씩 성장해가는 학년 철학이 있다. 교사들이 학년 철학을 고민하게 된 것은 3년 전이다. 학년 중심 교육 활동 체제가 공고해지면서 학년부장들이 자발적으로 움직였다. 그리하여 학년의 특성과 개성, 전체적인 분위기까지 고려하면서 교육 활동을 기획하고 진행하면서 학년 철학을 만들어낸 것이다. 학기가 시작되기 전 미리 학년 논의를 거치고 전체

2015 장곡중학교 교육 운영 방향

장곡 비전	더불어 행복한 배움의 공동체
교육 지표	더불어 성장하고 행복을 나누는 사람 육성
교육 목표	• 원칙을 지키고 기본에 충실한 사람 • 나눔을 실천하는 사람 • 몸과 마음이 아름다운 사람 • 나를 아끼고 남을 배려하는 사람 • 공동체 속에서 참여하고 소통하는 사람
학교 철학	• 서로가 서로를 존중하는 학교 • 모두가 즐겁게 참여할 수 있는 학교 • 교육공동체로서 함께 배우고 성장하는 학교
학년 철학	• 1학년-나눔과 소통, 성장하는 너와 나 • 2학년-아름다운 동행, 행복한 배려 • 3학년-공존, 더불어 사는 우리

적인 균형을 맞추면서 학년 철학이 정해지면, 그것이 각 학년별로 기획하는 교과통합수업 주제 속으로 스며든다.

각 교과별 교육과정 재구성이 끝나면 학년별로 모여 학년 교육과정을 논의한다. 아이들의 질 높은 배움과 삶을 꿈꾸며 각 교과별로 재구성된 교과별 교육과정을 바탕으로 학년별 교과통합수업 운영 계획을 만든다. 협력과 소통의 결과물이다. 특히 1, 2차 지필평가가 종료된 직후에 학년 프로젝트를 배치하여 실질적인 교육적 효과를 높이거나, 학년별 교육철학과 '교과 체험학습의 날'을 바탕으로 다양한 교과통합 프로젝트 학습을 기획, 학년 중심으로 자유롭게 실천할 수 있도록 하고 있다.

다음은 2015년도 1학년 교과통합수업 연간 운영 계획[3]이다.

시기	주제	과목	교육 활동	차시	성취 기준
3~6월	밤새 훌쩍 자라난 옥수수처럼	창체	• 교과통합의 목적과 방법 이해하기 • 협동조합, 사회적 기업 등 사회적 경제에 대해 알기 • 농사 체험, 로컬푸드 판매하기(생활협동조합)	12	
		과학	• 광합성(식물의 구조와 기능)에 대해 알기 • 식물의 구성, 식물에서 양분의 합성과 전환	4	과9041-1, 2 과9046-1, 2
		기술	• 친환경 마을 설계 및 제작하기	6	기9222-1, 2
		가정	• 청소년의 소비생활(로컬푸드)	4	가9132-1, 2
		영어	• 소비생활에 대한 글 읽기(로컬푸드)		영중9342-1 영중9252-2
		수학	• 쿠폰과 할인을 이용한 경제 활동(일차방정식의 활용)	2	수92023
		국어	• '생태, 지속가능한 삶'과 관련된 독서 연계 활동 • 자신의 경험을 살려 감동을 주는 글쓰기	6	29211-2 9236-2, 3
3~5월	마을 속으로 들어간 학교	창체	• 우리가 체험할 마을 엿보기(체험학습 사전 교육) 현장 체험학습	2	
		국어	• 체험학습 계획 세우기(여행 계획서 쓰기) • 방언에 대해 알고 체험학습 시 방언 조사하기	5	2933-2 2939-3
		가정	• 청소년의 소비생활(윤리적 소비)	4	가9132-1, 2

3. 2015 징곡중학교 교육과정 운영 계획서 찬조.

3~5월	마을 속으로 들어간 학교	미술	• 여행 지도북 만들기(미니북 만들기)	2	
		과학	• 생태지도 만들기(이야기가 있는 마을 탐방 지도)	2	과9011 과9012-2
		음악	• 우리의 소리를 찾아서(각 지방의 전통요 알기)	2	음9124
4~5월	아낌없이 주고 받는 너와 나	창체	• 생태교육	3	
		국어	• 화단 관찰 후 시 쓰기	5	2951-1, 2
		과학	• 식물에서의 물질 이동 • 식물에서 양분의 합성과 전환	4	과9043-3, 4 과9044-1, 2
		영어	• 『아낌없이 주는 나무』 영어 동화를 통해 다양한 표현을 익히고 느낌 공유하기	4	영중9321 영중9341-1
		미술	• 에코백 디자인하고 만들기	2	
		도덕	• 우리 마을 도움 주기 프로젝트	12	도911, 도914 도922, 도923
7월	우리가 그려 보는 마을 이야기	전교과	• 우리 마을에 대해 알아보고 마을에서 보물찾기 • 마을의 이야기를 담아 지도 그리기, 마을에서 즐기는 전래 놀이	7/15~16	
11~12월	열넷, 영화로 세상을 만나다	국어	• 다양한 갈등의 상황을 시놉시스와 시나리오로 창작	5	2952-1, 2
		기술	• 컴퓨터와 정보통신 기술-무비메이커 수업, 영화 편집	2	기9231-2, 3
		미술	• 영화 포스터 디자인 및 제작	2	
		음악	• 영상에 어울리는 배경음악-영상 매체 속의 음악 세계	2	음9131
12월	네 꿈을 펼쳐라	전교과	• 자유학기제 결과물을 활용한 부스 운영, 전시, 공연 등	12/30	

4. 평가, 또 다른 배움으로 가는 길을 만들며

가. 수업의 변화는 평가의 변화로

수업이 바뀌니까 평가도 바뀐다는 이야기는 이제 당연한 귀결점이다. 더 이상 학교 현장에서 평가를 위한 평가나 과제 중심 평가는 설 자리를 잃었다. 그동안 꾸준히 교육과정과 맞물려 진행된 평가 혁신, 즉 수업 밀착형 평가, 교사별 평가, 상시 평가, 정의적 능력 평가 등의 기저에는 결국 수업의 흐름이 그대로 평가로 이어져서 아이들의 배움 수준을 끌어올릴 수 있는 평가로 변화해야 한다는 요구가 자리한다.

한편 앞으로 펼쳐질 자유학기제에서 가장 큰 교육과정의 변화는 점수와 등수를 매기는 기존의 평가가 사라진다는 것일 게다. 대신 수행평가 형태의 평가를 통해 아이의 성장 정도를 서술식으로 기록한다. 이른바 '성장 참조형 평가' 방식이다. 비록 한 학기이긴 하지만 교사뿐만 아니라 학부모의 기존의 평가에 대한 인식을 바꿔놓을 수 있는 큰 물줄기가 되리라 본다.

어쨌든 장곡중학교에서는 그동안 배움중심수업으로의 수업 혁신 결과 평가 혁신도 자동으로 이루어졌다. 수업 설계나 디자인이 엄청나게 변화하자 지필평가에서 자연스럽게 선다형 문항 수가 줄어들고 서술형과 논술형 문항이 확대되었다. 그리고 교과통합수업 등으로 인해 과정 중심의 평가가 진행되면서 전 교과의 수행평가 비율도 늘어났다. 중요한 것은 이 과정을 교사들의 자발적인 배움의 힘으로 만들어냈다는 것이다. 아이들의 문제 해결식 수업, 협력 활동을 통해 자기 생각을 만들어가는 질 높은 배움을 함께 추구하고 공유하면서 교사들의 평가에 대한 인식이 변화했다. 기존의 평가 방식을 더 이상 고집할 수 없는 지점에 다다른 것이다.

아이들도 바뀌었다. 거의 모든 시간에 배부되는 수업 활동지가 청소 시간이면 재활용 쓰레기로 전락하던 풍경이 사라진 것이다. 아이들은 각 교과별 수업 활동지를 보물단지처럼 소중하게 간직한다. 더불어 수행평가도 거의가 교육과정 속에서 이루어지기 때문에 별다른 준비를 하지 않고 부담스러워하지 않는다.

나. 지필평가를 준비하고 분석하다

국어과의 경우 수업 활동지가 모둠별 협력 학습을 바탕으로 문제 해결력 및 종합적 사고력을 키우는 방향으로 설계되다 보니, 선다형 문항이 최소한으로 줄고 서술형과 논술형 중심 문항으로 바뀌었다. 문항 자체도 이미 배운 작품을 제시하여 확인하는 시험 체제가 아니라 단원 성취 기준이 충분히 달성되었는지를 평가하는 문항 제작 취지를 살려 낯선 작품을 제시, 응용하여 풀 수 있는 문항으로 탈바꿈한 것이다.

이렇게 지필평가에서 서술형과 논술형 평가 문항 출제 비율이 높아지면서, 1학년 국어과에서는 첫 시험을 치를 무렵 새로운 풍경이 나타났다. 시험 보기 전 서술형, 논술형 문항을 어떻게 해결할 것인가를 미리 연습해보고 경험하는 활동을 수업으로 풀어내는 것이다. 선다형 5문항, 서술형 5문항, 논술형 2문항(선다형 문항 20%, 서술형과 논술형 80%)인 지필평가지가 처음인 1학년 아이들에게 작년도 기출 문제를 수업 시간에 함께 풀어봄으로써 문제 유형을 익히게 하는 것이다. 문제의 유형은 비슷하나 예시 지문은 전혀 다르기 때문에 가능한 평가 준비 수업이다. 올해 국어 시간에 진행된 수업 자료와 실제 지필평가 문항이다.

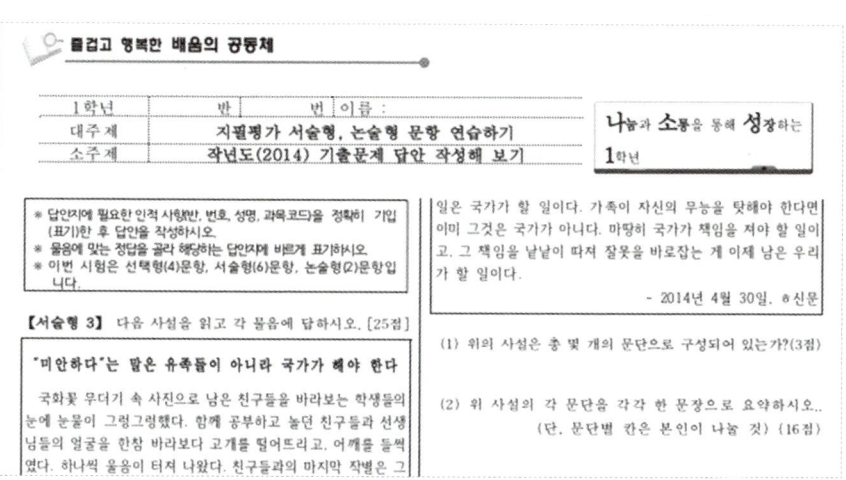

지필고사 전 서술형, 논술형 문항 연습 활동지

↓

2015학년도 1학기 1차 지필평가
제 1 학년 국어과

| 과목코드 | 01 | 고사일 | 2015년 4월 29일 2교시 |

[선택형4, 서술형3~4] 다음 글을 읽고 물음에 답하시오.

(가) 2014년 4월 16일 일어난 세월호 참사는 대한민국 역사에 남을 '국가적 재난'이었지만, 저널리즘 역사에도 남을 '재앙'이었다. 세월호 참사를 보도하는 취재진들의 태도와 반복된 오보 등으로 인해 '기레기(기자+쓰레기)'라는 신조어가 만들어졌고, 이는 언론에 대한 불신으로 이어졌다.

(나) 이런 상황에서 당시 참사를 보도한 언론인들의 보고서 반성문 격인 '세월호 보도, 저널리즘의 침몰'이라는 제목의 연구보고서가 발간되었다. 230쪽에 달하는 방대한 보고서다. 방송기자연합회는 당시의 세월호 보도 행태를 '대한민국 재난방송의 민낯'이라는 단어로 규정하며 "이번 연구보고서는 대한민국 방송저널리즘이 두 번 다시 침몰해서는 안 된다는 간절한 마음과 다짐의 소산"이라고 밝혔다.

(다) 연합회는 '전원구조' 오보가 사실 확인조차 하지 않은 '받아쓰기 보도'라고 규정했다. 이런 성향은 취재기자들이 직접 엮은

【서술형 3】기자들이 재난보도를 할 때 어떻게 해야 하는지 서술하시오. [10점]

― <조 건> ―
○ 세월호 참사와 관련된 예를 한 가지 제시할 것

【서술형 4】다음 물음에 답하시오. [총 20점]
(1) (가)~(마)를 각각 한 문장으로 요약하시오.(15점)

(2) 위 글의 주제를 서술하시오.(5점)

지필고사 실제 출제 문항

색다른 풍경 하나는 '1차 지필평가 분석하기'라는 주제로 아이들 각자 1차 지필평가에 대한 SWOT 분석을 한 것이다. 아이들이 자기 학습 방법에 대해 분석하고, 스스로 문제점을 찾아가면서 장점을 극대화시킴으로써 자기만의 효과적인 방법을 찾아가는 것을 목적으로 수업을 설계했다고 한다. 재미있는 것은 아이들이 찾아낸 해결책이었다.

아이들이 SWOT 분석을 통해 제시한 해결책은 상당히 보편적이었다. 교사들이 백 번 천 번 이야기해도 아이들은 콧등으로도 듣지 않는다. 그런데 놀라운 사실! 이 활동을 통해 아이들이 찾은 시험을 잘 보는 비법은 첫째, 수업 시간에 이루어지는 모둠 활동을 열심히 해야겠단다. 왜냐하면 친구들과 대화하고 질문하면서 서로 답을 찾아가는 과정 그 자체가 바로 시험 문제임을 알았기 때문이란다. 둘째, 교과서랑 활동지 위주의 시험 준비를 해야겠단다. 시험 본다니까 문제집을 사준 엄마 덕분에 열심히 풀었는데, 별 효과가 없었다는 것을 아이들이 처절하게 깨닫는 지점이기도 했다.

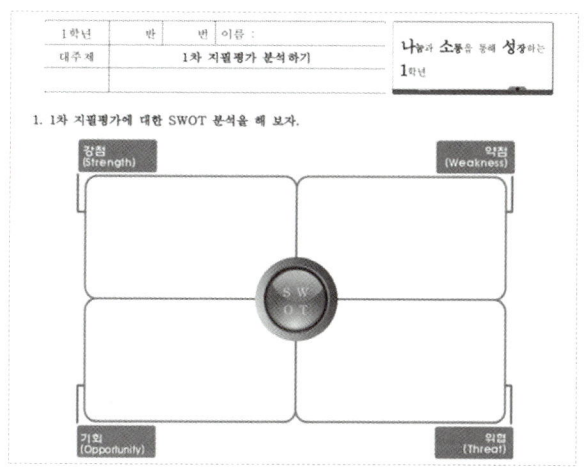

자, 이제 또 문제가 있다. 채점이었다. 지필고사의 80%를 차지하는 서술형, 논술형 채점을 어떻게 해결할 것인가? 가장 어려운 숙제였다. 시험이 끝나고 일상의 수업과 업무 속에서 서술형 채점의 부담은 백배이지만, 담당 교사가 2명 이상인 경우 우리의 해결 방법은 문항 출제자가 자기 문항에 대해 10반 전체를 채점하고 책임지는 방식이다. 시간도 더 걸리고 쉽지 않은 점들이 많지만 아직까지는 가장 좋은 해결책이라고 믿고 있다. 또한 채점 기준을 선명하게 하되 열린 답을 인정하는 유연함을 부여하는 것도 중요했다. 평가 기준을 너무 촘촘하게 짜면 채점 기준에 맞게 채점하느라 날밤을 새야 하는 상황에 처하고 만다. 단원별 성취 기준을 충분히 고려하고 평가에 대해 경직된 생각을 바꾸면 가끔은 평가가 즐거워졌다. 더불어 자기 꾀에 자기가 넘어가는 오류도 피할 수 있었다.

다. 열린 수행평가, 그 끝은 어딜까

수학과의 경우는 수행평가 반영 비율이 50%이다. 몇 년 전부터 독서와 연계한 수학 수업을 진행하면서, 기존의 계산하고 답만 중시하는 풀이 과정에서 어떻게 생각하는지 풀이과정을 더 중점적으로 보려고 노력하고 있다. 더불어 모둠 활동을 통해 이루어지는 풀이의 다양한 과정들도 중시 한다. 서로 다른 과정들을 공유하다 보면 스스로 더 편리한 방법을 찾아 쓰는 아이들의 창의성이 반짝반짝하고, 수학적 상상력이 감탄을 자아내 는 배움을 선물해주기도 한다. 그래서 정답이 틀려도 풀이과정의 부분 점 수가 주어지는 경우도 있고, 수학적인 아이디어도 더불어 평가 속에 담아 낸다.

예를 들면 연립방정식의 경우 '읽기 자료'가 있는 독서 활동과 연계한 문제 만들기를 했다. 그러자 연립방정식을 푸는 것 자체를 어려워하는 아 이들이 '읽기 자료'를 읽고 문제를 만들어봄으로써 문제가 어떻게 구성되 는지 그 원리를 깨달으면서 이해도 빨라지고 사고력이 신장되는 결과를 경험할 수 있었다.

한편, 요즘 새롭게 대두하는 '정의적 능력 평가'가 있다. 늘 새로운 것은 부담스럽기 마련인데, 이 수학 교사는 '정의적 능력 평가'를 별도로 하지 않고 수행평가 속에 함께 녹여내어 자기 자신을 돌아보고 자신의 수학적 관심이나 역량을 점검해보는 '자기평가' 방식을 도입해 운영하고 있다. 다 음은 수학 2학년 수행평가지이다.

수학 2학년	2015년도

일시: 2015년 5월   일   2학년   반   번 이름:

1. 도서 정보를 써보세요.

도서명	
작가/옮긴이	
출판사	
문제로 만들 장면이나 내용	

2. 읽은 내용을 바탕으로 문제를 만들고 풀이과정과 답을 써보세요.

무엇을 미지수로 놓을까?		
어떤 조건이 필요할까?		
활용 문제 만들기		
식 세우고 풀기		
자기평가	1. 문제에 미지수 x와 y를 만들었는가?	(○, X)
	2. 문제에 답을 구하기 위한 조건을 올바르게 제시하였는가?	(○, X)
	3. 제시된 예시를 사용하여 문제를 만들었는가?	(○, X)
	4. 문제에 맞는 알맞은 식을 세웠는가?	(○, X)
	5. 올바른 풀이과정과 답을 썼는가?	

3. 활동지 20에서 예시 4~예시 6 중 하나를 고르고, 연립방정식을 세워 문제를 해결하세요(풀이과정과 답만 쓰면 됩니다).

4. 자기평가
(1) 여러분이 생각하거나 느끼는 것에 가장 가까운 곳에 체크해보세요.

평가 문항	평정 척도				
	긍정	⇐	보통	⇨	부정
이전보다 수학 교과에 대한 흥미가 높아졌다	5	4	3	2	1
스스로 수학 공부하는 재미를 알게 되었다	5	4	3	2	1
방정식을 풀어 해를 구하는 것에 자신감이 생겼다.	5	4	3	2	1
수학 시간에 적극적으로 참여한다.	5	4	3	2	1
모둠원을 배려하며 과제 수행을 협력하며 해결한다.	5	4	3	2	1
과제 수행을 책임감 있게 하였다.	5	4	3	2	1
모둠원을 배려하면서 협동심을 발휘하였다.	5	4	3	2	1
모둠 활동을 할 때 친구들의 의견을 경청하였다	5	4	3	2	1

(2) 연립방정식을 배우며 흥미로웠던 것, 어려웠던 것을 적어보세요.

라. 평가를 가볍게, 통합 평가 혹은 연계 평가

(1) 통합 평가

평가 혁신이라는 이름으로 수업에 맞게 평가를 바꾸다 보니 전체적으로 수행평가 비율이 50% 이상으로 확대되면서 또 다른 문제가 튕겨 나왔다. 수행평가를 해결해야 하는 아이들의 부담이 늘어난 것이다. 교사들 또한 채점이며 평가 시기 조절이며 업무 부담과 고민이 늘어났다. 자칫 평가를 위한 평가, 평가에 짓눌리는 수업이 펼쳐질 위기였다. 아무리 수업의 흐름 속에서 과정 중심의 평가를 진행하더라도 아이들에게 평가는 평가인 것이다. 물론 교사들도 수행평가 결과물을 쌓아놓고 허덕허덕 채점의 늪에 빠지는 경우가 왕왕 일어났다. 그 해결책을 찾은 게 통합 평가, 혹은 연계 평가이다. 보통 교과통합수업을 통해 많이 진행되는데, 타 교과 교육과정을 공유하다 보면 수업의 흐름 속에서 힘들지 않게 수행평가가 이루어진다.

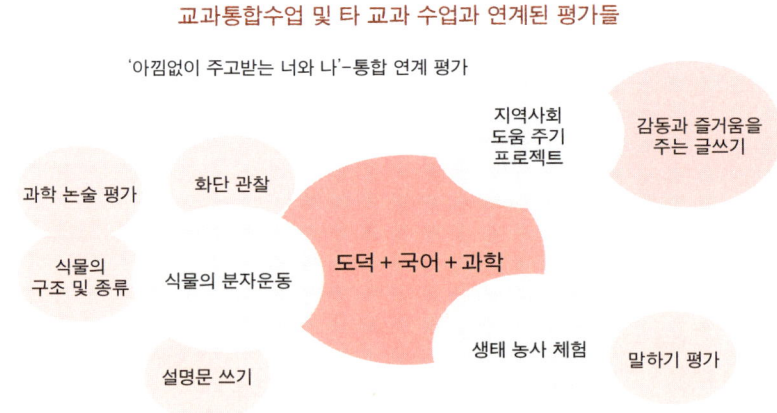

교과통합수업 및 타 교과 수업과 연계된 평가들

'아낌없이 주고받는 너와 나'-통합 연계 평가

예를 들면 학교 화단 관찰을 기저로 한 교과통합수업 '아낌없이 주고받는 너와 나'를 실시한 후 각 교과별로 지필평가 내지는 수행평가가 수업 속에서 더불어 진행되었다. 국어과에서는 창작시 쓰기, 미술과에서는 캘리그래피 작품 제작, 과학과에서는 과학 논술 평가가 체계적으로 이루어졌다. 다음은 과학 수행평가지이다.

과학과 1학년 논술 평가

과학 논술	증산 작용	1학년 반 번 모둠 이름:

다음을 읽고 물음에 답하시오.

(가) 액체는 증발하여 수증기가 된다. 물이 증발할 때에는 열에너지를 흡수한다. 우리가 운동할 때 체온이 높아지면 몸에서 땀이 난다. 이는 땀이 증발하면서 몸의 열에너지를 흡수하기 때문이다. 즉, 땀이 증발하면서 우리 몸의 열을 흡수하기 때문에 더 이상 열이 나지 않는 것이다.

(나) 메타세콰이어 같은 100m가 넘는 큰 나무도 뿌리에서 꼭대기 나뭇잎까지 수분을 전달한다. 이처럼 물이 높은 곳까지 올라갈 수 있는 비밀이 잎에 있다. 잎의 기공을 통해 물이 수증기 형태로 빠져나가는 증산작용이 그것이다. 물이 증산작용에 의해 식물 밖으로 빠져나가면 땅속으로부터 물을 흡수하여 물관을 통해 보충함으로써 큰 나무의 꼭대기까지 물이 올라갈 수 있다.

(다) 침엽수와 활엽수의 특징

구분	침엽수	활엽수
종류	소나무, 전나무, 잣나무 등	느티나무, 오동나무, 단풍나무 등
잎의 특징	잎이 바늘처럼 가늘고 길다.	잎이 넓적하고 크다.

표는 여름철 어느 대도시의 각 지역에서 한낮의 최고 기온을 측정한 결과이다.

구분	도시 중심지	도시 주변의 숲	도심 공원	주거 지역
온도(℃)	34.4	26.0	30.0	3

1. 온도 측정 결과 도시 주변의 숲이 다른 지역에 비해 온도가 낮은 이유를 (가), (나)와 관련지어 설명하시오.

2. 도시 온도를 낮추기 위해 숲을 조성하고자 할 때 침엽수와 활엽수 중 어떤 나무를 심는 것이 좋을지 선택하고, 그 이유를 나무의 종류와 잎의 특징을 포함하여 설명하시오.

(2) 연계 평가

국어과는 설명문을 읽고 '설명 방법'을 배우는 단원에서, 다양한 설명문 읽기 및 설명 방법을 익힌 다음 수행평가로 '설명문 쓰기'가 예정되어 있었다. 전년도에는 기술과의 목공 수업 프로젝트와 연계하여 집 설계 과정을 설명문 쓰기로 실시했는데, 올해는 기술과 그 수업이 다른 주제로 사라져버린 것이다. 고민 끝에 설명문의 다양한 방식이 가장 잘 기술되어 있는 과학 교과서와 과학 수업을 연결하여 수행평가로 진행했다. 국어 수행평가 시간에 아이들은 국어 활동지와 함께 과학 교과서와 과학 활동지 파일을 펼쳐놓고 '설명문 쓰기'를 했다.

설명문 쓰기 수행평가

다음을 참고하여 설명문을 쓰시오.

> 1. 국어 활동지 30, 31, 38을 참고하시오.
> 2. 과학 활동지 VI-1, VI-1를 참고하시오.
> 3. 과학 교과서 263~267쪽을 참고하시오.

설명문 주제: 분자 운동인 증발과 확산을 설명하시오.

> 〈조건〉
> 1. 앞에 제시된 1, 2, 3의 텍스트를 참고하여 설명문을 쓸 것.
> 2. 증발과 확산을 활동지 30의 여러 가지 설명 방법을 사용할 것.
> 3. 제목은 자신이 생각하여 붙일 것.

또 하나, 교과통합수업으로 함께 진행된 도덕과 '지역사회 도움 주기 프로젝트' 수행평가 활동을 대상으로 4월에 앞서 진행된 수업 '5단원 생각과 마음을 나누는 글'에서 추출한 '감동과 즐거움을 주는 글쓰기' 수행평가를 연계하여 진행했다. 이제 막 중학교에 입학한 1학년 아이들에게 이 글쓰기 주제가 당혹스러울 수밖에 없어서 미뤄두었다가 이때 실시한 것이다.

평가 영역	평가 방식	평가 내용	점수
수행평가 (글쓰기)	• 교과 내 재구성 • 도덕과 지역사회 프로젝트	감동과 즐거움을 주는 글쓰기 • '도덕과 지역사회 도움 주기 프로젝트'와 연계 • '5단원 생각과 마음을 나누는 글' 글쓰기 활동 연계 • 지역사회 도움 주기 활동 소개 및 모둠별 활동 내용과 경험, 느낀 점을 바탕으로 한 글쓰기	10점

2학기 말하기 평가 주제는 '선입견'이었다. 우리 1학년 아이들은 창의적 체험활동 중 창의적 특색 활동으로 농사 체험활동이 12시간 주어져 있다. 학기별 2회씩 3시간을 모아서 인근의 텃밭농장에서 '즐겁게 나누고 실천하는 생태 텃밭 교실 아이들'이라는 주제로 사계절 씨를 뿌리고 물을 주고 감자를 캐고 배추도 수확한다. 이 과정에서 국어 시간에 배운 시 수업을 바탕으로 오한숙희의 「아무도 미워하지 않는 지렁이」 수필을 읽고, 도덕 시간 내용과 연결 지어 말하기 주제를 잡았다. 아이들은 신통방통하게도 자신의 생각과 경험을 기막히게 연결 지어 의견을 풀어놓았다. 1분 말하기인데 2분 이상 말하는 녀석들이 3분의 2가 넘었다.

아이들은 이 말하기 활동을 통해 '선입견'의 개념을 짚어보면서 지난 1년의 농사 체험활동을 되돌아보며 키득거렸고, 생명에 대한 예의를 고민했으며, 자신의 선입견을 들여다보면서 그 때문에 입은 상처들도 공유했으며, 사회의 일반적인 선입견들을 통렬하게 비판했다. 그리고 우리 학교 철학이 왜 '배움의 공동체'인지, 우리의 수업이 왜 '모둠별 협력 수업'인지, 혁신학교가 어떤 학교인지 공감했던 평가 시간이었다.

2 장곡중 수업 고수를 만나다

교사의 역할은
교육 목표를 실현하기 위해 교육과정을 통해
교과서를 뛰어넘는(점프)
수업의 설계와 진행이다.
- 박현숙 선생님의 강의 중에서

1. 혁신학교의 살아 있는 역사와 함께한 세 선생님

여기에 소개하는 세 명의 교사는 현재 장곡중에서 펼쳐지는 수업의 핵심을 보여준다. 5년 전, 장곡중학교가 혁신학교를 시작하면서 '수업 혁신'의 막을 열었던 박현숙 선생님을 비롯하여 김현정 선생님, 손가영 선생님은 그 자리, 그 시간을 함께했던 교사들이다. 이들은 가장 열정적으로 함께 공부하고 수업을 바꾸고 그 실천들을 나누며 성장했다. 특히 이 교사들의 수업철학과 수업 설계, 수업 진행, 평가로 이어지는 과정들이 혁신학교 철학과 맞물려 아름답게 빛나는 수업으로 나타난다. 더불어 동료 교사들과 함께 만들어가는 교과통합수업의 다양한 사례들을 보여준다.

지난 5년 동안의 실천적 경험이 축척된 수업의 '고수', 세 선생님의 수업을 들여다보고 매뉴얼화하여 현재 학교가 안고 있는 많은 교육적 문제들을 해결할 수 있는 학교 혁신의 또 하나의 길을 찾고자 한다.

자, 그럼 이제부터 고수들의 수업 이야기, 바로 옆에서 함께 지켜본 교사들의 이야기 속으로 천천히 떠나보자. 길이 없으면 이렇게 길을 만들어 길 수 있는 힘이 우리에게 있을 테니까.

2. 장곡중학교 수업 고수들을 소개합니다

수업 고수 1	박현숙 선생님	교과	국어	학년	1학년

- 2007년부터 장곡중학교 전교조 분회장으로 근무
- 2010년 대한민국 최초의 교육혁신부장
- 2010년부터 전국의 각 지역에서 배움중심수업, 교육과정 재구성, 전문적 학습공동체 등을 강의
- 2011년부터 강원도 거진중학교를 시작으로 외부 학교 및 수업 컨설팅 활동
- 2012~2013 전주 덕일중학교(2012), 전북 삼기중학교(2013), 제주 중앙고등학교, 경기 응곡중학교 수업 컨설팅
- 2014~2015 경기 조종고등학교(2014), 경기 교문중학교(2014), 전주 우림중학교, 경기 부곡중앙중학교 컨설팅
- 2015 전북 호성중 혁신 학년 컨설팅, 경기 군포중학교 컨설팅
- 2015 현재 장곡중학교 수석교사, 장곡마을학교 '너도' 운영위원장, 장곡마을축제 추진 사무국장
- 지은 책으로는 『교사는 수업으로 성장한다』, 『희망의 학교를 꿈꾸다』 등이 있다. 공저한 책으로는 『놀이로 하는 학급 운영』, 『교실 속 갈등상황 100문 101답』, 『빛깔이 있는 학급 문집 만들기』, 『빛깔이 있는 학급 운영』, 『어! 교육과정? 아하! 교육과정 재구성!』 등 다수의 저서가 있다.

초임 발령

1991년 연천으로 첫 발령을 받았다. 국어 교과서가 이상했다. 자꾸 한쪽으로 치우친 생각을 아이들에게 보여주고 있었다. 그래서 교과서 이외에 균형을 맞출 수 있는 텍스트가 필요했다. 이곳은 3~4분에 한 번씩 포탄 터지는 소리가 나는 군사 문화 지역이었다. 이 아이들은 군사 문화가 생활 속에 배어 있었다. 그런 아이들에게 뭔가를 읽히고 싶었다. 그래서 국어 시간에 읽기 자료를 아주 열심히 만들었다. 방학이면 교과서를 가지고 대학 도서관에 가서 단원과 연관이 있는 자료를 찾았고, 그 자료는 교과서 외 읽기

추석 기념 아침 교문맞이 중인 박현숙 선생님

자료로 사용했다. 그런데 아이들은 교과서보다 읽기 자료를 더 좋아했고, 읽기 자료는 아이들의 생각을 쑥 크게 만들었다.

한번은 5월 1일 '메이데이'가 무엇인 줄 아냐고 물었더니 아이들이 '노동절'이라 대답했다. 그리고 항공기가 추락할 때 조종사들이 '메이데이'를 외치는데, 이는 구조해달라는 뜻이라는 얘기도 했다. 아이들에게서 배울 수 있다는 걸 깨달은 최초의 사건이었고, 교사와 학생은 서로에게 도움을 주며 성장하는 관계라는 걸 알게 되었다. 2년을 근무하다 연천을 떠났다. 모 교직 단체에 가입했다고 학교에서 떠나라고 했다. 떠나는 날 아이들의 눈물을 잊지 못하겠다.

놀이

교직 2년 차에 놀이를 만났다. 학창 시절 책 읽기에 몰입했던 나는 친구들과 어울려 놀 때도 책에 먼저 손이 갔다. 책에 빠진 나에게 친구들이 '어디 어디로 가니까 그리로 와.' 하고 말하면 분명히 '응.' 대답을 했다고 한다. 그런데 책을 다 읽고 주위를 둘러보면 아무도 없었다. 그냥 혼자 집으로 왔다. 그리곤 다음 날 왜 말도 하지 않고 없어졌냐고 투덜대면 친구들은 어이없어했다.

이런 내가 교사가 되니, 소풍날이 되는 게 두려웠다. 아이들을 재미있게 놀려줘야 하는데 아무 놀이도 모르는 내가 뭘 할 수 있겠나? 나와 발령 동기인 옆 반의 교사는 밀가루 속에 사탕 물어 먹기, 손잡고 릴레이…… 이런 놀이를 하며 재미있게 놀았다. 우리 반 아이들은 이런 나의 손을 이끌며 술래잡기해요, 보물찾기 해요 했다. 지금 생각해보면 그냥 아이들에게 맡길 걸 왜 굳이 내가 하려 했을까 싶다. 난 모르니 너희들이 알아서 프로그램 만들고 진행해봐, 했으면 그게 바로 학생 자치의 시작이었는데 말이다.

아무튼 그 일을 계기로 나는 놀이 연수에 갔다. 거기서 만난 놀이는 책만 보던 바보였던 내게 신세계였다. 놀이에 꽂힌 나는 수업, 특별활동 할 것 없이 놀이를 풀어댔다. 학교 축제도 놀이판으로, 보강 수업에도 놀이, 특별활동도 놀이반으로 하고. 그러면서 놀이 문화로 가득 찬 학교를 상상했다. 물론 모든 수업도 다 놀이로 기획하고 진행하는. 그러나 대안학교라도 그렇게 할 수는 없다. 그렇지만 전교조 교사놀이연구회 '가위바위보'와 함께 언젠가 그런 학교를 만들겠다는 허황된 꿈을 꾸었다. 그러면서 국어 수업 전체를 놀이로 기획해서 진행하겠다는 야심찬 계획을 세워, 학습 목표에 얼토당토않은 이유를 대가며 단원마다 한 시간 이상은 놀이로 전체를 기획하고 진행하는 무모한 일을 저질렀다.

혁신학교

무모한 나에게 혁신학교는 젖과 꿀이 흐르는 땅이었다. 애초에 모델이 없으니 교사들이 꿈꾸는 학교를 마음대로 만들면 됐다. 놀이로 수업을 했기에 소위 인기가 있는 교사였지만, 그것도 '배움에서 도주하는' 아이들을 마냥 붙들 순 없었다. 그때 만난 것이 '배움의 공동체'였다. 학교 문화를 놀이 문화로 바꾸려고 무진 애를 썼던 나에게 '배움의 공동체'와 손우정 박사는 실로 코페르니쿠스적인 깨달음을 주었다. 학교 문화의 가장 핵심이자 모든 것일 수 있는 게 '수업'이며, 수업을 바꾸지 못하면 아무것도 바꾸지 못한다는 단순한 진리를 왜 깨닫지 못하고 학교 문화를 바꾸려고 그렇게 노력했는지 우둔함에 가슴을 쳤다. 그리고 장곡중학교의 모든 교사들과 마음을 모아 함께 수업을 바꾸고 함께 고민하자 꿈에도 그리던 학교가 만들어졌다. 수업 속에서 치유가 되었다. 학교의 교육과정 재구성이 저절로 되었다. 학교가 교사와 학생 모두에게 행복한 장소로 탈바꿈했다.

지금

이런 신비로운 경험을 나누고 싶다. 수업이 바뀌면 학교가 바뀌고, 모든 게 다 바뀐다는 장곡중학교의 경험을 전국의 학교와 나누고 싶다. 그리하여 전국의 학교를 젖과 꿀이 흐르는 행복한 학교로 바꾸는 허황된 꿈을 꾸며 열심히 뛰어다니고 있다.

수업 고수 2	김현정 선생님	교과	역사	학년	2학년

- 2010~ 장곡중학교(경기도교육청지정혁신학교) 근무
- 2011~ 시흥교육지원청 교실 수업 개선 맞춤형 컨설팅 요원, 수업 혁신 컨설팅 강사
- 2011~ 장곡중 사회과 교과부장으로 사회과 수업 및 평가 컨설팅 활동(경기, 대구, 전북, 제주도 등)
- 2011, 2014년 겨울 일본 배움의 공동체 학교 탐방 연수 참가
- 2010~ 독서토론 모임, 시흥혁신교육연구회, 토요 수업 보기 모임, 배공 심화 연수 등 자발적인 의지를 필요로 하는 연구회나 모임 어디든 꼭 함께하고자 노력함
- 2015년 현재 2학년 역사 수업을 전담하고 있으면서 2학년 교육과정 부장으로 2학년 창·체 수업, 교과통합수업, 학년 말 프로젝트 수업을 기획, 실행하고 있음

옛날이야기를 좋아하던 시골 소녀, 역사학도 되다

어렸을 적부터 나는 옛날이야기 듣는 것을 좋아했다. 특히 할머니, 엄마, 아빠의 어렸을 적 이야기는 그 어떤 이야기보다 흥미롭고 재미있었다.

어느덧 불혹의 나이가 된 요즘에는 부모님이 살아온 이야기와 더불어 두 분이 기억하는 나의 어린 시절 이야기를, 어렸을 적 내 모습을 꼭 닮은 두 아이와 함께 듣고 있다. 이렇게 사람 사는 이야기 듣기를 좋아하는 내가 대학에서 역사를 전공했다.

역사 속에서는 시대와 공간을 초월해서 다양한 사람들의 이야기를 만날 수 있으니, 정말 탁월

세월호 유가족과 함께하는
릴레이 단식을 하던 날의 김현정 선생님

한 선택이다. 그 당시에는 별 생각 없이 선택했을지라도 이렇게 해석해서 의미를 부여해주니 좋다. 한국 현대사 공부할 때는 할머니, 엄마, 아빠의 삶이 자연스럽게 연결되었고, 나를 유난히 생각해주셨던 할머니 이야기는 일제 강점기를 교과서 속 지식이 아니라 실제 삶의 이야기로 만날 수 있게 해주었다. 그래서 졸업 논문 주제도 일제 강점기 농민운동을 선택했다. 이것을 확대 해석하면 2학년 창의적 체험활동 수업 중 수요시위에 참여하는 '그녀들의 이야기' 프로젝트와도 연결시킬 수 있겠다.

박물관 학예사를 꿈꾸던 역사학도, 역사 교사 되다

대학생활 초반에는 유홍준의 『나의 문화유산답사기』와 신영복의 『나무야 나무야』, 이 두 권의 책 덕분에 답사의 매력에 푹 빠져 있었다. 답사의 매력은 지금의 내가 살고 있는 시간·공간과는 전혀 다른 시간과 공간, 사람을 만나는 것이다. 그것이 주는 묘한 매력이 참 좋다. 때문에 졸업할 때까지 학교에서 가는 답사는 거의 빠지지 않았고, 학과 답사 준비 팀에서 활동하면서는 사전 답사도 빠지지 않고 참여했다.

1994년 겨울 사전 답사에서 만났던 '감은사지탑'은 많은 생각을 하게 했다. 천 년의 세월을 견뎌온 탑을 보면서 그 시대의 누군가를 떠올려보는 경험은 새내기 사학도에게는 참 소중했다. 덕분에 문화유산의 매력에 빠져서 막연하고 행복하게 박물관 학예사를 꿈꾸었다. 그러나 졸업을 앞두고 이런저런 현실적인 고민들을 하였고 그 결과 현재는 역사 교사가 되었다. 문득 나의 이루지 못한 이 꿈이, 교과통합수업 '흙 속에 담긴 낯선 기억을 찾아서'를 5년 동안 지속하고 있는 그 힘이 아닐까 생각해본다.

평범한 역사 교사, 장곡중에서 함께 배우고 성장하다

여느 교사들처럼 멋진 카리스마도 없고, 앞에 서서 열정을 쏟아내는 역량도 없고, 거기에다 타고난 입담까지 없는, 그냥 진지하기만 한 역사 교사인 내가 수업을 통해서 아이들, 또는 동료 선생님들과 즐겁게 소통하면서 함께 배우고 성장하고 있다. 그 배움과 성장의 이야기는 본문에서 이어가기로 하자.

수업 고수 3	손가영 선생님	교과	영어	학년	3학년

- 2010~2014 장곡중학교(경기도교육청지정혁신학교) 근무
- 2011~2014 시흥교육지원청 교실 수업 개선 맞춤형 컨설팅 요원, 수업 혁신 컨설팅 강사
- 2012년 7월 광명혁신지구, 화성오산혁신지구 수업 협력 교사 협력 수업 컨설턴트
- 2012. 8. 13. 제3회 배움의 공동체 세미나(전주) 영어과 대표 수업 공개
- 2013~2017 가톨릭대학교 교직과 예비 교사 대상 수업 시연 지도
- 2013 5월 시흥교육청, 화성오산교육청, 이천교육청 신규 교사 연수 진행
- 2013년 경기도교육청 배움 중심 TEE 동아리 회원으로 활동
- 2013~2014 전북 교육 연수원 1급 정교사 배움 중심 영어 수업 연수
- 2014년 경기도 시흥지역 혁신연구회, 수업 보기 모임, 독서토론 참여
- 2015년 안양공업고등학교 근무, 인천 수업 협력 교사 협력 수업 컨설턴트, 경기도교육청 해외 교육 우수 사례 연구팀 회원으로 활동
- 2016년~ 현재 서울대학교 영어교육대학원 파견

나는 교육철학을 암기했었다

임용시험 3차 준비를 하며, 내게 가장 어려웠던 질문이 "당신의 교육철학은 무엇입니까?"라는 질문이었다. 나는 인터넷을 검색했다. 사람들이 적어놓은 교직관을 하나둘 짜깁기하고 면접시험에 나올까 싶어 열심히 외웠다. 나의 시작은 이랬다.

약간은 긴장하고, 또 약간은 메마른.

일 년 차 교사일 때, 막연히 수업이 잘하고 싶었다. 교사는 수업을 가장 잘하는 사람이 되어야 한다고 생각했다. 모 대학교에서 주최하는 수업경연대회에 참가했다. 당시 장곡중학교에서 배움중심수업을 실천하고 있던 나는 교실에서 하던 수업 그대로 대회장에서 시연했다. 마침 앞 순서라 일찍 수업 시연을 마친 나는 다른 선생님들의 수업을 보며 느낀 바가 있었다. 나의 수업은 너무나 다른 색깔을 띠었다.

그 뒤로 한동안 방황했다. 그리고 수업에 대한 고민을 가슴으로 하기 시작했다

"내가 하고 있는 수업이, 교육의 방향이 맞나?"라는 고민이 한동안 나를 괴롭혔다. 그렇게 장곡중학교에서 1년이 지나갔고, 다음 해 4월 나는 공개수업을 하게 되었다. 전국에서 모이신 많은 선생님들 앞에서 나는 겁도 없이 수업을 공개했다. 날짜도 정확히 기억한다. 2011년 4월 11일. 나는 이날 수업 공개와 수업 연구회를 통해 치유받았고 또 성장하였다. 내가 고민하는 것들이, 수업에서 가장 중요하게 생각하는 것들이 충분히 가치 있는 것들임을 동료 선생님의 따뜻한 말과 긍정적인 지지로 확인할 수 있었고, 그래서 더 확신을 가지고 노력하게 되었다.

당시 나는 '시험을 위한 수업은 하지 말자'라고 생각했다. 시험을 위한 수업만 받아왔던 나는 교사가 된 후 '내게 가장 의미 있었고, 그래서 아직도 기억에 남는 수업이 있나요?'라는 질문에 답할 수 없었다. 내게는 그런 수업이 없었다. 나에게 영어 수업이란, 영어 문장을 분석하고 to부정사, 동명사, 분사 등의 문법적 요소를 적용해 해석, 암기하는 것이 전부였다. 이런 일련의 과정을 거치면 시험점수는 어느 정도 보장되었으나, 그 과정에서 본문을 무미건조하게 외우는 일이 정말 쉽지 않았다.

이런 메마른 수업을 나의 학생들에게도 하고 싶지는 않았다. 적어도 한 시간 한 시간의 수업이 그들의 인생에 어떤 의미와 향기를 가지고 오래도록 남아 있었으면 좋겠다는 생각을 했다. 너무 낭만적인 생각인지 모르겠지만, 그래서 나는 수업의 주제를 그냥

수업 중인 손가영 선생님

고를 수 없었다. 주제가 학생들의 교실 안과 밖의 삶과, 그들이 만날 세상에 어떤 영향을 발휘할까가 중요했다. 이런 생각들이 나의 교육철학, 그리

고 교과 철학이 되었다. 혁신학교 장곡중학교에서 일 년 반 만에 나만의
색깔을 수업에 녹여내게 된 것이다.

배우는 교사는 절대 무너지지 않는다

장곡중학교에서 가슴 벅찬 5년 동안 나는 참으로 많이 배웠다. 교사는
'가르치는' 일을 하는 사람이라고 생각했던 나는 장곡중학교에서 '배우는
전문가'로 도약했다. 배우는 교사는 배우는 아이들을 만든다. 배우는 아
이들이 절대 무너지지 않듯이 배우는 교사도 절대 무너지지 않는다. 나
는 동료들과 함께 교육의 방향을 이야기하고, 실천하며 희망의 깊이를 더
했다. 교직 인생에 언제라도 수업을, 배움을 이야기할 수 있는 동료가 있
다는 것이 정말 행복하다.

장곡중학교를 떠나 다른 학교에 근무하고 있는 지금, 나는 고군분투
중이다. 너무도 다른 환경에서, 한 명도 소외되지 않는 수업이 아닌 단 한
명이라도 더 깨워보려는 수업을 하고 있다. 하지만 '배우는 교사는 절대
무너지지 않는다'는 것을 믿는다. 배움의 불모지에 조금씩 희망의 바람을
보태 이 아이들에게도 배움의 씨앗을 흩날려보려 한다.

2장

★ 첫 번째 고수

박현숙 선생님과 함께하는 국어 수업

_박현숙·이경숙

① 박현숙 선생님이 들려주는 국어 수업 이야기

> 수업은 아이들의 삶의 폭을 넓혀나가는 매개라고 생각한다.
> 어제 했던 내 생각과 행동을 오늘 만난 수업을 통해
> 새롭게 성찰하면서 성장하는 삶이 되면
> 참 행복한 인간으로 살아갈 것 같다.
> - 박현숙 선생님의 수업철학 중에서

1. 혁신학교와 배움중심수업

"혁신학교가 일반 학교와 무엇이 다르지요?" 장곡중 교사들은 이런 질문을 외부 연구자나 교육 관계자, 학부모들로부터 자주 받곤 한다. 신기한 것은 그 대답에 한결같이 "문화가 다르다"고 답을 한단다. 문화가 다르다. 문화가 무엇이냐 물어보면 학자마다 다양한 견해가 나온다. 부산교대 성병창 교수는 '문화'는 '역사성'과 '경계성'이라 개념을 규정지었다. 즉, 문화란 시간이 흐르면서 만들어지며, 다른 집단과 확연히 구분되는 어떤 것이라는 의미다. 그렇다면 혁신학교는 학교는 학교인데, 하루아침에 만들어지지 않으면서 다른 학교와는 확연하게 다른 학교란 뜻이 된다.

학교는 학교인데 '혁신학교'는 무엇이 다른가?

가. 혁신학교는 수업이 잘되는 학교다

혁신학교는 2009년 2학기부터 현장에 실시된 정책으로 이때 혁신학교로 지정된 학교 중에 덕양중학교, 호평중학교, 보평중학교, 흥덕고등학교, 서정초등학교, 조현초등학교, 남한산초등학교, 보평초등학교 등이 잘 알

려져 있다.

혁신학교 정책이 남한산초등학교처럼 작은 학교의 성공 사례를 발판으로 나왔기 때문에 초창기에는 규모가 큰 혁신학교에는 큰 기대가 없었다. 시골 작은 학교의 성공을, 중등학교보다는 초등학교의 성공을 기대했다.

그렇게 시작되었기에 초등학교는 남한산초등학교나 조현초등학교처럼 다른 학교들이 추구할 모델이 있었다. 초등학교는 그런 모델 학교를 보면서 혁신학교의 목표 설정이나 교육 과정 만들기가 비교적 수월하게 진행되었고, 안착이 되는 것도 보였다.

문제는 중등학교였다. 중등의 혁신학교는 이우학교였고, 이우학교를 보면서 그런 학교들을 만들어내면 되는데 현장에서는 그렇지가 않았다. 교사들에게 이우학교는 아주 특별한 학교였다. 심지어는 이우학교가 어렵게 극복한 것마저도 특별하니까 가능하다고 생각했다. 이우학교는 적은 학생 수, 일반 학교와 다른 수업, 창의적인 교육과정, 민주적인 학교 운영, 학생 자치의 실현 등 여러 면에서 특별했다. 이런 점들은 혁신학교 계획서에 이미 다 있고 혁신학교가 추구하는 정책이었으나 그 당시 교사들의 인식이나 관리자의 사고방식 등이 받아들여 따라가기는 어려웠다. 많은 혁신학교들이 이우학교를 방문해서 그들의 수업을 보고 교육과정에 대한 이야기를 듣고 학생들의 자치를 확인했지만, 희망보다는 '우리 학교에서는 불가능한 일들이야.' 하고 체념하는 쪽이었다. 그래서인지 2009년에 2학기에 처음 시작된 중등의 '혁신학교'는 주로 방과 후 학교나 체험활동, 지역사회와 연대한 공부방 등의 사업을 주된 사업으로 했다.

2010년에 혁신학교가 된 장곡중학교가 그 모델을 찾으려고 했을 때, 그때 진행되고 있던 혁신학교나 혁신학교는 아니지만 유명세를 탔던 충청남도의 홍동중학교도 지역사회와 연대한 공부방 사업, 학부모 연대 사업, 방과 후 학교 등으로 학교 혁신을 만들어가고 있었다.

장곡중학교는 이런 학교들에서 혁신학교의 진정한 모습을 찾을 수 없었다. 학교의 본질은 '배우는 곳'이고, '배우는 행위'가 펼쳐지는 기본은 '수업'인데, 그 당시에는 본질인 수업이 혁신적으로 이루어지는 곳은 이우학교를 제외하고는 찾을 수 없었다. 게다가 혁신학교를 하면서 그 속에서 교사가 행복한 모습이나 혁신학교에 대한 만족감이 보이지 않았다. 혁신 담당 부장들은 과중한 업무에 입술이 부르텄고, 교사들은 물에 젖은 솜처럼 다들 축 처져서 쉬는 시간이면 교무실에 엎드려 있었다. 이런 풍경을 보면서 장곡중학교 교사들은 깊은 고민에 빠졌다.

교사들이 혁신학교를 하고 싶었던 가장 큰 이유는 수업 속에서 행복해지고 싶기 때문이다. 전국의 수많은 학교에서 수업이 행복하다고 느끼는 교사는 많지 않다. 그 이유는 학생들이 수업에 참여하지 않기 때문이다. 교사는 열심히 수업을 하는데, 학생들은 듣지 않고 멍하게 앉아 있거나, 듣기는 하지만 아주 수동적인 태도로 대답도 잘 안 하고, 교사의 지시에만 겨우겨우 따르는 상황이니 교사들은 정체성이 흔들리고 자존감이 낮아질 수밖에 없었다.

그래서 교사들은 혁신학교를 하면서 수업을 바로 세우고 싶어 한다. 지금 수업이 제대로 이루어지는 학교가 별로 많지 않으니까 혁신학교라도 해서 수업이 제대로 이루어지도록 하고 싶은 것이다. 학교에서 수업이 '전부'이진 않지만, 제일 중요한 것이 '수업'이라는 데는 이론이 없다. 전국의 학교에서 '수업'이 제대로 된다면, 사회에서 학교로 쏟아지는 개혁 요구에 상당 부분 응하는 것이다. 그리고 수업에 만족하는 학생이 문제를 일으키는 일은 거의 없다. 수업이 잘되면 학교로서는 많은 책임을 다 하고 있다고 해도 과언이 아니다. 수업이 안 되기 때문에 학생들은 수업 밖에서 방황하고, 학부모와 교육부는 학교를 믿지 않고, 학생들은 학원에 가며, 교사들은 좌절하고, 방과 후 수업에 열을 올리고, 잘 만들어진 교육과정이 의미가 없어진다. 그러므로 혁신학교는 수업이 잘되는 학교다.

나. 수업에서 교사가 주인공이 아닐 때 '배움'이 일어난다

수업에서 교사들이 가장 어려워하는 것은 자신의 존재를 최소한으로 하는 것이다. 교사들은 수업에서 주인공이고 싶어 한다. 그런데 배움중심, 학생중심수업은 '학생'이 주인공이 되는 수업이다.

수업에서 왜 아이들이 빠져나가는가. 교사가 주인공이라서 그렇다. 교사가 항상 주인공이고 학생들은 관객이 되어야 한다. 재미있는 연극이라면 학생들은 즐겁게 관객이 되겠지만, 재미없는 수업에서 관객에게 경청과 집중을 강요하기는 어렵다. 학생들에게 주인공 역할을 주어야 적극적으로 자신의 역할인 '배움'을 수행하게 된다.

다음은 네트워크 구조의 형태이다. 첫 번째 네트워크는 중앙집중식이고, 두 번째는 탈중심이며, 세 번째는 분포된 형태다(『혁신교육, 철학을 만나다』, 살림터, 102쪽).

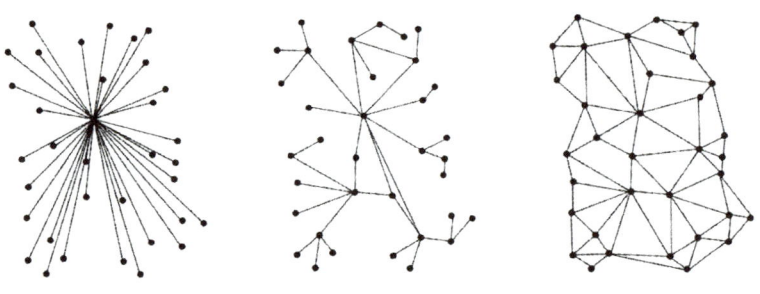

네트워크 구조를 수업의 측면에서 보자면 첫 번째 네트워크는 강의식 수업에서 이루어진다. 가운데 점을 교탁에 있는 교사의 위치로 하고 나머지 점들을 4분단으로 배치해보라. 바로 강의식 수업의 네트워크가 된다. 이 네트워크의 강점은 교사가 가진 지식과 정보가 전체에게 영향력 있게 나갈 수 있다. 그런데 이런 네트워크를 지속적으로 유지하려면 그 지식과 정보가 교사만이 가지고 있는 것이어야 한다. 또한 교사가 수업에서 강한 영향력을 미쳐야 가능한 네트워크이다.

그런데 현재 교실에서 유통되는 지식과 정보를 교사만 갖고 있는가? 인터넷, 자습서, 학원, 학습지 등을 통해 이미 선행 학습을 한 지식과 정보를 다시 한 번 교실에서 반복해 들어야 하는 게 현실이다. 학생들이 적극적으로 교사와 네트워크를 유지할 이유가 없다. 오히려 현실의 교실에서는 적극적으로 네트워크를 끊는 학생이 더 많이 있다.

배움의 측면에서도 그렇다. 아는 것, 교과서에 있는 것이 지식인가? 이미 존재하는 진리로서 지식을 받아들이는 게 배우는 것인가? 많은 연구 결과들이 이를 부인한다. 배움은 단순히 지식을 받아들이는 것이 아니라, 다양한 문제를 해결하고, 창의적으로 생각하며, 필요한 것들을 만들어내는 역량을 키우는 것이라 말한다. 그것을 배우는 것이 수업이다. 중앙집중적 네트워크로 그런 역량을 만들 수 있는가? 그렇다고 자신 있게 대답하기는 어렵다.

다음으로 교사가 만들어내는 네트워크가 누구를 위한 것인지도 곰곰이 생각해보아야 한다. 첫 번째 네트워크는 수업을 구조화하거나, 활동지를 제작할 필요가 거의 없다. 자신이 알고 있는 교과서의 지식을 잘 설명해주면 된다. 특별한 수업 기획이 필요하지 않기에 준비하는 데 많은 시간이 필요하지 않다.

두 번째나 세 번째 네트워크는 허브가 없기 때문에 분산된 각각의 점들을 네트워크화하는 활동이 필요하다. 그 활동이 바로 '배움'의 내용이 될 것이다. 그러므로 교사의 일방적 설명은 불가능하고, 설명하고자 하는 내용을 학생들이 '활동'을 하면서 배우도록 수업을 기획하고 진행해야 한다. 그 속에서 학생들은 배움의 주제가 되어, 스스로 학습에 참여하게 된다.

혁신학교에서 왜 수업을 바꾸기가 어렵다고 하는가? 네트워크 구조를 생각하면 바로 답이 나올 것이다. 아는 것을 가르치는 단순 네트워크에서 네트워크를 만들어내는 기획과 수업 속에서 끊임없이 네트워크 만들기로 교사의 역할을 전환해야 한다. 단순 지식 전달자라는 교사의 입장을 변화시킬 것을 강하게 요구한다.

교사들이 과거부터 보고 익히고 사용했던 수업을 버리고 전혀 경험해 보지 못한 역할을 요구하기 때문에, 배움중심수업으로의 전환은 교사들의 저항을 불러일으킨다. 다른 것은 다 하겠는데 수업만큼은 나에게 변화를 요구하지 말라고까지 하면서 말이다.

그러나 교사 중심의 중앙집중형 네크워크가 반복되면 학생들에게 어떤 영향을 미치는지도 생각해봐야 한다. 학생들이 살아가는 세상은 복잡한 네트워킹으로 가득하며, 그 속에서 다중적인 네트워킹을 하며 살아가야 한다. 네트워킹을 얼마나 잘하느냐에 따라서 개인의 삶도 달라진다. 교실에서 중앙집중식 네트워킹에만 익숙해진 학생들이 현실에서 얼마나 다양한 네트워킹을 만들 수 있을까? 현실에서는 각기 다른 네트워킹 속에서 수행해야 하는 자신의 역할을, 중앙집중형 네트워크가 대부분인 수업 속에서 배울 수 있겠는가? 다양한 네트워킹 속에서 만나게 되는 갈등과 다른 역할 수행을 잘해낼 수 있을까? 그런 것들을 생각한다면 교사는 다양한 네트워킹 구조가 있는 수업을 해야 한다. 4분단으로 앉아서 교사만 바라보게 배치된 책상 배열에서 어떤 네트워크가 허용될 수 있을까? 그리고 학생들이 만들어내는 네트워크를 교사는 쓸데없는 이야기라고 단정 짓고, 조용히 할 것을 요청하지 않는가? 주변에서 다양한 것을 스스로 찾고, 자신의 것으로 만들려면 네트워크의 경로를 다양하게 열어놓아야 한다. 그 속에서 학생들은 스스로 배움을 만들어간다.

2. 나의 수업철학

가. 좋은 수업이란?

수업에 '좋은', '나쁜'이란 수식어를 붙일 수 있는지 모르겠다. 그렇지만 좋은 수업은 분명히 있다. 어떤 수업이 좋은 수업일까?

　학교가 존재하는 이유가 학생들이 '알기 위함'이지 교사들이 '가르치기
위함'에 있지 않다.

이는 『학교 바꾸기 그 후 12년』(맘에드림 출판사, 25쪽)에 김성은 학생
이 쓴 말이다. 그동안 많은 교사들이 열정적으로 가르쳤으며 일반적으로
그런 수업을 좋은 수업이라 생각하는데, 그것을 여지없이 무너뜨린 말이
아닐 수 없다.

1950년대 미국에서 연구한 결과인 학습 피라미드를 보면, 가르치는 것
에 대해 더 부정적이다.

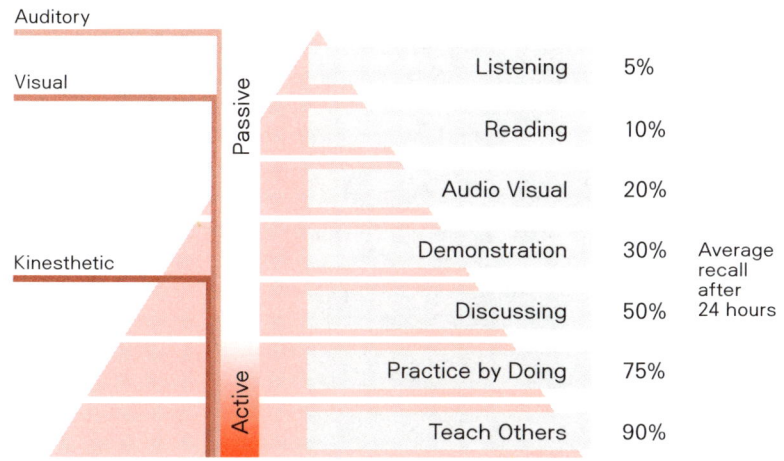

출처: National Training Lab(NTL), Bethel, Maine

이 그래프를 보면 교사가 열정적으로 가르치는 강의식 수업의 효과가
가장 적다. 이것도 학습자가 열심히 귀 기울여 들었을 때이므로, 일반적
인 교실에서 평균적인 학습 효과를 생각한다면 처참한 결과인 셈이다. 결
국 열정적인 강의식 수업에서 완전 학습을 하는 것은 단 한 사람이며, 그

사람이 바로 교사다. 수업에서 가르치는 것을 다시금 생각하게 한다.

요즘 붐을 일으키고 있는 '거꾸로 수업'은 교사의 가르침을 수업 전에 10분 정도로 최소화하고, 학습할 내용을 학생들에게 던져줌으로써 스스로 수업 속에서 배울 수 있도록 하는 원리다. 협동 학습도, 배움의 공동체 수업도 교사의 가르침보다는 학생들의 '활동'에서 스스로 찾는 '배움'을 강조한다.

학생들을 '알게 하는(배우게 하는)' 수업이 좋은 수업이다. 한때 경기도 교육청에서는 배움중심수업, 학생중심수업, 학생배움중심이란 용어를 쓰기도 했다. 이들도 결국 수업에서 학생들이 배우는 것을 의미하기는 마찬가지다.

그렇다면 학생들은 왜 배워야만 하는가? 수업에서 무엇을 배워야 하는가?

교사는 수업을 준비하면서 이런 본질적인 질문을 스스로에게 반복해서 던져야 한다. 그렇지 않으면 가르치는 목적을 잃어버릴 수 있다. 그렇게 되면 자신도 모르게 교과서를 열정적으로 가르치게 된다. 국가가 정한 학습 내용을 성취 기준을 염두에 두고 가르치더라도, 그 학습 내용이 학생들의 삶을 어떻게 가꿀 수 있는지 고민하지 않는다면, 수업은 시험을 잘 보기 위한 수단으로 전락할 것이다. 학습 내용이 학생들의 삶을 가꿀 수 있을 때, 가르치는 교사와 배우는 학생이 수업에서 의미를 찾고 참여할 수 있다.

나. 교과서는 어떻게 해야 하나?

학습 내용은 수업 시간에 배워야 할 내용이고, 성취 기준은 도달해야 할 목표이므로, 그것을 서술한 글은 추상적이다. 교과서도 학습 내용을 성취할 수 있도록 만들어졌지만, 학생들의 배움이 체계적으로 이루어지도록 세세한 과정까지 들어 있지는 않다.

교과서만 가지고 수업을 했을 경우에 교과서의 단점들이 학생들의 배움을 적극적으로 방해한다. 세상에 존재하는 모든 것이 학생들의 교재가 될 수 있을 때 배움은 교사가 상상할 수 없을 만큼 커질 것이다. 여기서 교사가 어떤 역할을 해야 하는지가 나온다.

교과서는 학생을 위해 만들어진 것이지만 배우기에 좋은 교재가 아니다. 잘 배우기보다 가르치기에 편리하게 만들어졌다. 그것은 교과서라는 상품 자체가 지닌 속성이다. 교과서라는 상품을 학생들이 선택하지는 않는다. 교사들이 선택하고 학생들이 사용한다. 그리고 의무교육이므로 비용은 국가가 지불하고, 고등학교에서는 사용자가 지불한다. 선택한 사람이 비용을 지불하지 않고, 선택한 사람이 사용할 상품이 아니다. 그러니 제작부터 유통까지 사용자는 철저하게 배제되어 있다. 교과서 회사에서 어떤 상품을 만들 것인가? 회사는 이윤 창출을 최대 목적으로 하므로 교사 입맛에 맞는 교과서를 제작한다. 그래서 교과서는 가르치기 좋게 만들어진다.

그렇기에 역설적으로 교사가 필요하다. 교사는 가르치기 좋게 만들어진 교과서를 배우기 좋게 바꾸어야 하는데, 그 과정에서 활동지가 제작된다. 활동지는 교과서가 제시한 교재가 배움에 적절한지 판단하고, 교과서에 제시되지 않은 배움의 과정까지를 담아 학생들에게 제시해야 한다. 그 과정이 교육과정이고, 한 시간 한 시간의 수업은 그러한 과정을 거치며, 그러면서 성취 기준에 도달하고, 그 수준을 뛰어넘을 수 있다. 예를 들어 보자.

시를 감상할 때, 교과서에는 시인들의 시가 성취 기준에 맞게 제시되어 있다. 운율, 비유법, 상징이라는 성취 기준에 잘 도달한 시인들의 시가 교과서에 나와 있고, 교사는 그것을 가르치면 수업이 끝난다. 그런데 그렇게 수업을 하면 과연 학생들이 '운율, 비유법, 상징'을 알고, 시를 감상할 수 있게 되는가? 시를 직업으로 가진 사람들의 세련된 시를 통해 '나는 이런 시를 절대 지을 수 없어.' 하며 절망을 키우지는 않을까? 수업을 한 결과가 시에 대한 절망으로 표출된다면 하지 않느니만 못하다.

국가가 학습 내용으로 시의 표현 기법을 정하고, 그것을 통해 시를 감상할 수 있도록 성취 기준을 정했다는 것은 어떤 의미인가. 민주시민으로 (중학교 교육과정의 목표이다) 시를 감상할 수 있는 역량이 필요하다는 뜻이다. 교사의 입장에서 이것을 곰곰이 생각해보면 학습 내용과 성취 기준에 동의할 수 있다. 사람이 살아가면서 시를 즐겨 읽는다면, 그런 사람들이 많다면 참 멋진 사회가 될 것이다. 시집을 사서 읽고, 이웃과 가족과 함께 시를 이야기하고…… 그것뿐이겠는가.

이렇게 보면 학습 내용으로 정한 그 어떤 것도 소홀히 할 수 없고, 모두가 개인의 역량으로 키워지도록 수업을 해야 한다.

그런데 교과서가 문제가 된다. 교과서의 멋진 시들은 오히려 학생들을 시에서 달아나도록 만든다. 경험상 국어 교과서의 어떤 교재도 교사가 가공하지 않은 채 그대로 썼을 때 좋은 효과를 주지 못했다. 그것이 교과서의 치명적인 단점이다.

일단 시를 왜 배워야 하는지, 배우면 무엇이 좋은지를 수업을 통해 학생들이 깨닫게 해야 한다. 운율과 비유법, 상징이 시를 얼마나 멋지게 만드는지를 알게 해야 한다. 그리고 그것들을 학생 스스로 만들 수 있게 해야 한다. 그러면서 시의 매력을 느끼고, '아, 나도 시를 쓰고 싶다'는 욕망을 불러일으켜야 한다. 욕망을 구체적인 과정을 거쳐 실현하게 만들어야 한다. 시를 만나면서 시를 알게 되고, 시를 친근하게 여기게 되고, 나도 시를 짓고 싶다고 생각하게 되고, 국어과 교육과정에서 수업 시간에 시를 짓도록 제시해야 한다.

그 과정을 거치면서 학생들이 스스로 시를 감상할 수 있는 힘이 길러져야 시를 제대로 배운 것이다. 그래야 도서관에 가서 시집을 뽑아보게 된다. 시를 배웠는데도 학교 도서관에서 시집에 학생들 손이 가지 않거나 시집 대출이 늘지 않았다면 그 수업은 실패다.

다. 삶의 질을 고민하는 수업

이것을 왜 가르쳐야 하는지 끊임없이 고민해야 한다. 그래야 학생들이 배워야만 하는 정당성이 만들어진다. 왜 배워야 하는가? 이 수업에서 주려는 것이 무엇인가? 이것이 명확할 때 수업은 그 방향으로 기획된다. 학생들도 내가 배우는 것이 삶에 어떤 영향을 미칠지를 알아야 적극적으로 수업에 참여한다. 그냥 수업 시간이니까 공부를 해야 한다면 주체적인 태도로 수업에 참여할 수 없다. 시험을 잘 보고 싶어 하는 욕망이 있는 학생들은 수업에 주체적으로 참여할 것이다. 그러나 그런 학생은 교실 안에 몇 명 되지 않는다.

오늘 수업에서 배운 것이 내 삶을 바꿀 수 있으리란 확신이 들면 적극적으로 참여하게 된다. 적극적으로 참여해 배움으로써 세상을 보는 눈이 달라지고, 삶의 폭이 넓어져야 한다.

시를 배웠다면, 내 삶에 시가 들어오게 해야 한다. 그래서 시를 짓고 싶은 마음이 들고, 내가 지은 시를 감상하면서 시간을 보낼 수도 있어야 한다. 그 시를 액자에 넣어 내 방에 걸어두고, 서점에서 시집을 사서 읽을 수도 있다.

주장하는 글을 배웠다면, 내가 세상에 말하고 싶은 것이 있을 때 글로 써서 발표할 수 있어야 한다. 신문사에 투고를 한다거나, 인터넷 공간에 학교에서 배운 것을 토대로 내 생각을 써야 한다. 그 글들이 다른 사람들을 만나고 소통하면서, 내가 사회 속에서 어떤 영향을 끼치고 있음을 느껴야 한다. 이것이 정치적 영향력이다.

언어는 도구이기 때문에 어떻게 사용하느냐에 따라 자신과 주변에 미치는 영향이 다르다. 현실 세계에서 다양한 관계를 맺고 살아가야 할 학생들이 언어를 훌륭하게 사용할 수 있게 하는 것이 국어 수업의 목표 중

하나이다. 언어를 잘 다루는 학생들은 세상을 행복하게 살 수 있다.

언어는 도구이므로 사용자의 도구 사용의 철학도 고민해야 한다. 왜 가르치는가는 왜 배우는가이며, 이 세상을 어떻게 살아가기를 원하는가와 밀접하게 관련이 있다. 학교에서 배운 것이 개인의 삶을 풍요롭게 하면서, 동시에 사회도 살기 좋게 만들어야 가치 있는 배움이다. 개인의 행복과 사회의 행복이 따로 존재할 수 없다. 따라서 수업이 추구해야 할 가치도 사회의 지속가능성을 염두에 두고 개인의 삶을 행복하게 만들 수 있는 힘을 키우는 것에 두어야 한다. 그렇게 될 때 학생들은 기꺼이 수업에 주체적으로 참여하게 된다.

3. 내가 꿈꾸는 미래 학교는

가. 앞으로의 수업은

학교가 미래를 살아갈 시민을 키우는 곳이라면, 수업은 시민 교육을 위한 내용으로 채워져야 한다. 미래 사회는 통섭과 융합의 시대이므로 모던 시대에 필요했던 대량생산을 위한 단편적 지식으로는 어떤 것도 할 수 없다. 그런 지식으로 만들어진 것은 상품으로서 가치를 인정받지 못한다. 이런 사회에서 사람들은 집단지성으로 협력하고 소통을 해야 한다. 그래서 협력과 소통 능력이 미래의 핵심 역량으로 꼽힌다.

우리나라 최근 10년의 변화를 보면 지역사회 구성원마저도 문화적 전통이 다른 사람들로 변해가고 있다. 끊임없이 이주 노동자가 들어오고, 결혼 이민이 낯선 현상이 아니다.

국가가 다를 뿐 아니라 문화적 전통, 계절적 경험, 정치적 인식의 차이를 도저히 좁힐 수 없는 사람들이 이 사회의 구성원이 되고 있다. 이런 사회를 살아가려면 상대를 이해하고, 그 바탕에서 나를 이해시키며, 보편타당한 감성과 정의감을 가지고 살아가는 능력이 필요하다. 이것은 주입식 수업으로는 결코 만들어질 수 없다. 주입식 수업은 미래를 살아갈 능력을 키울 수 없을 뿐만 아니라, '대학입학수학능력시험'조차 성공적으로 치르도록 할 수 없다. 중등학교 학생들 대부분이 학원을 다닌다는 사실이 이를 반증한다.

수업은 입시를 잘 치르려고 존재하는 것이 아니다. 미래를 살아갈 학생들이 그 사회에 적응할 수 있는 능력, 더 나은 미래를 만들어갈 능력을 키워주기 위해 존재한다. 수업에서 만들어진 능력과 생각을 가지고 아이들은 사회에 나가 자신을 위해 살아가고, 그 삶이 사회를 더욱 발전적으로 만드는 공동체의 일원이 될 것이다.

그렇기 때문에 수업 속에서 '지식'만을 다루고, 암기하는 것은 적절하지 않다. 그 지식의 가치가 어떠하며, 그것을 현실과 연결 지어 생각하는 사고의 확산이 필요하다. 그것을 통해 아이들은 건강한 민주시민으로, 공동체의 굳건한 일원으로 성장하는 것이다.

상대를 이해하고 배려하는 것, 공동체 사회를 살아가는 방법, 자신과 생각이 다른 사람들을 인정하는 것 등은 인간과 인간의 관계를 잘 만드는 것임과 동시에 한 사람이 공동체에 속한 일원으로 살아가면서 필요한 것이다. 그러나 그런 것들은 교과서의 지식으로만 다가와서는 현실에서 발휘될 수 없다. 그래서 교사는 수업을 통해 교과서에서 만난 지식을 학생들이 자신의 머리와 가슴으로 생각하게 만들며, 학생들은 함께 공부하는 친구들과 대화를 통해 자신의 생각을 다시 확인하고, 친구들의 생각을 만나면서 자신의 생각을 더욱 확장하게 된다. 그러는 과정이 소통이며 이해다. 이해 속에서 타인을 인정하게 되고, 그 바탕인 인간관계를 잘 만들 수 있는 역량이 길러진다. 이 부분까지 교사는 학생들을 이끌고 싶어 한다.

그러려면 인지적인 교과 지식을 이해하는 과정을 과제로 제시하고, 과제 해결에 참여하는 학생들의 태도와 행동, 대화를 자세히 관찰하고 경청하며, 학생들의 생각과 인지적인 지식을 이해하는 과정을 알아야 한다. 이 과정에서 교사의 앎은 학생들이 무엇을 알고 있고, 무엇을 모르고 있는지를 깨닫는 것이며, 그런 앎이 다시 학생들이 몰랐던 것을 알게 되도록 수업을 구조적으로 만들게끔 한다. 교사가 학생들의 상태를 잘 파악하는 것은 교과서의 인지적 지식을 학생들이 스스로 알게 되도록 수업을 진행할 수 있는 힘이다. 그 힘은 학생들이 '배울' 수 있도록 만든다. 교사가 일방적으로 가르치는 것이 아니라, 학생들이 스스로 생각하고, 친구들과 대화하며 알도록 수업을 진행하기에 수업에 참여하는 것 자체가 대화이며, 경청이고, 상대에 대한 이해가 된다. 상대에 대한 소통과 이해가 있는 수업 분위기는 부드럽고 화기애애하다. 그 속에서 학생들은 자신의 생각을 자연스럽고 편안하게 표현할 수 있다. 학생들의 표현을 경청하는 교사의 수업 속에는 다양한 배움이 살아 숨 쉰다. 학생들의 이야기에 귀를 기울이기에 학생들은 교사로부터 존중받는다는 느낌을 받게 되고, 학생들의 이야기 속에서 교사는(어른은) 인지적 지식에 대한 새로운 시각과 발상과 해석을 배울 수 있다. 교사와 학생이 수업이라는 공간에서 서로 배우는 경험은 서로를 믿고 의지하게 만든다. 믿고 의지한다는 것은 결과적으로 공동체(여기선 수업 공동체)에 대한 책임을 지게 만들고, 이런 경험은 나아가 우리 사회 공동체에 대한 책임을 지닌 인간이 될 수 있는 바탕을 만든다.

그러나 이것은 쉬운 일이 아니다. 일단 기존의 수업에 대한 교사들의 생각이 달라져야 하는데, 그것은 상당한 시간이 걸린다. 여전히 교사들은 학생들을 가르쳐야 한다고 생각하기 때문이다. 가르치지 않고 학생들이 스스로 참여하면서 배우게 하려면, 교사 자신의 수업에 대한 성찰과 꾸준한 연구에서 얻어지는 배움과 성장이 뒤따라야 한다. 학생들과도 일방적으로 가르치는 관계가 아니라 수업에 대해 서로 협력하고, 함께 만들어간다는 생각을 가져야 한다.

이렇게 하려면 교과서를 중심으로 하는 진도 교육에서 벗어나, 학생들이 지식의 본질을 맛볼 수 있도록 교육 방법을 변화시켜야 한다. 이를 위해 반드시 교육해야 하는 교육 내용(핵심 질문과 과제)을 취사선택하고, 관련된 고전, 명저, 명작, 영상 자료 등을 중심으로 한 텍스트를 재구성하며, 과제 해결 과정이 수업인 설계와 진행을 통해 생각하는 힘과 문제를 해결할 수 있는 힘을 키울 수 있도록 해야 한다.

나. 전문가로서 교사

교사를 교사로서 남게 하는 것은 스스로 성장하고 있다는 느낌이다. 교사는 승진보다 수업 속에서, 학교에서 스스로가 전문가임을 느낄 때 가장 큰 보람을 느끼고 정체성에 대한 확신을 갖는다. 여기서 교사는 공공성의 수업철학을 가지고 수업을 보는 사람이며, 민주시민으로서 학생을 길러내는 사람이자, 수업을 설계하고 진행하는 전문가이며, 공교육이 추구하는 교육 목표 달성을 위해 학부모와 연대 사업을 펼치면서 궁극적으로 학교교육을 개혁하는 종합적인 교육 전문가를 의미한다. 어떤 이론이나 교과적인 전문 지식을 전달하는 교수와는 다른 실천적인 전문가이어야 한다.

그러기 위해서는 가장 기본이 되는 교사의 역할을 재정립해야 한다. 수업을 일방통행의 가르침에서 학생들의 가능성을 이끌어내는 조력자이자, 학생들이 수동적으로 학습하지 않고 스스로 과제를 해결하도록 방향을 제시하고 어려움에 부딪혔을 때 해결할 수 있도록 도와주는 활동에 능수능란한 사람이어야 한다. 그러한 수업을 통해 교사는 학생들과 서로 협력하며 성장할 수 있어야 한다.

여기서 학생들을 일방적으로 가르쳐야 할 대상이 아닌 함께 성장하는 대상으로 인식하는 것이 중요하다. 학생을 인격의 대상으로 보고 좋은 관계를 맺으려고 최선을 다해야 한다. 모두의 존재 가치를 인정하고 그것에 맞게 한 사람 한 사람을 대하면서 수업을 만들어가야 한다. 학생을 대상화하지 않고, 존재 하나하나가 교실 안에 있다고 인정해야 하며, 학생들을 교사와 똑같은 존재로 보는 인식도 필요하다.

끊임없는 수업 연구를 통해 학생이 가지고 있는 것에서 최대한 끌어낼 수 있는 수업 설계를 하고, 수업에서 이끌어내는 것, 학생들이 수업 속에서 스스로가 배우는 기쁨을 느끼게 해야 한다. 또한 교실이 가장 편안한 공간으로 자리 잡아 어떤 이야기든 할 수 있고, 그 이야기를 귀담아들어 주는 교사가 있는 곳, 그래서 신뢰를 배우고 내가 어려울 때 누군가에게 의지하고 스스로 일어설 수 있는 곳이 교실이자 학교이어야 한다. 그러는 과정에서 교사는 끊임없이 학생들을 지원하고, 격려하면서 아이들이 스스로 일어서서 사회에 나갈 수 있도록 수업을 만드는 수업 전문가가 되어야 한다.

학부모와의 연대 사업 역시 아이들의 배움을 위해 서로 협력할 수 있도록 여러 가지 방법을 생산해낼 줄 알아야 한다. 필요하다면 학부모 아카데미도 기획하고, 학부모와 협력하는 수업도 만들어야 한다. 아이들의 폭넓은 경험과 노작 활동을 교육과정 속에서 만들어내면서 학교 상황에 맞게 다양한 학부모 협력 사업을 이끌어낼 수 있어야 한다.

결과적으로 현재 자신이 근무하는 학교를 최적의 교육환경과 시스템으로 만들 방법을 아는 교육 개혁가이자 그것을 실천할 수 있는 교사. 이것이 교사로서 최고의 성장이다. 이에 대한 해답은 교사와 더불어 지역사회와 학부모가 가지고 있다. 이때 교사와 지역사회의 역할이 명확하게 구분된다.

다. 지역과 함께하는 마을교육공동체

교사는 학교를 바꿀 수는 있지만 지켜낼 수는 없다. 특히 관리자가 생각이 다른 사람으로 바뀐다거나, 4년에 한 번씩 다른 학교로 발령이 나는 공립학교 교사라면 더욱 그렇다. 그래서 지역사회가 바뀐 학교를 지켜야 한다.

지역사회에 이름난 명문 학교가 하나 있다고 가정해보자. 학교는 지역사회를 살리는 역할을 하게 된다. 그 학교에 들어오려고 다른 지역에서 이사를 오고, 좋은 학교를 다니기 위해 다른 지역으로 나가던 사람들이 지역사회에 정착한다. 이것은 지역의 경제를 발전시키며, 지역 주민의 삶을 윤택하게 하고 질 높은 삶을 영위하게 한다.

이러한 사례는 혁신학교인 보평초등학교나 조현초등학교, 남한산초등학교, 구름산초등학교 등에서 먼저 경험한 일이다. 언론에도 혁신학교 주변의 집값이 올랐다는 기사가 등장했다. 그렇다면 지역의 주민은 누구인가? 바로 학부모다. 교사가 학교를 바꾸겠다는 마음을 먹고 서로 노력하여 학교를 바꾸고, 자신의 수업에 최선의 노력을 담아서 수업도 바꾸고 했을지라도, 교사는 현재 교원 정책 속에서 학교의 주인일 수 없다. 스쳐 지나가는 객일 뿐이다. 학생도 마찬가지다. 3년이 지나면 더 머물 수 없다. 그렇다면 학교를 누가 지킬 것인가? 이 일을 할 사람이 학부모다. 자녀가 학교에 다닐 때는 학부모지만, 자녀가 학교를 졸업하면 주민이 된다. 주민은 지역사회의 이름으로 학교를 지킬 수 있다. 그렇지만 학교를 잘 모르는 주민은 방관자밖엔 될 수 없다. 주민이 학교교육과정이나 학교 운영 시스템을 잘 알고 있다면 교사들이 애써 바꾼 학교를 옳게 지킬 수 있다. 그렇게 되려면 학교의 교육 활동에 학부모 참여가 확대되어야 한다.

흔히 '학생·교사·학부모'를 교육의 3주체라 하지만, 실제 학교 현장에 학부모는 설 자리가 없다. 설령 있다 하더라도 물질적인 지원과 학교를 위한 봉사활동 정도의 역할만 할 뿐이다. 그 때문에 학부모들은 어떤 일에도 적극적으로 나설 수 없고, 교사들과 좋은 관계도 만들 수 없다. 이런 상황에 학부모는 주눅이 들어 학교가 아주 불편한 장소가 되어버린다.

교육이란 지역과 학교가 학생을 키워내는 일이다. 수업을 바꾸고, 학교를 바꾸고, 교육철학을 바꾸고, 학교 운영을 바꾸려면 학부모의 이해와 협력 없이는 불가능하다. 이런 시도가 김상곤 교육감 시절에 있었고 일정한 성과가 만들어졌는데, 바로 혁신교육지구 사업이다.

경기도에는 경기도교육청과 지자체(시청)가 MOU를 체결하여 2011년에 지정된 혁신교육지구 6개-안양, 시흥, 광명, 구리, 오산, 의정부-가 있다. 도교육청에서 혁신교육지구를 지정할 당시 "경기도교육청이 생긴 이래 이렇게 많은 지자체에서 교육청을 방문한 적이 없었다"는 말이 들릴 만큼 뜨거운 관심을 받았다.

실제로도 경기도의 25개 교육지원청 중 16개 교육지원청에서 사업지원서를 제출할 정도로 지역의 관심이 집중되었다. 지구 내에 혁신학교가 없다면 그 지구에 소속된 학교를 혁신하기 위해 지자체와 지역 교육청, 도교육청이 협력하여 학교 혁신 사업을 벌인다. 시흥시에서는 23개 학교가 혁신교육지구로 지정을 받아 학교 혁신 사업을 펼치고 있다.

혁신교육지구 안의 학교에는 행정 코디네이터, 상담사, 독서지도사, 수업 협력 교사가 지원된다. 특히 행정 코디네이터는 행정 업무를 도맡아 하는데, 교사들이 수업에 집중하고 학생들을 더욱 가까이 돌볼 수 있는 환경을 만든다. 또한 교사의 역량을 키우기 위해 수업 컨설팅 및 교사 연수를 지원한다. 학교별 특색 사업과 체험학습, 초등 계절학기 사업이 진행될 수 있도록 각종 사업비가 지원된다. 이런 지원 사업을 통해 시흥혁신교육지구 내의 각 학교들은 특색 있고 창의적인 교육과정을 만들어 진행한다.

학생생활과 자치 활동, 학생들의 동아리 활동과 방과 후 교육 활동까지, 경제적인 이유 때문에 할 수 없었던 많은 사업들이 혁신교육지구 사업비로 진행되고 있다. 물론 초기에는 시행착오도 있었다. 혁신교육지구에 대한 이해가 부족해서 지원금을 방과 후 교육 활동 지원에만 사용한다거나, 창의적인 교육 활동에 사용해야 할 지원금을 체험학습 나가는 버스 대여료와 입장료로 사용하면서 예산을 낭비하기도 했다. 그러나 교육지원청의 지속적인 연수와 홍보를 통해 지금 혁신교육지구의 학교들은 실질적으로 학교를 바꾸고 있다. 혁신교육지구로 지정받아서 학교를 혁신하겠다는 열정이 우러난 것이라고 생각한다. 초등학교는 계절학기 사업을 통해 여름에 학생들이 오카리나를 배워 연주하고, 수영을 배워 바닷가에서 가족들에게 수영 실력을 뽐내기도 한다.

그리고 수업 컨설팅을 통해 혁신교육지구 내 학교들이 교사 중심의 수업에서 벗어나 배움 중심의 수업으로 전환하고 있다. 혁신학교와 더불어 혁신교육지구는 학교 하나의 변화가 아닌, 지구 내 학교 전체의 변화를 통해 한 지역의 교육을 혁신하는, 보다 통 큰 혁신이라고 할 수 있다. 지금은 혁신교육지구 사업을 이어받아 시청과 교육청이 협력하여 그야말로 '마을교육공동체'를 만들어가는 중이다.

2 수업을 디자인하는 교사, 학교를 바꾸다

> 학생에 대한 배려와 존중,
> 그것이 우리 아이들을 변하게 만든 원동력이며
> 그것의 바탕은 바로
> '학생 중심의 수업'이었다.
> ─박현숙 선생님의 글 중에서

1. 길을 만들어가는 사람

박현숙 선생님과의 인연은 8년 전으로 거슬러 올라간다. 장곡중 국어과 교사로 만나 어느새 8년이라는 시간의 강물이 흘러갔다. 혁신학교의 시작도, 배움의 공동체 수업철학을 도입한 것도, 누구든 떠나고 싶어 했던 이 학교를 전국에서 찾아오는 학교, 더불어 행복한 학교를 일구어낸 것도 모두 박 선생님이 만들어낸 작품이다. 길을 만들어가는 사람. 그 길을 따라 더듬더듬 배우며 따라갔던 입장에서 박현숙 선생님은 스스로 '활동가'라고 내세우는 만큼 정말 낮은 자리에서 끊임없이 흐르는 강물이다.

박 선생님의 수업을 보고 있으면 늘 아이들이 살아 있다. 반짝반짝 눈빛이 빛나는 아이들이 선생님이 활동지를 통해 툭툭 건드려주면 정말 진지하게 조곤조곤 자신들의 생각을 풀어낸다. 전체 공유는 또 어떤가! 모둠별 협력 활동을 하는 동안 아이들이 무슨 대화를 나누는지 누가 어떤 발언을 했는지 귀신같이 챙겨서 연결 짓기를 하는 모습은 예술이야~ 하는 감탄이 절로 나오게 한다. 전혀 엉뚱한 표현이 나와도 그 아이의 표현을 이어서 따뜻하게 품어주는 해석이나 따뜻한 말 한 마디 한 마디는 메모를 하게 한다. 이럴 땐 이런 말을 하면 좋구나…… 저렇게 하면 아이들이 상처 입지 않겠구나…….

요즘은 마을교육공동체 일에 온 정성을 쏟고 있다. 우리가 그렸던 큰 그림은 결국 마을 속의 학교, 마을과 함께 더불어 살아가는 학교였다고, 혁신학교 6년 운영의 지혜와 인맥과 밑바탕들을 끌어모아 마을학교를 만들어가고 있다. 올해는 수석교사임에도 불구하고 다른 국어 교사들을 배려하여 순회 4시간을 덤으로 자청해서 하고 있는 힘든 상황이다. 그런데 늘 웃으신다. 순회 학교에 다녀오면 도리어 더 행복해진단다. 우리 학교가 너무 좋아진단다. 비교점은 각자 나름이겠지만, 나 같았으면 애고 힘들어 죽겠다가 먼저 튕겨 나왔을 일인데, 박 선생님의 화법은 긍정을 넘어 초긍정의 세계를 열어준다. 그 순간 학교 내에서 사소하게 힘들고 어렵다고 징징대던 일들이 일시에 고개를 숙이게 만드는 마력을 지녔다. 더불어 그 마력이 주변을 바꾼다. 스스로 바꾸게 만드는 것이다.

한편 내가 잊을 수 없는 장면 하나. 어느 해인가 어떤 일로 화장실에서 울고 있는 나를 보더니 그냥 옆에서 엉엉 함께 울어주었던 그 마음을 어찌 잊을 수 있을까. 신영복 교수가 말한 '함께 맞는 비' 그대로였다. 강철여성처럼 보이지만 누구보다 여리고 섬세한 감성을 보아버렸다. 그뿐일까, 남한테 싫은 소리 절대 못하는 성품이면서 불의를 보면 또한 절대 참지 못하는 양면성이 많은 사람들에게 오해를 불러일으키기도 하지만 담대할 뿐이다. 사람 냄새가 진하면서도 고소하다.

그 옆자리에서 배우고 있는 교사는 행복하다. 행복할 수밖에 없다. 박현숙 선생님이 만들어가는 길 위에서 그냥 따라 걸으면 된다. 울퉁불퉁한 길도 서로 채이고 부딪히면서 함께 걷다 보면 고마운 길동무가 되고, 길을 막고 선 가시덤불도 잠시 땀을 식혀주는 그늘이 되게 하는 마력 속에서 아무리 어렵고 낯선 길도 어느 틈에 수월해진다. 선생님의 마법의 주문은 늘 이런 빛깔이다.

"괜찮아, 우리 할 수 있어! 우리 충분해! 장곡중 교사들은 최고니까!"

2. 학생들이 스스로 성장하는 수업

가. 배움의 공동체 철학을 깔고

한 교사의 수업철학은 어느 만큼의 무게를 가질까. 아니, 한 학교를 움직이게 하는 수업철학이 있다면 그 학교는 어떤 의미를 지닐까. 늘 푸하핫~ 큰 웃음을 날리며 초긍정 에너지를 공급해주던 박 선생님의 힘은 어디에서 나올까. 아무리 힘들고 높은 벽이 버티고 있어도 '잘 될 거야.' 한 마디면 그냥 그 벽조차도 스르르 녹아버리는 착각을 일으키는 마술의 근원이 늘 궁금했다. 언제 한 번 물어보았을까, 그녀는 흔쾌히 '아이들'이라고 했다. 아이들을 맨 앞에 두면 된다고. 어쩌면 교사로서 참 당연한 말인데, 그 말이 그렇게 내 가슴을 쳤던 기억이 지금도 또렷하다.

박현숙 선생님은 말한다. 자신의 교육 경력 중에서 지난 15년 동안보다 장곡중학교에서 혁신학교 하면서 수업을 바꾸고 수업을 진행했던 몇 년의 경험이 자신을 몇십 배 더 성장시켰다고.

수업에 대한 별 고민이 없이도 별 탈 없이 살아왔던 때가 아스름하다. 교사의 화려한 수업 기술이 중요시되던 시절도 있었다. 더 이상 학교가 무너진다는 소리를 듣기 싫었던 열망이 혁신학교를 만나게 했을까. 아이들의 배움과 성장을 중심에 두고 '배움의 공동체' 철학으로 시작한 우리 학교의 수업 혁신은 모든 교사들의 수업철학에 조금씩 스며들었으며, '배움의 공동체' 학교라는 큰 테두리 속에서 끊임없는 고민과 공유를 통해 각각의 개성과 가치관이 살아 흐르는 수업들이 만들어졌다. 여기 박현숙 신생님과 더불어 우리들이 늘 되새김질했던 수업철학이자 박 선생님이 장곡중의 수업 혁신을 이야기할 때마다 덧붙였던 이야기를 잠깐 들여다 보자.

(1) 배움의 공동체 수업철학이 담긴 수업

'배움의 공동체'는 수업의 철학을 중요시한다. 그 철학은 "모든 학생들에게 배울 권리를 보장하고, 모든 학생들에게 질 높은 수준의 배움에 도전하게 하라"는 것이다. 이것을 충족시키기 위해 학교가 책임지고 전 교사의 수업을 공개하고 공개된 수업을 보며 학교의 전 교사가 함께 연구하고 협력하여, '배움의 공동체' 철학이 매 수업 시간마다 펼쳐지는 수업을 하도록 학교 구조를 만드는 것이다. 어떤 학생도 배움에서 뒤처지지 않고, 교실에서 소외되지 않으며, 배움에서 도망가지 않게 만드는 것이다. 이런 '배움의 공동체' 철학이 살아 있는 학교 운영과 더불어 매시간 수업 속에서 펼쳐져야 한다.

(2) 질 높은 배움 속에서 협력과 소통을 배우는 수업

'배움의 공동체'는 탁월성을 추구하기 때문에 교사들은 매시간 교과서 학습 목표의 수준을 뛰어넘는 과제를 수업 설계에서부터 한다. 그리고 수업 시간에 학생들이 모둠 활동을 통해 그 과제를 해결하도록 지원한다. 학생들이 받은 과제는 학원에서 배운 적도 없고, 배울 수도 없으며, 자신이 가진 지식만으로 바로 해결이 될 수 없는 것이다. 이 과제가 교사들이 수업을 설계할 때 가장 힘들어하는 부분이며 교사들도 혼자서는 그런 과제를 만들기가 버겁다. 그래서 같은 과목 교사끼리 협력하여 과제를 만들어내기도 한다.

(3) 우리 아이들이 꿈꾸는 미래가 담긴 수업

이런 경험을 수업 속에서 한 학생은 배움에 대해 겸손한 자세를 배우고, 친구에 대해 다시 생각하게 된다. 더 나아가 매시간 수준 높은 문제를 협력적으로 해결하는 가운데 집단지성을 경험하게 되고, 그 경험은 단순한 지식의 암기가 아니라 자신이 가진 지식을 바탕으로 새로운 지식을 생산해내는 체험을 하게 된다. 이런 체험은 결과적으로 어떤 문제 유형이든 자신이 가진 지식을 바탕으로 해결하는 방법을 매시간 익히는 효과를 동시에 가져다준다. 그렇기 때문에 이 수업을 3년 동안 체험한 학생은 어떤 문제도 해결할 수 있는 능력을 갖추게 된다.

나. 학생 중심의 수업을 실현하다

최근 들어 '배움중심수업', 혹은 '학생중심수업'이라는 용어가 공식적으로 널리 쓰인다. 그 형태가 토론 수업이든 프로젝트 수업이든 거꾸로 수업이든 중요한 것은 교사 주도의 주입식 수업은 이제 더 이상 좋은 수업이라고 보기가 어렵다는 사실이다. 물론 지금도 대부분의 학교에서 이런 수업이 이루어지고 있긴 하지만…….

학생중심수업이 왜 중요한지, 학생중심수업이 아이들과 교사들을 얼마나 변화시키는지, 수업을 통해 생활지도가 가능하다는 지점이 무엇인지 새삼 확인해볼 수 있는 글을 읽어보자.

학교를 대상으로 연구를 하고 있는 대학 연구자들의 말을 빌리자면 혁신학교 학생들의 표정이 일반 학교 학생들보다 훨씬 밝고 명랑하다고 한다. 낯선 사람도 경계하지 않고 스스럼없이 대하지만 무례하지 않다고 한다. 또한 교사들도 혁신학교 교사들의 표정이 밝다고 한다. 우리 학교도 그렇다. 이런 변화를 꼭 집어 '배움의 공동체'가 가져온 변화라고는 말할 수 없다. 그러나 '학생 중심의 수업'을 통해 배움의 기쁨을 알게 된 학생들과 가르치는 일이 업인 교사들 사이의 갈등 상황이 아주 많이 줄어든 것이 큰 원인이라고 짐작하고 있다.

학생들과의 소통이 중요한 '배움의 공동체' 수업을 진행하려면 학생들을 배려하고 존중해야 한다. 그런데 이게 가능하려면 학생부의 적극적인 지원과 협력이 따라야 한다. 교문에서 등교하면서 인권이 무시당하면 교실에서 어떻게 배려와 존중이 되겠는가? 그렇기에 우리 학교는 교문에서부터 학생들을 배려하고 존중한다.

학생 자치 활동과 학생 복지 활동들이 모두 학생에 대한 배려와 존중을 그 바탕으로 해서 적극적으로 펼쳐지고 있다. 그렇기에 학생들이 순하고, 교사에게 덤비는 학생이 없다. 이것은 교사들의 에너지를 학생 지도에 뺏기는 것을 막고 수업에 집중하게 만든다. 학생 지도 건수가 줄어들었으며 폭력도 줄어들었다. 교사를 무시하거나 기타 다른 이유로 학생들과 갈등도 줄어들었다.

'학생에 대한 배려와 존중' 그것이 바로 우리 아이들을 변하게 만든 원동력이며, 그것의 바탕은 바로 '학생 중심의 수업'이었다.

'학생 중심의 수업', 말은 간단하지만 실제 학교에서 수업을 '학생 중심'으로 설계하고 진행하는 것은 코페르니쿠스적인 발상의 전환이 필요하다. 그리고 이 발상의 전환은 한 학교에서 한두 명의 노력과 의식의 전환으로 되는 것이 아니다. 대부분의 교직원-백 프로면 완벽하겠지만-이 동의해야 이루어지는 것이며, 이런 결심이 있는 학교라야만 그동안의 굳어진 관행들이 하나둘씩 깨어져 나가고, 그 깨어진 틈에서 새로운 학교의 문화가 싹을 틔울 자리가 생겨난다.

학교가 가진 관행, 이것들 때문에 학교는 외부로부터 불신과 개혁의 요구를 받아왔다. 체벌, 배움이 일어나지 않는 교실, 권위가 사라진 교사, 소통이 부재한 교무실과 교실, 학생 인권이 무시되는 학교…… 이런 것들은 이미 학교라는 교육적인 공간에서 사라져야 할 전근대적인 유물이었으나 세월은 흘러 근대가 가고 현대가 왔음에도 불구하고 학교는 세월의 흐름을 무색하게 하는 문화를 그대로 가지고 있었다. 그리하여 40대도, 30대도, 20대도 똑같은 학교에서 똑같은 교칙을 가지고, 똑같은 권위주의의 문화에서 생활했기에 학교에 대한 추억이 신기하게도 똑같을 수밖에 없었다. 하물며 군대도 시대의 흐름에 맞게 새롭게 바뀌고 있는데 학교만 그대로였다.

이 그대로인 공간을 시대의 흐름에 맞게 관행을 깨고 현재에 걸맞은 학교의 새판을 짜자는 것이 바로 경기도교육청에서 이야기하는 혁신학교이며, 교사들이 염원하는 새로운 학교다. 이런 새로운 학교의 문화가 각 학교마다 구성원의 특성과 지역의 특성, 그리고 학교의 실정에 맞게 만들어질 때, 하도 들어서 귀에 딱지가 앉을 것 같은 교육의 다양화와 특성화, 개별적인 맞춤화 교육이 이루어질 것이며 이것은 곧 공교육의 정상화일 것이며, 이 속에서 우리 아이들은 정녕 교육적으로 변할 것이다.

_박현숙 선생님의 글 '혁신학교, 공부가 재미있는 학교' 중에서

3. 수업 기획, 어떻게 할까

박현숙 선생님의 수업 기획이나 설계는 타의 추종을 불허한다. 물론 본인의 태생적 명석함이나 교육 활동가로서의 빛나는 역사가 저절로 말해주기는 하지만 교사가 수업을 어떻게 해야 하는지를 본능적으로 알고 있다는 느낌이 들 정도로 탁월한 감각을 지녔다.

몇 년 전 혁신학교 이후 처음으로 같은 학년을 하게 되었는데, 수업 설계를 거의 박 선생님이 도맡아서 했다. 단어의 종류를 배우는 단원. 단일어, 파생어, 어근, 접사 등의 개념을 익히는 활동지였는데, 아이들보고 해결하라는 활동지가 만들어진 것이다. 나는 정제된 교과서적인 개념을 먼저 아이들에게 주어야 한다고 생각했기에 아이들이 오개념을 갖게 되면 어떡하나 걱정스러웠다. 모둠별로 해결해보라고 일단 활동지를 나누어주었더니 한 아이가 "교과서 봐도 돼요?" 하고 물었다. "그래도 돼." 얼른 대

답했다. 내심 그 아이의 관찰력을 고마워하면서 말이다. 물론 교과서에는 개념 정리가 잘되어 있었다. 아이들은 정말 열심히 보고 적었다. 공유 과정에서도 군더더기가 없었다. 똑같은 개념들로 채워진 활동지는 더 이상 고민할 것도 없었으니까. 수업이 끝날 즈음 되돌리기를 하는데, 세상에…… 그날 배운 용어의 개념을 제대로 이해해서 답하는 아이가 거의 없었다.

수업이 끝나고 죽상이 되어 박현숙 선생님께 상황 설명을 했더니 하하~ 웃으며, 교과서는 나중에 확인하는 텍스트로 사용하고 우선 아이들의 머릿속과 입말을 움직이게 했어야 한단다. 아이들이 이게 뭘까 의문점을 가지고 먼저 생각해보게 하고, 사전을 찾게 하고, 친구들과 대화하면서 개념을 알아가게 해야 한단다. 서툴게 이해하는 그 지점이 배움이 일어나는 지점이고 공유의 과정을 통해 생각을 확장시키면서 함께 더 깊이 배운다는 것이다.

지금도 그 배움의 깨달음이 늘 나를 지탱해준다. 아이들을 믿고 기다릴 줄 아는 교사, 아이들의 서툴고 부족한 배움을 정말 아름다운 배움으로 이끌어내는 교사의 역할을 배운 것이다. 아이들의 배움을 죽이는 수업을 설계할 것이냐 살리는 수업을 설계할 것이냐는 전적으로 교사의 몫임을 처절하게 깨우쳐준 박현숙 선생님의 수업 설계부터 평가까지의 과정을 간략하게 살펴보자.

가. 수업 기획이 필요한 이유

수업 설계를 어떻게 하느냐에 따라 수업의 질이 결정된다. 특히 학습자 중심의 수업을 지속적으로 열어가는 배움중심수업에서는 교사의 역량이나 수업 기술은 하등 중요하지 않다. 교사는 수업 활동지를 잘 만들어서 아이들에게 주면 된다. 결국 교사는 수업 전에 철저한 수업 기획과 설계를 해야만 한다. 박 선생님의 수업 설계에 깔린 수업에 대한 인식은 다음과 같다.

제가 하는 수업은 교사가 가르쳐서 학생들이 알게 되는 수업이 아니라, 학생들이 성취 기준에 도달하도록 교사가 수업을 기획하고 진행하는 가운데 학생들이 성취 기준에 도달하는 수업이지요. 즉, 교사가 기획한 활동에 따라 학생들이 참여하면서 스스로 교재를 읽고 해석하고, 모르는 것은 주변에게 물어보고, 다른 사람의 생각을 듣고 생각하면서 교사가 제시한 활동을 해결하게 되고, 그 과정을 거치면서 학생들이 알게 돼요. 이렇게 알게 되면 단순히 교사가 가르쳐서 암기하는 것과 다른 깨달음이기에 다른 문제에 부딪혔을 때도 이런 과정을 거치며 문제를 해결할 수 있어요. 그러므로 성취 기준의 도달이기도 하고, 다른 사람의 생각을 듣고 자신의 깨달음을 더욱 확장한 학생은 성취 수준을 훌쩍 뛰어넘기도 하는 거지요. 이것은 학생이 한 인간으로 사회를 살아갈 때 중요한 문제 해결 능력이 될 것이기도 하고요.

박현숙 선생님은 또 말한다. 수업은 그냥 하는 것이 아니라 세밀한 기획과 설계가 필요하다고. 그 이유를 정리하면 다음과 같다.

첫째, 교과서를 본인이 만들지 않았다는 것, 수업은 가르치는 상황(학생, 환경)이 반영되어야 하는데 교과서 집필자가 수업자는 아니라는 것이다. 교과서를 교육과정으로 착각하고 살았던 시절에서 교과서는 하나의 텍스트일 뿐이라는 결론에 도달하기까지 긴 시간이 필요했지만, 결국 수업은 교사의 몫이고 수업 기획을 어떻게 하느냐에 따라 아이들의 배움의 질이나 깊이가 달라질 수밖에 없다는 소중한 깨달음을 얻을 수 있었다고 한다. 교사의 가치관이나 삶의 경험, 관계에 대한 이해 등을 통해 수업의 질이 달라질 수밖에 없다는 사실도 재인식할 수 있었다.

둘째, 수업으로 교사의 삶이 행복해지기 위해서란다. 우리가 수업 기획을 하지 않는 것은 아니다. 교사라면 누구나 다 하고 있다. 다만 적극적으로 하지 않을 뿐이다. 왜 그럴까? '시간이 없다', '어렵다', '교과서가 아주 잘되어 있다' 등등의 답이 되돌아온다. 의지만 있으면 할 수 있다는 것이다. 여기에 교사의 창의력을 발휘하고, 동료에게 도움을 요청하는 것이 수업 설계의 바탕이란다.

나. 학생들의 배움을 이끌어내는 수업으로

평소 박현숙 선생님은 수업을 할 때, 일방적으로 지식을 전달하지 않고 학생들과 협력하고 소통과 대화를 통해 학생들이 모두 참여하도록 한다. 교육 내용의 성취 기준에 도달하려고, 혹은 뛰어넘으려고 교육 내용에 따라 다양한 수업을 기획하여 수업에 녹여내고 있으며 필요한 경우에는 교과목 간의 교과 융합 수업도 활발하게 만들어간다. 박 선생님의 또 다른 면모는 수업하는 가운데 혼자 해결하기 어려운 다양한 상황들이 생기면 언제든 함께 고민을 나눈다는 것이다. 실질적으로 이 나눔의 학교 시스템을 만든 사람이 바로 박현숙 선생님이다. 기본적으로 제안 수업에 이어지는 수업 연구회에서 함께 배우고 고민을 나누는 소통의 시간을 갖는다. 그래서 배움의 공동체의 꽃은 공개수업보다 수업 연구회라고 당당하게 말할 수 있다. 그만큼 전체 교사들이 서로 배우고 성장하는 시간인 것이다. 이 외에도 학년 협의회나 힘든 아이들을 지원하는 수업 참가 지원 협의회, 매월 셋째 주 토요일 열리는 수업 보기 모임 등을 통해 동료 교사들과 따뜻한 협력이 이루어지는데, 이 모든 학습공동체의 연결망은 장곡중 수석교사인 박현숙 선생님이 그 중심에 있다.

어쨌든 어떤 수업이든 가장 중요한 것은 아이들의 배움을 이끌어내는 수업일 것이다. 박 선생님의 수업이 전국적인 모델로 성공한 요인에 대해 물었다.

그렇지만 뭐니 뭐니 해도 우리 아이들의 변화의 원동력은 수업이지요. 우리 학교는 수업의 모델을 '배움의 공동체'로 잡고 전문가의 도움을 받아 '학생 중심'의 수업으로 변화시켰는데, '배움의 공동체'는 교사가 일방적으로 수업을 하는 모델이 아니라는 겁니다. 지금껏 수업의 주인공은 교사였고, 학생들은 교사가 펼치는 버라이어티 쇼의 관객이었어요. 그랬기에 배움에 대한 즐거움보다는 주입하는 지식을 받아 적기에 급급했고, 주인공이 아닌 관객은 그 공연판에서 신나고 재미를 느끼기가 힘들었어요. 그렇지만 '배움의 공동체'는 철저하게 학생 중심의 수업을 합니다. 학생들이 한 시간 한 시간의 수업에서 일어나는 배움을 소중하게 생각하며, 한 사람도 소외되지 않는 배움을 지향하기에 그런 과정과 노력이 수업을 성공으로 이끌었다고 생각해요.

다. 교사와 학생, 함께 성장하는 존재

일반적으로 교사라는 위치에서 보면 학생은 가르쳐야 할 대상이다. 하지만 박현숙 선생님은 학생들을 일방적으로 가르쳐야 할 대상이 아닌 함께 성장하는 대상으로 인식하고 있다. 그렇기에 하나하나의 학생을 인격의 대상으로 보고 좋은 관계를 맺으려고 최선을 다하면서 모두의 존재 가치를 인정하고 그것에 맞게 일상의 수업을 만들어가려고 노력한다. 특히 학생을 대상화하지 않고, 개개인의 인격이 교실 안에 있다고 인정하는 것, 교사와 똑같은 존재로 보는 것이 가장 중요한 교사의 태도라고 말한다. 또한 수업 전에 끊임없는 연구를 통해 학생이 가지고 있는 것에서 최대한 끌어낼 수 있도록 수업 설계를 하고, 실제 수업 속에서 학생들의 배움을 이끌어내려고 한다. 그러는 동안 학생들은 수업 속에서 스스로가 배우는 기쁨을 느끼게 되고, 교실이 가장 편안한 공간으로 자리 잡아 어떤 이야기라도 표현할 수 있게 한다는 것이다. 아이들의 이야기는 교사가 귀담아듣고, 그러면서 학생들은 신뢰를 배우고 누구에게든 기댈 수 있고, 그 기댐에서 스스로 일어설 수 있게 되는 곳이 교실이라고 가르치면서 그러는 과정에서 교사의 끊임없는 지원과 격려가 학생들을 배우게 만든다는 것이다. 교사의 역할이 이러하다면 실제적으로 학생들의 수업 참여는 어떤지 물었다.

우리 아이들은 스스로의 의지로 수업에 참여하여 텍스트를 읽고 해석해요. 자신이 모르는 부분은 사전을 활용하여 알아내고, 주변 친구들의 협력적인 관계로 알아내기도 합니다. 친구들이 모를 때는 교사에게 도움을 요청하고, 자신이 알아낸 것들을 반 전체와 공유하는 표현 활동을 통해 알아낸 지식을 확장하고 응용하는 방법을 배우기도 하지요.

우리 아이들이 보이는 놀라움은 비단 활동에 몰입하는 것만이 아닙니다. 누가 이야기를 하면 놀라울 정도로 경청을 해요. 제가 작은 목소리로 수업을 해도-올해는 수업을 하고 난 다음 목이 아픈 적이 없었어요.-누군가 작은 소리로 발표를 해도 그 이야기에 귀를 기울여요. 친구의 발표를 귀 기울여 듣고 자신의 공책에 새로운 점을 메모하기도 해요.

그래서인지 국어 시간에 펼쳐지는 아이들의 표현력은 또래 중학생과의 비교를 무색하게 한다. 시 쓰기를 해도, 논술문을 써도, 수필을 쓰게 해도 몰입해서 쓸 뿐 아니라 그 결과는 본인도 만족시키고, 듣는 이도 만족시키고, 교사를 감동시키는 장면들이 자주 연출된다. 30명이 쓴 글 중 25편 이상이 훌륭한 작품이며, 분량 또한 800자 이상을 써 내려간다. 박 선생님은 이것이 '배움의 공동체' 수업을 하면서 만들어진 학생들의 변화라고 당당하게 말한다.

한편 수업이 힘들어질 때도 있고 예기치 못한 문제 상황이 발생할 때도 있다. 여기에서 우리가 짚고 넘어갈 부분은 박 선생님을 비롯한 우리 학교 대부분의 교사들은 문제 상황이 생기면 혼자 해결하지 않고 동료들과 협력적으로 해결한다는 것이다. 앞서 말한 것처럼 학교 문화로 시스템화되어 있다. 수업에서 상습적으로 빠져나가는 학생들이나 반 전체가 경청을 하지 않는 경우 학년 협의회를 통해 한 학년의 전체 교사가 문제를 공유하고 함께 해결하는 노력을 통해 문제 상황을 극복한다. 학생 경청 연수, 학습자 참여 연수, 수업 솔루션 등 지난 5년 동안 다양한 이름으로 진화해온 이 수업 개선 및 지원 시스템은 우리 학교의 멋진 모습 중 하나이다.

이 시스템의 시작은 박현숙 선생님이 혁신부장을 하면서 수업 혁신을 이끌던 시절의 헌신으로 만들어졌다. 배움에서 빠져나가는 아이들, 배움을 방해하는 아이들 때문에 고민하던 교사들을 위한 도움 장치로 혁신부장이 일부러 시간을 쪼개어 아이들 경청 연수 프로그램을 만든 것이다.

수업 시간에 문제 상황을 일으키는 아이들의 대부분이 배움에서 멀어지려는 아이들이지요. 이 한 시간의 수업보다 더 큰 고민이 있거나 마음이 아프거나 배움이 재미없거나 하는 겁니다. 그 아이의 힘든 부분을 찾아 어루만져주고 따뜻하게 안아주는 과정에서 관계가 만들어지면 다음 수업부터 그 아이는 절대로 빠져나가지 않아요. 결국은 모든 인간관계가 그러하듯이 관계와 소통의 문제예요. 지금 우리나라의 많은 교실에서 배움에서 빠져나간 학생들이 수업 시간에 돌아다니거나 엎드려 자거나, 다른 행동을 하는데 이런 학생들에게 도움을 요청하도록 만들어야 해요. 교사가 그 학생의 곁으로 다가가서 무엇을 도와줄 것인지를 물어보고 도움을 요청하는 방법도 가르쳐야 합니다. 도움을 요청받아 문제를 해결할 수 있는 학생은 그런 경험의 반복으로 어느 순간에 스스로 문제를 해결할 수 있으며, 그 이후에는 다른 사람이 도움을 요청할 때 기꺼이 도와줄 수 있는 사람이 됩니다.

박 선생님의 아이들을 대하는 마음이 고스란히 녹아 있는 말이다. 결국 한 명의 아이도 소외됨 없이 배움으로 이끌어야 한다는 학교 철학은 전학 온 아이들의 다양한 문제 상황까지도 상담이나 가정방문 등을 통해 세밀하게 담아내면서 배움의 공동체 학교를 실현해간 것이다. 이 시스템은 2012년도부터 학년 중심 체제가 정착되면서 학년별로 자율적으로 진행하는 프로그램으로 진화하였으며, 요즘도 한 명의 힘든 아이 때문에 학년 전체가 함께 고민하고 해결점을 찾기 위해 고군분투하고 있다.

라. 수업 = 평가, 더 큰 배움 속으로

수업이 학습 내용의 성취 기준을 중심으로 기획되기 때문에 교과서의 지문은 대부분 과제 해결 방법을 배우는 것으로 활용된다. 그래서 평가는 수행평가의 비중이 50%로 높다. 그리고 수행평가는 수업 중에 과제 해결 과정을 보는 것으로 평가된다. 지필평가의 경우는 선다형보다는 새로운 텍스트를 제시하여 그것에 대한 텍스트 해석력과 사고력을 묻는 서술형 평가와 논술형 평가가 주를 이룬다. 달라진 평가를 구체적으로 들여다보자.

지난 5월 초에 서울대학교 석사과정 연구 논문을 쓰는 연구자가 인터뷰를 하러 왔어요. 〈우리나라 선생님들의 새로운 환경; 혁신학교 선생님의 이야기A New Circumstances of teachers in Korean Public Shools; A story of a teacher in innovative school〉라는 제목의 연구인데, 혁신학교 교사인 저를 인터뷰하게 된 것이지요. 마침 시험 기간이라 인터뷰에 응할 수 있었고, 그 과정에서 제가 출제한 중학교 국어 2학년 시험지를 보게 되었어요. 혁신학교 교사를 연구하는 사람으로 우리 학교의 시험 문제는 꽤나 매력적인 자료였는지 연구자는 꼼꼼히 훑어보더군요. 그러고 나서 하는 말이 "수능을 잘 보겠는데요?"였어요. 앞뒤 맥락을 잘라내서 이 말이 이해되지 않을 수도 있기 때문에 이 말에 생략된 부분을 살려내면 '이렇게 공부하면, 또는 이런 시험을 늘 본다면 수능 시험은 쉽게 풀겠네요'가 되는 거지요.

지금 수많은 일반 학교에서 벌어지고 있는 강의식 수업은 교사가 텍스트인 교과서를 일일이 해석하는 수업입니다. 평가는 교사가 해석해준 텍스트를 얼마나 잘 기억하고 있는지를 단답형이나 5지 선다형으로 하고요. 그러나 많은 혁신학교에서 시도하고 있는 배움중심수업에서는 답을 가르쳐주는 대신 과제를 해결하는 기회를 주고 해결할 수 있도록 교사가 지원합니다. 그렇기 때문에 평가에서 학생들이 답을 기억해내어 쓴다거나 여러 개의 답들 중에서 정답을 하나 골라내는 것은 의미 없는 일이 되는 거지요. 왜냐하면 학생들이 수업에서 배운 내용을 얼마나 잘 이해하고 기억하느냐를 평가하는 것이 아니기 때문입니다.

박현숙 선생님은 수업의 '과정 중심 평가'나 요즘 새롭게 쓰이고 있는 '수업 밀착형 평가'를 뛰어넘어 문제 해결력을 가장 실질적으로 키워주고 적용할 수 있는 평가를 실천하고 있다. '수업=평가'라는 등식이 그대로 적용되는 셈이다. 또한 수업 시간에 배운 내용을 그대로 평가하는 형태에 머물지 않고 다양한 문제 상황이나 낯선 텍스트를 제시함으로써 아이들이 배운 내용을 바탕으로 그 문제들을 해결할 수 있도록 평가의 질을 높이는 것이다. 배움중심수업 속에서 학생들은 끊임없이 스스로 교과서인 텍스트를 해석하고, 교사가 준 과제를 친구들과 협력하여 텍스트 해석을 바탕으로 해결한다. 그렇기 때문에 활동의 가장 바탕이 되는 텍스트 해석을 스스로 매일 하게 된다. 이런 과정에서 학생들의 텍스트 해석력은 나날이 커진다. 일단 교과서의 글을 스스로 읽고 해석한 후에 주어진 과제를 해결하게 된다. 여기에서 중요한 것은 그 과제를 해결할 수 있느냐 없느냐이다. 아는지 모르는지가 아니다. 아는 것을 바탕으로 과제를 해결하도록 교사는 지원한다.

그러므로 시험은 '아느냐 모르느냐?', 혹은 '잘 기억하고 있느냐?'가 아니에요. 그런 것을 묻는 대신 '이것을 해결할 수 있느냐?'고 질문해야 해요. 그런 까닭에 교과서의 바탕글을 그대로 시험에 낼 수 없지요. 수업 시간에 연습을 했으니까 다른 걸 주어야 하고 그러니까 시험에선 전혀 보지 않았던 지문이 나오고, 단답형 문제는 해결이 아니기에 해결 과정을 보기 위해서 서술 논술형을 출제하는 거고요. '성취 수준이 이것인데 이것 해결할 수 있어?'가 되지요. 다시 말하면 교사는 학생이 써낸 답이 아니라 성취 수준까지 가는 과정이 보고 싶기 때문에 서술형·논술형 문항을 출제하게 되고, 그런 과정에서 학생들은 이 세상에 존재하는 글들을 읽고 해석하는 능력이 자연스럽게 키워지지요. 끊임없이 스스로 텍스트를 해석하고, 과제 해결하는 수업이 3년, 혹은 6년간 꾸준히 이루어지면 학생들이 해석하지 못하는 텍스트는 거의 없을 것입니다.

4. 새 학기를 시작하는 모델 수업안

새 학기가 시작되는 3월, 전체 교사를 대상으로 자발적으로 제안 수업을 여는 사람은 몇이나 될까. 그 쉽지 않은 일을 선뜻 나서서 하는 사람이 박현숙 선생님이다. 학교는 공공의 공간이므로 수업 공개는 당연하다는, 교사의 의무라는 인식을 심어주어 수업 공

첫 모델로 여는 박현숙 선생님의 공개수업 풍경

개를 어려워하던 선생님들의 마음을 움직이는 밑바탕이 되었다.

다음은 지난 3월에 첫 공개수업 당시 만들었던 박현숙 선생님의 수업 철학 및 설계, 수업 활동지이다. 주장하는 글을 쓰는 방법과 토론하는 방법을 배워 자신의 의견을 설득력 있게 표현할 수 있도록 하는 단원이다.

교과서 편제로 보면 6월 말쯤 진행될 단원을 3월로 가져와서 교과통합수업 '지구를 생각하는 시간'과 이어지는 '기억하자 세월호' 프로젝트 수업을 기획, 주장하는 글쓰기와 연결시켰다. 이 수업의 과정은 그대로 아이들의 삶 속으로 이어져 지역 신문 투고까지 실천적으로 이루어졌다.

대상	장곡중학교 (3)학년 (1)반		수업자	박현숙
수업 교과	국어	**단원** 4. 나는 이렇게 생각해요	일시	2015. 3. 25(수) 6교시
성취 기준	2934-1. 주장하는 글의 구조와 특성을 알 수 있다. 2916-1. 다양한 논제에 대해 주장과 근거를 제시할 수 있다.			
수업 주제	주장하는 글을 쓰는 방법을 안다.			
수업의 흐름	주장하는 글의 구성을 안다. 교과서에 제시된 주장하는 글의 짜임을 안다. 주장하는 글쓰기의 일반적인 패턴을 안다.			
수업철학 및 설계	수업은 아이들의 삶의 폭을 넓혀나가는 매개라고 생각한다. 어제 했던 내 생각과 행동이 오늘 만난 수업을 통해 새롭게 성찰이 되면서 성장하는 삶이 되면 참 행복한 인간으로 살아갈 것 같다. 요즘 3학년 학생들은 '세월호'를 만나고 있다. 세월호 1주기가 되는 지금, 이 참사가 아직도 해결이 되지 않고 잊히고 있다. 그리고 이 참사는 소재만 달리하여 반복될 것이다. 세월호가 해결이 되지 않는다고 하면 그렇다. 그렇기 때문에 우리 사회는 세월호를 해결해야 한다. 이 참사의 해결에 조금이라도 도움이 되고자, 이 무관심의 사회에 호소하고자 '기억하자 세월호' 프로젝트를 기획하였다. 국어책 5권의 '2. 문학이 주는 선물 03. 세상을 바꾸는 이야기'에서 세월호에 대한 기사와 논설을 읽고 사건을 파악하였다. 그 후 학생들이 우리 사회를 바꿀 행동을 모둠원들과 정하고 실천 계획을 작성하였다. 이렇게 기획한 실천 행동은 기간을 정해서 실행하고 보고서로 낼 것이다. 그러면서 동시에 지역 신문인 '장곡타임즈'에 세월호 해결을 촉구하는 신문 사설도 독자 투고로 보낼 예정이다. 이 활동을 국어책 5권의 '4. 나는 이렇게 생각해요. 01. 주장하는 글쓰기' 단원에서 수행하려고 한다. 주장하는 글쓰기의 첫 활동이 오늘 수업이다. 이 수업을 통해 우리 학생들이 논설문의 일반적인 패턴을 알고, 자신의 주장을 효과적으로 쓸 수 있었으면 한다. 나아가 사회에 대해 자신이 생각하는 바를 논리적으로 표현하여 이 사회가 보다 살기 좋은 세상이 되는 데 도움이 되었으면 한다. 우리 학생들이 수업을 통해 기획하고 실천하고 쓴 글들이 이 사회에서 더 이상 세월호와 같은 참상이 일어나지 않도록, 이 참상을 기억하는 데 작은 도움이 되고, 이 도움이 자신들이 살아갈 만한 세상을 만드는 데 바탕이 되었으면 한다.			

대단원: 4 나는 이렇게 생각해요 교과통합수업 '기억하자, 세월호'	소단원: 01. 주장하는 글쓰기

1. 교과서 179쪽을 읽고 다음 활동을 해보자.

(1) 주장하는 글의 일반적 짜임은 어떤 구성인지 말해보자.
　크게 몇 부분으로 구성되어 있는가?
　각 부분은 어떻게 쓰는 것이 좋은가?

　서론:

　본론:

　결론:

2. 교과서 180-181쪽 '외모 지상주의와 진정한 아름다움'을 읽고 다음 활동을 해보자.

(1) 서론, 본론, 결론으로 나누어보자(책에 표시해보자).

(2) 각 부분의 중심 내용을 말해보자.

(3) 이 글을 요약해서 말해보자.

(4) 이 글이 주장하는 바는 무엇인지 말해보자.

3. '기억하자 세월호' 프로젝트의 다른 한 방향으로 '장곡타임즈'에 사설을 기고하고자 한다.
　내가 쓸 사설을 기획해서 써보자. 각 부분을 어떤 내용으로 할 것인지 정해보자.

　서론:

　본론:

　결론:

리멤버 4·16

장곡중학교 3학년 나○○

2014년 4월 16일 진도 앞바다에서 여객선 세월호가 침몰하였다. 이 사고가 일어난 직후 세월호 여객선에 타고 있던 단원고 학생들과 일부 승객들은 진도 앞바다 밑으로 사라져버리고 말았다. 이 사건은 전 국민의 마음에 못을 박아놓았다. 승객은 총 459명. 세월호는 전라도 진도섬에서 서남쪽으로 약 3km 떨어진 곳에서 결국 가라앉고 말았다. 그렇게 세월호는 침몰한 상태로 아직 차가운 진도 앞바다에 잠들어 있는 9구의 시신과 함께 있다. 곧 있으면 4월 16일이 다가오고 있다. 하지만 대한민국은 점점 세월호를 잊어가고 무관심해져가며 문제점은 해결되지 않고 있다.

먼저 가장 큰 문제점은 세월호 선장의 태도였다. 해양 사고 발생 직후의 대응은 선장은 먼저 인명 구조를 하고, 비상 상황이 발생했을 시에 가능한 한 응급처치를 하고, 비상연락망을 통하여 상황을 보고 해야 한다. 하지만 세월호 선장은 달랐다. 민간인 코스프레를 하고 사고가 발생하자마자 가장 먼저 구출되었다. 제일 먼저 탈출한 것도 모자라, 자신은 선장이 아니라며 아무것도 모른다고 주장하고, 자신의 젖은 돈을 말리는 정말 같은 대한민국 국민임이 부끄러워지는 행동을 보였다.

또한 선장은 방송으로 단원고 학생들에게 움직이지 말라는 방송을 하여 승객들은 처참히 배와 함께 가라앉게 하고 말았다. 이러한 선장의 태도가 300명이 넘는 무고한 사람들을 죽인 것이다.

두 번째로, 정부의 확실하지 못한 대응이다. 어째서 정부는 이러한 대참사가 일어나고 있는 상황에 신속하고 확실한 조치를 취하지 않은 것일까? 그리고 거의 일 년이 다 되어가고 있는데, 세월호의 유가족들이 계속해서 바라고 간절하게 기다리고 있는 세월호 사고의 진상 규명과 인양 작업은 언제쯤 이루어질까? 그동안 많은 사람들이 다치고 죽는 일이 정말 많이 발생하고 있다. 하지만 이에 따른 정부의 확실한 조치와 대응은 들어본 적이 없다. 이 세월호 사건도 계속해서 덮으려고만 하고 유가족들에게는 계속하여 아픔을 주고 있다. 현재의 정부는 하루 빨리 세월호 진상 규명을 빨리 하고, 세월호를 인양하여 유가족들의 슬픔과 고통을 조금이라도 덜고 세월호 선장 같은 사람들에게 제대로 된 처벌을 내려야 한다고 생각한다.

4월 16일 아침, 난 중학교 2학년이었으니 학교에서 수업을 하고 있었다. 그때까지만 해도 세월호가 침몰하였지만 전원 구조해냈다는 기사가 있었다. 그 기사를 선생님과 함께 보면서 "정말 다행이다"라며 안도의 한숨을 내뱉고 있었다. 하지만 몇 시간 지나지 않아 그 기사가 오보였다는 것을 알게 되었다. 친구들 몇몇이 티비로 뉴스를 틀거나 노트북을 빌려 실시간 중계를 보고 있었다. 정말 충격이었다. 말 그대로 아수라장이었다. 배는 반쯤 기울어서 계속 잠겨가고 있고, 제대로 된 구조가 이루어지지 않고 있었다. 방송사들은 생존자들에게 인터뷰를 하는 것을 보았다. 생존자들은 말도 제대로 못하고 담요만 두르고 덜덜 떨면서 계속 울고 있었다. 그 모습을 보고 제발 무사 구조되길 빌고 있었다. 하지만 뉴스 한쪽에 있던 생존자 수는 점점 줄어들고 있었다. 난 아직도 그때의 뉴스가 잊히지 않는다.

그간 며칠간에는 계속해서 세월호 참사에 대한 이야기밖에 나오지 않았다. 하지만 거의 일년이 지난 지금 사람들은 점점 세월호를 잊어가고 있다. 세월호 사건을 언급하면 사람들은 한참 지난 얘기, 우리와는 상관없는 이야기로 더 이상은 기억하고 싶지 않아 한다. 하지만 이럴수록 우리는 더 세월호를 기억하고 알려야 한다. 세월호 유가족들을 위해서라도, 먼저 떠났던 단원고 학생의 한을 풀어주기 위해서라도, 앞으로 이런 사고가 또다시 되풀이되지 않기 위해서라도, 우리는 세월호를 널리 알리고 기억해주길 바라고 있다.

2015년 4월 17일자 '장곡타임즈' 제35호에 실린 학생 사설과 참여시 작품

5. 배움의 공동체의 꽃, 수업 연구회

우리 학교에는 여러 가지 다양한 배움과 소통의 장치가 마련되어 있다. 수업 공개 및 수업 연구회를 통해 끊임없이 고민하고 함께 배우는 전문적 학습공동체가 공식적으로 펼쳐진다. 그리고 비공식적으로 열려 있는 수업 보기 모임이나 독서 동아리 모임, 방학 중 워크숍이나 연수 프로그램 개설 및 참가 등을 통해 수업과 학교 혁신에 대해, 교사의 역할과 학교 문화에 대해 토론하고 고민을 나누면서 대부분 해결책을 찾아간다.

그중에서도 단연 돋보이는 게 수업 연구회이다. 수업을 여는 교사들에게 늘 주문하는 것은 일상의 수업이다. 일상의 수업을 열어달라고, 부담 갖지 말고 수업을 열자고 하지만 공개수업 자체의 무게감과 부담을 어떻게 덜 수 있겠는가. 다만 우리가 지지하고 지원하는 것은 수업의 기술이 아니라 그 수업을 통해 우리가 배운 것들, 우리 아이들이 어떻게 배우는

지를 함께 이야기하고 소통하고 공감하는 시간으로서의 수업이다. 돌아보면 웃음과 눈물이 마를 날 없는 시간이었다. 타 교과의 수업을 함께 보다 보니 금방금방 교과통합수업 거리가 만들어졌다. 어쩌면 그 시간이 있었기에 오늘의 장곡중학교가 탄탄하게 수업을 중심에 두고 끊임없는 이야기를 펼칠 수 있을 것이다.

여기 올해 3월 박현숙 선생님이 열었던 모델 수업을 참관한 전체 교사들이 함께 나눈 연구회 협의록 내용을 소개한다.

<h2 style="text-align:center">전체 제안 수업 연구회 협의록</h2>

일시	2015년 3월 15일 수요일 시간 15:50~18:00					
공개수업	과목	국어	수업자	박현숙	참가자	장곡중 전 교사, 외부 교사 10명
	대상	3-1	장소	세미나실		

1. 여는 말
학기 초 바쁜 시간에 매해 국어과 박현숙 선생님께서 솔선수범하여 수업 공개를 해주셨습니다. 선생님들께서는 공개수업을 참관하시고 느끼신 점을 배움의 공동체 철학에 입각하여 따뜻한 성장과 배움이 있는 말씀을 들려주시기 바랍니다. 먼저 수업자 선생님의 수업철학 및 수업 설계에 대한 이야기를 들어보도록 하겠습니다.

2. 수업자 수업 설계 소개
수업자(박현숙): 이 단원 성취 기준이 문학이 세상에 영향을 끼칠 수 있음을 아는 것입니다. 지구를 어떻게 행복하게 할까, 내 삶을 바꾸는 노력을 어떻게 할 것인가를 고민하며 수업을 준비해보았습니다. 세월호 프로젝트와 관련하여 신문 사설 한 편 쓰기를 해볼 건데 아이들이 일반적인 주장하는 글에 대해 알아야 프로젝트 수행이 가능할 것이란 생각이 들어 이 점에 주안을 두고 수업을 기획하였습니다.

3. 모둠별 참관 내용 협의-관찰 모둠별로 20분 정도 자유롭게 이야기 나누기

4. 모둠별 참관 내용 공유

1모둠(김○○): ○○이라는 전학생이 모둠 활동을 주도하여 힘든 아이들을 가르쳐주었습니다. 그러나 전학생이라 아직은 배움의 공동체에 대해서 제대로 이해하지 못한 점도 있는 것 같아 배움의 공동체 수업을 배우기 위해서 모둠 활동이 잘되고 있는 모둠으로 이동하면 좋겠다는 생각이 들었습니다. ○○라는 친구가 작년에는 수업에 열심히 참여하지 않았던 친구였는데 열심히 하는 모습을 보여서 기특했습니다.

1모둠(담임교사): 3학년이라 그런지 아이들은 여유있게 수업에 임한 것 같습니다. 저희 반 아이들에게 좋은 기회가 되었다는 생각이 듭니다. 이 아이들을 제가 2년 전, 1학년일 때 가르쳤었는데 전체적으로 많은 부분 성장했다는 생각이 들었습니다.

2모둠(백○○): 제가 관찰한 2모둠은 더할나위없이 훌륭하였습니다. 다른 모둠도 둘러보니 재발견된 아이들이 있었고, 연결 짓기를 통해 아이들의 활동을 잘 끌어주시는 선생님의 능력이 인상적이었습니다. 수업 설계 면에서 본다면 2번 공유하는 데 20분이 걸렸습니다. 첫 번째 문장을 요약했을 때, 저라면 제가 조언을 해주거나 저의 말을 하려고 했을 텐데 1번 문제로 돌아가 연결 짓기 해주셨습니다. 지난 시간에 ○○이가…… 라는 식으로 지난 시간의 문제를 오늘의 문제와 연결해주시는 것도 좋았습니다.

3모둠(이○○): 3모둠 아이들은 모둠 활동을 눈빛으로 하였습니다. 아무것도 안 하는 것 같은 느낌이 들지만 눈빛으로 진행되었습니다. 말을 안 하면 수업에 참여하지 않는 거라고 생각했었는데 그런 것이 아니구나…… 하는 생각이 들었습니다. 3모둠에서는 ○○이가 책을 빌려와서 책에 표시가 되어 있었지만 그 부분을 가리고 수업에 참여하였습니다. 책에 표시가 되어 있는 것을 베끼지 않고 자신의 활동을 하려고 하는 모습이 예뻤습니다. 활동지 2번을 통해 아이들이 앞으로 쓰게 될 사설이나 논설문을 제대로 할 수 있게 이끌어내고 1번으로의 되돌리기를 통해서 그게 왜 중심 내용이 되는지를 배우게 되는 과정도 좋았습니다. 무엇보다 아이들의 발표를 끝까지 기다려주신 점이 인상적이었습니다. 아이들이 분명 큰 성취감을 느꼈을 것입니다.

4모둠(최○○): ○○이가 문장을 찾고 ○○이가 눈빛을 통해 모둠 활동을 하였습니다. ○○이가 완벽하지는 않아도 열심히 참여하려고 노력하는 모습이 인상적이었습니다. ○○이도 열심히 참여하였고 선생님께서 4모둠을 칭찬해주시자 더 열심히 하려고 노력하는 모습이 보였습니다. 선생님이 아이들이 대답할 수 있도록 기다리는 모습이 인상적이었습니다. 수업을 듣고 나니 저도 주장하는 글의 전개나 어떻게 써야 할지를 알게 되었습니다.

5모둠(강○○): 5모둠 네 명 모두 말을 잘 하지 않았습니다. 그러나 아무것도 안 하는 ○○이라는 아이가 말을 안 했지만 열심히 들으려고 하는 모습을 보였습니다. 전반적으로 성장한 것 같은 모습이 보였습니다. 선생님이 ○○이에게 차분하게 질문하시며 ○○이를 이끌어주는 모습이 감동적이었습니다. 아까 1모둠에서 모둠 활동이 잘되는 모둠으로 보내 모둠 활동을 배울 수 있도록 하자는 의견이 나왔는데, 실제 수업을 해보면 각 모둠의 리더가 나오기가 쉽지 않습니다. 그러나 3학년 전반적으로 성장했기에 현재 상황으론 발전 가능성이 많아 보입니다. 글을 읽고 요약하고 중심 내용 찾는 것이 쉽지 않은데 훈련을 거쳐야만 알 수 있는 어려운 것을 한 시간에 끝낼 수 있게 1, 2번 활동지를 구성한 게 좋았습니다.

6모둠(조○○): 6모둠은 모둠 활동이 잘되었습니다. 우수한 학생이 많이 있는 모둠이었습니다. 자신들의 생각을 정리할 수 있는 능력이 있었습니다. ○○이는 공유할 때 눈에 띄는 아이입니다. ○○이는 친구들의 얘기를 받아 적는 분위기였습니다. 우수한 학생들이 몰려 있어서 다른 모둠으로 이동해도 좋을 것 같습니다.

7모둠(정○○): 1학년들보다 더 긴장해서 하는 모습이었습니다. 7모둠은 문제를 잘 해결하지 못했습니다. ○○가 잘못된 지식을 친구들에게 전달했는데 ○○이도 이에 동의하였습니다. 그런데 공유할 때 아이들이 아니라는 것을 알게 되어 이를 수정하였습니다. ○○이가 발표를 잘 하지는 않았지만 열심히 참여하는 모습을 보였습니다. 활동지 구성이 2번까지 가서 다시 1번으로 돌아가 스스로 깨우칠 수 있게 해주는 것이 좋았습니다.

7모둠(장○○): 아이들이 집중도도 높고 배워가는 것이 많은 것 같습니다. 수석 선생님과 처음으로 만나 수업한 것인데 참 인상적이었습니다. 수업을 통해서 느낀 점은 좋은 수업은 과정이다…… 라는 점입니다. 아이들이 배움의 한 과정으로 세월호와 관련된 글쓰기를 할 때 중요한 과정이 될 것 같습니다.

외부 참관 교사(전주): 박현숙 선생님이 수업하시면서 연결 짓기, 되돌리기 하는 것이 인상적이었는데, 지금 전체 선생님들이 협의회에 참여하시는 모습은 더 인상적입니다. 앞으로도 자주 와서 배우고 싶습니다.

5. 수업자 자기 성찰
수업자(박현숙): 오늘 페이스북에 수업 공개하는 심정을 쓰고 왔습니다. 쓰다 보니 '그래도 나는 두렵지 않다. 장곡의 교사들이 보고 있기 때문에……'라고 마음을 다잡을 수 있었습니다. 다른 학교 선생님들이 보면 마음이 불편하지만 우리 학교 선생님들이 제 수업을 보러 오시면 맘이 좋습니다. 이 아이들로 인해 많이 힘들어했지만…… 오후에 남기면 보통 싫을 텐데도 우리 아이들은 잘 참여해주어 고맙습니다. 또 아이들이 긴장하는 모습을 보니 미안한 마음도 듭니다. 수업을 통해서 교사의 스승은 아이들이라는 것을 늘 깨닫게 되는 것 같습니다. 앞으로도 많이 배우겠습니다.

6. 수업 컨설팅
컨설턴트(김○○): 유○○, ○○이가 수업 속에서 빛나도록 계속 지원해주셨습니다. 인내심의 중요성, 기다려줌의 미학을 느낄 수 있는 수업이었습니다. 3모둠의 ○○이, ○○이를 보았는데, ○○이가 집중력을 발휘하지 못하는 것 같자 수석님이 ○○이를 날쌔게 보시고 ○○이를 케어해주셨습니다. 또, 끊임없는 긍정적인 피드백으로 아이들을 북돋워주셨고 연결 짓기 능력이 탁월하였습니다. 단원의 재구성을 통한 수업 설계의 능력이 수업을 살렸습니다. 힘든 수업을 할 만한 것으로…… 아이들에게 해볼 만하다라는 생각을 갖게 해주셨습니다. 사설을 통해 읽기 수업을 해오면서 느낀 결론은 보이는 것보다 보이지 않는 것이 아이들을 움직이게 한다는 점입니다. 교육과정에 방점을 찍고 텍스트를 선정할 때 아이들의 마음을 움직이는 것에 중점을 둔 수업이었습니다. 교육이 어려운 이유는 효과가 즉시로 나타나지 않기 때문일 것입니다. 그 믿음을 잃지 않고 끝까지 해나가야 한다는 것이 우리가 앞으로 해결해나가야 할 과제인 것 같습니다.

박현숙 선생님의 첫 모델 수업과 모둠별로 수업 관찰 소감을 나누는 수업 연구회

6. 실제 수업 속으로

가. 수업 전 준비 상황 들여다보기

(1) 국어 교과서 재구성하기

수업을 하기 전에 국어과 교육과정을 들여다보고 재구성하는 작업은 반드시 해야 한다. 학교 상황에 따라 학교교육과정이 어떻게 짜이는가는 상당히 중요한 문제인데, 학교 철학과 교과에 대한 철학을 바탕으로 교과 협의를 통해 교과 교육과정을 재구성하고, 교과별 연간 운영 계획을 수립하면서 타 교과와 교과통합 요소를 찾아서 시기나 주제 등을 조율하고 다시 학년 교과통합수업 계획을 설계하는 과정이 필요하다. 물론 이 과정이 학교 전체적으로 공유되고 학사 일정까지 고려하면서 체계적으로 전개되는 것이 가장 바람직한 풍경이다. 어쨌든 나의 생각을 말과 글로 잘 표현하고 서로 협력하면서 세상을 더욱 살기 좋은 삶터로 만들기 위해, 남의 생각을 잘 이해하기 위해 국어 수업은 그 중요성이 무척 크다. 그만

큰 국어 교과서 두 권을 샅샅이 분석하는 것은 의미 있는 작업이다.

박현숙 선생님은 이 교과서 들여다보는 일을 거의 도맡아 하신다. 박 선생님이 수업을 고민하는 가장 큰 꼭짓점은 아이들의 삶의 질을 고민하는 것이기에 교과서는 텍스트일 뿐인 것이다. 다만 성취 기준을 고려한 수업 설계만 갖춰지면 교과서는 교과서일 뿐 이 세상의 모든 자료나 상황, 현상들이 수업 재료로 쓰인다. 이러한 자신감은 물론 교과서를 만드는 작업에 참여한 경험이 있기에 가능하리라.

(2) 각 교과별 교육과정 연간 운영 계획 수립

교과서를 낱낱이 들여다보고 나면 새 학기 학사 일정 및 전체적인 교육과정의 흐름에 맞추어 배열하는 일이 중요하다. 물론 새 학기 교육과정을 어떻게 꾸려갈 것인지는 전년도 11월부터 시작되는 준비 기간을 거쳐 2월 새 학기 교육과정 연수 때 전체적인 그림이 완성된다. 다음은 몇 번이고 재수정을 거쳐 완성된 국어과 연간 교과 운영 계획표이다.

2014학년도 1학년 국어과 연간 교과 운영 계획표

1학기	주	1학년	성취 기준	학사일정
3월	1	오리엔테이션	2911-1. 듣기와 말하기의 소통 과정을 설명할 수 있다.	입학식
	2	1. 소중한 만남	2913-1. 인물이나 관심사를 소개하는 방법을 설명할 수 있다.	학부모총회
	3	1. 소중한 만남	2011-2. 소통의 효율성을 고려하여 듣기와 말하기 계획을 수립할 수 있다.	
	4	5. 생각과 마음을 나누는 글	2921-1. 예측하며 읽기의 필요성을 설명할 수 있다.	
4월	1	5. 생각과 마음을 나누는 글	2921-2. 글의 결말과 구조, 필자의 주장과 의도, 글이 사회에 미칠 효과 등을 예측하며 읽을 수 있다.	
	2	5. 생각과 마음을 나누는 글	2021-3. 다양한 자원을 활용하여 글의 내용을 예측하며 읽을 수 있다.	영어듣기평가
	3	5. 생각과 마음을 나누는 글	2936-1. 삶과 경험을 바탕으로 글의 특성을 설명할 수 있다.	
	4	5. 생각과 마음을 나누는 글	2936-1. 삶과 경험을 바탕으로 하는 글의 특성을 설명할 수 있다.	
	5	5. 생각과 마음을 나누는 글	2936-2. 자신의 삶과 경험에서 글을 쓸 내용을 선정할 수 있다.	1차 지필평가
5월	1	아낌없이 주는 너와 나 프로젝트(교과통합 프로젝트)	2936-3. 독자에게 감동이나 즐거움을 주는 글을 쓸 수 있다.	학급별 체험활동
	2	3. 시와 만나는 즐거움	2951-1. 문학적 표현 방식이 드러난 부분을 찾고 그의 의미와 문학적 효과를 이해할 수 있다.	스승의 날
	3	3. 시와 만나는 즐거움	2951-2. 다양한 문학적 표현 방식을 활용하여 자신의 생각과 감정을 표현할 수 있다.	
	4	월드컵 프로젝트 (교과통합 프로젝트)	2923-1. 글의 내용을 요약하는 방법을 안다.	

			성취 기준	
6월	1	2. 읽기랑 쓰기랑	2923-2. 읽기 목적에 따라 적절한 방법으로 글의 내용을 요약할 수 있다.	현충일
	2	2. 읽기랑 쓰기랑	2931-1. 주제, 목적, 독자를 고려하여 쓰기 과정을 계획하고 점검하며 조정함을 설명할 수 있다,	
	3	2. 읽기랑 쓰기랑	2931-2, 3. 주제, 목적, 독자를 고려하여 쓰기 활동을 계획하고 점검하고 조정할 수 있다.	
	4	4. 언어 나라, 음운 바다	2941-1, 2. 실제 언어 생활과 관련지어 언어의 본질을 설명하고 언어의 기능을 설명할 수 있다.	국가수준학업 성취도평가
7월	1	4. 언어 나라, 음운 바다	2942-1. 국어 자음 체계와 모음 체계의 개념과 특징을 설명할 수 있다.	
	2	4. 언어 나라, 음운 바다	2942-2. 모음의 길이가 뜻을 구별하는 기능을 함을 설명할 수 있다.	2차 지필평가
	3	독서 한마당	다양한 책을 읽고 내용을 파악할 수 있다.	여름방학 (22일)

2학기	주	1학년	성취 기준	학사일정
8월	3	1-2 (3) 글로 말해요	2931-3. 주제, 목적, 독자를 고려하여 글을 쓸 수 있다.	개학(18일)
	4	2. 설명하면 달라져요	2932-1. 설명 대상이나 개념에 맞는 설명 방법에 대하여 설명할 수 있다.	
9월	1	2. 설명하면 달라져요	2932-2, 3. 설명 대상이나 개념에 맞는 설명 방법으로 설명하는 글을 쓸 수 있다.	영어 듣기평가
	2	2. 설명하면 달라져요	2922-1. 글이나 매체에 제시된 다양한 자료의 기능과 역할을 설명할 수 있다.	추석연휴 (8~9)
	3	2. 설명하면 달라져요	2922-2. 글이나 매체에 제시된 다양한 자료의 효과와 적절성을 평가할 수 있다.	
	4	5. 내 눈으로 읽는 문학	2958-1. 주체적인 관점에서 작품을 평가한 글을 읽고 독자의 관점과 평가의 타당성을 판단할 수 있다.	
10월	1	5. 내 눈으로 읽는 문학	2958-2. 적절한 근거를 들어 주체적인 관점에서 작품을 해석하고 평가할 수 있다.	
	2	5. 내 눈으로 읽는 문학	2958-2. 적절한 근거를 들어 주체적인 관점에서 작품을 해석하고 평가할 수 있다.	
	3	4. 낱말과 놀기	2946-1, 2. 품사의 개념과 분류 기준과 품사의 특성을 설명할 수 있다.	1차 지필평가
	4	4. 낱말과 놀기	2946-3, 2945-1. 품사별 특성에 맞게 단어를 사용할 수 있고, 단어를 이루는 형태소의 수에 따라 단일어, 복합어로 구분할 수 있다.	교과 체험 학습의 날 (1, 2학년)
	5	4. 낱말과 놀기	2945-2. 복합어를 이루는 형태소의 성격에 따라 합성어와 파생어로 구분할 수 있고, 새말이 만들어지는 원리를 설명할 수 있다.	
11월	1	단편영화 만들기 (교과통합 프로젝트)	2952-1. 문학 작품을 읽고 갈등의 원인, 갈등의 진행 과정과 해결 과정을 파악할 수 있다.	
	2	3, 갈등에서 공감으로	2952-2. 갈등의 진행과 해결 과정을 바탕으로 작품의 의미를 이해할 수 있다.	매꿀축재
	3	3, 갈등에서 공감으로	2917-1. 대화의 상황과 맥락을 파악할 수 있다.	
	4	3, 갈등에서 공감으로	2917-2. 상황과 맥락을 고려하여 상대의 이야기에 공감하며 대화할 수 있다.	2차 지필평가 (3학년)
12월	1	우리 함께 풀어 봐요	2915. 토의에서 의견의 차이를 파악하고 서로 다른 의견을 조정하여 문제를 해결할 수 있다.	2차 지필평가 (1, 2학년)
	2	단편영화제 준비	갈등의 진행과 해결 과정을 바탕으로 작품의 의미를 이해할 수 있다.	
	3	단편영화제	갈등의 진행과 해결 과정을 바탕으로 작품의 의미를 이해하고 평가할 수 있다.	
	4	반별 영화 영화제	갈등의 진행과 해결 과정을 바탕으로 작품의 의미를 이해하고 평가할 수 있다.	
	5	2학기 활동 발표 및 평가	1학년 교육과정 내용의 성취 수준을 평가한다.	겨울방학 (31일)

(3) 성취 기준에 맞는 맞춤형 수업 설계도를 그리다

먼저 수업은 왜 하는지, 근본적인 질문을 던져보아야 한다. ① 추구하는 인간상, ② 학교급별 교육 목표, ③ 교과별 교육 목표를 따져가다 보면

④ 수업으로 가는 길이 자연스럽게 보인다.

그렇다면 수업은 어떻게 해야 하는가. 배움의 공동체 수업에서는 매시간 수업 활동지가 필요하다. 교과서 수준대로 가르치는 배움보다 좀 더 질 높은 배움과 아이들의 문제 해결력을 통한 통합적 사고력 신장, 삶을 만나고 배우는 수업 실천 등이 가능하려면 성취 기준에 맞는, 그리고 모둠별 협력 수업에 적절한 그 이상의 배움과 성장을 이루어낼 수 있는 도전 과제가 필요하다. 매 차시별 수업 활동지는 그래서 꼭 필요하다.

(4) 아이들에게 줄 국어 수업 안내지를 만든다

3월 첫날 첫 시간, 아이들에게 일 년 동안 전개될 국어 수업을 안내하는 내용을 담은 유인물을 배부한다. 우리의 수업은 교과서 순서대로가 아닌, 이 유인물에 담긴 연간 운영 계획대로 진행되라는 것을 각인시키는 게 중요하다. 가끔 교과서 순서대로 진도를 나가지 않는다고 투덜대는 아이들이 있기 마련이므로, 국어 활동지 파일 맨 앞에 항상 끼워두기를 당부한다. 지필평가 및 수행평가, 국어 시간 준비물, 사전 활용법, 독서 시간 안내 등 자세하게 설명한다. 특히 주 1회 독서 시간이 왜 필요한가, 독서 목록에서 읽을 책 모둠별로 고르기, 2학기 수행평가와의 연결 관계 등도 주의해서 안내한다. 다음은 그 일부이다.

2. 1학년 수행평가

평가 종류		지필평가				수행평가				
1학년 1학기	반영 비율	50%				50%				
	횟수/영역	1차		2차		말하기 듣기	감동과 즐거움을 주는 글쓰기	시작품 감상평 쓰기	글요약 하기	포트 폴리오
		선택형	서술형 논술형	선택형	서술형 논술형					
	만점 (반영 비율)	20(5%) 100점(25%)	80(20%)	20(5%) 100점(25%)	80(20%)	10점 (10%)	10점 (10%)	10점 (10%)	10점 (10%)	10점 (10%)
	평가 시기	4월 5주		7월 2주		3월 2주	5월 1주	5월 3주	6월 1주	수시
	단원	1, 5		2, 3, 4		1	5	3	2	1-5

평가 종류		지필평가			수행평가				
반영 비율		50%				50%			
1학년 2학기	횟수/영역	1차		2차		설명문 쓰기	서평 쓰기	각색 하기	토의 하기	포트 폴리오
		선택형	서술형 논술형	선택형	서술형 논술형					
	만점 (반영 비율)	20(5%)	80(20%)	20(5%)	80(20%)	10점 (10%)	10점 (10%)	10점 (10%)	10점 (10%)	10점 (10%)
		100점(25%)		100점(25%)						
	평가 시기	10월 3주		12월 1주		9월 3주	10월 1주	10월 4주	11월 3주	수시
	단원	1-2(3), 2, 5		4, 3, 1		2	5	3	1	1-5

3. 국어 시간에 필요한 것
　① 책(반드시 가져와야 활동을 할 수 있다)
　② 필기구(학습 참가를 하고 중요한 것은 필기한다)
　③ 파일(활동지를 철한다)
　④ 공책(수업 시간이나 그 외의 시간에 드는 생각을 적는다. 독서할 때나 독서 후에 마음에 남는 글귀나 생각을 적는다. 선생님에게 하고 싶은 말을 적는다)

4. 교실에 비치된 사전을 항상 활용한다.
　국어 시간뿐 아니라 전 교과 시간에도 모르는 단어가 있을 때는 교실에 있는 사전을 반드시 찾아서 뜻을 알고 넘어갑니다. 묻기 전에 먼저 찾기.

5. 국어 시간 중 독서 시간이 있습니다.
　① 독서 요일: 목요일
　② 개인이 책 2권씩 가져옵니다.
　③ 읽는 책 중에 한 권을 정해서 2학기에 수행평가 서평 쓰기를 합니다.
　④ 45분 동안 집중해서 책을 읽을 수 있는 능력을 기르는 것을 목표로 합니다.

(5) 수업 설계, 이렇게 한다

다음은 박현숙 선생님이 제시하는 수업 설계 방법이다. 수년 동안 수업 설계와 수업 실천의 경험이 녹아 들어가 있는 것으로, 철저한 준비와 고민을 통해 얻은 수업 전문가의 실천적 제안이기에 그 의미가 크다고 하겠다.

수업 설계 방법

① 1년의 흐름을 세운다.
　-이때 교육과정 3년의 흐름을 고려한다. 자신의 과목뿐 아니라 다른 과목 모두 염두에 둔다.
　※1년의 흐름을 만들고자 할 때 유의점
　1. 할 수 있는 것과 없는 것이 있다.

(6) 수업 활동지를 제작한다 - '대화'를 만들어내는 활동지

수업 활동지는 매 차시마다 준비되어 있다. 단원에 따라 교과서와 세상 속을 넘나들며 다양하고 깊이 있는 활동들이 아이들을 만난다. 아이들이 스스로 배워갈 수 있도록 모둠별로 대화를 통해 문제를 해결할 수 있게 끔 열려 있는 활동 하나하나가 빛이 된다.

의사소통을 원활하게 한다는 것은 이 세상을 잘 살아갈 수 있는 큰 힘이 다. 의사소통은 타인의 말과 글을 이해하고, 나의 생각을 말과 글로 잘 표현 하면서 서로 협력하여 세상을 더욱 살기 좋은 삶터로 만드는 데 반드시 필 요하다.

그렇기 때문에 국어 시간은 학생들에게 아주 중요한 시간이다. 자신의 생 각을 잘 표현하고, 남의 생각을 잘 이해하는 것, 이것은 세상을 잘 살아가 는 바탕이기 때문이다. 타인의 생각을 이해한다는 것은 타인이 내놓은 말과 글을 나의 관점에서 해석하는 태도가 필요하다. 특히 문학은 타인의 생각 뿐 아니라 세상을 해석하는 눈과도 연결이 된다.

－박현숙 선생님의 수업철학 중에서

이것은 아래 예시 자료에 제시된 박현숙 선생님의 수업철학의 일부이다. 읽고 또 읽어도 구절구절이 동 교과 교사로서 참 진한 여운이 남는다. 국어 교육의 본질을 꿰고 있으면서도 국어 교육론 안에 머물지 않고 아이들이 살아갈 세상과 삶을 만나게 하려는 박 선생님의 수업철학이 고스란히 전해온다. 더불어 타인의 생각을 이해하는 바탕을 문학 작품 해석과 연결 지은 점도 탁월하다.

그래서일까, 박현숙 선생님이 제작한 수업 활동지는 늘 아이들의 숨결이 살아 빛난다. 아이들의 호흡 한 숨, 두 숨이 모여 숨골이 트이고 그 숨골은 아이들의 빛나는 언어와 상상력으로 채워져서 교실 밖으로 흘러나온다. 다음은 그중 극히 일부인 시 비평 수업 설계와 활동지이다.

예시 자료-국어 시 수업 설계 및 활동지

대상	국어 1학년	수업자	박현숙
단원	5. 내 눈으로 읽는 문학 01. 자유로운 감상, 말이 되는 근거	일시	2014. 11. 7(금) 6교시
수업 주제	자신의 관점에서 시를 비평한다.		
성취 기준	958-2. 적절한 근거를 들어 주체적인 관점에서 작품을 해석하고 평가할 수 있다.		
수업의 흐름	• 전 시에 작성한 짧은 비평문 나누기 • 비평문을 쓸 시를 자신의 관점으로 해석하고 비평하기		
수업철학 및 설계	의사소통을 원활하게 한다는 것은 이 세상을 잘 살아갈 수 있는 큰 힘이다. 의사소통은 타인의 말과 글을 이해하고, 나의 생각을 말과 글로 잘 표현하면서 서로 협력하여 세상을 더욱 살기 좋은 삶터로 만드는 데 반드시 필요하다. 　그렇기 때문에 국어 시간은 학생들에게 아주 중요한 시간이다. 자신의 생각을 잘 표현하고, 남의 생각을 잘 이해하는 것, 이것은 세상을 잘 살아가는 바탕이기 때문이다. 타인의 생각을 이해한다는 것은 타인이 내놓은 말과 글을 나의 관점에서 해석하는 태도가 필요하다. 특히 문학은 타인의 생각뿐 아니라 세상을 해석하는 눈과도 연결이 된다. 　이번 단원은 '주체적인 감상'이 성취 기준이다. 남이 생산해놓은 작품을 나의 눈으로 해석하되 마음대로 해석하는 것이 아니라 남의 작품의 어떤 부분에서 그런 해석이 나왔는지까지 끌어내야 하는 차원이다. 　시를 만나고, 자신의 관점으로 해석한 후, 그 해석의 근거를 작품에서 끌어내서 해석이 적절하게 표현되어 친구들의 관점과 비교하면서 결국은 자신의 해석을 더욱 풍부하게 하는 것이 이 수업의 주안점이다.		

수업철학 및 설계	다음 차시에 시 비평문을 쓰는 수행평가를 할 예정이기에 시에 대한 이해와 자신의 해석과 친구들의 해석을 바탕으로 감상을 더욱 확장시키려 한다. 　　이 단원의 수업이 끝나면 1학년 학생들이지만 앞으로 어떤 시를 만나던 자신의 관점으로 적절한 근거를 대며 한 편의 멋진 비평문을 쓸 수 있을 것이다. 그리고 그런 자신을 대견하게 생각할 것이며, 이 자신감을 살아가며 시를 즐겨 읽고 짓는 큰 힘으로 작동할 것이라 생각한다.

국어　1학년 2학기	반	번호		이름		수행평가 준비지
대단원: 5. 내 눈으로 읽는 문학				소단원: (1) 자유로운 감상, 말이 되는 근거		

1. 다음 시를 읽고 활동해봅시다.

> 상추를 솎다가
>
> 　　　　　　　　　　　　　　안준철
>
> 비 온 뒤끝이라 그랬는지
> 퍼석한 흙에서 뽑혀 나온
> 어린 상추의 맑고 연한 잎 속에
> 미처 소화되지 않은 햇살이
> 도란도란 숨어 있었다
>
> 오, 연한 것들!
> 요것을 국수에 비벼 먹어
> 밥에 말아 먹어
>
> 그렇게 말해 놓고
> 어린것에게 너무했다는 생각에
> 자꾸만 마음이 쓰였다
>
> 나도 연한 잎이 되어
> 누군가의 입속에 들어가
> 죄 닦음을 하고 싶었다
>
> 　　　　　*출처: 『별에 쏘이다』, 삶이 보이는 창, 2009.
> 　*솎다: 여럿 중에서 군데군데 뽑아내어 성기게 하다(헐렁하게 하다)

(1) 이 시를 읽고 떠오르는 생각을 말해보자.

(2) 비평문을 쓸 때 의미를 넣어서 해석하고 싶은 시어와 그 시어에 대한 해석을 말해보자.

(3) 가장 의미를 부여하고 싶은 연을 고르고 해석을 말해보자.

(4) 이 시의 주제를 내가 해석한 관점에서 말해보자.

나. 수업 디자인 따라잡기-시 수업을 중심으로

이 수업은 앞서 소개한 시 비평 수업과는 다른, 4월과 5월에 걸쳐 13차시로 전개된 시 수업이다. 물론 원래 교과서 편제대로라면 8차시 정도인데, 재구성 작업을 통해 선택과 집중이 가능했기에 교사의 수업철학과 타 교과와의 연결성 등을 충분히 고려할 수 있었다. 교과 내 재구성뿐만 아니라 학년 통합수업인 '아낌없이 주고받는 너와 나' 프로젝트의 바탕이 되는 학교 화단 관찰 수업과 연계되었으며, 도덕과 수행평가 활동에 이어지는 글쓰기 수행평가까지 복잡하면서도 유기적으로 짜여 있는 수업이다. 이 수업의 전체적인 과정을 따라가 보자.

(1) 단원 소개

동시의 세계에서 이제 막 본격적인 시의 세계로 접어드는 중학교 1학년 1학기 아이들은 시와의 만남을 어렵고 재미없다고 여기는 편이다. 박현숙 선생님은 이 시 수업을 기획하면서 평소에 접할 기회가 별로 없는 시를 좀 더 가깝고 즐겁게 만날 수 있도록 해주고 싶었다고 한다. 더불어 청소년기의 감수성을 풍부하게 하면서 내 삶을 들여다보는 창으로 세상을 배울 수 있는 다양한 수업을 설계한다면 이 아이들의 마음속에 어떤 시 세계가 펼쳐질까 궁금했단다. 단원명과 성취 기준이다.

(2) 수업 설계도

단원명	3. 시와 만나는 즐거움
소단원	01. 노래가 되는 시　02. 마음을 그리는 시　03. 세상이 담긴 시
성취 기준	2951-1. 문학적 표현 방식이 드러난 부분을 찾고 그의 의미와 문학적 효과를 이해할 수 있다. 2951-2. 다양한 문학적 표현 방식을 활용하여 자신의 생각과 감정을 표현할 수 있다. 2936-3. 독자에게 감동이나 즐거움을 주는 글을 쓸 수 있다. 　　　　　　　　　　　　　⇨ 5. 생각과 마음을 나누는 글 연계

수업의 흐름	노래가 되는 시	⇒	마음을 그리는 시	⇒	세상을 담은 시	⇒	화단 관찰 수업	⇒	수행 평가 준비	⇒	수행 평가	⇒	수행 평가 피드백

박현숙 선생님은 이 수업의 목적을 기존의 딱딱하고 일률적인 시 수업을 벗어나 자유롭게 시와 만나는 것이라고 했다. 운율-표현-상징으로 이어지는 시의 요소들을 이론적으로 접근하기보다 그 특성이 잘 드러나는 시 작품을 직접 만나보고, 느끼고, 다양한 감상을 나누면서 자연스럽게 시가 어떻게 이루어져 있는지 몸으로 익힌 다음 직접 내 삶의 경험이 담긴 시 창작을 실천해보고자 했다. 이러한 수업 설계의 배경에는 문학과 삶의 관계에 대한 박 선생님의 시선이 오롯이 담겨 있다.

더불어 모둠별 협력 활동을 매 수업 시간마다 펼치고 있는 배움중심수업 속에서 시를 별도로 쓰는 게 아니라 시 수업을 통해 저절로 시를 쓸 수 있는, 소위 과정 중심 수행평가가 자연스럽게 녹아 들어가도록 설계하고 있는 점이 무척 인상적이다. 다음은 단원 소개와 성취 기준, 수업의 흐름, 그리고 전체적인 시 수업 설계도(모둠별 협력 수업 중심 ⇒ 교과통합수업과 연계 ⇒ 개별 평가)이다.

수업		교과통합수업		평가
시 작품 감상을 통한 시에 대한 이해 (운율, 비유, 심상, 상징)	⇒	화단 관찰 -학교 숲에서 보물찾기	⇒	• 지필평가-서술형, 논술형 • 수행평가-학교 숲 보물로 삶이 담긴 창작시 쓰기

차시	소단원	활동 내용	수업 자료
1	01. 노래가 되는 시	• 아이들이 잘 알고 있는 노래 가사에서 리듬을 만들어내는 요소 찾기	악동뮤지션의 「라면인 건가」, 동요 「송알송알」 등
2	01. 노래가 되는 시	• 현대시조에서 리듬감을 살리는 요소 찾기 • 시에서 느껴지는 여러 가지 생각들 나누기	정완영의 「호박꽃 바라보며」 (교과서)

3	02.
	마음을
	그리는 시
		• 제시된 표현법을 사전에서 찾아 뜻풀이 읽어보고
		  자신이 이해한 말로 정리하기
		• 표현법의 예를 사전에서 찾아 적어보고, 그 표현법
		  을 사용하여 시적인 문장 만들기
			10개의 표현법 제시
			국어사전

4	02. 마음을 그리는 시	• 시 낭송 후 자유롭게 생각 나누기 • 시 작품에 담긴 표현법 모두 찾기 • 이 시에서 가장 멋진 표현 찾기 • 「호박꽃 바라보며」와 비교 감상하기	기형도의 「엄마 생각」, 국어사전
5	02. 마음을 그리는 시	• '심상'의 개념과 종류 찾아보기 • 시 작품에서 심상 찾아 보기 • 심상의 효과에 대해 생각해보기	윤동주의 「햇빛 바람」, 윤부현의 「바다」, 「연두에게」(교과서)
6	03 세상이 담긴 시	• 낭송 후 떠오르는 생각 말해보기 • 마음에 와 닿은 시어 찾기 • 그 시어 속에 담긴 의미 찾기 • 시인이 말하고자 하는 바를 생각해보기	김상옥의 「문패」, 안도현의 「우리가 눈발이라면」 (교과서)
7	03 세상이 담긴 시	• 낭송 후 떠오르는 생각 말해보기 • 마음에 와 닿은 시어 찾기 • 그 시어 속에 담긴 의미 찾기 • 시인이 말하고자 하는 바를 생각해보기	도종환의 「흔들리며 피는 꽃」
8	03 세상이 담긴 시	• 내가 직접 고른 시집 읽기 • 시집 속에서 가장 마음에 드는 시 한 편 적기 • 그 시를 고른 이유와 가장 멋진 표현을 찾아 친구 에게 들려주기	독서 시간 및 도서관 연계 - 시집 30권
9	교과통합수업 '아낌없이 주고받는 너와 나'	• 화단 관찰 수업 '학교 숲에서 보물찾기' • '시흥시 풀뿌리환경센터' 전문 강사와 함께 진행 • 학교 화단 관찰 지도 그리기	과학과와 협력 수업 (90분) 화단 관찰 지도 식물 관찰용 돋보기
10	교과통합수업 '아낌없이 주고받는 너와 나'	• 내 마음으로 들어온 풀꽃과 나무에 대해 생각해 보기-각각 세 개 이상씩 선택하여 정리해보기 • 식물의 잎과 줄기의 역할에 대해 유추해보기 • 학교 숲에서 더 알고 싶은 내용 적어보기	과학과 활동지 화단 관찰 지도 식물도감, 야생화 관련 책

11	수행평가
	준비
		• 세상이나 다른 사람에게 하고 싶은 말 생각해보기
		• 내 마음으로 들어온 풀꽃과 나무 중 나의 마음을
		  가장 잘 나타낼 수 있는 대상 고르기
		• 그 식물의 첫인상, 특징, 전설 등을 내 마음과 연결
		  하여 정리해보기
			지난 활동지 참조

12	수행평가	• 지금까지의 활동 내용을 바탕으로 시 창작하기
		• 학교 숲에서 찾은 보물을 글감으로 하되, 내 마
		  음, 삶, 현대 사회의 다양한 모습과 연결하여 시
		  로 표현해보기
			지난 활동지 참조
			평가 기준 제시

13	수행평가 이후	• 수행평가 작품 학급별 10편 선정하여 들려주기 • 친구들의 작품 감상 및 내 작품과 비교해보기 • 내 작품 고쳐 써보기 → 시화 제작과 연계	수행평가지

(3) 수업 디자인 소개

전체적인 수업의 흐름을 차시별로 살펴보면, 1, 2차시는 아이들에게 자연스러운 유행가 가사를 통해 '라임'의 효과와 시의 운율을 연결 지어 현대시조에 담긴 리듬감을 익히게 했다.

3~5차시는 시의 표현 방식(표현법과 심상)을 배우는 시간으로, 먼저 시의 표현법 10개를 제시해주고 국어사전을 통해 개념과 예시 문장을 모둠별로 찾게 함으로써 스스로 표현법을 배우게 했으며, 심상은 두 편의 작품 감상을 통해 자연스럽게 해결했다.

6~8차시는 시의 상징성을 시대적 배경과 연결 지어 생각해보게 한 다음 '시집 읽기' 활동을 통해 좋은 시가 어떤 시인지 직접 찾아보게 했다.

9~10차시는 학년 철학 '즐거운 소통'을 담은 교과통합수업 '아낌없이 주고받는 너와 나'와 연계하여 '학교 숲에서 보물찾기'라는 주제로 학교 화단 관찰 수업을 진행, 내 마음속으로 들어온 풀꽃이나 나무를 찾아 좀 더 구체적으로 알아본 다음 그 글감을 바탕으로 11~13차시 창작시 쓰기 수행평가로 이어짐으로써 함께 배우고 함께 그 경험을 나누고 공감하는 시간을 가졌다.

이 수업을 함께 진행하면서 교사의 입장에서 아이들과 함께 배우고 성장하는 것이 이런 거구나 느낄 수 있었던, 아주 매력적인 수업이었다.

(4) 수업 활동지 자료

1학년 국어 활동지

단원명	3. 시와 만나는 즐거움	활동지 7	
학습 주제	소단원: 01. 노래가 되는 시	1학년 ( )반 ( )번 이름 (	)

1. 교과서 113쪽 「호박꽃 바라보며」를 운율을 살려 읽어보자.

2. 어떻게 읽어야 리듬감을 살리면서, 시의 의미가 잘 느껴지는지 교과서 113쪽 표시를 해 보자.

> 표시 방법   조금 쉰다: ○   조금 더 쉰다: ◎
> 〈예시〉 송알송알 ○ 싸리잎에 ○ 은구슬 ◎ 조롱조롱 ○ 거미줄에 ○ 옥구슬

3. 이 시에서 운율을 느끼게 하는 요소가 무엇인지 말해보자.

4. 이 시의 제목이 「호박꽃 바라보며」인데 왜 부제로 '어머니 생각'이 붙었는지 말해보자.

5. 시인은 왜 호박꽃과 어머니를 연결 지어서 시를 지었는지 짐작해서 말해보자.

6. 이 시를 읽고 느껴지는 여러 가지 생각들을 공책에 적어보자. (8줄 이상)

단원명	3. 시와 만나는 즐거움	활동지 8
학습 주제	소단원: 01. 노래가 되는 시	1학년 ( )반 ( )번 이름 ( )

1. 시란 무엇인지 내가 알고 있는 대로 표현해보자.

2. 다음 노래 가사를 소리내어 읽어보고 주어진 활동을 해보자.

> 라면인 건가
>
> 악동뮤지션
>
> 오늘 아침에도 내가 뭘 했는지를 몰라.
> 아니 내게 아침이란 게 있나?
> 한 아마 12시쯤에 인났었지.
> 달력을 보니 오늘은 고백데이래.
> 창밖에 남자 여자에게 고백해
> 난 친구에게 내 잘못을 고백해
> 십이 시간을 넘게 자도 일어나 보면 졸려.
> 매일 똑같은 하루 이런 날 보면 질려.
> 걷는 게 귀찮아서 배로 누운 그대로 여기저기 닦다 보니,
> 안 해도 돼 걸레로 청소 말이야.
> 계란말이 하나 밥상에 올라도
> 이게 웬 떡이야, 그림의 떡이야
> 날마다 찬장을 열어보면 어제 먹고 남은 반 쪼가리
> 라면인 건가, 라면인 건가, 라면인 건가
> 오늘도 내 점심은
> 라면인 건가, 라면인 건가, 라면인 건가

(1) 소리 내어 읽으면서 리듬감이 느껴졌는가? 느껴졌다면 어떤 부분의 무엇 때문인지 노래 가사에 선을 긋고 그 이유를 말해보자.

(2) 「라면인 건가」는 1번 활동에 비추어 보아 시와 글 중에 어느 쪽에 가까우며 그 이유는 무엇인가?

3. 다음 노래 가사에서 느껴지는 리듬감은 무엇 때문인지 말해보자.

> 송알송알 싸리잎에 은구슬 / 조롱조롱 거미줄에 옥구슬
> 대롱대롱 풀잎마다 총총 / 방긋웃는 꽃잎마다 송송송

4. 시에서 느껴지는 리듬감을 형성하는 요소를 모두 말해보자.

5. 시는 어떻게 읽어야 제 맛을 살릴 수 있을지 말해보자.

126

1학년 국어 활동지

단원명	3. 시와 만나는 즐거움	활동지 9
학습 주제	소단원: 02. 마음을 그리는 시	1학년 ( )반 ( )번 이름 ( )

※ 다음 활동을 모둠 친구들과 해봅시다.

1. 제시된 표현법을 사전을 찾아서 뜻풀이를 읽어보고, 자신이 이해한 말로 정리하시오.

2. 그 표현법의 예를 사전에서 찾아 적어보시오.

3. 그 표현법을 사용하여 시적인 문장을 만드시오.

(1) 의인법:
–

(2) 직유법:
–

(3) 은유법:
–

(4) 역설법:
–

(5) 점층법:
–

(6) 영탄법:
–

(7) 반복법:
–

(8) 설의법:
–

(9) 대구법:
–

(10) 도치법:
–

1학년 국어 활동지

단원명	3. 시와 만나는 즐거움	활동지 10
학습 주제	소단원: 02. 마음을 그리는 시	1학년 ( )반 ( )번 이름 ( )

※ 다음 시를 낭송한 후 주어진 활동을 해보자.

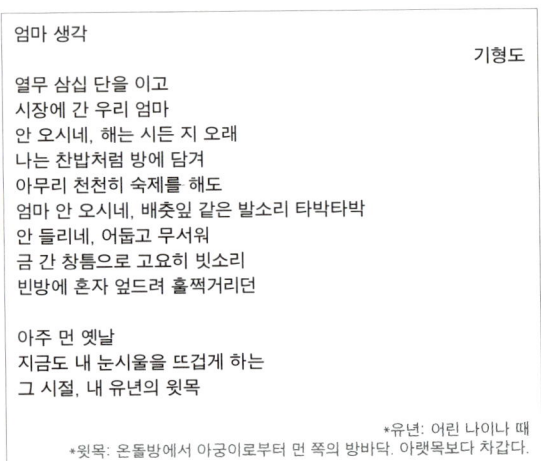

> 엄마 생각
>
> 　　　　　　　　　　　　　기형도
>
> 열무 삼십 단을 이고
> 시장에 간 우리 엄마
> 안 오시네, 해는 시든 지 오래
> 나는 찬밥처럼 방에 담겨
> 아무리 천천히 숙제를 해도
> 엄마 안 오시네, 배춧잎 같은 발소리 타박타박
> 안 들리네, 어둡고 무서워
> 금 간 창틈으로 고요히 빗소리
> 빈방에 혼자 엎드려 훌쩍거리던
>
> 아주 먼 옛날
> 지금도 내 눈시울을 뜨겁게 하는
> 그 시절, 내 유년의 윗목
>
> 　　　　　　　　　　*유년: 어린 나이나 때
> 　　*윗목: 온돌방에서 아궁이로부터 먼 쪽의 방바닥. 아랫목보다 차갑다.

1. 이 시를 읽고 드는 생각을 말해보자.

2. 이 시에 사용된 수사법을 모두 찾아 시에 표시해보자.

3. 이 시에서 가장 멋진 표현을 찾아보고 이유를 말해보자.

4. 교과서 113쪽 「호박꽃 바라보며」와 「엄마 생각」 중 어떤 시가 더 마음에 드는가?

단원명	3. 시와 만나는 즐거움	활동지 11
학습 주제	소단원: 03. 세상을 담은 시	1학년 ( )반 ( )번 이름 ( )

※ 다음 시를 낭송한 후 주어진 활동을 해보자.

> 문패
>
> 김상옥
>
> 해방된 그다음 날
> 문패를 떼고
> 우리 이름 옛 이름
> 써서 붙였다.
>
> 앞집에도 새 문패
> 하얀 새 문패
> 뒷집에도 새 문패
> 갈아 붙였다.
>
> 그리운 우리 이름
> 다시 부르자
> 정다운 옛 이름도
> 귀에 설고나.

1. 이 시를 감상할 때 특별한 의미가 들어 있을 것 같은 시어를 찾아보자.

2. 1번에서 그 시어의 의미를 생각해보자.

3. 2번과 같은 활동을 했을 때와 하지 않았을 때 시의 의미나 느낌이 어떻게 달라질 것 같은지 말해보자.

4. 시를 감상할 때 '상징'이 중요한 시가 있는데, 그 이유를 이 시를 감상하며 생각해보자.

다. 평가, 스스로 문제를 해결하는 길 찾기

(1) 평가의 방향과 계획 들여다보기

'수업=평가'라는 등식이 새삼 떠오른다. 평소 문학 수업을 좋아하면서도 평가 부분에서는 늘 곤혹스러웠다. 평가 자체도 부담스럽지만, 문학적 상상력이 갖는 자유로움과 다양한 생각들을 표현한 것을 하나의 잣대로 가름하고 점수화하는 것이 쉽지 않았다.

그런데 이 시 수업은 평가를 위한 수업도 아니고, 평가를 위한 평가도 아닌 그냥 수업의 과정이 평가로 자연스럽게 이어지는 흐름이 즐거웠던 것으로 기억한다. 수업의 과정을 다시 한 번 짚어보면 단원 핵심 성취 기준에 맞게 다양한 문학적 표현 방식이 담긴 시 작품을 감상한 다음 배운 내용을 활용하여 다른 작품에 적용할 수 있도록 10여 편의 관련 작품을 성취 기준에 맞게 다양하게 텍스트화했다. 물론 교과서 작품도 취사선택하여 수업 활동지에 적절하게 배치했다. 운율, 비유, 심상, 상징 등의 시적 표현 방식을 지식적 접근이 아닌, 모둠별 협력 활동을 통해 자연스럽게 이해할 수 있도록 디자인하여 진행되었다.

그리고 시 창작으로 이어진 수행평가. 자신의 생각과 감정을 자유롭게 시로 표현하는 활동이 예전처럼 별개의 평가 활동으로 제시된 것이 아니라 과정 중심으로 차근차근 전개하였다. 특히 학년 철학을 담은 교과통합수업 '아낌없이 주고받는 너와 나' 프로젝트와 연계하여 직접 학교 화단에서 체험, 관찰한 풀꽃이나 나무들을 시적 대상으로 선정하여 자신의 경험과 주변의 삶을 생생하게 연결 지어 표현하게 했다.

특히 이 수행평가의 과정을 '수행평가 준비-수행평가 실시-수행평가 이후'로 구분하여 아이들이 함께 수행평가를 준비하고 개별 작품을 써보고, 함께 그 작품들을 감상하고 내 작품을 수정해봄으로써 시 창작의 즐거움을 온몸과 마음으로 느끼게 한 점이 이 수업의 탁월한 점이라고 생각한다. 아이들이 쓴 시 중에서 10편 정도를 뽑아 작가의 이름을 밝히지 않고 읽어준다. 아이들은 친구들의 시를 감상하면서 저절로 자신의 작품과 비교한다. 그리고 정말 공감하는 박수를 보낸다. 똑같이 수업을 받았으나, 똑같이 만났던 학교 화단의 풀꽃들을 자신들의 삶과 멋지게 이어낸 친구들을 통해 또 다른 배움을 만난 것이다.

지필평가 역시 그 맥락에서 배움의 과정을 바탕으로 풀어낼 수 있게 했다. 이번에도 전혀 낯선 시 작품을 제시하여 그 시에 담긴 운율을 느껴 보고, 시적 표현 방식을 찾아보고, 상징적 의미를 헤아려보는 서술형 및 논술형 평가 형태로 출제했다. 물론 채점의 어려움은 출제 교사가 일괄 채점하는 방식으로 해결했다.

배운 내용을 기억하고 있는지를 묻는 '선택형' 문항이나 '이미 배운' 시 작품에 대한 표현이나 감상을 묻는 문항은 별 의미가 없어요. 평가는, 특히 문학 작품은 내가 배운 내용을 얼마나 암기하고 있느냐를 평가하기보다는 다른 작품을 통해 확산하고 적용할 수 있어야 배움중심수업이 추구하는 질 높은 배움이자 문제 해결력을 길러주는 것이라고 할 수 있어요.

박현숙 선생님은 수업 설계도 대단하지만 평가에서도 기존의 틀을 깨는 발상의 전환과 창의적인 방식이 돋보인다. 그래서 박 선생님이 출제하는 평가 문항은 늘 기대가 된다.

(2) 평가 내용 분석

평가 영역	평가 주제	평가 유형 및 내용	배점
지필평가	시의 표현 및 감상	• 제시 작품: 김상옥의 「봉선화」, 이상호의 「꽃의 보복」, 정호승의 「풀잎에도 상처가 있다」, 신동엽의 「봄은」 • 선택형 1– 시의 내용 이해(5점) • 서술형 3– 시조의 운율 끊어 읽기, 표현법 제시 및 근거 시행 찾기, 시어의 상징적 의미 찾기 및 대조적 시어(각 10점, 총 30점) • 논술형 1– 시 제목의 상징적 의미 해석 및 근거 찾아 논술하기(13점)	58점
수행평가	시 창작	과학과와 함께하는 학교 화단 관찰 수업 '학교 숲에서 보물 찾기'를 통한 삶이 담긴 창작시 쓰기	10점

(3) 내 생각을 펼치고 문제 해결력을 키우는 지필평가

다음은 이 시 수업에 연계된 지필평가 출제 문항이다.

박현숙 선생님은 수업 시간에 배운 시의 표현법을 제대로 이해하고 있는지를 평가하기 위해 낯선 시 작품을 제시하고 선다형 및 서술형, 논술형 문항으로 다양하게 출제했다. 이론 중심 수업이 아닌, 아이들의 배움을 중심에 두고 진행한 수업 방식이 일상적으로 펼쳐지다 보니 그 형태 그대로 평가 문항으로 제시될 수밖에 없다. 수업 시간에 아이들은 다양한 시적 표현법과 그 예시적 문장들을 모둠 활동을 통해 자유롭게 찾아내고 해석해본다. 그러고 나서 몇 편의 시를 감상하면서 직접 찾아보고 자신의 배움과 연결 짓는다. 시의 상징을 이해하고 해석해보는 것도 그렇게 진행되었다. 그 활동을 그대로 지필평가로 가져오되 수업 시간에 이미 배운 작품이 아닌 전혀 낯선 작품을 제시함으로써, 암기가 아니라 아이들 스스로 문제 해결력을 키워가는 쪽으로 평가 방향을 잡은 것이다.

결국 중학교 1학년 성취 기준에 맞추어 일상의 수업 그대로를 평가로 이어가되, 아이들이 배운 내용을 활용하여 문제를 해결해가는 평가 방식으로, 이는 국어과 평가의 기본 흐름으로 자리 잡고 있다. 한편 134쪽의

〈보기〉에 제시한 자료는 시적 표현법 용어들을 외우는 것이 성취 기준이 아니기에 아이들의 혼란을 줄이는 방법으로 쓰였다. 구체적 문항과 정답 채점 기준표도 함께 제시한다.

2014학년도 1학기 1차 지필평가
제 1 학년 국어 과

과목코드	01	고사일	2014년 4월 28일 2교시

[2, 서술형 4] 다음 글을 읽고 물음에 답하시오.

(가) 풋의 보복
　　　　　　이상호

모가지만 잘려 와서
분노하는 우리들을
더욱 아름답다고
희희낙락 바라보는
저 인간들에게
ⓒ우리들은
보복하기로 했다.
절대 열매를 맺지 말자고
굳게 다짐했다.

(나) 풀잎에도 상처가 있다
　　　　　　정호승

풀잎에도 상처가 있다.
꽃잎에도 상처가 있다.
너와 함께 걸었던 들길을 걸으면
들길에 앉아 저녁놀을 바라보면
상처 많은 풀잎들이 손을 흔든다.
상처 많은 꽃잎들이
가장 향기롭다.

2. ⓒ의 이유로 가장 적절한 것은? [5점]
① 인간들이 분노해서
② 인간들이 보복하려고 해서
③ 사람들이 열매만 좋아해서
④ 사람들이 마음대로 잘라 와서
⑤ 사람들이 꽃을 좋아하지 않아서

서술형 4. (가)와 (나) 시에 공통적으로 사용된 표현법을 아래 〈보기〉에서 찾아 제시하고, 그렇게 생각한 이유를 구체적으로 서술하시오. [10점]

〈보 기〉
시를 표현하는 데에는 여러 가지 방법이 있는데, 그 중에서도 가장 많이 쓰이는 것이 비유하기이다. 시에 쓰인 비유적 표현에는 직유법, 은유법, 의인법, 풍유법 등이 있다. 그 외에도 표현하고자 하는 대상을 꼼더 인상적으로 강조하는 반복법, 점층법, 영탄법 등이 있고, 변화를 주어 시적 표현을 살리는 방법으로는 도치법, 역설법 등이 있다.

〈조 건〉
• 쓰인 표현법 하나를 정확하게 밝혀 쓸 것
• (가)와 (나)의 이유가 각각 구체적으로 드러나게 서술할 것

＿＿＿＿＿＿＿＿＿＿＿＿＿
＿＿＿＿＿＿＿＿＿＿＿＿＿
＿＿＿＿＿＿＿＿＿＿＿＿＿
＿＿＿＿＿＿＿＿＿＿＿＿＿

[논술형 1, 서술형 5] 다음 글을 읽고 물음에 답하시오.

봄은
　　　　　　신동엽

ⓒ봄은
남해에서도 북녘에서도
오지 않는다.

너그럽고
빛나는
봄의 그 눈짓은,
제주에서 두만까지
우리가 디딘
아름다운 논밭에서 움튼다.

겨울은,
바다와 대륙 밖에서
그 매운 눈보라 몰고 왔지만
이제 봄
너그러운 봄은, 삼천리 마을마다
우리 가슴 속에서
움트리라.

움터서,
강산을 덮은 그 미움의 쇠붙이들
눈 녹듯 흐물흐물
녹여 버리겠지.

논술형 1. 시의 전체적인 흐름으로 보아 이 시의 제목이 상징하는 바가 무엇인지 자신의 생각을 쓰되, 구체적 근거를 들어 논술하시오. [13점]

〈조 건〉
• 제목 '봄은'의 상징적 의미를 반드시 제시할 것
• 본문에 있는 내용 중 두 가지 이상의 근거를 찾아서 제시할 것

＿＿＿＿＿＿＿＿＿＿＿＿＿
＿＿＿＿＿＿＿＿＿＿＿＿＿

서술형 5. 이 시에서 ⓒ과 의미가 반대인 시어를 찾아 쓰고, 그렇게 생각하는 이유를 서술하시오. [10점]

＿＿＿＿＿＿＿＿＿＿＿＿＿
＿＿＿＿＿＿＿＿＿＿＿＿＿

서술형 4.
(가)와 (나) 시에 공통적으로 사용된 표현법을 아래 〈보기〉에서 찾아 제시하고, 그렇게 생각한 이유를 〈조건〉에 맞게 구체적으로 서술하시오.【10점】

(가)　꽃의 보복	(나)　풀잎에도 상처가 있다
이상호	정호승

(가)　꽃의 보복
　　　　　　　　　　　　이상호

모가지만 잘려 와서
분노하는 우리들을
더욱 아름답다고
희희낙락 바라보는
저 인간들에게
우리들은
보복하기로 했다.
절대 열매를 맺지 말자고
굳게 다짐했다.

　　　*희희낙락: 매우 기뻐하고 즐거워함
　*보복: 남에게 받은 해를 그만큼 되돌려 주는 일

(나)　풀잎에도 상처가 있다
　　　　　　　　　　　　정호승

풀잎에도 상처가 있다.
꽃잎에도 상처가 있다.
너와 함께 걸었던 들길을 걸으면
들길에 앉아 저녁놀을 바라보면
상처 많은 풀잎들이 손을 흔든다.
상처 많은 꽃잎들이
가장 향기롭다.

〈보기〉
시를 표현하는 데에는 여러 가지 방법이 있는데, 그중에서도 가장 많이 쓰이는 것이 비유하기이다. 시에 쓰인 비유적 표현에는 직유법, 은유법, 의인법, 풍유법 등이 있다. 그 외에도 표현하고자 하는 대상을 좀 더 인상적으로 강조하는 반복법, 점층법, 영탄법 등이 있고, 변화를 주어 시적 표현을 살리는 방법으로는 도치법, 역설법 등이 있다.

조건
• 주된 표현법 하나를 정확하게 밝혀 쓸 것
• (가)와 (나)의 이유가 각각 구체적으로 드러나게 서술할 것

구분	평가 내용	배점
평가항목	시 작품 속에 쓰인 시의 표현법을 찾아낼 수 있는가?	10점
채점 기준	의인법을 정확하게 제시하고, 그 근거도 (가), (나) 둘 다 구체적으로 서술한 경우	10점
	의인법을 정확하게 제시하고, 그 근거를 (가), 혹은 (나) 중 하나만 제시한 경우	7점
	의인법에 대해서만 제시한 경우	5점
	근거만 찾아 제시한 경우	5점
	근거를 제시하되, (가)와 (나) 중 하나만 제시한 경우	3점
예시 답안	(가)와 (나) 시에 공통적으로 쓰인 표현법은 '의인법'이다. 의인법은 사물을 사람으로 빗대어 표현하는 수사법으로, (가) 시는 꽃을, (나) 시는 풀잎을 사람처럼 표현하고 있다.	
인정 답안	의인법만 정답으로 인정함. 근거는 (가)와 (나)를 구별하여 제시하되, 뜻이 통하면 정답으로 인정함.	

(4) 함께 성장하는 수행평가

이 시 수업의 또 다른 평가인 수행평가를 통해 가장 의미 있었던 것은 시 창작을 어려워하던 아이들이 수업의 과정 속에서 자연스럽게 시 한 편을 쓸 수 있었던 점이다. 특히 9차시에서 11차시 수업, 시 창작의 제재를 교과통합수업으로 구성한 학교 화단 관찰 수업을 통해 찾아내고, 친구들과 공유하면서 동시에 자신의 삶을 들여다보고 사회적 현실과 연결시키는 활동을 이어가면서 성취 수준을 넘어서는 결과를 가져왔다. 예전에는 시는 시대로 배우고 글감 10개 정도 만들어서 창작하라고 했던 평가였던 게 이렇게 진화한 것이다.

그리고 수행평가 후 '친구들의 창작시 비교 감상 활동'을 통해 어떤 시가 좋은 시인지 어렵지 않게 구분해내고, 자신의 시를 고쳐 쓰는 모습을 보면서 아이들을 배움 속에서 살아 있게 하는 수업 디자인이 얼마나 중요한지 다시 한 번 되새길 수 있었다. 평가를 위한 평가가 아닌, 시를 즐기고 친구들과 공유하면서 자신의 생각과 경험과 삶이 그대로 시가 될 수 있다는 사실을 체득했다.

시의 운율부터 상징까지 작품을 통해 만나고 이해하고 나서, 5월의 학교 화단에 피어 있는 들꽃이며 나무들을 관찰하고, 화단 관찰 지도를 만들고, 내 마음속으로 들어온 꽃 이야기를 모둠 친구들과 풀어보고, 그 꽃의 특징과 느낌을 각자의 삶이나 사회적 현실과 연결시켜 창작시를 썼다. 그리고 함께 감상하고 수정하고 시화를 만들고…….

어느 반에서는 '가장 잊을 수 없는 수업'으로 화단 관찰 수업과 함께 시를 참 쉽게 쓸 수 있었다며 시 창작 수행평가를 꼽았다. 시를 많이 만나서 즐거웠다고, 우리 학교 화단이 진짜로 보물이 많은 숲이라고, 2학년 때도 하면 좋겠다고.

2014학년도 1학년 1학기 수행평가-시 창작

단원명	3. 시와 만나는 즐거움	활동지 11
학습 주제	소단원: 03. 세상을 담은 시	1학년 (　)반 (　)번 이름 (　　　　)

❶ 평가 도구 1. 수행평가 준비 활동지-학교 숲에서 찾은 보물 정리하기

※ 학교 화단 관찰 수업을 통해 만난 식물들을 떠올리며 자유롭게 나 자신과 연결 지어 생각해봅시다.
1. 지금 현재 나의 마음 속을 들여다보자. 어떤 감정이 가장 크게 마음에 자리잡고 있는지 생각해서 적어보자.
2. 세상이나, 어떤 사람에게 하고 싶은 말이 있다면 생각해서 적어보자.
3. 화단을 관찰하면서 봤던 식물 중, 1번이나 2번을 가장 잘 나타낼 수 있는 대상을 생각해보자.
4. 3번 활동의 대상이 지닌 특성에 대해 자세하게 정리해보자. 생김새, 들은 이야기, 전설이나 생물학적인 특성, 그것에 대한 나의 첫인상이나 느낌 등.
5. 4번 활동을 바탕으로 나의 감정이나 생각을 화단에서 찾은 나의 대상물의 어떤 특징과 연결 지어서 나타낼 것인지 생각해서 정리해보자.
6. 위의 여러 가지 활동과 지난 시간 공부했던 활동지를 참고하여 시 한 편을 지어보자(공책에).-이 활동은 다음 시간 '수행평가-창작시 쓰기'로 이어집니다.

❷ 평가 도구 2. 수행평가지-삶이 담긴 창작시 쓰기

*학교 숲에서 보물찾기 활동을 통해 만난 풀꽃이나 나무를 소재로 하여 자기 자신의 경험이나 이웃의 삶을 담은 시 한 편을 지어봅시다.

❸ 평가 채점 기준안

창작시 쓰기 수행평가 평가 기준	채점 기준	배점
1. 삶에서 우러나온 자신의 생각과 감정을 운율을 살려 표현하였는가?	5항목 만족	10점
2. 비유와 상징, 심상이 적절히 사용되었는가?	4항목 만족	9점
3. 참신하고 창의적인 관찰 및 생각이 잘 표현되었는가?	3항목 만족	8점
4. 시에 대한 배움의 수준에 맞게 표현하였는가?	2항목 만족	7점
5. 적절한 분량인가?	1항목 만족	6점

❹ 평가 도구 3. 수행평가 이후 활동지-친구 작품 감상 및 평, 내 작품 고쳐쓰기

*친구들이 지은 시를 듣고 다음 활동을 해봅시다.
1. 내 마음에 드는 시를 말해보자. 어떤 점이 마음에 드는가?(표현법, 주제, 심상, 상징 등)
2. 친구들의 시 중 마음에 드는 표현이 있으면 적어보자.
3. 나의 시와 비교해보고 어떤 점이 친구들에게서 배울 점인지 말해보자.
4. 시를 쓸 때 어떻게 하면 좋은 시를 쓸 수 있는지 말해보자.

(5) 수행평가 작품

▶학생 작품 예시- 창작시 쓰기

은방울꽃

1학년 이○○

바다에서 시들어버린 생명
다시 피어날 수 있을까.

은은하게 빛나는 은방울꽃아
종소리 울려주렴.

구슬픈 빗소리도 종을 치고
바람결에 날아온 먼지들도 종을 치네.

종을 치면 다시 생명이 피어나리라.
종을 치면 다시 돌아오리라.

하얀 방울에 검은색은 어울리지 않는단다.
은은한 방울에 슬픔은 어울리지 않는단다.

그러니 돌아오렴.
돌아와서 종을 쳐주렴.

바다에서 다시 생명이 피어날 수 있도록.
다시 돌아올 수 있도록.

민들레

1학년 김○○

저기, 저어기 길모퉁이에

노랗고 노오란 민들레꽃 피었다.

쪼그맣고 쪼그만 민들레꽃 피었다.
맘 속에 무거움들
훌훌 털어줄 것 같아
터벅터벅 다가가 꽃잎 툭 건드리자
민들레꽃 싱긋 웃는다.

저기, 저어기 길모퉁이에
하얗고 하아얀 솜털들 뭉쳤다.
보들보들 보드라운 솜털들 뭉쳤다.
맘속에 답답함을 싹싹 날려줄 것 같아
살금살금 다가가 입김 훅 불려는데
횡 바람 불어와 솜뭉치 휙 날아간다.

날아라 솜털들
여기저기 피어 맘속 무거움 훌훌 털어주도록
날아라 솜털들
여기저기 날아 맘속 답답함 싹싹 날려주도록

날아라 민들레

(6) 평가를 마치고 나서

시를 이론을 중심에 두고 가르치기보다 시를 먼저 느끼게 하고 그 속에
서 자연스럽게 시의 요소들을 찾아보고, 왜 그렇게 생각하는지 끊임없이
질문하고 공유하면서 배움은 아이들에게만 일어나는 것이 아니었다. 아

이들의 생생한 느낌과 참신한 표현들을 통해 교사도 배우고 성장했다. 노래 가사로 출발했던 시 수업이 다양한 시 작품들을 만나고 해석하고 엉뚱한 상상과 표현들을 공유하면서 아이들은 시를 읽고 쓰는 즐거움을 느꼈다.

이 시 수업 평가를 통해 얻은 시사점은 시 창작을 어려워하던 아이들이 수업 과정에서 자연스럽게 시 한 편을 쓸 수 있었던 점이다. 그리고 비교 감상 활동을 통해 어떤 시가 좋은 시인지 어렵지 않게 구분해내고, 자신의 시를 고쳐 쓰는 모습을 보면서 아이들을 배움 속에서 살아 있게 하는 수업 디자인이 얼마나 중요한지 다시 한 번 되새길 수 있었다. 자신의 생각과 경험과 삶이 그대로 시가 될 수 있다는 사실을 체득할 수 있었다.

7. 돋보기, 박현숙 선생님의 수업이 빛나는 이유를 찾아서[1]

가. 동료 교사들이 말하는 박현숙 선생님 수업

박현숙 선생님 옆에는 오래된 동료 교사들이 참 많다. 그 동료 교사들이 가장 배우고 싶어 하는 수업이 또한 박 선생님 수업이기도 하다. 우리 학교에서 수업을 공개하는 역할을 늘 도맡아 하다 보니 그렇기도 하겠지만 엄청난 역량과 열정으로 한 걸음 앞선 배움의 실천과 노력, 성찰의 과정은 그 누구도 따라 하기 쉽지 않다. 전라도에서, 강원도에서, 물 건너 제주도에서 수업 공개 요청이 들어오는 이유가 뭘까, 어떤 점이 수업을 빛나게 할까. 그 이유를 동료 교사들과의 면담과 설문지 작성을 통해 확인했다. 말로는 표현을 다 할 수 없는 지점이 많은 수업이지만, 그 내용을 간략하게 정리해보았다.

---

1. 이 글은 2014 통통탐쟁이교실수업연구회에서 우수 교사 연구 활동의 하나로 진행하였던 동료 교사 및 학생들의 면담 내용과 설문 내용을 재구성한 것이다.

(1) 수업, 연결 짓기의 고수

박현숙 선생님은 늘 기꺼이 수업을 여신다. 아마 장곡중에서 혁신학교를 시작한 2010년도 이후 공식, 비공식으로 전국에서 가장 많이 수업을 공개한 교사가 아닐까 싶다. 그래서 혁신부장일 때나 수석교사일 때나 변함없이 한 해를 시작하는 3월의 전체 제안 수업은 물론 외부 공개가 필요할 때마다 수업을 열 때, 종종 우리 학교 선생님들도 함께 참관하며 배운다.

첫 번째 질문, 평소 수업을 관찰하고 무엇을 배웠는지 궁금했다. 이 질문에 대해 동료 선생님들은 45분 수업 과정 내내 '아이들의 발언을 기막히게 연결 짓기 하는 모습'을 배웠다고 했다. 시 수업이든 설명문이나 문법 수업이든 아이들과 끊임없이 교류하고 소통하는 모습은 박 선생님 수업의 가장 인상 깊은 점이다.

그 외에도 아이들 개개인의 특성을 충분히 이해하고, 그 아이의 수준에 맞게 수업에 참여하도록 열심히 북돋워주는 점, 발표력이 우수한 아이나 그렇지 않은 아이 상관없이 누군가가 발표할 때 발표하는 아이를 쳐다보며 배움을 놓치지 않으려 하는 모습 등을 꼽았다. 특히 아이의 생각이 문제 해결점과 조금 다르더라도 "아, 너는 그렇게 생각하는구나.", "네 생각을 말해줘서 고마워.", "음~ 그래……." 등의 추임새로 그 아이의 생각을 인정해준다. 그리고 조심조심 다른 아이들, 텍스트, 또는 세상과 연결시키면서 문제 해결점을 함께 찾아가는 지점은 엄청난 내공이 저절로 느껴진다는 것이다.

(2) 소통, 내면의 목소리를 듣는 능력

두 번째 질문, 수업 시간에 아이들과 어떻게 소통하는가 물었다. 대부분의 선생님들이 앞서 소개한 것처럼 '아이의 발표에 대한 칭찬'이 소통의 도구라고 이야기했다. 모둠 활동 중에 나왔던 아이의 발표 내용을 기억하고 다른 모둠의 발표를 들으며 연결 짓기 하는 능력이 결국은 모든 아이들을 수업 속에서 소통하게 한다는 것이다. 모둠 활동에서 '교사의 역할을 최소화'하고, 아이들끼리 충분히 대화하고 자기들의 생각을 풀어갈 수 있도록 시간을 주더라는 것이다. 더불어 특별히 수업에 필요한 현란한 기술이나 동기부여를 위해 자극적인 무엇인가를 하지 않고도 오직 '교사의 세심한 관찰과 관심'을 통해 아이들 한 명 한 명의 내면의 지적 호기심을 끌어냄으로써 집중하게 하는 것이 마술처럼 느껴졌다고 했다.

세 번째 질문은 수업 중 배움에서 소외되는 아이들을 어떻게 수업에 참여시키고 있는가였다. 배움에서 소외되거나 배움에서 빠져나가는 아이들은 아무래도 수업을 하다 보면 다양한 상황과 조건 속에서 예외 없이 발생하는 모습이기에 모든 교사의 고민거리다. 이 질문에 대해서도 교사들은 일관된 답을 보여주었는데, 특히 박현숙 선생님 수업을 보고 있으면 수업이 예술이구나 하는 생각이 저절로 든단다. 교사의 귀에 들리지 않는 아이들의 소리, 눈에 띄지 않는 행동에까지 교사의 시선이 가닿더라는 것이다. 수업을 하다 보면 자칫 놓치기 쉬운 그 아이들에게까지 관심을 가지고, 발언권을 주고, 그 발언이 의미 있게 살아나도록 연결 짓기를 하는 모습에 저절로 배움이 일어난다고 했다. 또한 배움에서 소외되거나 멀어지는 아이가 없게 하려고 그 아이의 수준에 맞게 질문을 구성하고 모둠 활동에 작은 부분이라도 참여할 수 있도록 북돋워주는 교사의 태도도 인상 깊었다고 했다.

그리고 누군가가 그랬다. 수업에 참여하지 않는, 말하지 않는 아이들의 내면의 목소리까지도 듣는 교사의 능력을 보았다고.

(3) 수업 활동지, 혹은 평가, 질 높은 배움의 열쇠

수업에서 배움의 질을 가늠하는 것은 수업 설계, 즉 수업 활동지이다. 교과서를 새구성해서 수업의 핵심 요소를 뽑고, 아이들의 활동으로 꾸려내는 일을 박현숙 선생님은 매일 한다. 네 번째 질문, 박현숙 선생님의 수업 설계 및 활동지 제작에서 우수한 점이 무엇인지 물었다. 한마디로 '학습자의 사고의 흐름과 함께 가는 활동지'라는 답이 돌아왔다. 그리고 창의적인 아이디어가 넘쳐흐르고 다양한 관점이나 방향을 이끌어낼 수 있는 도전 과제가 제시되어 있어서 '성취 기준에 맞게, 더불어 그 이상의 질 높은 배움을 추구하는 활동지'라는 평도 나왔다. 특히 시 수업을 하면서, 시를 기계적으로 분석하는 것이 아니라 다양한 해석을 통해 시를 충분히 느끼고 자신의 것으로 체화하도록 하는 데 중점을 둔 수업 설계가 신선하고 감동적이었단다.

다섯 번째 질문은 수업과 관련해 실시하는 '평가'였다. 박 선생님의 평가 문항 제작 역량을 배우고 싶다고 답한 교사들이 많았다. 교과서를 벗어나 다양한 텍스트를 훌륭하게 재구성하여 평가 문항으로 제작한다, 성취 기준에 근거하여 수업 과정, 학습 상황과 연계된 평가이다, 낯선 읽기 자료를 제시하여 아이들이 수업 시간에 배운 문제 해결 방법을 적용해 풀 수 있도록 해서 더 매력적인 평가이다, 아이들의 배움을 향해 열린 평가이다 등 평가에 대한 시선도 무척 다양했다. 누군가는 '창의적인 사고를 바탕으로 기존의 획일화된 틀을 깨는 평가 혁신의 선구자'라는 별칭을 붙였다.

(4) 동료 교사들이 배운 점

마지막 질문, 박현숙 선생님이 가진 역량을 통해 내가 배운 점, 혹은 노력할 점은 무엇일까. 공통적인 부분을 찾아보았더니 아이 한 명 한 명이 성장해가는 모습에 더욱더 관심을 가지고 귀에 들리지 않는 소리, 눈에 띄지 않는 모습까지 보고 들으려고 노력해야겠다는 것으로 정리되었다. 또한 아이들의 성장을 위해 끊임없이 노력하는 교사의 뚜렷한 교육철학이 담긴 수업 설계, 학생집단의 문화뿐만 아니라 개개인의 특성과 관심사까지 파악하는 노력도 더불어 필요하다고 답했다. 덧붙여서 동료 교사와 더 협력해야겠다, 화합과 소통 능력을 길러야겠다, 학교에서 하는 연수에 자발적 참여해서 더 많이 배우고 성장하고 싶다는 바람도 담겨 있었다.

나. 학생들이 말하는, 우리 국어 샘 수업은요……

(1) 김○○ 학생
－우리들을 열렬하게 응원해주고 존중해주는 선생님

○○는 국어 선생님과의 첫 만남을 특별한 기억으로 갖고 있다. 담임 시간에나 할 법한 자기소개라는 것을 교과 시간에 하는 것도 생소했지만, 지금까지 주로 말로만 했던 방식을 벗어나 활동지와 이면지를 주시면서 자신의 감정을 표현해보라고 하셨던 것이 정말 새로웠다고 했다. 그림을 그리든 말로 쓰든 심지어 종이를 구기거나 찢어도 좋다면서 어떤 방법으로든 자신을 표현해보라고 하신 것이 무척 기억에 남는 수업이었고, 선생님과 시작하는 국어 수업에 기대를 갖게 되었다고 했다. 그 이후로도 수업을 시작할 때마다 아이들 이름을 하나하나 불러주시면서 "어제 있었던 일 중에 기억에 남는 일은 무엇인가요? 여러분은 무엇을 좋아하고 왜 그런가요?"와 같은 아이들이 경험하는 이런저런 이야기를 서로 나누곤 했는데, 시시하고 사소한 일임에도 불구하고 재미있고 즐거웠다고 회상했다. 학생들 눈높이에 맞춰주려는 모습, 항상 학생들을 우선시하는 모습, 애들이 시큰둥한 반응을 보여도 열렬하게 응원해주시는 모습을 통해 우리들 모두 존중받고 있다는 생각이 들었다고 했다.

실제로 박현숙 선생님의 수업에

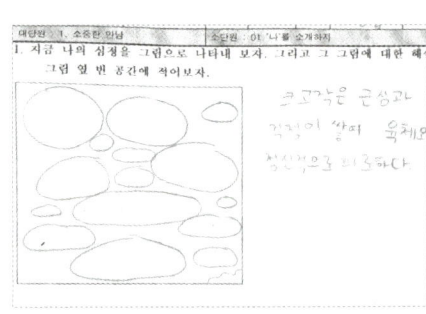

첫 시간 수업 활동지

서 자주 목격할 수 있는 장면이다. 매시간 나눠주는 활동지는 선생님의 책임감 있는 모습으로 다가왔고, 모둠 활동이라고 해서 우리끼리만 하는 것인 줄 알았는데 선생님이 돌아다니면서 무릎을 꿇어 몸을 낮추어 우리의 눈높이를 맞춰서 힌트를 주시거나 도움을 주실 때에는 정말 감동이었다고 했다. ○○는 커서 초등학교 선생님이 되는 것이 꿈인데, 국어 선생님을 통해 아이들 하나하나에게 관심을 갖고 귀를 기울이고 마음을 다해 존중해주는 교사의 자세를 배울 수 있어서 정말 좋다고 했다.

○○는 처음엔 선생님이 눈을 맞추고 대화하는 것에 크게 관심을 두지도 않았고 자기 할 일만 했었는데, 자기가 직접 그런 도움을 받고 해결하면서 나 역시 누군가에게 존중하는 마음으로 눈을 맞추며 이야기를 해야겠다고 느꼈다고 했다. 그동안은 자기 스스로를 판단할 때 이 정도면 배려심이 있는 사람이고 그렇게 행동하고 있다고 느꼈었다. 그런데 돌이켜보니 나보다 어리거나 부족한 사람들에게는 깔보거나 곱지 못한 말을 하거나 무시하는 행동을 했던 것 같아 반성하는 계기가 되었다고 했다. 자신보다 훨씬 어리고 부족한 학생들을 존중해주는 선생님의 모습을 통해 행동하기 전에, 말하기 전에 다시 한 번 생각해보는 습관을 길러주셔서 정말 잊을 수 없을 것 같다고도 했다.

또 특별한 경험으로 교과통합수업을 꼽았다. 단편영화 만들기 수업에서 시나리오, 시놉시스라는 용어부터 너무 어렵고 막막하여 모둠원들이 모두 헤매고 있을 때, 선생님이 친절하게 설명도 해주시고 주제 정하는 데 도움을 주셔서 정말 감사했다고 했다. 특히 아이들이 제시한 의견의 장점과 단점을 파악하게 도와주셔서 무턱대고 시작하지 않고 수업 과정에서 일어날 수 있는 상황을 예측할 수 있어서 좋은 경험이었다고 했다. 모두 함께 고생하여 완성한 영화를 보고 스스로가 대견스러웠고 각자의 역할의 중요성도 알게 되었다고 했다.

(2) 최○○ 학생
—새로운 배움 속 세상을 바라보는 눈을 키워주시는 선생님

○○이는 비교적 자기의사표현도 잘하고 성취 수준도 높은 전형적인 모범생이다. 처음 배움의 공동체 수업을 접하는 여느 상위권 학생들처럼 함께 배우고 서로 가르쳐 주는 수업에 익숙하지 않을뿐더러 심지어는 부정적인 생각을 갖고 있었다고 한다. 학원에서 선행 학습을 하고, 교사가 주도해 교과서 위주로 쭉 정리를 해주는 수업이 훨씬 효과적이고 시간도 절약할 수 있다고 생각했는데, 교과서에 없는 텍스트를 가져오거나 교과서를 한다 해도 정해진 단원 순서대로 하지 않는 수업에 처음엔 혼란스럽고 불만도 좀 있었다고 한다. 그런데 수업을 하다 보니 선생님이 활동지에 제시한 내용이 교과서보다 더 재미도 있고 흥미로울 뿐만 아니라 친구들과 모둠 활동을 할 때 자기보다 못하는 친구들에게서 배우게 되는 경험이 많더라는 것이다.

○○이는 국어 수업에 대한 특별한 기억으로 '비평문 쓰기'를 꼽았다. 처음엔 막연하게 시 전체를 읽고 해석하는 것으로 알고 한두 줄이나 제대로 쓸 수 있을까 걱정이었는데, 그러한 우리의 걱정을 아셨는지 첫 시간에는 시의 2~3줄 정도만 비평을 하라고 하셔서 그다지 어렵지 않게 비평을 시작하게 되었다고 했다. 이 수업을 통해 10줄 이상도 거뜬히 쓸 수 있게 되었을 뿐 아니라 심지어 머릿속에 떠오르는 생각들이 너무 많아 정리하기가 힘들었을 정도였단다. 또 모둠 친구들의 얘기를 들어보니 하나의 시로 이렇게 다양한 생각들이 나올 수 있다는 것이 정말 놀라웠고 사람마다 생각이 다르다는 것을 인정해줘야 한다는 경험을 하게 되었다고 했다. 전에는 답이 아닌 것을 말하는 것이 두렵고 다른 애들이 어떻게 생각할까 걱정이 앞섰는데, 선생님이 먼저 내 말이 맞다고 해주시니 자신감도 생기고 가끔 어려운 주제로 힘들어하면 선생님이 도와주셔서 모둠 활동에 대한 걱정은 없다고, 그래서 이젠 교과서에 없는 어떤 시라도 내

나름의 의미를 담을 수 있는 자신감도 생겼다고 했다.

교과서에 없는 활동 중 하나로 '세월호'를 주제로 한 글에 대한 의견 나누기 수업을 또 하나의 특별한 경험으로 꼽았는데, 그 순간을 ○○이는 '노란 리본들의 외침'이라고 이름을 붙였다. 교과서 위주로 배우다 보면 그 당시의 사회적 이슈에는 무관심해지고 친구들의 생각을 알 수 있는 기회도 없을 텐데, 그 수업을 통해 새로운 것을 배운다는 기대감과 그 상황에 공감하는 경험을 통해 다양한

세월호 기사문 읽고 요약하기

사회문제에 대해 나만의 판단 능력을 키우고 나도 사회의 한 구성원이라는 의식을 하게 되었다고 했다. 우리 같은 중학생이 이런 사회문제에 관심을 갖고 그것에 대해 의견을 나누는 일은 시험과도 상관이 없고 그래서 우리와는 어울리지 않는 일이라고 생각했는데 이 수업을 통해 우리가 좀 더 어른스러워지고 책임감이 있는 어른으로 자라야겠다는 결심도 하게 되었다고 했다.

학생의 입장에서만 기사를 읽었었다가 기자의 입장에서, 부모의 입장에서 생각해보니 다 각자의 이유가 있고 의견이 있다는 것도 알게 되었다고 했다. 처음에 모둠 활동을 할 때에는 친구들이 내가 하는 것을 따라만 하고 그냥 베끼는 게 아닌가 싶어 좀 기분도 나빴단다. 하지만 이러한 수업을 통해 말로 하지 않았을 뿐 다들 자기의 의견이 있다는 것도 깨달았다고 했다. 자기의 관점만이 옳고 자기가 더 우수하다고 생각했던 교만에 대해 반성하게 되었으며, 그로 인해 친구들뿐 아니라 자신도 성장하

145

게 되었다고 한다. 그리고 수업이 더 재미있어지고 수업이라는 것이 나의 삶과 무관하지 않다는 것이 무엇보다 큰 가르침이라고 했다.

(3) 박○○ 학생
–독서를 통해 생각하고 표현하게 만들어주는 선생님

○○이는 여느 남학생과 달리 말수가 적고 책읽기를 좋아하는 소극적인 학생이다. 국어 수업의 특별한 경험으로 반 전체가 함께하는 독서 시간을 특별한 기억으로 썼다. 일주일 4시간의 수업 중 목요일 1시간은 무조건 함께 독서를 하는데 활동적인 중학교 1학년 학생들에게 어찌 보면 고역일 수도 있을 것이다. 하지만 아이들 중에는 ○○이처럼 책읽기를 좋아하고 내향적인 아이들도 있기 마련이고, 가끔은 그러한 아이들이 소외되거나 따돌림을 당하기도 한다. 교과통합수업이 체험이나 활동 위주의 이벤트성 수업으로 오해를 받기도 하는데, 1년 동안의 꾸준하고 일관성 있는 독서 활동은 아이들이 자신의 내면을 들여다보고 텍스트를 쉽게 읽고 이해하는 능력을 키우기에 더없이 좋은 수업이 아닐까 싶다.

○○이는 책 읽는 시간이 별도로 있다는 것 자체가 정말 좋다고 했다. 방해받지 않고 자기가 읽고 싶은 책을 한 시간 내내 그것도 수업 시간에 볼 수 있다는 게 좋고 그로 인해 자신의 마음이 풍요로워지는 것을 느낀다고도 했다. 책을 좋아하고 많이 읽다 보니 가끔 공유 시간에 친구들이 이해하기 어려운 얘기도 하는데, 그때마다 선생님의 경청과 지지가 발표하는 데 큰 도움이 되고 자신이 미처 말로 표현하기 어려운 부분을 덧붙여주며 인정해주셔서 진짜 존중받고 있다는 생각이 들 때가 많다고 했다. 이 기억의 제목도 'Deus ex Machina'라고 이름을 붙였는데, 아이들은 자기들이 모르면 잘난 척한다고 무시하거나 창피를 주곤 했단다. 하지만 선생님은 먼저 "그것도 맞겠구나. 선생님이 생각했던 게 다가 아니란다"고 말씀해주시는데, 그래서 어떤 학생이라도 쉽게 입을 열 수 있고, 선생님께

서 국어 수업을 통해 나의 생각을 키워주고 싶어 하신다는 생각이 든다고 했다.

다. 면담을 마무리하면서

교과 내용을 먹기 편하게 다 해석하고 정리해주는 수업이 친절한 수업이 아니다. 아이들의 생각을 확장시키고 이 활동을 통해 어떻게 성장해나갈 것인지를 고민하며 혼자의 힘으로 할 수 없는 것들을 함께 협력할 수 있도록 연결 짓게 도와주는 것, 수업에서 친절함이란 바로 이런 것이 아닐까 싶다. 우리가 박 선생님에게 배우고 싶은 부분이다.

또한 아이들이 그려내는 국어 시간, 박 선생님과 만나는 그 시간들을 통해 아이들이 입을 열고 다른 사람 이야기를 경청하는 습관이 자연스럽게 키워졌으리라는 것을 충분히 짐작할 수 있다. 더불어 아이들의 꿈을 이렇게 구체적으로 행동과 마음까지 다듬어갈 수 있다는 것은 교사의 삶이 아이들의 삶과 맞닿아 있음을 알게 해준다.

아이들의 면담 내용은 잘하는 아이나 못하는 아이나 자기 나름의 배움과 성장이 이루어지고 있음을 다시 한 번 들여다보는 계기가 되었다. 결국 배움의 공동체 수업에 대한 확신과 장점, 우리 교사들이 왜 이 수업을 고집하고 더 노력해야 하는지를 여실히 보여준다.

면담 중인 아이들

3 교과통합수업, 아이들이 소통하는 공간

1. '아낌없이 주고받는 너와 나', 학년 철학을 실천적 삶으로

수업이 아이들의 배움을 중심에 두었을 때 수업 디자인은 바뀔 수밖에 없다. 소위 배움중심수업을 설계하고 고민할 때 중심에 두는 것 중 하나가 '아이들의 삶'이다. 그러다 보니 교육과정을 재구성하는 것뿐만 아니라 교과 간의 연결고리를 찾아 통합하는 교과통합수업을 진행하게 된다.

'아낌없이 주고받는 너와 나.' 이 수업은 2013년도에 통합수업으로 만들어져 올해도 진행되고 있는, 1학년을 대표하는 통합수업이다. 그 시작은 영어과, 국어과, 도덕과 중심으로 각각 섬처럼 진행되던 교과 내 프로젝트 수업이 학년 협의회를 통해 서로 만나게 되면서 '학년 철학'을 중심으로 묶이게 된 것이다. 처음에는 아무래도 각각의 교과 내 프로젝트 수업이라는 성격이 진했으며, 몇 개의 교과는 한두 시간 도움 주기 식으로 연결되면서 조금씩 엇박자가 나기도 했다. 경험은 또 다른 삶의 축적이자 훌륭한 스승이듯이 해를 거듭하면서 이 수업에 대한 논의도 좀 더 다양하고 깊이 있게 진화되었다. 시기적으로 신입생인 1학년 아이들의 첫 교과통합수업이기도 했지만, 학년 철학인 '즐거운 소통'을 위해 서로 배려하고 위하는 마음이 먼저 실천적 삶으로 이어지길 바랐던 교사들의 열망이 모아지면서 각 교과의 수업철학과 주제, 시기, 평가까지 계획할 수 있었다. 물론 그 논의의 중심에는 몇 년 전, 학교 화단 관찰 수업을 맨 처음 시작했던 박현숙 선생님이 있었기에 가능한 체험활동이 꾸려졌다. 이는 지난 2월 새 학기 교육과정 연수를 통해 1학년 전체 교과 담당 교사들이 모여 재구성의 시간을 거치면서 자유롭게 색다른 빛깔과 개성으로 재탄생할 수 있었던 바탕이 되었다.

전년도에 비해 이 수업의 가장 큰 변화는 학교 화단 관찰 수업이 '학교 숲에서 보물찾기'라는 체험활동으로 재구성되어 국어과와 과학과가 블록 수업으로 묶어 외부 전문 강사와 함께 좀 더 체계적으로 수업을 진행했던 점이다. 그리고 이 과정에서 아이들의 치밀한 배움을 위해 과학과에서 학교 화단 관찰 지도가 만들어졌으며, 미술과는 캘리그래피 수업이 새롭게 들어와 실질적으로 학교 화단을 아이들의 손으로 가꾸어가는 체험활동으로 연계했다. 한편 국어과에서는 앞에서 제시한 시 수업 속에 녹아들어가 아이들의 경험과 관찰, 활동이 시 창작으로 이어지는 거대한 수업 디자인이 만들어졌다. 다음은 그 전체적인 수업의 과정이다.

가. 교과통합수업 운영 계획-'아낌없이 주고받는 너와 나'

(1) 수업 목표

① 통합교과적 수업 운영을 통해 교과 내에 갇혀 있던 지식을 넘어서서 교육과정의 균형을 도모하고 삶과 만나는 배움의 공동체 철학을 실천한다.

② 학습자 스스로 탐구하고 표현하는 체험을 통해 창의력을 신장하는 동시에 모둠별 협력 활동 속에서 즐겁게 소통하는 학년 철학을 실현한다.

③ 학교 화단 관찰 수업을 대자연으로부터 받아온 은혜를 깨닫고, 그 은혜를 베풀 줄 아는 마음가짐을 갖는다.

(2) 운영 방침

① 관련 교과 담당 교사들이 해당 일정을 진행하고 지도한다.

② 사회의 전문적인 교육 자원을 활용할 수 있다. → 시흥시풀뿌리환경센터 전문 강사

③ 사후 평가회를 통해 이후 학교 계획에 지속적·발전적으로 반영한다.

④ 화단 관찰 및 교과 활동은 1학기 1차 지필평가가 끝나는 5월부터 시작하여 주로 5~6월에 집중적으로 실시하되, 활동 결과물 전시는 2학기 9월에 예정된 매꼴축제로 이어질 수 있도록 한다.

⑤ 학교 화단 관찰 수업은 국어과와 과학과 수업을 모아서 2일간 운영한다.

(3) 교과통합수업 전체 진행 과정

① 통합 과목: 국어, 과학, 도덕, 영어, 미술, 창체

② 대상: 중학교 1학년 287명

③ 장소: 학교 화단 및 운동장, 각 교실, 장곡동 일대

④ 기간: 2014년 5~9월

⑤ 수업의 흐름

화단 관찰 수업	식물의 기능	시 창작	캘리그래피	지역사회
국어+과학	과학+국어+창체	국어+독서	미술+과학	도덕
• 학교 숲에서 보물찾기(학급별 2시간 블록) • 시흥시 풀뿌리 환경센터 전문 강사 지도 • 화단 관찰 지도 작성	• 학교 숲에서 만난 꽃과 나무에 대해 이야기 나누기 • 구역별 식물에 대한 생태적 조사	• 시집 읽기 • 창작시 쓰기 • 창작시 감상 • 창작시화 제작	• 캘리그래피란? • 과학 시간에 조사한 식물에 대해 식물 이름표, 반별 팻말 제작	• 지역사회 도움 주기 프로젝트 • 영화 「아름다운 세상을 위하여」 감상
관찰 수업	과학 수행평가	국어 수행평가	미술 수행평가	도덕 수행평가

(4) 학교 화단 관찰 수업 운영 계획-'학교 숲에서 보물찾기' 프로그램 계획서

① 프로그램 개요

프로그램명	교사	교과	국어, 과학
시간	90분(블록 수업), 2학급씩 진행		
장소	장곡중학교 화단 및 운동장 주변		
외부 기관	시흥시 풀뿌리환경센터 전문 강사 4명과 함께 학교 화단 관찰 – 사전 학교 화단 탐색 – 학습 내용 구상		

② 프로그램 내용

시간	흐름	내용	준비물
10분	도입	• 인사 나눔 및 활동 소개 • 주의할 점 전달	돋보기 화단 관찰 지도
70분	전개	• 학교 숲 밭 밑 풀꽃들을 찾아보자. 망초, 꽃마리, 민들레, 냉이 등 • 학교 숲 나무들을 살펴보자. 벚나무, 버드나무, 회양목, 수수꽃다리 등 • 식물의 잎과 줄기를 관찰해보자.	
10분	마무리	• 오늘 만난 식물들은 누구일까? 소감 나누기 • 화단 관찰 지도 작성	

③ 학교 화단 관찰 지도

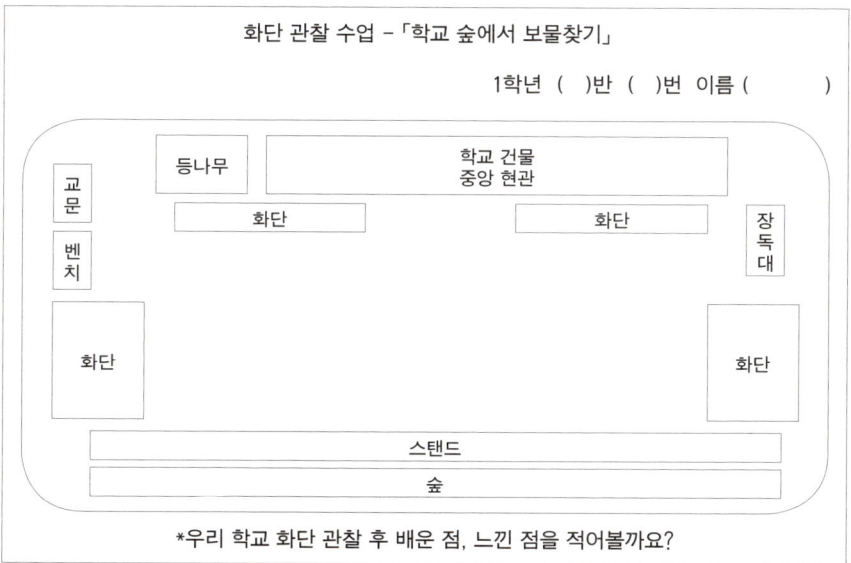

화단 관찰 수업 –「학교 숲에서 보물찾기」

1학년 ( )반 ( )번 이름 (   )

*우리 학교 화단 관찰 후 배운 점, 느낀 점을 적어볼까요?

(5) 각 교과별 통합수업 설계도

교과	통합 주제	통합수업 내용	관련 단원	차시	관련 단원
공통	화단 관찰	'학교 숲에서 보물찾기'	국어+과학	2	
국어	화단 관찰과 연계한 시 창작	• 학교 화단 관찰 '학교 숲에서 보물찾기' • 내 마음으로 들어온 풀꽃과 나무에 대해 생각해보기 • 내 삶, 사회와 연결된 창작시 쓰기 • 친구들의 작품 감상 및 내 작품과 비교해보기 • 9월: 창작시화 만들어 내 나무에게 선물하기	3. 시와 만나는 즐거움	5	창작시 수행평가
과학	화단 관찰 및 식물에 대한 생태적 조사	• 학교 화단 관찰 '학교 숲에서 보물찾기' • 화단 관찰 지도 작성 및 구역별 식물 생태 조사 • 식물의 뿌리, 줄기, 잎의 역할 • 잎의 종류에 따라 증산작용 관찰(소나무/영산홍) • 논술평가: 증산작용이 잎의 크기에 따라 달라지는 도심의 온도를 낮출 수 있는 방법은 무엇일까?	식물의 구조와 기능	3	생태조사표 논술평가
도덕	지역사회 도움 주기 프로젝트	• 지역사회에 도움을 필요로 하는 사람(단체)을 도울 수 있는 프로젝트 구상 • 개인별 계획서 작성 • 모둠별 프로젝트 진행, 모둠별 발표 및 보고서 쓰기 • 1학기 수행평가와 연계	배운 단원 재구성	5	수행평가
미술	점과 획의 만남, 캘리그래피	• 서예의 의미 알기 • 한글과 캘리그래피의 조형적 특징과 현대적 흐름에서의 활용 • 자신의 글씨체를 점과 선의 조형으로 보고, 구성이 아름다운 글씨체가 되려면 어떻게 구상하면 좋을지 스스로 구성하기 • 나만의 글씨체를 써보고, 작품 제작과 실제 생활에 활용하기	미술과 조형	3	지필평가 수행평가
영어	『아낌없이 주는 나무』 원서 읽기	• 동화『아낌없이 주는 나무』원서 모둠별 읽기 • 자신을 위해 희생하는 것들에 대해 생각해보기 • 모둠별 느낌 나누기 • 감사한 사람에게 영어로 Thank you 노트 쓰기	영어 동화	3	지필평가
창체	독서	• 국어과와 창체 독서 시간에 진행되는 주제 관련 책읽기 활동 진행 및 독후 감상 나누기		2	독후감 상문
	농사 체험	• 1학년 전체 창체 특색 활동으로 진행되는 농사 체험활동과 연계 • 교과통합 주제에 맞는 농사 체험활동 진행 및 모둠별 관찰 보고서 쓰기 • 내가 키운 농작물을 어려운 이웃과 나누고 더불어 사는 삶에 대해 배우기		3	농사 체험 보고서

(6) 교과통합수업 진행 과정 및 유의점

① 국어, 과학 교과는 화단 관찰 수업 일정에 맞게 시간표를 재구성하여 협력 수업으로 진행한다.

② 아이들에게 사전에 충분히 교과통합수업의 의미 및 진행 과정을 설명하고, 화단 관찰 수업이 의미 있게 진행되도록 유의한다.

③ 각 교과의 수업이 서로 소통하면서 유기적으로 연결되어 협력함으로써 아이들에게 분절적 사고가 아닌 통합적 사고를 바탕으로 문제를 해결해갈 수 있도록 진행한다.

④ 학년 철학 및 교과통합 주제인 '즐거운 소통'과 '배려'의 마음을 나의 삶, 이 세상과 연결 지어 이해할 수 있도록 지도한다.

나. 학교 숲에서 보물찾기 하는 아이들

운동장 느티나무 관찰

민들레 홀씨를 날리는 소년의 꿈은…

우리 학교의 자랑 담쟁이를 연구하다

미래의 식물학자를 꿈꾸며

다. 각 교과별 활동지와 평가 작품들

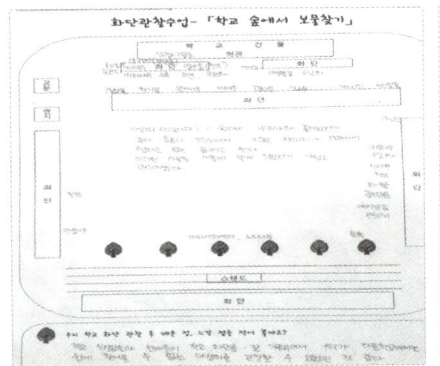

[국어+과학] 과학과와 통합하여 펼쳐진 학교 화단 관찰 수업 후 활동지

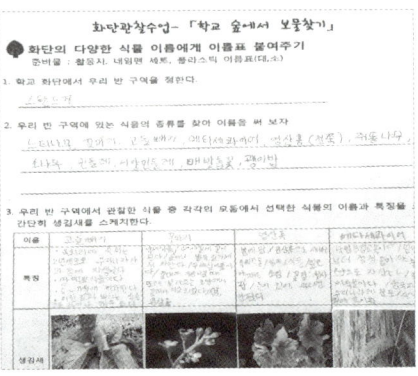

[과학] 우리가 찾은 학교 숲 보물들

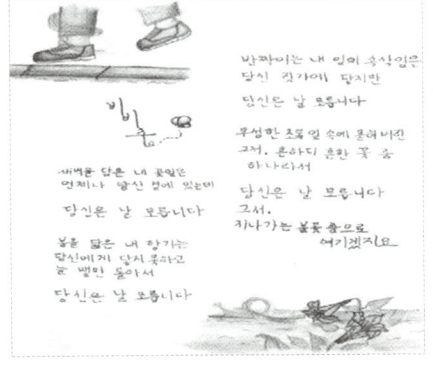

[국어] 창작시화 만들기 우수 작품

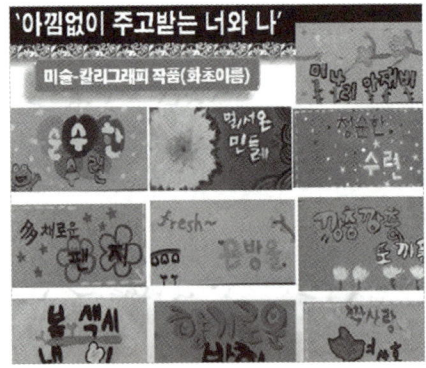

[미술] 수행평가 - 캘리그래피

[도덕] 지역사회 프로젝트-세월호 유가족 돕기 성금 모으기 3일간의 체험

2. 영화 제작 프로젝트 '열네 살, 영화로 세상과 소통하다'

가. 영화 제작 수업, 그 기획과 진화의 역사

3년 전이었을까, 교과통합수업이나 새로운 수업의 시도에서도 늘 한 걸음 앞서 엄청난(?) 기획들을 내놓는 박현숙 선생님이 영화를 만들자고 했다. 함께 2학년을 하면서 국어 교과서에 실린 시나리오나 드라마 대본을 읽고 해석하고 분석하면서 이론 공부를 하기보다는 아이들이 직접 영화를 한 편 제작해보는 것이 의미 있는 일이라고 우리를 설득했던 기억이 난다. 그리고 덧붙이길, 영화제를 하자고 했다. 우리 학교는 다목적실밖에 없으니까 시설이 좀 갖춰진 시흥시청 대회의실을 빌려 동네 사람들 다 불러 모아 함께 감상하고 함께 즐기는 영화제 어떠냐며, 우리는 할 수 있다고 큰소리를 땅땅 쳤다.

"중학교 아이들이 영화를? 아니, 아이들보다 교사로서의 내가 영화를?" 하는 게 먼저였던 것 같다. 영화 보는 것이야 무진장 좋아하지만 영화를 만든다는 것은 감히 상상 불가였던지라 도리질을 쳤다. 변명거리는 많았다. 장비도 그렇고, 여건도 그렇고……

그리고 2013년도에 제1회 장곡영화제, 2014년도에 제2회 장곡영화제가 열렸다. 학년별로 조금씩 라디오 영상이나 주제가 있는 UCC 제작도 하고, 스마트폰이 아이들 손에 쥐어지면서 박 선생님이 늘 강조했던 영화가 만들어지고, 급기야는 영화제까지 진행되는 프로젝트 수업이 탄생했다.

장곡중학교 영화 제작 수업이 교육과정 속에 아이들의 삶을 녹여냈으면 좋겠다는 생각을 하던 차에 교과서에 제시된 드라마보다는 단편영화를 만들면 좋겠다는 생각을 하게 되었어요. 이렇게 만든 영화를 아이들 손으로 영화제를 만들어 상영한다면 아이들이 얻게 될 자신감과 성취감은 이로 말할 수 없을 만큼 클 것이라는 상상을 하게 된 거지요.

결국 2013년 2학년 국어과 교육과정 속에서 10차시로 구성된 영화 제작 과정 수업이 진행되었고, 미술 시간의 도움을 받아 아이들이 영화제 포스터를 그려서 온 동네에 붙였다. 그리고 2학기 2차 기말고사가 끝난 일주일 뒤, 제1회 장곡영화제가 '열다섯, 영화로 세상을 만나다'라는 이름으로 시흥시청에서 성대하게 열렸다. 부모님들을 위해 학교 세미나실에서 저녁 시간에 따로 영화 상영을 하여 부모님들의 가슴을 먹먹하게 했다.

국어과 교육과정에서 재구성되어 영화제까지 진행한 이 경험은 교사나 아이들에게 엄청난 자신감을 불러일으켰다. "어? 하니까 되네?"부터 "우리도 할 수 있구나, 우리 아이들이 이렇게 대단하다니…….""감히 영화를 어떻게 만들어?" 했던, 영화는 그냥 보는 걸로만 알고 살았던 교사나 아이들이 생생한 영화 제작 경험을 공유한 것이다. 2014년 3학년 교육과정 재구성에서 바로 3월 '지구를 생각하는 시간' 프로젝트 UCC 제작으로 이어졌으며, 2014년도 1학년 교육과정 재구성에 단편영화제가 학년 말 프로젝트로 기획된 것이다. 이젠 국어과만의 작업이 아니라 자연스럽게 '영화제작'과 '영화제'라는 커다란 화폭에 각 교과들의 수업 주제나 성취 기준과 연결되는 지점, 혹은 조각들을 찾아 모아 퍼즐 그림을 완성한 것이다. 1학년의 경우 5개 교과가 참여하는 교과통합수업으로 재구성하여 진행했는데, 그 시작을 국어과에서 열었다.

국어과 1학년 교육과정 '갈등에서 공감으로'라는 대단원이 있다. 성취 기준이 작품 속의 갈등과 해결 과정을 파악하는 것이었는데, 여기에 '영상언어의 특성을 살려 영상을 만들 수 있다'는 성취 기준을 얹었다. 영상 매체를 통하여 학생들의 삶과 고민을 표현하고 이를 발표하는 과정을 통해 새로운 경험을 제시해줄 수 있다는 수업 목표는 창작의 즐거움이나 다양한 직업 세계 체험, 서로 협력하고 배려하는 마음을 통해 즐거운 소통으로 이어지는 활동들이 기대되면서 학년 말 1학년 교실 전체를 들

썩거리게 만들고야 말았다. '열네 살, 영화로 세상과 소통하다'라는 이름
으로.

나. 두 번째 영화 제작 수업 전체 디자인

2학년 아이들을 대상으로 국어과에서 시작된 영화제는 새롭게 1학년
교육과정 속에서 '교과통합수업'의 형태로 재구성되었다. 박현숙 선생님이
1학년을 맡게 되면서 바뀐 교과서 내용 체계에 따라 1학년에서 시도한 것
이다. 학기 초부터 영화 만들자고 불씨를 살살 피우고 학년별 교과통합수
업이 만들어지는 단계에서 이미 관련 교과들이 수업과정과 평가까지 함
께 연대하여 짜면서 체계적으로 영화 제작 수업이 만들어졌다.

수업이 기획된 교과는 4개 교과이지만 실제로는 학년 전체가 함께 움
직인 프로젝트이다. 기말고사가 다 끝난 시점에 아이들이 편집한 작품을
예선전을 치르고 본선 영화제까지 진행되는 데는 1학년부와 담임선생님
들의 역할이 컸다. 결국 모두가 함께 협력하는 시스템이 이 수업을 가능
하게 한 것이다.

(1) 전체 수업 설계도

영화제 교과통합수업 계획 수립	⇨ 아이템 정하기	⇨ 예시 작 감상, 아이템 수정
모둠별 시놉시스 쓰기	⇨ 시나리오 쓰기	⇨ 콘티 짜기
촬영	⇨ 영상 음악	⇨ 편집
학급별 영화제 예선	⇨ 제2회 장곡영화제 (본선 진출작)	⇨ 분야별 시상, 평가 및 반성

(2) 각 교과별 수업 설계

'열네 살, 영화로 세상과 소통하다' 과목별 수업 설계

과목	통합수업 내용	수업 자료	평가
공통	• 갈등에서 공감으로-영화 작품 감상 • 시놉시스 쓰기 • 모둠별 시나리오 쓰기	선배가 만든 단편영화 2편	지필평가 수행평가-모둠별로 선택한 갈등을 주제로 개인별 시놉시스 쓰기
기술 가정	• 영화 촬영 및 편집 기술 익히기 • 모둠별 영상 촬영 • 영상 편집	스마트폰 캠코더	수행평가-편집 영상
미술	• 미술과 매체-모둠별 영화 콘티 제작 • 영화제 포스터 제작	모둠별 시나리오 작품, 색연필, 종이	수행평가-콘티
음악	• 영상 매체 속의 음악-영상 음악이란 • 영상에 어울리는 음악 입히기	모둠별 시나리오 작품, 촬영 영상, 영화음악 자료	수행평가-영상 음악 제작 및 활동 평가서 작성
과학	• 분자 운동과 상태 변화-영화에 숨어 있는 상태 변화 • 시나리오에 상태 변화가 나타나는 장면 삽입하기	모둠별 시나리오 작품	수행평가-시나리오에 상태 변화가 나타나는 장면 삽입
통합 수업 영화제	• 학년 말 통합수업-제2회 장곡영화제 '열네 살, 영화로 세상과 소통하다' • 본선작 전체 관람 및 심사 • 영역별 시상, 미래 영화감독 인터뷰	다목적실 우수 작품 10편	부문별 시상

다. 우리 스스로 만들어가는 영화 제작 수업 엿보기

(1) 국어 시간

'갈등에서 공감으로'라는 단원을 바탕으로 모둠별 협력 활동을 통해 한 편의 시나리오를 창작하게 했다. 먼저 교과서에 있는 시나리오 '달려라, 차은'을 감상하고 시나리오가 무엇인지를 파악하게 했다. 그리고 '아이템 정하기 → 예시 작품(작년 선배 작품 2편) 보고 아이템 수정하기 → 모둠별, 개인별 시놉시스 쓰기 → 신scene 구분하기 → 시나리오 쓰기' 활동으로 이어졌다. 이때 상황과 맥락을 고려한 이야기를 다양하게 구성하고 모둠 친구들과 공감 대화를 나누면서 함께 만들어가는 창작 시나리오에는 반드시 이야기의 갈등 진행 상황과 그 갈등 해결 과정이 담길 수 있도록 했다.

1학년 국어 활동지

단원명	3. 갈등에서 공감으로	활동지 32
주제	단편영화 만들기-아이템 정하기 전 예시 작 보기	1학년 ( )반 ( )번 이름 ( )

※ 지금부터 여러분은 영화라는 것을 만들 예정입니다. 영화! 우리도 만들 수 있다고요. 선생님과 친구들과 함께 멋지고 재미있는 영화 만들어봅시다.
영화는 다음과 같은 순서로 만들어집니다. 간단해 보이지요? 그러나 이 간단해 보이는 순서 뒤에 숨은 엄청난 일들이 있습니다. 각오하고 시작합시다.

① 아이템 ② 시놉시스 ③ 시나리오 쓰기 ④ 스태프 정하기 ⑤ 찍기 ⑤ 편집하기

오늘은 처음 단계인 아이템을 정하기 전에 3학년 선배들이 2학년 때 만든 영화를 보고 배워봅시다.

> 영화 1 「비가 내리고 난 뒤」
> 아이템: 부모님에게 형제들과 비교당했던 개인적 경험에서 아이템 가져옴
> 영화 줄거리: 무엇이든지 잘하는 형과 그와는 반대인 동생이 있다. 동생은 어렸을 적부터 형과 비교를 당하고 부모님은 늘 형만 인정하고 사랑하는 것처럼 여긴다. 결국 동생은 부모님 곁을 떠날 결심을 하지만 친구로부터 위로를 받는다.

⇨ 영화를 만드는 입장에서 볼 때 이 영화에서 배우고 싶은 점을 말해봅시다.

> 영화 2 「이성 콤플렉스」
> 아이템: 개인적인 경험인 부모님의 부부 싸움에서 아이템 가져옴
> 영화 줄거리: 예전부터 자신 때문에 부모님께서 많이 싸우셨고, 결국에는 자신을 탓하며 집을 나간 엄마. 그 이후로 이성에 대한 콤플렉스를 갖게 된 남자아이가 있다. 반면 가족이지만 남보다 못한 아빠와 남동생이 있는 여자아이가 있다. 이성에 대한 콤플렉스를 가지고 있는 두 남녀가 학기 초 짝이 된 후 서로의 아픔을 이해하고 가까워지는 과정을 이야기한다.

⇨ 영화를 만드는 입장에서 볼 때 이 영화에서 배우고 싶은 점을 말해봅시다.

단원명	3. 갈등에서 공감으로	활동지 35
주제	단편영화 만들기-신scene 구분하기	1학년 ( )반 ( )번 이름 ( )

※ 이번 시간은 시나리오를 쓰기 전, 신을 구분하는 활동입니다. 지난 시간에 썼던 모둠 시놉시스를 바탕으로 시나리오에 들어갈 신을 구분하는 활동을 해봅시다.

> 신 구분표란: 시나리오를 쓰기 전 시나리오의 흐름을 알 수 있도록 대략적으로 영화의 흐름을 표시해 놓은 것.

1. 시놉시스를 처음 - 중간 - 끝으로 나눕니다.

2. 처음은 영화의 배경과 주요 인물이 등장합니다. 그리고 영화를 마지막까지 끌고갈 시작 사건이 일어납니다. 시작 사건이란 주인공이 해결해야 할 문제입니다.
   예: 이성에게 콤플렉스가 있던 민재와 나리가 학기 초에 짝꿍이 된다.

3. 중간은 시작 사건에 의해 일어나는 전개 과정을 씁니다. 보통 앞 부분에는 시작 사건에 대한 주인공의 반응을 주로 다루고, 시작 사건의 해결하는 도중 중간 사건이 등장하며 중간 사건을 계기로 후반에 다른 전개가 펼쳐집니다. 그리고 끝을 향한 결정적 계기가 나타납니다.
   예: 음악 수행평가가 있는데 짝꿍끼리 듀엣곡을 불러야 한다. 연습 첫날부터 충돌하는 둘. 민재는 어릴 적 여동생과 차별을 하는 부모님들 때문에 여자를 싫어한다. 나리는 외동딸로 엄격한 가정교육으로 인해 남자를 멀리하라는 아빠의 말을 귀에 못이 박히도록 듣고 자랐다. 그런 나리에게 민재가 '아빠를 봤다'고 말을 한다. 그 말을 들은 나리는 화를 내며 음악실을 나가려 한다.

4. 마지막은 결정적 계기를 통한 클라이맥스와 클라이맥스가 끝나면 영화 엔딩 자막이 오릅니다.
   예: 나가려는 나리를 잡고 수행평가 연습을 한다. 그 결과 음악 수행평가에서 둘은 만점을 맞는다. 그리고 둘은 사이좋은 친구가 된다. 엔딩.

(2) 기술 시간

영화 제작에서 다양한 촬영 기법이나 영상 기계를 다루는 일, 그리고 편집 기술 등은 정말 큰 고민거리인데 기술 수업 시간에 그 모든 문제를 해결했다. 국어 시간에 시나리오를 짜는 동안 아이들은 기술 시간에 촬영 및 편집 기술 및 방법을 배우고, 완성된 시나리오와 미술 시간에 만든 콘티를 바탕으로 실제 촬영과 편집 활동을 진행했다. 그리고 단편영화 프로젝트 보고서가 모둠별로 만들어졌다. 다음은 기술과 수행평가 보고서 양식이다.

기술과 수행평가-단편영화 만들기

1. 역할 정하기

구분	명단
감독	
편집	
각본	
촬영	
배우	

2. 영화의 주제 설명하기(국어 시간에 작성한 시나리오를 바탕으로 영화의 주제를 설명한다)

3. 현대의 영화는 어떤 미디어에 속해 있는지 왜 그 미디어에 속해 있는지 모둠 활동을 통해 이야기해보자.

4. 영상 촬영 기법 조사하기(그림을 그리고 설명)

패닝샷:	달리 인/아웃:
틸트 업/다운:	핸드 헬드:
디졸브:	줌인/아웃:
트래킹:	페이드인/아웃:

5. 영화에 들어간 효과 및 음악에 대해 감독의 의도를 설명하시오.

효과	음악

6. 영화를 완성하면서 가장 어려웠던 점과 가장 흥미로웠던 점을 모둠별로 상의하여 적어 보자.

어려웠던 점	흥미로웠던 점

7. 각 모둠의 영화를 보고 감상평을 적어보자.

모둠평	감상평

(3) 미술 시간

'미술과 매체-단편영화 만들기 콘티 제작'이라는 주제로 수업을 설계했다. 먼저 각 모둠별로 영상 제작 과정을 배운 다음, 국어 시간에 창작한 시나리오를 중심으로 연출 및 촬영 계획서를 작성해보고, 다시 콘티 제작 노트(연출 계획, 스토리보드)를 구체적으로 완성했다. 한편으로 아이들이 직접 영화제 포스터를 제작하여 학교 곳곳뿐 아니라 아파트 게시판이나 거리에도 붙였다.

오샘의 신나는 미술 시간 1학년

단원명	미술과 매체	활동지 1학년-2학기-4
중단원명	단편영화 만들기 콘티 제작	1학년 ( )반 ( )번 이름 ( )
주제	•영상 제작의 과정을 설명할 수 있다. •제작 의도에 맞는 계획서를 작성할 수 있다. •효과적인 장면을 연출하는 방법을 이해할 수 있다.	

■ 영상 제작 과정

1. 모둠 짜기

2. 주제와 소재 정하기

3. 이야기 줄거리 짜기

4. 연출 계획서 작성 – 줄거리를 좀 더 구체화하여 대사, 장면, 소리, 장면의 효과적인 구도 등을 생각하면서 계획서 작성

5. 역할 나누기와 촬영 일정 세우기-연출, 촬영, 편집, 음향, 소품 등의 역할을 나누고 일정을 고려하여 촬영 계획을 세운다.

6. 작품 제작 및 촬영-촬영 시 유의사항 등을 미리 알아보고 계획에 맞게 촬영

7. 편집-편집 도구를 이용하여 제목, 자막을 넣고 전체 흐름에 맞게 영상물을 편집

8. 발표와 감상-주제에 맞게 효과적으로 연출하였는지를 생각하면서 감상 및 비평
   * 스토리보드(storyboard): 주요 장면을 그림이나 사진 등으로 정리한 계획표. 스토리(story) 내용을 보는 사람이 이해할 수 있도록 그림으로 그려 정리한 판(board)이라는 뜻이다. 주요 장면을 앞으로 완성해야 할 영상에 가장 가깝게 미리 보여주는 기능을 한다. 기획 단계에서 시나리오를 구체적으로 시각화하는 도구로 쓰이며 촬영장에서는 주요 제작진 사이 의사소통을 위한 중요한 도구로 쓰인다.
   * 촬영 콘티(shooting conti): 실제 촬영 현장에서 필요한 스토리보드. 카메라워크, 앵글의 종류, 인물의 연기, 조명의 위치 등 촬영에 필요한 모든 요소를 고려한다. 또 여분으로 촬영할 장면까지 고려한다.

■ 콘티 제작(연출 계획, 스토리보드)

장면 번호	촬영 장면 (그림 혹은 글)	대사	시간 ( )초	배경음악 및 음향 효과	등장 인물	소품	촬영 장소 및 촬영 시간	기타

(4) 음악 시간

'영상 매체 속의 음악-영상에 어울리는 배경음악 만들기'라는 주제로 수업을 설계했다. 먼저 영화에서 들리는 소리가 대사, 효과음, 음악인 것을 인식하게 한 다음 영화음악의 기능을 바탕으로 영화음악의 기법들, 유도동기Leitmotif, 언더스코어링(미키마우징), 아이러니, 무음 또는 침묵, 템포 변화 등을 배웠다. 그리고 각 장면 번호에 따라 내용, 시간, 음악이 필요한 이유, 음악이 하는 기능, 사용할 음악 작곡가 및 제목, 필요한 부분 등을 표로 정리하는 '음악 입히기' 활동을 진행했다. 자기평가 및 모둠 평가를 통해 영화음악이 전체적으로 어떻게 만들어지고 작품 내용과 어우러지는지 구체적으로 느끼고 평가할 수 있게 했다.

1학년 음악 활동지

단원명	영상 매체 속의 음악	음악 ⑬
소단원	영상에 어울리는 배경음악 만들기	1학년 ( )반 ( )번 이름 ( )

1. 영화에서 들리는 소리?
① 대사: 둘 이상의 대화, 혼자 말하는 독백, 등장인물이 말을 하지만 관객만 들을 수 있고 영화 안의 다른 인물들은 들을 수 없는 방백, 영화 밖에서 말하는 내레이션
② 효과음: 사람의 발소리, 컴퓨터 자판 소리 같은 일상의 세세한 소리부터 외계인, 귀신, 환상의 세계 소리 같은 예술 감각이 필요한 소리까지 매우 다양하게 표현
③ 음악: 영화에 삽입되는 모든 음악을 총칭해 오리지널사운드 트랙, 즉 OST(Original Sound Track)라고 한다.

2. 영화에서 음악의 기능?

〈물리적 기능〉
① 시간적, 공간적 배경을 확인하는 기능
　영화의 시간과 공간에 색채를 불어넣어 어느 시대, 어떤 상황, 어느 나라와 어느 곳에서 전개되는 이야기인지 설명해준다.
　예: 영화 「미션」에서는 오보에 소리가 원주민이 사는 정글 전체에 울려 퍼진다. 오보에의 음색은 소리 그 자체로도 전원적이고 평온함을 주는 것과 동시에 목가적인 공간감을 연상시킨다.

② 동작과 상태를 표현하는 기능

장면의 속도와 음악의 템포 변화로 인하여 긴장감과 역동감을 표현할 수 있다.

예: 자동차 추격 장면에 비트 있는 음악이 삽입되면 추격 장면의 긴장감은 훨씬 더해진다.

〈심리적 기능〉

① 인간의 희로애락을 나타내는 기능

음악이 직접적으로 감정을 나타내주는 것. 기쁨, 환희, 슬픔, 비참함, 상쾌함, 분노 등 여러 가지 다양한 심리적 감정을 음악으로 표현해 영상을 도와주는 것

② 인간의 내면 심리를 표현하는 기능

겉으로 드러나지 않는 심리에 초점을 맞춘다.

예: 영화「죠스」에서 평화로운 해변에 사람들이 수영하며 노는 장면이 있다. 누가 보아도 평화로운 장면인데 음악은 긴장되고 무시무시한「죠스」의 메인 테마가 흐른다. 조용한 화면과 일치되지 않는 상황인데 관객은 바닷가에 죠스가 출몰한 것을 음악을 통해 간접적으로 느끼게 된다.

〈기술적 기능〉

① 음악의 연속적 기능

음악이 여러 장면들의 연결고리 역할. 영상의 시간적 도약이나 생략을 연결해주는 기능

예: 드라마「대장금」에서 궁에서 뛰어가던 어린 장금이가 갑작스럽게 다 자란 어른 장금이가 되어 뛰어가는 장면이 있다. 관객은 세월의 흐름을 크게 인식하지 않고 오히려 정서적으로 받아들이게 된다. 이 부분에서 같은 음악이 흐르면 편집이 튀는 것이 크게 느껴지지 않는다.

② 음악의 불가청성

영화 안에서 음악이 의식적으로 들리지 않아야 한다. 음악은 영화에서 튀지 않는 상태에서 영상을 도와주어야 한다.

3. 영화음악에서의 여러 가지 기법

① 유도동기(Leitmotif)

장인물이 스크린에 나올 때마다 혹은 일정한 행동을 하는 순간마다 특정 음악이 반복해서 등장. 테마 음악.

② 언더스코어링(미키마우징)

화면에 음악을 맞춘다. 디즈니 만화영화에서 쉽게 볼 수 있는 것. 주인공의 행동에 따라 음악이 그 장면을 추적하는 방법이다. 음악과 영상이 일치하는 매력으로 등장인물의 감정을 보다 증폭시키는 효과를 이끌어낸다. 톰과 제리.

③ 아이러니

장면과 반대되는 역설적인 음악이 등장하여 감정적 충돌 유발.

④ 무음 또는 침묵

특정 시점에서 흐르던 음악이 멈춤으로 인해서 극적인 강조점을 이끌어냄.

⑤ 템포 변화

영화 속 사건의 전개를 더욱 빠르게 하거나 속도를 늦출 수 있다. 편집상으로는 느리고 지루한 신에 리듬감 있는 빠른 음악을, 편집상으로 속도감 있고 급한 흐름의 신에 느긋한 템포의 음악을 깔아주어서 감정을 조절을 하거나 정서의 변화를 준다.

예: 이동준 음악 감독은 영화 「태극기 휘날리며」에 나오는 가장 극적인 형제 간 전투 장면 곡으로 가장 서정적인 테마를 작곡했다. 영화 장면보다 템포가 느리고 동작에 역행하는 테마를 일부러 삽입해 형제끼리 비극을 슬프면서도 아름답게 표현했다. 이러한 역행 기능은 관객에게 더욱 깊은 감정이입을 하게 해 영화를 보고 난 뒤에도 두고두고 명장면으로 기억하게 하는 역할을 한다.

⑥ 소스 음악과 스코어 음악

소스 음악은 극중 인물은 물론 관객도 함께 들을 수 있는 음악으로 극중에서 연주자의 실제 연주나 TV, 라디오에서 흘러나오고 있는 음악을 말한다. 스코어 음악은 극중 인물은 들을 수 없고 관객만이 들을 수 있는 음악으로 상황을 묘사한다.

(5) 과학 시간

'Ⅳ. 분자 운동과 상태 변화' 대단원 수업과 연결 지어 시나리오 작업 시 과학적 상상력이 실생활과 만나 다시 영상예술로 재현되는 수업을 설계했다. 우리 생활 속에 숨어 있는 다양한 과학 원리를 찾아 떠나는 여행 삼아 시나리오 장면에 물질의 상태 변화가 나타나는 장면을 삽입하는 것으로 "③ 영화 줄거리와 장면의 흐름을 깨지 않는 자연스러운 설정이 되도록 아이디어를 다듬습니다"라고 제시했다. 과학 선생님들이 기대했던 것은 비가 온다거나 안개가 낀 날 아침 풍경 묘사 등 어느 장면을 좀 더 사실적으로 연출하는 효과였다.

그런데 시기적으로 이미 시나리오 작업이 끝난 상태에서 이 수업이 들어가면서 혼란이 있기도 했지만, 1학년 아이들에게 조금 무리인 '3장면 이상, 각각 다른 종류의 상태 변화'라는 조건이 붙어서 평가로 연결 지었던 것이 그만 그동안 진행되어오던 영화 제작 활동을 흔들어버린 결과를 낳았다. 일부러 상태 변화가 일어나는 장면을 만들어 넣느라 시나리오들이 춤을 추게 되고, 라면 끓이는 장면, 얼음이 녹는 장면 등이 이야기의

기본 얼개와는 상관없이 생뚱맞게 장면으로 만들어지는 상황이 연출되었
다는…….

그럼에도 불구하고 이 과학 수업을 통해 아이들은 '영화'라는 예술 장
르에서 과학적 상상력과 일상의 삶을 재현해보면서 과학 교과서적 지식
이 생활 속에서 살아 움직이는 즐거운 경험을 할 수 있었다. 작년 전체적
인 교과통합수업적 측면에서는 '실패담'일 수밖에 없는 이 과학 수업이
올해는 어떻게 재구성되어 진행될까 사뭇 기대된다.

1학년 과학 활동지

단원명	VI. 분자 운동과 상태 변화	과학 활동지
소단원	단편영화 제작 – 영화에 숨어 있는 상태 변화	1학년 ( )반 ( )번 이름 ( )

1. 영화 속엔 우리 생활에서 볼 수 있는 다양한 장면들이 나옵니다. 우리의 생활 속엔 다양한
   과학 원리가 숨겨져 있죠. 그중에서도 상태 변화와 관련된 장면들을 쉽게 찾아볼 수 있을
   텐데요. 그 장면들을 영화 속에 삽입하여 영화를 만들어봅시다.

   ① 시나리오 만들기 또는 콘티 작업을 할 때 함께 시작합니다.
   ② 시나리오나 콘티 작업 중 상태 변화와 관련된 내용이 들어갈 수 있는 장면을 생각합니
      다(과학 활동지 p. 10 참조).
   ③ 영화 줄거리와 장면의 흐름을 깨지 않는 자연스러운 설정이 되도록 아이디어를 다듬습
      니다(3장면 이상, 각각 다른 종류의 상태 변화).
   ④ 어떻게 영화로 표현할 것인지 의견을 나누고 필요한 준비물을 적습니다.
   ⑤ 영화를 찍는 동안 내용은 얼마든지 수정할 수 있으며, 완성된 영화를 제출할 때 함께
      내주시면 됩니다.
   ⑥ 수행평가 반영 : 과학 시나리오 활동지(4점), 영화 표현(4점)

장면 번호 #	장면 내용 설명	상태 변화 설명	아이디어 제공, 발전
	1. 시나리오 또는 콘티 장면 중 어떤 상황(장면)인지 설명	1. 상태 변화의 장면 설명 2. 상태 변화의 종류 설명 3. 필요한 준비물:	

라. 즐거운 평가

정기 평가가 다 끝난 시점인 학년 말 프로젝트로 기획된 수업이다 보니 사전에 치밀하게 계획하지 않으면 자칫 평가 부분을 놓치기 쉽다. 앞에 제시한 수업 활동 자료에 보면 수업 활동지 속에 평가지가 함께 들어가 있는 것처럼 수업의 과정 속에 그대로 평가가 함께 이루어지면서 통합적으로 연계가 되었을 때 부담스럽지 않다. 결국 경험의 축적은 지혜로 모아져서 2학기 수업이 시작되면서부터 바로 학년 전체적으로 학년 말 영화제를 어떻게 할 것인가에 대해 시간 나는 대로 이야기를 풀어갔다. 그러다 보니 각 교과별로 미리 수업에 대한 고민과 진행 순서 등을 나누게 되었으며, 영화 제작 수업 진행 과정에 따라 다양한 평가도 함께 이루어질 수 있었다.

국어과는 수업 설계가 영화 제작 수업의 시작을 여는 역할을 하면서 시놉시스와 시나리오 완성까지를 맡아, 지필평가와 함께 수행평가 '시놉시스 쓰기'가 진행되었다. 실제 영화 제작 및 완성은 기술과 수행 프로젝트로 이루어졌으며, 그 사이사이 미술과 콘티 짜기 및 음악과 영화음악 제작 수업이 연결되면서 평가도 자연스럽게 이어졌다. 또한 앞에서 제시한 과학과의 수행평가도 한 축이다.

여기에서는 참고로 박현숙 선생님이 출제한 국어 지필평가 문항을 소개해본다. 교과서에 있는 '갈등에서 공감으로'라는 단원을 바탕으로 실시한 영화 제작 수업에 온전히 참여한 아이들은 누구나 쓸 수 있는 문항이다. 반면 수업 시간 모둠 활동에 제대로 참여하지 않은 아이들은 참으로 암담했을 문항이기도 하다. 아이들이 시험이 끝나고 긴가민가 자신 없어 하다가 채점 결과가 나오자 '만세!'를 부르기도 하고, 진짜 자기 점수 맞느냐고, 몇 번이나 확인해보며 어리둥절해하던 서술형, 논술형 평가였다. 특히 서술형에 약한 남학생들이 모처럼 활짝 웃으며 행복해했던

[서술형 2, 논술형 1] 다음 글을 읽고 물음에 답하시오.

> 갈등이란 칡과 등나무가 서로 얽히는 것과 같이, 개인이나 집단 사이에 목표나 이해관계가 달라 서로 충돌하는 것을 의미한다. 우리가 사는 세상은 다양한 생각과 가치관을 지닌 사람들이 모여 사는 복잡한 곳이기 때문에, '무엇을 먹을까?'와 같은 사소한 갈등을 비롯하여 이성 문제, 진로 문제, 이웃 문제 등 다양한 갈등이 있다. 문학 작품에 나타난 등장인물들의 삶은 이런 갈등을 해결하는 데에 좋은 참고가 될 수 있다.

【서술형 2】 여러분은 현재 단편영화를 제작하고 있습니다. 여러분의 단편영화 시놉시스 중에 설정된 '갈등'의 내용을 설명하시오. [8점]

【논술형 1】 여러분이 단편영화를 제작하고 있는 중에 모둠 친구들과 여러 가지 갈등을 겪었고, 다양한 방법으로 해결하면서 진행하고 있을 것입니다. 이런 갈등과 극복의 경험이 여러분이 살아가면서 생기는 '갈등'을 극복하고 해결하는 데 어떤 도움이 될 것인지 서술하시오. [8점]

서술형·논술형 평가 모범 답안 및 채점 기준표

문항 번호	배점	정답	유사 답안	채점 기준	부분 배점
서술형 2	8	자신이 쓴 시놉시스나 모둠의 시놉시스에 들어 있는 갈등의 내용을 잘 설명했다.	내용 설명이 갈등을 일으키는 것이면 정답으로 인정	갈등의 내용이 설명됨	8
				갈등의 의미가 설명됨	4
논술형 1	8	단편영화를 만들면서 겪은 갈등과 해결의 과정이 앞으로 살아가면서 겪게 될 갈등을 해결하는 데 도움이 됨을 논리적으로 타당한 방법을 사용하여 썼다.	실제의 사례를 들어보이며, 삶에 도움이 될 수 있다는 것을 타당하게 주장하면 정답으로 인정	갈등의 경험이 미래 삶의 도움이 됨을 논리적이거나 타당한 방법을 사용하여 이야기함	8
				갈등의 경험이 미래 삶의 도움이 됨을 이야기함	6
				갈등의 경험만 이야기함	4

마. 제2회 장곡영화제, '열네 살, 영화로 세상과 소통하다'

영화제가 열린 날, 계단마다 빛나는 영화제 포스터를 감상하며 올라간 5층 다목적실. 1학년 아이들의 삶에 대한 시선을 고스란히 담은 작품 하나하나에 모두가 공감하고 감탄하며 멋진 시간을 보냈다. 특히 연극영화과에 재학 중인 대학생 선배를 심사위원으로 초빙하여 심사평을 듣고 전체 질의응답 시간을 가졌다. 영화 감상이 끝난 후, 감독상, 인기상, 연기상, 편집상 등 영화제다운 시상식까지 곁들이면서 아이들과 더불어 배우고 성장하는 영화 축제 한마당이 펼쳐졌다. 다음은 아이들이 제작한 영화제 안내 포스터와, 바로 그 막을 열었던 계획서와 심사표이다.

제2회 장곡영화제 '열네 살, 영화로 세상과 소통하다'

1. 운영 목적
   - 가. 영상 매체를 통하여 학생들의 삶과 고민을 표현하고 이를 발표하는 과정을 통해 새로운 경험을 제시해준다.
   - 나. 학생들이 만들어가는 영화제를 통해 학생 자치를 구현하고 포스터 및 초대장 제작 등 영화와 관련한 다양한 직업 세계를 체험할 수 있다.
   - 다. 영상 관련 동아리 활동을 통해 자신의 소질과 적성을 찾아내어 진로 진학 선택에 도움을 받고 서로 협력하여 새로운 것을 만들어가는 창작의 즐거움을 경험한다.

2. 운영 방침
   - 가. 심사위원단을 구성하고, 영화제의 기획, 준비, 진행을 담당한다.
   - 나. 작품상 시상을 통해 학생들의 성취 동기를 높인다.
   - 다. 심사위원단 구성: 1학년 교과 담당 교사 중 비담임교사, 독서지도사, 외부 강사(영화과 재학)
   - 라. 후보작 중 우수작 5편을 선정한다.
   - 마. 정원의 5% 이내에서 교과통합 우수상을 시상한다(영화 부문, 포스터 부문).
   - 바. 행사 중 생활지도와 학생 안전사고 예방에 최선을 다한다.
   - 사. 사후 평가회를 통해 이후 학교 계획에 발전적으로 반영한다.

3. 운영 계획
   - 가. 행사명: 제2회 장곡영화제(영상 동아리 발표회)
   - 나. 일시 및 장소

(1) 일시: 2014년 12월 24일(수) 2~4교시

(2) 장소: 본교 다목적실(5층)

다. 주제: '열네 살, 영화로 세상과 소통하다'

라. 참석 대상: 1학년 전체

마. 운영 방법

(1) 12월 24일 2~4교시를 활용하고 교과 담당 교사 임장을 원칙으로 한다.

(2) 각반 담임교사와 단편영화 프로젝트에 참여한 교과(국어, 기술, 음악, 과학, 미술)에서 학급별 1~2작품을 추천하여 후보작으로 올린다.

(3) 추천작을 중심으로 2, 3교시에 각각 상영하고 심사단이 실시간으로 심사한다.

(4) 출품작 중 5팀을 선정하여 시상함-각본상, 편집상, 감동상, 연기대상, 인기상.

(5) 세부 계획

교시	시간	일정 안내
	10:00 ~ 10:10	다목적실 집합 완료
2교시	10:10 ~ 10:20	출석 확인 및 관람 태도 교육
2교시	10:20 ~ 10:30	오프닝 공연(댄스반 공연)
2교시	10:30 ~ 10:55	영화 상영 1부
3교시	11:05 ~ 11:50	영화 상영 2부
4교시	12:00 ~ 12:30	1학년 관현악반 축하공연 예비 영화감독과의 만남 및 심사위원 심사평
4교시	12:30 ~ 12:45	시상식, 수상자 소감 듣기

4. 평가 계획

사후 평가회를 통해 이후 학교 계획에 발전적으로 반영한다.

가. 일시: 2014년 12월 30일(월) 15:30~17:00

나. 장소: 1학년 교무실

다. 참가 대상: 1학년 교과 담당 교사 및 동아리 담당 교사

5. 기대 효과

가. 영상물 제작 과정을 통해 서로 협력하고 배려하는 마음의 중요성을 깨달을 수 있다.

나. 자신들의 고민 및 사회적인 문제를 영상물로 제작함으로써 문제점을 한 번 더 고민하게 되고 이에 대한 해결책을 함께 마련할 수 있다.

다. 영상물을 제작하고 발표하는 과정 속에서 자신의 숨은 역량을 발견하고 영화와 관련된 다양한 직업을 간접적으로 경험해볼 수 있다.

라. 결과물을 발표하는 기회를 통해 함께하는 즐거움과 성취감을 맛볼 수 있다.

6. 심사표 양식

제2회 장곡영화제 심사표

2014. 12. 24.　　　　　심사자　　　　(인)

연번	학년 반	모둠원	작품 제목	주제표현 (40)	영상기술 (30)	예술성 (30)	총점	순위
	시상팀		각본상, 편집상, 감동상, 연기대상, 인기상					
	1학년 5팀			심사기준				
1	1-7	김○○, 임○○, 권○○, 김○○, 이○○, 강○○	시험 트라우마					
2	1-2	전○○, 정○○, 황○○, 문○○, 배○○, 홍○○	everyday					
3	1-10		양면 색종이					
4	1-4		이상호의 성공기					
5	1-9		친구 간의 의리					
6	1-1		데이트메이트					
7	1-3		어른들이 모르는 이야기					
8	1-8		상처 많은 꽃이 더 아름답다					
9	1-6		은밀하고 은밀하게					
10	1-5		내가 벙어리면 넌 강제 전학이야					
11	1-7		극과 극					
12	1-2		그 가을 어느 날					

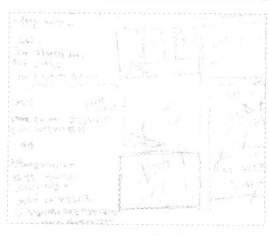
콘티 짜기

영화제 상영 작품

영화제 시상식

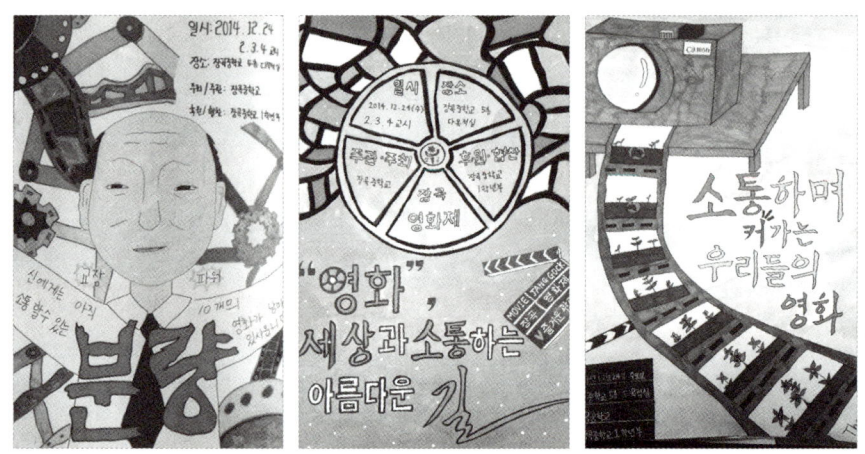

미술 시간에 아이들이 모둠별로 제작한 영화제 홍보 포스터 작품들

바. 다시, 영화 제작 수업을 들여다보면서

저에게, 이 프로젝트는 '경이로움'이었어요

2학기 때 진행되었던 단편영화 만들기 프로젝트 수업은 특별한 경험 중 하나였다. 이 나이에 영화를 만들 수 있다는 사실 자체가 놀라웠고 친구들이 함께 영화를 찍으며 서로를 배려하는 모습도 참 감동적이었다. 혼자서 했으면 이야기도 재미가 없고 밋밋했을 텐데 국어 시간에 함께 시놉시스를 쓰고 시나리오를 만들고 다듬는 과정에서 점점 재미있는 내용으로 탈바꿈하는 것이 정말 신기했다. 미술 시간에는 장면을 그림으로 표현하는 콘티를 만들고 기술 시간에는 촬영이나 편집하는 방법을 배우고 각 장면마다 어울리는 음악을 찾고 집어넣는 과정들을 거치면서 진짜 우리들이 만든 영화가 작품으로 완성되는 순간이 가장 인상 깊었던 순간이었다. 그 순간은 마치 빛이 내리는 것 같았다. 영화 만들기를 하기 전에는 그저 영화가 재미가 있느냐, 없느냐에만 관심이 있었고 재미없는 영화를 보고 나면 도대체 어떻게 영화를 만든 거냐며 비난을 했었는데 이젠 영화의 재미보다는 그 영화를

만드는 과정과 스태프들의 고충이 느껴졌다. 그리고 나만 잘하면 그만이라는 생각에서 다른 사람과 어울리고 도와주고 함께할 때 의미가 있다는 것을 깨닫게 되어 친구들이 더욱 좋아졌다.

_장곡중학교 1학년 2반 김○○

청량제 같았던 선배들의 모델 작품

중학교 1학년 아이들에게 영화 제작은 실상 쉽지 않은 모험이다. 초등학교 때 UCC 영상을 만들어본 경험을 가진 아이들이 한 반에 2~3명 정도였다. 평소 영화 보기를 즐겨 하는 아이들도 실제 영화를 만드는 일은 감히 상상하기 힘든 일이었다. 막막했다. 나부터가 사전 경험을 갖지 못한 채 시작한 일이라 어리바리했다. 그때 이 영화 제작 수업을 기획하신 박현숙 선생님께서 작년 선배들이 만든 영화를 활동지로 구성해주셨을 때, 아하~ 그렇구나 싶었다.

작년 2학년 선배들이 만든 단편영화 2편은 청량제처럼 아이들의 가슴과 나의 막힌 가슴을 툭 트여주었다. 완벽하게 잘 만든 영화가 아니라 서툴지만 서툰 대로 우리 손으로 우리가 하고 싶은 말을 담은, 우리가 꿈꾸는 세상이나 삶의 모습들을 날것 그대로 담으면 되겠구나 하는 용기를 얻을 수 있었다. 물론 부작용도 있었다. 모둠별로 만들어내는 영화 시놉시스가 예시 작품으로 보여주었던 선배들의 작품 수준 안에 머물러버리거나 비슷비슷한 빛깔을 가진 경우들이 발생한 것이다.

그래도 막상 영화제가 열렸을 때, 우리 아이들의 작품은 빛났다. '모방은 창조의 어머니'라는 말이 다시 한 번 실감되는 시간이었다. 내년에는 시놉시스를 쓰기 전 '좋은 영화 작품 스토리 분석 및 평가 시간'을 넣어 모둠별로 기존의 영화 스토리를 분석하고 공유하면서 좀 더 다양한 스토리를 만날 수 있는 시간을 주고 싶다.

_1학년 국어 교사 이○○

"영화가 완성되던 순간을 마치 빛이 내리는 것 같았다"라고 표현한 학생 글처럼 그 감동과 여운이 진하게 남아 있다. 영화제가 열리던 날, 1학년 전체가 모두 관객이자 심사위원이 되어 5층 다목적실 바닥에 주저앉아 본선 진출 작들을 감상했던 그 순간을 어떻게 잊을 수 있을까! 몇 개월의 대장정이기도 했지만 막상 영화제를 통해 보이는 영상 하나하나에는 시놉시스를 짜면서 싸웠던 친구들의 모습이, 밤늦도록 영화 찍는다고 학원 빼먹어서 엄마에게 혼났던 장면들, 연기하느라 편집하느라 음악 고르느라 투닥투닥 함께했던 그 모든 시간들이 담겨 있어서 더 공감이 컸던 자리였다. 또래 친구들이 만든 작품을 통해 또 다른 세상과 만나던 아이들의 반짝반짝 빛나던 눈빛을 보면서 교사들조차 울컥하게 했다. 아직도 1층 교장실 문에는 교장선생님 모습을 주제로 1학년 아이들이 만든 영화제 포스터가 자랑스럽게 붙어 있다.

그렇다. 열네 살, 중학교 1학년 아이들에게 영상물 제작 과정을 통해 서로 협력하고 배려하는 마음뿐만이 아니라 자신들의 고민 및 사회적인 문제를 영상물로 제작함으로써 그 문제점을 한 번 더 고민하게 되고 이에 대한 해결책을 함께 마련해보는 자리로서 영화 제작 수업 프로젝트는 의미 있다고 하겠다. 더불어 영상물을 제작하고 발표하는 과정 속에서 아이들이 자신의 숨은 역량을 발견하고 영화와 관련된 다양한 직업을 간접적으로 경험하는 기회를 갖게 하는 것도 창의적 교육과정이자 활동으로서 훌륭한 디딤돌이라고 감히 말해본다.

3장

★두 번째 고수

김현정 선생님과 함께하는 역사 수업

_김현정·백윤애

1 김현정 선생님이 들려주는 역사 수업 이야기

역사란
현재와 과거 사이의
끊임없는 대화이다.
-E.H.Carr

앞으로 전개할 이야기는 장곡중학교에서 새로운 교육철학과 동료들을 만나 함께 배우고 성장해가는 평범한 역사 교사의 이야기이다.

1. 내가 꿈꾸던 역사 수업과 현실

나는 강렬한 카리스마나 타고난 쇼맨십도 없고, 진지하기만 한 역사 교사이다. 교과 특성상 한 시간에 다뤄야 하는 지식의 양이 상대적으로 많고, 학생들 입장에서는 당장 본인의 현실 생활과는 관련 없는 옛이야기로 생각하기 쉬워서 수업을 설계하고 진행하는 데 어려움이 많았고, 그만큼 수업에 대한 고민도 많았다. 이 글을 쓰고 있는 현재까지도 고민은 계속되고 있지만, 그 방향은 분명 달라졌다.

예전에는 주로 어떻게 가르칠까, 교수학습 기법 측면을 고민했다. 학생들이 역사를 좀 더 쉽고 재미있게 공부할 수 있는 방법을 찾았던 것이다. 역사를 좋아하고 역사 공부하는 것이 그리 어렵지 않았던 내가 학교 현장에서 만난 아이들은 역사 공부를 싫어하고 상당히 어려워했기 때문이다. 신규 임용되었던 2000년대 초반에는 ICT 교육이나 협동 학습에 매력을 느껴 방학이 되면 연수를 받았고, 연수 중에는 '바로 이거야!' 하며 꼭 현장에서 실천하리라 마음먹었지만 잘 안 되었다. 일단 ICT 교육은 컴퓨터 활용 능력이 뛰어나지 못해서, 다른 사람이 만들어놓은 자료들을 그냥 이용하는 데는 한계가 있었다. 파워포인트나, 동영상 편집 기능 등을 능숙하게 이용하려면 거기에 많은 시간을 투자해야 하는데 그렇게 하지 못했기 때문이다. 협동 학습은 적용하기가 더 어려웠다. 성격상 꼼꼼하지 못한 내가 진행하기에는 약간 무리가 있었던 것 같다. 그런데 무엇보다도 실천이 어려웠던 것은 혼자 힘으로 수업을 바꿔보려 했기 때문이다. 나 혼자 마음먹은 일이니 조금 시도해보다 잘 안 되면 금방 포기하고, 어느 순간에는 너무나 쉽게 본래의 내 수업으로 돌아왔다. 그러면서 혼자 좌절하고 힘들어했다.

부끄럽지만, 한때 나는 교사로서 내 역할은 열심히 수업 자료를 준비하고 좋은 읽기 자료를 제공하는 것, 거기까지라고 생각했다. 수업 시간에 열심히 안 한 것은 전적으로 학생들의 책임이라고만 여겼고, 시험 성적이 그것을 나타낸다고 생각했다. 그래서 수업에서 빠져나가는 아이들보다는 열심히 성실히 수업에 들어오는 예쁜 아이들을 중심에 두고, 그 아이들을 위해 더 열심히 수업을 준비하는 성실한 교사의 모습을 보였다. 그러면서 매시간 1~2쪽 이상의 읽기 자료를 열심히 준비하고 애써 준비한 읽기 자료를 고마워하지 않는 아이들, 괜히 시험공부할 거리만 늘었다고, 귀찮아하는 기색을 내비치는 아이들을 만날 때면 나의 노력을 몰라주는 그 아이들을 탓했었다.

2. '더불어' 수업철학을 배우며

그러다가 2010년부터 혁신학교 장곡중학교에서 배움의 공동체 수업철학을 만나게 되었고, 혼자가 아닌 동료들과 함께 수업을 바꿔나가니, 쉽게 포기할 수도 없고 포기하지도 않게 되었다. 그러다 보니 나의 수업이, 아니 수업을 준비하고 진행하는 내가 조금씩 달라졌다. 6년째 되는 지금은 내가 꿈꾸는 수업이 달라졌고, 수업을 준비할 때 하는 고민이 달라졌다. 예전의 수업에 대한 고민은 주로 어떻게 가르칠까에 초점을 맞추었었다. 아이들이 떠들지 않게 하는 방법, 내게 조용히 집중시키는 방법을 고민했다면, 이제는 교사의 철학이 담긴 수업을 설계하려고 노력한다. 그렇기 때문에 무엇을 왜 가르칠까를 더 많이 생각한다.

교직 경력 10년 만에 수업철학을 정리할 기회를 갖게 되었다. 그동안 막연하게 꿈꾸던 수업을 글로, 말로 표현해보니 내가 원하는 수업이 무엇인지 조금 명확해졌다. 그리고 매시간 그 철학이 담긴 수업을 설계하려고 노력한다. 어떻게 하면 아이들이 의미 있는 활동을 할 수 있을까 궁리하고, 이젠 조용한 교실보다는 아이들이 모둠별로 만나서 서로 묻고 답하며 자기 생각을 자유롭게 이야기할 수 있는 살아 있는 교실을 꿈꾼다. 그리고 아이들이 교사인 나에게 집중하기보다는 교재의 내용이나 친구들의 이야기, 더 나아가 자기 자신의 생각, 그리고 삶에 대해 그리고 현실에 대해 고민하고 집중하기를 더 바란다.

여전히 역사적 사건을 이야기처럼 읽어가며 하는 수업을 좋아해서 매시간 읽기 자료를 준비하지만, 그 선택의 기준은 달라졌다. 교사인 내가 읽어서 재미나고 좋은 것이 아니라 아이들의 눈높이에 맞는 자료들을 선택하고, 그 분량은 최소화하고 최대한 교과서를 이용하려 노력한다. 그리고 애써 준비한 읽기 자료를 힘겨워하는 아이들이 있다면, 내가 너무 욕심을 부린 건 아닌지 반성하고 수정하려고 한다.

한편, '배움의 공동체' 철학을 만나면서 교육의 공공성에 대해 진지하게 고민하고 반성했다. 그 과정을 통해 공교육을 하는 교사로서 나의 정체성을 찾았고, 교사의 역할은 수업 준비만 잘하면 끝나는 것이 아님을 알게 되었다. 그래서 지금의 나는 공교육 교사로서 매시간 단 한 명의 아이도 포기하지 않고 그 아이들의 배움과 성장을 도와주려 노력하고, 그 배움이 아이들의 삶과 연결될 수 있기를 간절히 바란다. 더불어 역사적 사건을 나와는 상관없는 단순한 옛날이야기로만 생각하는 것이 아니라 지금의 나, 우리 현실과 연관시켜 생각해볼 수 있는 역사 수업을 꿈꾼다. 따라서 역사적 사건을 현실과 연관시켜 파악하는 활동을 하려고 노력한다. 활동지에서 점프 과제를 만들 때도 시간과 노력을 많이 들인다. 실제 수업에서도 아이들의 생각이 가장 많이 표현되고 의미 있는 장면을 많이 볼 수 있는 활동이라 보람을 느낀다.

한편, 이 땅의 역사 교사로서 욕심과 바람이 있다. 수업 속에 민주주의와 인권, 평화, 공동체의 가치들을 녹여내고 싶고 우리 민족의 분단과 통일에 대해서도 진지하게 성찰하고 싶다. 이런 활동들이 아이들을 민주시민으로 성장시키는 데 도움이 될 수 있기를 바라면서 오늘도 활동지를 만들고 있다. 나의 수업철학과 바람을 담은 활동지를 만들기 위해 노력한다. 매시간 만족할 순 없지만 역사 교사로서 진지하게 고민하고 노력하는 내 모습에, 그리고 고민할수록 눈빛이 살아나는 우리 아이들을 보며 힘을 얻는다. 처음에는 교사가 다 정리해주기를 바라고 쉽게 공부하기를 원해서 투덜거리던 아이들이 조금씩 적응해가는 것에 감사하며, 여전히 바쁘고 급박한 교무실에서 묵묵히 나의 역사 수업 활동지를 만들어간다.

3. 주제가 있는 활동지로 아이들과 함께 호흡하다

장곡중학교에서 나는 교사가 수업에 집중할 수 있는 환경을 만났고, 수업철학을 만났고, 무엇보다도 소중한 동료들을 만났다. 그래서 주제가 있는 활동지를 만들 수 있다. 다음은 2015년 2학년 역사 수업 계획표 및 이에 맞춰서 제작한 첫 번째 주제와 관련한 활동지다. 주제를 잡을 때는 우선 단원별로 크게 대주제를 잡아보고 매시간의 주제는 따로 잡는다. 한 차시 분량의 주제는 교과서의 소단원명을 최대한 살려서 멋진 문장으로 나타내려고 노력하고, 아이들 활동지에는 빈칸으로 남겨두어서 학생들이 직접 써보게 하면서 수업을 시작한다.

2015년 장곡중학교 2학년 역사 수업 계획표

1학기	주	주제	관련 단원	교과통합 프로젝트
3월	1		I. 문명의 형성과 고조선의 성립 1. 역사의 뜻과 역사를 공부하는 이유 2. 선사시대의 생활과 도구의 변천 3. 문명의 탄생과 역사시대의 시작 4. 고조선의 성립과 발전 5. 철기의 보급과 여러 나라의 성장	
	2			
	3			
	4			
4월	1	1. 역사란 무엇인가?		*교과통합 프로젝트 1 흙 속에 담긴 낯선 기억을 찾아서(역사, 사회, 국어, 미술, 한문) (사전 교육, 고고학 발굴 체험활동)
	2			
	3		III. 대한민국의 발전(역사 2) 2. 민주주의의 발전과 경제성장 ① 5·18 광주 민주화운동 ② 6월 항쟁	*교과통합 프로젝트 2 새로운 세상을 향한 발걸음 (창체, 독서, 체험학습, 역사, 미술, 국어, 영어, 음악)
	4			
	5		1차 지필평가	
5월	1	2. 삼국시대 사람들은 어떻게 살았을까?	II. 삼국의 성립과 발전 1. 국가의 기틀을 마련하다. 2. 한강을 놓고 서로 다투다. 3. 신분에 따라 차별받는 사회 4. 삼국 문화의 교류와 전파	
	2			
	3			
	4			

6월	1	2. 삼국시대 사람들은 어떻게 살았을까?	Ⅱ. 삼국의 성립과 발전 1. 국가의 기틀을 마련하다. 2. 한강을 놓고 서로 다투다. 3. 신분에 따라 차별받는 사회 4. 삼국 문화의 교류와 전파	
	2			
	3			
	4	3. 남북국 시대 사람들은 어떻게 살았을까?	Ⅲ. 통일 신라와 발해 1. 신라가 삼국을 통일하다. 2. 남북국 시대가 시작되다.	
7월	1		2차 지필평가	* 흙 속에 담긴 낯선 기억을 찾아서 (나만의 유물 묻기 활동)
	2		3. 통일신라의 발전과 문화 4. 발해의 발전과 문화	
	3			
8월	3	4. 고려시대 사람들은 어떻게 살았을까?	5. 신라의 동요와 후삼국의 성립	
	4			
9월	1		Ⅳ. 고려의 성립과 변천 1. 후삼국통일과 태조의 정책 2. 제도의 정비와 문벌귀족 사회의 형성 3. 고려 전기의 대외관계 4. 무신정권의 성립과 사회질서의 동요 5. 반원자주화 노력과 새로운 세력 의 성장 6. 고려의 문화	*교과통합 프로젝트 1 흙 속에 담긴 낯선 기억을 찾아서 (나만의 유물 발굴 후 보고서 작성)
	2			
	3			
	4			
10월	1	5. 조선시대 사람들은 어떻게 살았을까?		
	2		Ⅴ. 조선의 성립과 발전 1. 조선의 건국	
	3		1차 지필평가	
	4		2. 통치 체제 정비 3. 민족 문화의 발달 4. 사림 세력의 성장 5. 외세 침략의 극복 Ⅵ. 조선사회의 변동 1. 정치 운영의 변화 2. 실학의 대두와 의의	
	5			
11월	1			
	2			
	3			*교과통합 프로젝트 3 실학의 시대를 만나다 (역사, 한문, 국어, 미술)
	4			
12월	1			
	2		2차 지필평가	
	3		3. 세도정치와 농민의 봉기	
	4			

184

주제 2

(모둠원과 함께 이야기를 나눈 후 각자 적어보세요~)

1. 역사란 무엇인가

가. 역사의 의미를 어원(   )을 통해서 알아보자
한자: (   )   영어: (   )

나. 역사의 두 가지 의미
(1)
(2)

2. 왜 역사를 공부할까?
(1) 아래 글을 읽고 역사를 배우는 이유 세 가지를 찾아 밑줄을 치고 각각을 자신의 말로 표현해보자.

> 역사는 정치, 경제, 사회, 문화, 종교 등 여러 방면에 걸친 지식이 포함되어 있는 과거 인간 생활에 대한 지식의 집합체로서 역사 속의 인물과 사건을 통해서도 많은 것을 배울 수 있다.
> 첫째, 역사를 배움으로써 과거의 사실을 바탕으로 현재를 바르게 이해할 수 있다. 지나온 과거를 제대로 알지 못하면 지금 서 있는 자신의 참모습을 찾지 못하게 된다.
> 둘째, 역사를 통하여 삶의 지혜를 얻을 수 있다. 현재란 과거의 연속이며 과거 없는 현재가 있을 수 없듯이, 역사를 배움으로써 현실 문제를 올바르게 파악하고 대처할 수 있다. 나아가 미래를 내다볼 수도 있다.
> 셋째, 역사를 배움으로써 역사적 사고력과 비판력을 기를 수 있다. 역사 학습은 역사적 사실의 겉모습에 대한 파악에서 시작하여 사실의 본모습에 대한 이해로 발전해가게 되는데 이러한 과정을 통하여 역사적 사건의 보이지 않는 원인과 의도, 목적을 짐작하는 역사적 사고력이 길러지게 된다. 또한 역사 학습을 통해 잘잘못을 가려 정당한 평가를 내리는 비판력을 기를 수 있다.
>
> 『중학교 역사 교수학습자료집』

3. 역사를 어떻게 연구할까?

(2) 후고구려를 세웠던 궁예와 관련된 『삼국사기』의 기록을 보고 답해보자.
   폭군으로서의 면모 – 쉽게 풀어쓰기

> "주량(朱梁)[주석917] 건화(乾化)[주석918] 원년 신미(911)에 연호 성책(聖冊)을 수덕만세(水德萬歲)로 바꾸어 원년으로 하고, 국호를 태봉으로 고쳤다. 태조로 하여금 군사를 거느리고 금성(錦城)[현재의 전남 나주시] 등을 치게 하였다. 금성을 나주로 개칭하고 그 공을 논하여 태조를 대아찬 장군으로 삼았다. 선종이 미륵불을 자칭하고 머리에 금관을 쓰고 몸에 가사[方袍]를 입었다. 큰 아들을 청광보살(靑光菩薩), 막내아들을 신광보살(神光菩薩)로 삼아 외출할 때에는 항상 흰말을 탔는데 말갈기와 꼬리를 고운 비단으로 장식하였으며 소년 소녀로 하여금 깃발, 일산과 향기 나는 꽃을 들고 앞에서 인도하게 하였고 비구 승려 200여 명을 시켜 범패를 부르며 뒤를 따르게 하였다. 또 스스로 불교 경전 20여 권을 지었는데 그 말이 요망하여 모두 바른말이 아니었으며, 때로는 반듯하게 앉아 불법을 강설하였다. 중 석총(釋聰)이 이를 평하기를 "모두 사특한 설 괴이한 말로서 교훈이 될 수 없다"고 하자 선종이 이를 듣고 노하여 철퇴로 쳐 죽였다."

① 『삼국사기』는 궁예의 후고구려를 멸망시키고 강성해진 고려에서 편찬한 역사책입니다. 궁예가 폭군으로서 저지른 여러 행동들은 (실제로 있었다고 확신할 수 있다. / 실제로 있었다고 이야기하기긴 어렵다.)

왜냐하면, _____

② '궁예'에 대한 기록처럼 역사적 사건 가운데 여러 사람의 해석이 엇갈리는 경우를 말해보자.

③ 위의 경우를 살펴보았을 때 역사책을 읽으며 주의하여야 하는 점은 무엇인지 적어보자.

| 한 걸음 더! | 과거와 현재의 대화

1. E. H. Carr는 "역사란 현재와 과거 사이의 끊임없는 대화이다"라고 정의했습니다. 이 말의 뜻이 무엇일까요?

2. '오래된 미래'라는 말이 있습니다. 이 말의 뜻은 무엇일까요?

3. 1, 2번 활동을 바탕으로 역사 학습의 필요성을 이야기해보자.

매시간 활동지를 제작하려면 학교 환경이 교사가 수업에 집중할 수 있도록 뒷받침이 되어야 한다. 다행히 장곡중학교는 교사 업무 경감이 잘 이루어지고, 교사를 수업의 전문가로서 인정해주는 분위기이기 때문에 교사가 마음껏 수업 준비에 힘쓸 수 있다.

그리고 매달 진행되는 수업 연구회를 통해 다른 교과, 다른 학년의 수업을 보고 나의 수업을 돌아보게 되어 배우는 점이 많다. 물론 내가 수업을 공개하면서 얻는 것은 더욱 많다. 특히 수업철학을 정리하는 기회가 되고, 동 교과 선생님과 함께 고민해서 수업 설계를 하는 과정에서 내 욕심을 버릴 수 있다. 공개수업을 할 때마다 평소보다 더 많이 생각하고, 그렇게 해서 엄선된 활동지가 하나둘씩 만들어진다. 그 활동지들은 그만큼 질 높은 수업, 좋은 수업을 만들어낸다. 그래서 제안 수업은 한번 해볼 만하다고 동료, 후배 선생님들께 자신 있게 이야기한다.

사실 수업을 설계할 때 힘든 점은 내용을 선별하는 것이다. 역사과 특성상 사건의 인과관계가 중요할 뿐 아니라 학생들이 잘 쓰지 않는 생소한 개념이나 표현이 많아서, 수업 시간에 다루어야 할 내용 지식이 많다. 핵심 내용을 선별하는 데 조금만 소홀하면, 교사의 욕심이 그대로 드러나는 빽빽한 활동지가 되어버린다. 실제 수업에서는 조금씩 수정되기도 하지만 교사도 아이들도 힘이 들고, 마지막 점프 과제 공유가 충분하지 못한 채 수업이 끝날 경우도 있다. 그러면 다음 시간은 물론 전체 수업의 흐름에 지장을 준다. 한 가지 주제를 한 시간에 끝내면 정말 좋겠지만 2차시에 걸쳐서 마무리하는 경우도 많다. 위에서 제시한 활동지도 2차시에 걸쳐서 마무리가 된 활동이다. 올해 역사 수업 초반 오리엔테이션 이후 도입부에 진행한 수업으로, 교사의 욕심이 많이 들어간 대표적인 활동지이다. 그렇지만 '역사를 왜 배우는가?' 하는 문제는 아이들과 꼭 이야기해야 할 주제이기 때문에 두 시간에 걸쳐서 해도 아깝지 않았다. 한편으론 내가 아직도 교사로서 버리지 못한 욕심이 많다는 증거일지도 모르겠다.

4. 교과통합수업, 우리의 상상이 현실이 되는

'흙 속에 담긴 낯선 기억을 찾아서'는 장곡중학교에서 2011년부터 2015년 현재까지 진행되었고, 다음 해에도 계속될 교과통합 프로젝트 학습의 제목이다. 역사, 사회, 미술, 국어과 통합수업인데, 상황에 따라 한문과 과학 교과가 함께하기도 한다. 2011년 이 수업을 함께 기획하고 진행하고 다듬었던 미술, 사회 선생님은 몇 해 전에 다른 학교로 전근을 가셨고, 그때와는 또 다른 방식으로 내가 계속하고 있다. 함께했던 국어 선생님은 다른 학년을 맡으셨지만 늘 이 수업이 잘 진행될 수 있도록 따뜻한 관심을 보여주신다. 이 수업은 그리 길지 않은 나의 교직 인생에서 큰 전환점이 되었다. 장곡중학교에서 배움의 공동체 철학을 만나 동료들과 함께 수업과 학교 문화, 그리고 학교 조직을 바꾸는 경험을 했고, 이 수업을 통해 다른 교과, 동료 교사와 만나는 즐거움을 맛보았다. 그 과정에서 나는 조금씩 성장했으며 많이 행복했다. 이러한 경험은 이후에 '새로운 세상을 향한 발걸음'이나 '실학의 시대를 만나다'와 같은 교과통합수업을 동료 선생님들과 함께 기획하고 진행할 수 있는 큰 힘이 되었다. 교과통합수업이 진행되기까지 동료 교사들과 했던 수많은 논의, 그 속에는 수많은 협력과 서로 간의 배움이 있었다. 이론을 넘어 실제 현장에서 교사와 학생의 배움 속에서 교과통합의 필요성을 느낀 우리 학교 교사들은 지금도 교과통합수업의 나아갈 방향에 대해 끊임없이 이야기하는 중이다.

'흙 속에 담긴 낯선 기억을 찾아서' 프로젝트 수업 이야기를 조금 더 하려 한다. 이 프로젝트는 2010년 겨울의 일본 '배움의 공동체 연수' 기간에 기획되었다. 연수를 함께하며 동료들과 많은 이야기를 나누었는데, 창의적인 수업을 통해 아이들과 즐겁게 소통하고 있는 미술 교사에게 이런 얘기를 건넸다. "역사를 그저 나와 상관없는 먼 이야기, 시험을 위한 지식으로만 알고 있는 아이들을 만날 때 힘들다." 그러자 박○○ 선생님(미술 교사)이 "역사와 인간, 삶이란 주제는 예술가들에게도 항상 매력적인 주제인데……. 그럼 역사와 미술이 만나면 좋겠다"고 했다. 그리고 통합수업이 기획되었다. 먼저 지금까지 미술 시간에 아이들이 가장 즐겁게 참여한 수업(활동)에 역사를 입히기로 했다. 신기하게도 가장 참여도가 높았던 활동은 보물 지도 그리기였고, 그 지도는 고지도 형태로 표현하는 것이었으니 역사가 들어가면 훨씬 깊이가 있겠구나 싶었다. 게다가 그 보물 지도에는 오래전에 도굴꾼이 보물을 숨겨둔 장소를 표시해둔 것이라는 가상의 이야기가 숨어 있었다. "도굴꾼보다는 발굴이 좋겠어요!" "아~ 역사과에서 고고학 부분을 도와주면 되겠네요." 이렇게 합의가 되었다. 이후 두

2011년 나만의 유물 묻기 활동   2014년 나만의 유물 발굴 활동   2015년 오이도 발굴 체험활동

사람은 대화를 이어가며 상상력을 펼쳐나갔고, 미술 교사는 작가 조덕현의 구림마을 프로젝트를 생각해냈다. 이렇게 해서 '흙 속에 담긴 낯선 기억을 찾아서'라는 대형 프로젝트 수업이 탄생한 것이다. 수업을 계획하는 과정에서 당시 설화 단원을 공부하고 있던 국어과의 도움으로 이야기가 탄탄해지고, 한문과 과학과의 합류로 통합적인 사고를 더욱 자극하는 교육과정이 되었다.

이 수업을 진행해온 4년, 기억하고 싶은 것들이 참 많다. 그중에서도 가장 기억에 남는 것은 2011년 고고학 발굴 체험 당시 답사했던 군포의 발굴 현장이다. 그때 그곳은 일주일간 우리 학교 학생들의 발굴 체험이 끝나면 바로 도로 공사를 시작하기로 되어 있었다. 고려시대 가마터, 조선시대 집터와 일제 강점기로 추정되는 묘지가 들어선 발굴 현장은 여러 시대의 유구가 있고, 누군가의 삶과 죽음의 공간이 함께 있어서 학생들의 상상력을 한껏 자극했다. 조만간 도로가 들어서고 차들이 달릴 것이라는 사실은 더욱 많은 생각을 끌어냈다. "지금 우리가 밟고 서 있는 곳, 내가 살고 있는 터가 과거 누군가의 집(삶의 터전) 혹은 묘지(죽음의 공간)였을 수도 있겠구나." 하는 대화가 오갔고, "도로가 생기면 여기서 고려시대에 누가 살았다는 건 잊히겠네요." 누군가는 이렇게 오래전 사람을 생각했다.

"나의 삶도 미래의 누군가에게 발굴될 수 있을까?" 이렇게 물으면서 자신의 삶을 돌아보고 소중히 여길 수 있으면 좋겠다는 바람이 가득 담겨 있는 이 수업을 통해 학생들이 지식으로만 배우던 역사, 나와는 상관없는 먼 이야기라 생각했던 역사를 직접 느낄 수 있었던 것 같아 동료들과 함께 뿌듯해했다.

무엇보다도 생각나는 것은 함께한 사람들이다. 이 수업의 기획과 계획, 진행 전체 과정을 함께한 나와 미술, 사회, 국어 교사는 학생들과 함께 또는 그들보다 먼저 예술과 역사와 문학, 과거와 현재와 미래, 그리고 가상과 현실을 자유롭게 넘나들며 상상력과 창의력을 발휘했다. 그동안 우리는 정말 행복해했다. 마치 어린아이들이 된 것처럼…….

비 오는 날 칼국수 집에 모여 무한한 상상력으로 나만의 유물과 그 배경이 되는 설화를 만들던 기억이 문득 떠오르면서 그들이 많이 보고 싶어진다.

고고학 발굴 체험　　　　나만의 유물에 담긴 설화 제작　　　　상상의 고지도

5. 나를 키운 건 결국 '사람'이었다

가. 나에겐 든든한 '뒷배'가 두 개 있다

첫 번째 뒷배는 전국역사교사모임이다. 신규 교사 연수 때 처음 알게 되었고, 비록 회비만 납부하는 회원이지만 많은 것을 보고 배우고 있다.

가장 크게 도움을 받는 부분은 동시대 역사 교사로서의 치열한 고민들이다. 교육과 사회, 그리고 우리가 살고 있는 이 시대와 역사에 대한 동료들의 고민은 나를 깨어 있게 해준다. 그리고 실제적인 도움은 활동지를 공유하는 것이다. 덕분에 신규 발령 이후 학습지, 읽기 자료를 통한 역사 수업을 진행할 수 있었고, 이것은 현재 주제가 있는 역사 수업- 활동지를 제작할 수 있는 큰 힘이 되었다. 더불어 이러한 경험은 내가 만든 활동지를 비롯한 여러 가지 자료를 기꺼이 공유하는 데도 큰 영향을 주었다. 원하는 사람이 있으면 언제든지 활동지를 공유한다. 많이 부족한 활동지를 감히 공유할 수 있는 것은 나 역시 도움을 받아왔기에, 바쁜 일상 속에서 동료들에게 조금이나마 도움이 되기를 바라기 때문이다. 그리고 다른 이가 만든 활동지는 절대 그대로 사용할 수 없고 그것을 조금씩 수정해서 진행할 수밖에 없다는 사실을 알기에 완성도가 떨어지는 활동지를 공유할 수 있다.

전국역사교사모임 덕분에, 좋은 활동지를 제작해서 나만 썼을 때는 내가 만나는 300여 명의 학생들에게만 배움의 기회를 줄 수 있지만 그것을 공유하면 많은 아이들이 더 좋은 활동을 할 수 있다고 생각하게 되었다. 우리 학교, 내가 만나는 학생들만이 아니라 대한민국의 모든 학생들을 대상으로 교육하는, 성숙한 대한민국의 교사라는 마음을 가졌던 것이다.

나의 두 번째 뒷배는 장곡중학교이다. 근무한 지 벌써 6년째가 되어간다. 그동안 참 많이 배우고 성장했다. 가끔 연수 때 만나는 이전 학교에서 함께 근무했던 동료들을 통해 더욱 실감할 수 있다.

카리스마도, 쇼맨십도 없고, 타고난 입담까지 없는 그냥 진지하기만 한 역사 교사인 내가 수업을 통해서 아이들, 또는 동료 선생님들과 즐겁게 소통하면서 함께 배우고 성장하고 있다는 사실이 놀라울 뿐이다. 이곳은 '장곡 배움터'라고 할 만큼 배움의 기회가 많다. 현재 교사 공부 모임은 공식적·비공식적 모임을 포함하여 5~6개 정도이다. 공식적인 전체 제안 수업 및 학년별 수업 연구회(한 달에 평균 2회 정도 실시)를 통해서도 꾸준히 성장할 수 있다. 그리고 독서토론 모임, 혁신연구회, 수업 보기 모임, 배움의 공동체 수업 꿰뚫기 등의 비공식적 공부 모임도 매우 중요하다. 공식적인 공부 모임이 배움의 씨줄을 형성한다면, 비공식적인 공부 모임은 배움의 날줄을 형성해 교사의 성장을 도와준다.

난 장곡중학교가 참 좋다. 다음에 소개할 수업 일기(?)가 부족하지만 그 이유를 설명해줄 수 있을 듯하다. 평소에 수업 일기를 쓸 만큼 부지런하지는 않지만, 그날만큼은 꼭 기억하고 싶은 것이 있었다.

나. 2014년 5월 30일 5교시 역사 시간

아침에 메시지를 통해 오늘 6교시는 교실 대청소 시간임을 알게 되었다. 학교교육과정에 따라 봉사활동으로 잡혀 있는 시간이라고 했다. 시간표상으로 예정된 6교시 수업은 2학년 7반인데, 다른 날로 이동되어 진행될 것이다. 혹시 7반 진도가 늦어지면 어쩌나 걱정하고 있을 때 동료 교사 장○○ 선생님이 와서 부탁을 했다. 5교시 2학년 1반 수업 중 20분만 영어과에 주면 안 되겠냐는 것이다. 6교시에 1반 수행평가를 하려 했는데 봉사 시간으로 잡혀 있어서 계획에 차질이 생겼단다. 잠깐 고민했지만 기꺼이 그렇게 하겠다고 했다. 이 수행평가는 2학년 교과통합 '새로운 세상을 향한 발걸음' 중에 영어, 음악 교과가 함께하는 평가라서 관심도 많았고 '새로운 세상을 향한 발걸음' 프로젝트에 함께하는 교과로서 도움을 주고 싶었기 때문이다.

역사 수업 25분 동안 고구려 발전과 팽창에 가려진 다른 부분에 대한 모둠 활동을 마치고 나니 장○○ 선생님과 함○○ 선생님 두 분이 들어오셨다. 곧 카메라가 설치되었다. 아이들은 카메라 울렁증이 있다고 엄살을 부렸지만 곧 장○○ 선생님의 진행에 따라 1반 아이들 모두가 함께 「Do you hear the people sing?」을 불렀다. 그동안 아이들은 영어 시간에 영화

「레미제라블」을 감상하고 「Do you hear the people sing?」 노래에 대한 해석 활동을 했다. 그리고 그것을 바탕으로 음악 시간에 노래를 배웠다. 복도에서 교실에서 노래를 부르고 배우는 소리를 여러 번 들었지만 현장에서 아이들이 합창하는 모습을 보면서 들으니 더 가슴이 벅차오르며 이런 생각이 들었다.

'함께 노래하는 것처럼, 여럿이 함께 소리 내어 세상과 사회를 향해 자신들의 요구를 말할 수 있는 건강한 민주시민으로 잘 자랄 수 있었으면 좋겠다.'

수행평가는 모둠평가로 진행되었고 네 명이 한 모둠이었다. 모둠별 평가를 시작할 즈음, 아이들은 내가 왜 안 가고 있는지 궁금해하는 눈치였다. 난 아이들이 보고 싶었다. 특히 장○○ 선생님이 사석에서 했던 ○○(도움반 학생, 정신지체 2급)이가 이번 모둠 평가에 함께한다는 이야기가 생각나서 ○○이네 모둠 평가까지는 보고 갈 생각에 교실 뒤편에서 아이들 노래를 함께 들었다. 평가가 시작되기 전에 청중의 태도에 관한 안내가 있었고 아이들은 곧 진지하게 다른 모둠을 평가하는 청중이 되었다.

1모둠 아이들의 노래가 시작되었다. 첫 번째라서 많이 긴장되었을 텐데 반주 음악도 없이 열심히 노래하는 모습이 예쁘고 기특했다. 한편으론 긴장하는 모습이 한 학생의 손끝 떨림으로 전달되기도 했다. 2모둠은 소품으로 태극기까지 준비해서 모두를 즐겁게 해주었다. 드디어 3모둠 ○○이네 모둠 차례였다. ○○이가 가운데 자리했고 첫 시작도 ○○이가 했다. 그런데 놀랍게도 ○○이가 노래를 정말 잘했다. 영어 발음은 정확하지 않았지만 부드럽게 이어졌다. 음정, 박자가 정확하고 소리도 예뻤다. 뭔가 말로 설명할 수 없는 느낌을 받았다. 아이들도 감탄사를 보내고 진심으로 ○○이를 인정하는 것 같았다. 3모둠 아이들이 각자 맡은 부분 노래를 끝내고 함께 부르는 부분에서 ○○이가 "다 같이~"라는 말을 하자 3모둠 아이들이 합창을 했다. 그때 난 눈물이 나고 말았다.

행여 누가 눈치챌까 얼른 고개를 옆으로 돌리다가 옆에 있는 장○○ 선생님과 눈이 마주쳤는데 장곡중학교에서 가장 눈물이 많은 사람답게 장○○ 선생님도 어느새 눈이 빨개져 있었다. 이런 동료 교사와 함께할 수 있어 더 가슴 벅차고, 말로 표현할 수 없는 감동이 밀려왔다. 그래서 난 장곡중학교가 좋다.

우리 두 사람을 가슴 찡하게 한 것은 ○○이와 ○○이네 모둠 아이들, 그리고 1반 아이들이다. 나는 그 녀석들이 만들어내는 하모니, 서로를 인정하고 배려하고 함께하는 모습이 주었던 진한 감동을 잊지 않고 기억하기 위해 이 글을 쓴다.

3모둠 아이들 노래가 끝나고 교실을 나오면서 생각했다.

'오늘 1반 아이들은 정말 소중한 경험을 했구나. 그리고 그 아이들을 통해 내가 크게 배웠구나. 우리가 사는 세상, 우리 아이들이 살아갈, 살아낼 세상은 바로 이런 세상이면 좋겠다. 무엇보다 ○○이 엄마가 이 모습을 보았으면 참 좋았겠다.'

다. 아이들과 함께 '새로운 세상을 향한 발걸음'을 시작하다

2015학년도 장곡중학교 2학년 교육과정 목표는 '감성을 겸비한 사회적 실천인 되기'이다. 이 목표는 전년도 2학년 부장을 비롯한 2학년 담당 선생님들이 선정한 것이고, 이것을 올해 2학년 부장인 나와 2학년 담당 선생님들이 이어받아 '아름다운 동행·행복한 배려'의 가치를 통해 실천하고 있다. 다음은 2학년 교육과정 목표를 가장 잘 나타내고 있는 2학년 창의적 특색 활동의 계획서 중 일부이다.

2학년 창의적 특색 활동 계획서: 감성을 겸비한 사회적 실천인이 되기 위한 3단계 프로그램

단계	구분	시기	세부 활동 내용
1단계	나를 돌아보기	3월	• 학교 폭력 예방 감성교육 프로젝트 교재를 활용하여 감성교육 실시 • 학생들의 삶을 돌아볼 수 있는 활동지 제작

2단계	지역사회와 만나기	4~5월	• 시흥시 문화관광과 학예사로부터 듣는 우리 마을 역사와 문화 이야기(구석기~근현대) • 시흥시 종합봉사센터, 주민자치센터와 연결한 지역사회 봉사활동
3단계	우리나라 세상과 만나기	6~12월	• 일본 위안부 문제와 관련한 우리나라 역사 배우기 (창체 시간에 관련 책읽기, 역사 교사 활동지 제작) • 전쟁과 여성인권 박물관 견학으로 전쟁 없는 평화로운 세상에 대한 시각 기르기 • 위안부 수요집회에 직접 참여하여 역사의 현장에 서보기
	*독서 활동	3~12월	• 교과통합 프로젝트 수업과 연계한 독서 프로그램을 통해 학생들의 학습 이해를 높임

2학년 교육과정은 학기가 시작되기 전인 2월 방학 중에 진행한 전 교직원 연수 때 2학년 선생님들과 그 목표와 방향에 대해 충분하게 공유한 후 결정했다. 학년 교육과정을 바탕으로 이후 창·체 교육과정과 교과통합수업을 기획하기 때문에 학년 교육과정을 공유하는 일은 아주 중요하다. 구체적으로 따져보면 '감성을 겸비한 사회적 실천인 되기'는 2학년 창의적 체험활동 수업과 교과통합수업, 그리고 역사과 수업의 바탕이 되었다. 그 대표적인 예는 교과통합수업 '새로운 세상을 향한 발걸음'이다. 이수업은 본래 2013년 겨울방학 연수에서 2학년 담당 교사들이 교과통합수업을 기획할 때 나온 아이디어이고, 나는 2학년 역사 교과 담당으로 참여했다. 그 당시 2학년은 학교교육과정상 진행되는 2박 3일의 체험학습을 학년 교과통합수업과 연결시켜 진행하는 방법에 대해서 구체적으로 논의했다. 2학년 체험학습의 테마가 '역사'였기 때문에 자연스럽게 역사과 중심의 교과통합 프로젝트 수업이 기획되었다.

당시에는 2학년 전체 학급이 5월에 광주·전남 지역으로 체험학습을 떠나고 숙소가 화순 지역으로 결정된 상황이었다. 이것이 교과통합수업과 연결되면서 반별 체험학습 코스를 정할 때 학년 전체가 공유할 수 있는 역사 탐방(두 곳)은 필수로 하고 나머지는 학급 특색에 맞게 자유롭게 선정하기로 했다. 공통 코스로 선정된 역사 탐방 두 곳은, 2014년이 동학농민운동 120주년 되는 해라서 갑오년 동학농민운동과 관련한 유적지를 선정했고, 5월에 전남지역에 체험학습을 간다면 광주를 뺄 수 없다는 생각에서 5·18 관련 유적지를 필수 코스로 선정했다. 거기에 숙소가 화순 지역이어서 운주사 '와불' 이야기까지 들어가면서 학년 통합수업 주제가 '새로운 세상을 향한 발걸음'이 되었다. 주제가 정해지자, 국어과의 참여시, 미술과의 민중미술이 자연스럽게 통합될 수 있었다. 거기에 음악과 내용 중 '세상을 바꾼 노래'가 있어서 함께하기로 약속했다. 그리고 체험학습 코스 선정에 학생들이 직접 참여할 수 있게 사회과에서 모둠별, 학급별 코스 선정하는 활동을 진행하고, 모든 활동은 수행평가에 반영하기로 하면서 교과통합수업이 구체화되었다. 그런데 2014년 4월 16일 세월호 참사가 있었고 그해 체험학습이 전면 중단되었다. 그래서 '새로운 세상을 향한 발걸음' 계획을 수정해서 진행해야 했고, 직접 체험학습을 가지 못한 상황에서 영화와 소설을 통해 5·18을 만나는 활동을 했다. 많이 아쉬웠다.

그런 아쉬움 속에서 2015년 '새로운 세상을 향한 발걸음'은 시작되었다. 특히 올해는 2학년 창의적 특색 활동 시간 중 독서 시간이 늘어나는 장점을 최대한 살렸고, 4월에 진행된 학년 프로젝트인 4·16 프로젝트 '기억의 벽을 만들며'를 그 속에 녹여내면서 그 내용과 성과가 더욱 풍부해졌다.

특히 2학년 10반 학생들은 체험학습 도중인 5월 15일, 광주 MBC 8시 뉴스에 나와서 우리를 놀라게 했다. 우리가 체험학습을 간 5월 13일부터 15일 동안 5·18 민주 묘역은 체험학습 기간을 이용해 전국 각지에서 많은 학생들이 찾아왔다. 유치원생부터 백발의 어르신들까지 이어지는 참배의 행렬을 보는 것만으로도 아이들에게는 살아 있는 역사 교육이 되었고, 그 장면은 큰 울림을 주었다. 우리의 과거와 현재와 미래의 모습을 함께 볼 수 있었고, 그 모든 것이 역사 교사인 나를 찡하게 만들었다. 이렇게 많은 학생들이 5·18의 진실과 민주, 인권, 평화, 공동체의 가치를 기억하고 자신들의 삶 속에서 조금이나마 실천한다면 분명 지금보다는 더 나은 새로운 세상을 만들 수 있을 것 같다는 희망 때문이었다. 그 길에 아이들과 함께할 수 있음에 교사로서 더더욱 감사했다.

장곡중학교 10개 학급이 13일부터 15일까지 시간과 날짜를 달리하여 5·18 민주 묘역을 찾아갔다. 아이들의 진지한 참배 모습은 이미 해설사들 입을 통해서 전해졌고, 정문에서 리본 달기 행사를 진행하는 분들도 먼저 다녀간 장곡중 학생들 이야기를 해주셨다. 아이들은 리본에 '5·18을 잊지 않겠습니다' '계엄군에 맞서 싸워준 용기에 감사합니다' 등 각자의 마음과 다짐을 담은 글을 쓰고 정성을 다해 리본을 묶었다. 그러면서 앞서간 반 아이들이 묶어놓은 리본을 보면서 무척 반가워했다. 나 또한 앞서간 다른 반 학생들의 흔적을 이런저런 방법으로 보고 들으면서 묘한 감동을 받았다. 내년에도 이런 식으로 체험학습을 진행했으면 좋겠다고 생각했다. 따로 또 같이 뭔가를 함께 만들어가는 느낌이 참 좋았다.

체험학습 마지막 날인 15일, 2학년 10반이 방송에 나오게 된 것은 아이들의 진지한 태도 때문이었다는 후문이 들려왔다. 사실 생각해보면 29명의 중학교 2학년생들이 체험학습 마지막 날 마지막 코스에서, 그것도 뜨거운 5월 햇살 아래 야외에서 해설사의 진지한 설명을 들으면서 진행하는 수업에 집중하기는 정말 어렵다. 그럼에도 아이들이 경청했고, 나름의 방식으로 그날 그분들의 희생을 기억하고 감사하는 모습이 보는 어른들에게 감동을 주었던 것이다. 이것은 분명 교과통합수업 '새로운 세상을 향한 발걸음' 덕분이다. 특히 인터뷰를 했던 김○○ 학생은 똘망똘망하게 말했다.

"이렇게 많은 분들이 희생당하셨구나. …… 그분들의 희생을 꼭 기억하겠습니다."

'새로운 세상을 향한 발걸음'과 관련한 감동적인 이야기는 체험학습

평가회 때까지 계속된다. 평가회 때 나를 눈물짓게 만든 이야기가 있다. 2학년 6반 담임선생님은 아이들이 좋아하는 젊은 체육 교사이다. 아이들과 즐겁게 소통하면서 학급 운영도 잘하신다. 특히 체험학습과 관련해서는 레크리에이션이나 현장 미션 등의 많은 경험이 있는 데다가 장곡중학교에서 학급별 체험학습을 준비해본 경험이 많아서 올해 체험학습도 크게 어려움 없이 준비하고 진행하신 듯했다. 6반 선생님이 평가회 때 5·18 민주 묘역에서의 역사 체험활동이 교사로서 의미 있었다고 말씀하셨다. 아이들을 인솔하신 해설사께서 눈물을 보이실 정도로 진지했던 아이들의 태도와 해설사의 이야기를 들으며 눈물을 보이던 남학생 이야기, 그것이 가능했던 것은 체험학습을 가기 전에 미리 5·18에 대해서 공부를 하고 갔기 때문이라는 이야기까지 덧붙였다. 지금 이 순간까지도 나는 진한 감동으로 코끝이 찡하다.

체험학습 기간에 보여준 아이들의 감동적인 모습은 여기서 끝나지 않는다.[1] 역사 수행평가 중, 청소년의 사회참여와 연결되는 활동이 있다. 4·16 참사를 알리는 현수막을 직접 만들어서 체험학습 내내 들고 다니면서 광주 전남 지역에서 캠페인 활동을 한 아이들이 있었다. 특히 5·18 민주 묘역에서의 활동은 '새로운 세상을 향한 발걸음' 수업의 목표를 잘 실천한 대표적 활동이 되었다.

나의 게으름 때문에 청소년의 사회참여 활동의 결과는 아직 다 파악하지 못했다. 하지만 실천 이후 아이들은 내가 물어보지 않아도 솔직하게 이야기한다. 거기에는 자랑스러움이 묻어나 있어서 듣는 내가 많이 기뻤었다.

"사회참여 활동이라는 것을 처음 해보는데 주제가 가벼운 것은 아니라

---

1. 대부분의 학생들은 노란 리본을 만들어 장곡동 주민들에게 나누어드리거나 그분들께 4·16을 알리는 여러 가지 실천 활동을 했고, 더 나아간 아이들은 안산 합동분향소, 광화문 광장에 가서 유가족들에게 엽서를 건네는 활동을 했다.

광주 MBC 뉴스에 나온 2학년 10반 학생들   광주 5·18 묘역에서 4·16 캠페인 활동을 진행한 2학년 8반 학생들

서 약간 걱정되었지만 많은 사람들이 격려를 해주어서 뿌듯했다. 어른들이 기특하다고 칭찬해주셔서 좋았다."

특히 2학년 7반 여학생들의 이야기를 듣고 흐뭇했다. 이 아이들은 광화문에 직접 가서 세월호 유가족들에게 엽서를 전달해드렸다. 그 엽서를 받은 유가족 아버지께서 눈물로 고마움을 표현하셨다. 그 모습을 옆에서 지켜보던 분이 그 이야기를 페이스북에 올리면서 아이들의 실천 행동이 널리 알려지고, 페이스북 친구를 통해 나에게 전달되면서 아이들의 보고서보다 먼저 내가 확인하는 경험을 하게 되었다. 그중 한 아이는 "유가족 아저씨의 아픔이 함께 느껴져 자기도 모르게 눈물을 흘렸고 힘들었지만 직접 찾아가기를 잘했다. 다음에 광화문에 또 가야 할 것 같다"고 이야기했다. 게으르고 용기 없는 내가 아이들에게서 더 많이 반성하고 배우고 있다.

앞으로 이 아이들은 7월부터 12월까지 창체 시간에 위안부 할머니들의 이야기를 공부하고 수요시위에 함께할 것이다. 이 모든 활동의 결과나 효과가 당장 내 눈앞에서는 나타나진 않겠지만 우리 아이들이 민주시민으로 자라는 데 도움이 되리라 믿는다. 정의롭지 못한 세상과 사회를 향해 여럿이 함께 자신들의 요구들을 당당하게 말해서 지금보다 더 좋은 세상을 만들어갈 수 있는 건강한 민주시민으로 자랐으면 좋겠다.

주제가 숨 쉬는 역사 수업으로
살아 있는 교실을 꿈꾸며

교실 속에 갇힌 수업은
결코 날개를 달 수 없다.
-어느 교사의 수업철학 메모

1. 수업 기획은 어떻게 할까?

가. 김현정 선생님의 수업 설계 방법

자신의 수업철학을 세우는 일은 쉬운 일이 아니다. 수업의 철학을 세우는 일이 좋은 수업의 처음이자 마지막이라고 해도 과언은 아니기 때문이다.

김현정 선생님은 교직 경력 10년 만에 수업철학을 정리할 기회를 갖게 되었다고 한다. 그동안 막연하게 꿈꾸던 수업을 글로써 표현해보니, 자신이 원하는 수업이 무엇인지가 조금 명확해졌다고 했다. 다음은 4년 전, 장곡중학교의 3학년 국사 수업을 열면서 김 선생님이 썼던 글이다.

역사는 사람의 이야기이고, 이유가 있는 사람들이 만들어낸 시간의 결과물이라고 볼 때 사건의 인과관계를 통해서 사건(시간)이 흘러가는 모습을 정확히 보아야 역사를 제대로 볼 수 있다는 생각[2]에 동의합니다. 그래서 역

2. 최태성, 『17세의 교과서』.

사 읽기 자료를 통해서 역사적 사건을 이야기처럼 읽어가며 시간의 흐름 속에서 사건의 인과관계나 역사적 의미 등을 정리할 수 있는 수업을 좋아합니다. 특히나 학생들이 역사적 사실을 이해할 때는 '그럴 수밖에 없었던 이유'를 통해서 하기를 바랍니다.

그리고 역사적 사건을 단순한 옛날이야기로 끝내지 않고, 지금 우리 현실과 연관시켜 생각해보는, 사고력을 키우는 수업을 하고 싶습니다.

무엇보다도 학생들이 역사 수업을 통해서 우리 사회의 현재 모습은 결코 그냥 만들어진 것이 아니고, 이 땅에 먼저 살았던 수많은 할머니, 할아버지, 그리고 아버지, 어머니들의 간절한 소망이 담겨 있음을 알았으면 좋겠습니다. 그분들은 그것을 위해 때로는 목숨을 내놓고 치열하게 싸워야 했고, 죽도록 열심히 살았다는 사실을 가슴으로 느꼈으면 좋겠습니다. 그래서 지금의 나 역시 후손들에게 더 나은 미래를 만들어주기 위해 무엇을 할 것인지 고민하고 실천할 수 있다면 더욱 좋겠습니다.

역사과 수업의 최종 목표는 민주시민의 자질 육성입니다. '자신이 살고 있는 세상과 시대정신을 지혜롭게 바라보고 분석할 줄 아는 사람'이 바로 민주시민이라고 한다면, 역사 수업을 통해서 학생들이 각 시대를 건강한 시선으로 바라보고 분석할 수 있는 능력을 키우고, 좀 더 나은 세상으로 바꿀 수 있는 힘을 본인들이 가지고 있음을 알 수 있었으면 좋겠다는 생각으로 수업을 준비하고 있습니다. 그리고 수업 시간에는 나의 생각을 나의 입으로 말할 기회를 많이 주고 싶습니다. 그래서 학생들이 나의 진짜 생각을 '잘' 말할 수 있는 이 시대의 건강한 민주시민으로 성장할 수 있기를 간절하게 바랍니다.

좋은 수업을 위해 고민하는 교사가 있다면 꼭 눈여겨보아야 할 대목이다. 자신이 꿈꾸는 수업의 모습을 크로키처럼 막연하게 그리고 있었다면, 그것을 좀 더 세밀하게 그리는 작업을 해보라는 것이다. 자신의 생각을 언어로 표현할 때, 표현된 언어는 실체가 있는 현실이 되어 내 수업을 풍부하게 해줄 것이다.

이렇게 먼저 수업철학을 확고히 세웠기 때문에, 그다음 과정들은 그야말로 물 흐르듯 자연스럽게 일어날 수 있었다. 자신의 수업철학을 언어로 표현하고 내면화하는 과정을 거치고 나면, 교과 교육과정을 분석한다. 김현정 선생님은 교사용 지도서와 교육과정 해설서, 역사과 성취 기준표를 참고하여 교과 교육 목표, 단원별 교육 목표를 확인하고, 매시간 수업의 주제와 기본 개념을 찾는다. 이것이 되면 수업 설계는 아주 쉬워진다고 말한다.

그다음 기본 개념 정리를 할 수 있는 활동을 구성하고, 그 활동에 도움이 되는 읽기 자료를 구성한다. 읽기 자료는 교과서를 이용하는 경우도 있지만, 전국역사교사모임에서 나온 자료들도 많이 이용하는 편이라고. 김현정 선생님은 자료를 읽고 또 읽어서 우리 아이들 수준에 맞게, 그날 수업에 맞게 분량을 줄이고 아이들이 읽기 좋게 활동지를 만들어간다.

모둠 과제나 점프 과제는 교과의 특성, 교사의 철학이 가장 많이 반영되기 때문에 시간을 많이 투자해야 하지만, 역사 교사로서는 이 부분이 가장 의미 있고 재미도 있단다. 아이들도 이 부분에서 살아난다고. 그리고 함께 고민하는 선생님들이 있기 때문에 시간 투자는 최소한으로 줄일 수 있는데, 특히 역사과에는 전국역사교사모임이 있고 여기서 공유하는 자료들을 통해 생각할 거리를 많이 얻는다.

김현정 선생님의 역사 수업은 과거와 현재의 대화를 목표로, 역사적 상상력을 통해 당시의 역사적 현장에 대한 추체험활동, 역사적 사실을 현실의 세상 및 삶과 연결하는 활동을 주로 계획한다. 지금까지 이야기한 바를 토대로 김 선생님이 수업을 설계하는 일반적인 과정을 표로 정리하면 다음과 같다.

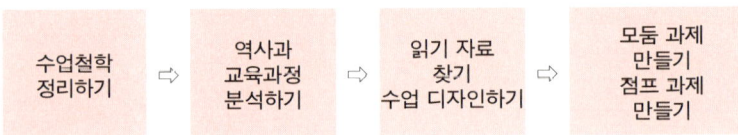

수업철학 정리하기 ⇨ 역사과 교육과정 분석하기 ⇨ 읽기 자료 찾기 수업 디자인하기 ⇨ 모둠 과제 만들기 점프 과제 만들기

나. 김현정 선생님의 활동지 제작 과정

(1) 의미 있는 수업을 위해 욕심을 덜어내라

고민한 만큼 좋은 활동지가 나온다. 일단 고민을 많이 한 활동지들은 그만큼 질 높은 수업, 좋은 수업을 만들어낸다. 특히 학교 제안 수업(공개 수업)을 위해서 제작한 활동지들은 더더욱 의미가 크고, 그래서 제안 수업은 한번 해볼 만하다. 다음은 2011년 김현정 선생님이 교실 문을 열며 공개했던 역사 수업 활동지와, 그로부터 3년이 흐른 2014년에 공개한 역사 수업 활동지이다.

---

1. 수업 설계 2011년

주제	이날을 목 놓아 통곡하다(을사조약)
수업의 흐름	1. 읽기 자료를 읽고 을사조약의 내용과 체결과정을 살펴봄으로써 을사조약이 성립되지 않은 조약인 이유를 찾아본다.(15) 2. 배운 것 확인하기를 통해 내용 지식을 한 번 더 정리한다.(5) 3. 내가 만약 을사조약 체결 당시 인물이라면? 제시된 자료를 이용하여 자신의 생각을 짧은 글로 표현하고 발표한다.(15) 4. 동영상을 시청한 후 2011년을 살아가는 우리가 을사오적의 이름과 그들의 행동을 기억하는 것이 왜 중요한지를 생각해보고 발표한다.(10)

2. 수업 활동지

주제 28 이날을 목 놓아 통곡하다(을사조약)

① 간추린 이야기
★ 을사조약은 어떻게 체결되었을까? (읽기 자료 내용을 참고해서 정리해보자)
(1) 을사조약의 주요 내용을 쓰고 이후 달라진 점을 구체적으로 말해보자.

(2) 을사조약에 찬성한 사람들! 아래 사진에 해당하는 을사오적과 대표적인 친일단체와 주요 회원의 이름을 써보자.

(3) 을사조약 이후 국권 침탈 과정을 간단하게 정리해보자.

(4) 을사조약이 성립하지 않는 조약인 이유는?

② 배운 것 확인하기(오늘 배운 내용 중 자신이 중요하다고 생각하는 개념이나 내용을 쓰는 곳)

중요 사건	중요하다고 생각하는 이유

③ 모둠원과 함께 생각해보기(모둠원과 함께 이야기를 나눈 후 각자 적어보세요)
★ 내가 만약 을사조약 체결 당시 사람이라면?

> 이보게 친구 ! 내 말 좀 들어보게나. 일본은 지난 러·일 전쟁 때, 손해를 무릅쓰고 우리를 지켜주었네. 이것은 서양 세력으로부터 동양을 지켜낸 것이라네. 이 얼마나 고마운 일인가? 그리고 이번 외교권 양여와 보호조약도 일본의 선의를 좇아서 우리 스스로가 원한 바인데, 일본의 선의를 몰라보고 경거망동 하는 인간들이 있으니 참으로 한심하네. 발전된 일본의 지도를 받는 것이 우리 사회를 근대화시키는 지름길이라는 것을 어찌 모른단 말이오. 쯧쯧쯧. 자네 또한 일본에 협조해야만 우리 민족을 지킬 수 있다는 사실을 반드시 명심해야 하네.

(1) 아래 제시된 글은 친일단체 간부가 자신의 친구에게 하는 말을 가상으로 꾸며본 것이다. 내가 만약 친구라면 어떻게 대답하겠는가?

④ 과거와 현재의 대화(동영상을 보고 모둠원과 함께 이야기를 나눈 후 각자 적어보세요)
(1) 동영상을 보고 모둠원들과 자유롭게 대화 나누기

(2) 현재를 살아가는 우리가 1905년 을사조약 체결에 동의한 을사오적의 이름과 그들의 행동을 기억하는 것이 왜 중요할까?

| 역사 속으로 | 읽기 자료 123쪽, 교과서 171쪽 참고

| 개념 잡기 |

1. 임진왜란 기간 동안 조정과 관리들에 대한 백성들의 불신이 높아진 이유는 무엇일까?(읽기 자료 1번 참고)

2. 임진왜란이 조선과 일본의 양국 백성들에게 남긴 것은 무엇인지 다음 활동을 통해 알아보자.

(2-1) 읽기 자료 2[전란의 참상]를 읽고 기억에 남는 이야기를 모둠원과 공유해보자.

(2-2) 임진왜란 기간 동안 1만 명에 이르는 일본군 병사가 조선군에 투항한 이유는 무엇일까?(읽기 자료 3 참고)

(2-3) 전쟁이 끝난 후 살아남은 사람들은 어떠한 노력을 해야 했을까? 읽기 자료와 아래 자료를 참고하여 당시 왕실과 조정이 가장 먼저 해결해야 할 문제가 무엇인지 알아보고 그 해결책을 찾아보자.

> 임진왜란으로 국내에서는 수많은 인명이 죽거나 다쳤다. 토지가 황폐해져서 국가 재정이 어려워지고 식량도 부족해졌다. 문화재의 손실도 매우 커서 불국사, 사고 등이 불에 탔고, 활자, 서적, 도자기, 그림 등 많은 문화재가 일본에 약탈 당하였다. ─교과서 171쪽 임진왜란의 결과 부분─

> ▪ 임진왜란 이후, 백성들은…
> 백성들은 밭 갈고 씨 뿌리지 못하여 거의 다 굶어 죽었다. …… 솔잎으로 가루를 만들어 솔잎가루 열 홉에 쌀가루 한 홉을 섞어 물에 타서 마시도록 했는데, 사람은 많고 곡식은 적어서 살아난 사람이 얼마 안 되었다. …… 하루는 밤에 큰비가 왔다. 주린 백성들이 좌우에 있으면서 슬피 부르는 소리가 처량하여 차마 들을 수가 없었는데, 아침에 일어나 보니 여기저기 쓰러져 죽은 자가 꽤 많았다.

▪ 각국의 병력 손실

국가		병력	손실률
조선군	투입인원 손실인원	60,000명 50,000명	83%
일본군	투입인원 손실인원	197,700명 87,800명	44%
명군	투입인원 손실인원	74,000명 25,000명	34%

| 한 걸음 더! | (과거와 현재의 대화) 모둠원과 함께 이야기를 나눈 후 각자 적어보세요.

1. 내가 만약 임진왜란(1592~1598) 시기에 살았던 조선의 백성(양반, 농민, 노비)이라면 어떤 모습이었을까? 읽기 자료 1에 나타난 모습 이외에 다른 행동도 상상해보고 그중 하나를 선택해보자. 그리고 그러한 선택을 한 이유도 함께 이야기해보자.

1. 경복궁에 불을 지른다.	2. 피란 가는 왕의 행렬에 돌을 던진다.
3. 일본군의 앞잡이 노릇을 한다.	4. 정부에 대항하는 대규모 반란에 참여한다.
5.	6.

2. 대표적인 항왜인 사야카를 어떻게 평가해야 할까? 그는 자신의 조국을 버리고 적을 도운 배신자일까, 아니면 조국의 부당한 침략 전쟁에 저항한 평화주의자일까?

    사야카는 _____ 이다.
    왜냐하면 _____ 때문이다.

3. 여러분은 지난 11월 5일에 제 1151차 수요집회에 참여했습니다. 그전에 전쟁과 여성인권 박물관도 다녀왔고요.

할머니들이 원하는 세상은
                               입니다.
여러분이 그런 세상을 만들기 위해 할 수 있는 일로는 무엇이 있을까요?

2011년의 활동지는 급하게 만든 것이고, 교사의 욕심이 많이 작용한 활동지였다고 스스로 평가한 바 있다. 읽기 자료 내용을 학생들이 얼마나 잘 이해했는가를 확인하고 싶어서 문제를 너무 많이 제시했고, 간략하게 핵심 질문만 엄선하는 작업을 하지 못했다.

어떤 분야의 전문가라도 자신의 분야에서만큼은 정교한 지식을 갖고 있기 때문에, 그 정교함을 투박하게 만드는 일을 결코 달가워하지 않는다. 오랫동안 갈고닦은 지식을 그 누가 투박한 상태로 되돌리고 싶어 하겠는가? 하지만 아이러니하게도 활동지는 교사가 욕심을 덜어낼 때 성공한다. 교사가 불친절할 때 아이들은 살아난다. 투박한 덩어리 상태의 찰

흙을 아이 앞에 그냥 던져두라. 아이는 무한한 상상력과 창의력을 동원하여 그 투박함을 자신만의 개성 있는 언어로 조각할 것이다.

김현정 선생님도 수업을 설계할 때 내용을 선별하여 줄이는 것이 어렵다고 이야기하곤 한다. 역사 과목의 특성상 사건의 인과관계가 중요할 수밖에 없는데, 학생들이 잘 쓰지 않는 생소한 개념이나 표현이 많아서 수업 시간에 다루어야 할 내용 지식이 많다는 것이다. 그것을 줄이려면 많은 고민과 시간 투자가 있어야 하는데, 바쁜 일상을 핑계(?)로 조금만 소홀하게 활동지를 만들다 보면 교사의 욕심이 그대로 드러나는 빡빡한 활동지가 된다. 실제 수업에서는 조금씩 수정이 되기도 하지만 교사도 아이들도 힘이 들게 된다. 2011년에 열었던 수업에서는 마지막 점프 과제 공유가 충분하지 못한 채 수업이 끝나 많이 아쉬웠다고 토로한다.

(2) 동료와 충분히 대화하라,
　　그리고 세상 속의 사물에 의미를 부여하라

우리는 진공 속의 개체가 아니라 다양한 사회·문화적 실천 속에 던져진 개인이며, 인간은 주위의 사물과 타인의 협력이 없으면 세상을 살아가기 힘든 존재이다. 사실이 이러할진대, 교사가 수업을 디자인하는 교실이야말로 이러한 협력이 가장 조화롭게 이루어져야 하는 사회적 장場이라고 할 수 있다.

이 땅에 근대 학교교육이 세워지고 100여 년의 세월이 흐르는 동안 교실의 주도권은 교사 1인에게 있었으며, 누구도 이를 의심하지 않았기에 이른바 수업 연구회의 핵심은 교사의 '가르치는' 능력에 초점을 두어왔다. 그러나 교실의 핵심 활동을 '학생의 배움'에서 찾고자 하는 지금은 교사 1인의 능력만을 강조하지 않으며, 이 말은 곧 교사와 교사의, 또는 교사와 학생 간의 협동적 문제 해결 능력을 중요시한다는 말과도 일맥상통한다. 김현정 선생님의 수업 설계 능력은 바로 이러한 지점에서 더욱 빛을 발하는데, 여기에 2014년 11월 19일 수업 연구회에서 동료 교사들이 발언한 내용을 몇 가지 발췌해보고자 한다.

진○○ 읽기 자료가 많으면 학생들이 포인트를 잡아내기 어려운데, 김현정 선생님은 읽기 자료를 '이야기화'하여 구성하는 능력이 탁월하다. 연결 짓기가 매끄러웠다. …… 반마다 읽기 방법도 다르게 적용하더라. 어떤 반에서는 "이 반은 다 같이 읽는 것을 좋아했었지?" 하며 함께 읽기도 하고, 또 다른 반에서는 그냥 읽게 시키기도 하고…….

백○○ 방대한 읽기 자료를 제공했던 기존의 방법에서 탈피, 현재 2학년 학생들의 수준에 맞게 꼭 필요한 읽기 자료를 선정하여 제공한 점이 좋았다. 활동지의 문제만을 순서대로 활동하는 것이 아니라, 읽기 자료를 읽게 한 후 문단 별로 간단한 질문을 던짐으로써 학생들의 참여를 유도하고 생각할 거리를 제공했다.

수업은 세월이 흐르거나 학급이 바뀌어도 변하지 않는 고정불변의 것이 아니라 과거와 현재가 만나 끊임없이 대화하는 과정 그 자체이며, 학습자의 수준에 따라 내용도 방법도 얼마든지 변화될 수 있음을 시사한다. 김현정 선생님은 그동안 수업을 통해 꽤 많은 분량의 읽기 자료를 제공해왔지만, 2014학년도에 맡았던 학생들의 경우 전반적으로 긴 글에 익숙하지 않은 아이들이 많은 편이어서, 수준에 맞는 읽기 자료를 선별하는 데 주안점을 두었다고 한다.

그러므로 수업을 매뉴얼화하는 일은 사실상 불가능하다고 해도 과언이 아니다. 경우에 따라 수업은 다 다를 수밖에 없고, 똑같은 사람이 수업을 한다고 하더라도 어제와 오늘의 수업이 다르며, 학급의 특성에 따라 또 다를 수밖에 없는 것은 자연스러운 현상이다. 따라서 수업 방법을 매뉴얼화한다는 것을 도식으로 받아들이면 안 된다.

이 수업에서 제시한 마지막 활동(206쪽 3번 문항)은 본 수업의 점프 과제라고 할 수 있는데, 임진왜란과 수요집회를 연결한 이 마지막 활동에 관한 팁은 동료 교사로부터 얻은 것이라고 한다. 현재 장곡중학교의 2학년 학생들은 창의적 체험활동 시간을 활용하여 두 개 학급씩 짝을 지어 '위안부 할머니와 함께하는 수요집회'에 참여하는 수업을 진행하고 있는데, 학생들의 수요집회 참여 경험을 '임진왜란'이라는 과거와 연결하여 수업을 디자인한 것이다. 수업을 어떻게 설계할까 고민하던 차에 점심 식사를 하면서 동료 교사와 대화를 하던 중 이러한 아이디어를 얻을 수 있었고, 이는 곧 활동지 제작으로 이어졌다. 그 누가 수업을 교사 1인의 독무대라고 이야기할 수 있을까?

> 백○○ 맨 마지막의 수요집회 문제, 이 마지막 활동에 관한 팁은 김○○ 선생님으로부터 얻었다고 들었다. 맨 마지막에 아주 짧은 시간 동안 이루어졌는데도, 아이들은 가장 활발하게 참여하며 활동했다. 확실히 본인이 직접 경험했을 때 배움은 가장 활발하게 일어나는 것이리라.

세상에 존재하는 모든 글이 읽기 자료가 될 수 있다. 과거에는 세상에 존재하는 수많은 글들 중 가치를 검증받은 글만이 교과서에 실린다고 생각했었지만, 이제는 시대가 변화하지 않았는가? 교과서는 참고 자료일 뿐, 교재를 재구성하는 것은 교사의 몫이다. 교과서에 실린 단원들을 꼼꼼히 분석하여 1년 동안 다룰 수 있는 주제를 추출, 그 주제에 따라 다양한 읽기 자료를 구하여 재구성할 수도 있을 것이다. 그런가 하면 때로는 교과서에 실린 텍스트만으로는 한계가 있거나 상황이 적절치 않다고 판단될 때는 더 적절한 텍스트를 구하여 이용할 수도 있을 것이다.

다음은 김현정 선생님과 무엇인가를 함께하면서 겪었던 일들로, 세상 속에서 만난 사물과 언어에 의미를 부여하여, 그들을 수업 속으로 들여오는 과정의 한 자락을 잘 보여준다.

Scene #01: 아무 의미 없던 사물들이 내 수업의 소재로 재탄생하는 순간

지난 3월 27일은 장곡중학교의 전입 교사를 환영하기 위한 교직원 워크숍 예정일이었다. 숙소로 예정되어 있던 가평으로 가는 도중에 들른 실학박물관에서 전 교직원이 단체 관람을 하며 해설사의 해설을 들을 기회가 있었다. 실학박물관은 그야말로 박물관 전체가 수업을 위한 자료실 그자체였다. 장곡중학교 2학년 수업인 '실학의 시대를 만나다' 프로젝트 진행에 박물관 탐방이 도움이 되리라 생각했던 애초의 예상은 적절했고, 선생님들은 이곳에서 시간과 공간을 넘나드는 행복한 상상을 할 수 있었다. 해설사의 해설을 들으며 시간 여행을 하는 것 자체만으로도 충분히 흥미로운 일이었지만, 박물관 곳곳에 놓인 리플릿이며 책자, 사진, 모형 등이 모두 수업 자료로서 의미 있게 다가왔다.

이 중에서도 김현정 선생님은 2학년 역사과를 중심으로 5년째 진행하고 있는 교과통합 프로젝트 '흙 속에 담긴 낯선 기억을 찾아서'에 도움이 될 만한 자료를 찾았다며 오른쪽과 같은 책자의 표지를 보여주었다. 조선 19세기 전반의 경기도를 표현한 지도인데, 옛날 지도는 이렇게 생긴 경우가 많았다며 프로젝트 수업 시 고지도 제작 과정에서 수업 자료로 활용하면 좋겠다고 했다.

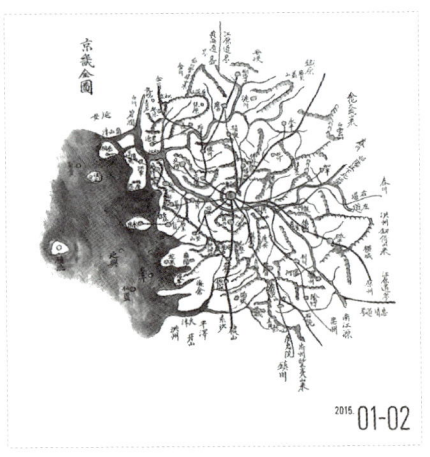

실학박물관에서 얻은 책자의 표지-고지도

이처럼 답사지에서 구한 리플릿이나 사진 자료 등도 내 수업의 소재로 얼마든지 이용할 수 있다. 하물며 신문 기사, 잡지책에 실린 글, 독서토론 모임에서 읽은 책의 일부분 등, 생활 속에서 발견한 의미 있는 텍스트 그 어느 것이 허투루 버려질 수 있을까? 이러한 읽기 자료들은 수업의 소재를 풍부하게 하는 것 이상의 의미가 있다. 좋은 읽기 자료는 그 자체만으로도 교실을 세상과 접속할 수 있는 장소로 자리매김하는 데 큰 역할을 하기 때문이다.

그러기 위해서는 경험하고 생활하는 모든 순간을 호기심 어린 눈으로 바라볼 줄 아는 안목이 필요하다. 처음에는 세상 속에 던져진 상태로 아무 의미도 없던 사물들이, 내 삶의 한 귀퉁이로 들어와 이름 지어지는 순간, 그것은 내 수업의 소재로 재탄생하게 된다.

Scene #02: 세월호 유가족과 함께하는 걷기 대회에서 대화를 나누며

지난 4월 4일부터 5일까지 양일간, 세월호 유가족과 시민들은 안산 합동분향소에서 서울 광화문까지 세월호 참사의 진상 규명을 촉구하기 위한 걷기 대회에 나섰다. 단원고에서 멀지 않은 위치에 있는 장곡중학교의 선생님들 몇 분도 함께하셨는데, 김현정 선생님도 그중 하나였다. 5일 아침, 광명체육관에서부터 함께 출발하여 광화문 광장에 이르기까지 8시간의 도보 행진. 걷는 내내 함께하는 이들이 있어 힘들진 않았는데, 중간중간 보이는 유가족들과 그분들이 들고 있는 피켓 속 유품 사진을 바라볼 때에는 정말이지 흐르는 눈물을 감출 수가 없었다.

함께 걸으면서 김현정 선생님과 나눈 대화에는 시·공간을 넘나드는 상상도 포함되었다. "1980년 광주 시민들도 지금 우리와 같은 마음으로 거리에 나왔다가 희생되었을 것"이라는 이야기, "100년 후 우리나라의 역사책은 세월호 참사를 어떻게 기록할 것인가?" 하는 상상들…….

역사를 공부한다는 것이 과거와 현재의 대화를 통해 누군가의 이름을

2015년 4월 5일 광화문 광장에서 2학년 복도에 만들어진 '기억의 벽'

사무치게 기억하는 일이라고 감히 이야기할 수 있다면, 1980년의 광주(과거)와 2014년의 세월호 참사(현재), 그리고 그것이 언젠가는 어떻게 기록될 것인가(미래) 하는 질문들은 서로가 서로에게 의미를 규정하며 꼬리에 꼬리를 물고 이어지는 뫼비우스의 띠처럼 다가왔다. 김현정 선생님은 "세월호 참사가 100년쯤 후에는 어떻게 기록될 것인가?" 하는 상상을 재구성하여 역사 수업을 설계했다. 다른 교사들 역시 이러한 참사가 되풀이되지 않도록 우리가 실천할 수 있는 일로는 어떤 것이 있을까를 활동지로 구성하여 아이들과 함께하는 시간을 가졌다.

(3) 주제가 살아 흐르는 수업 활동지(예시)

주제 10: 새로운 세상을 향한 발걸음

| 개념 잡기 | (모둠원과 함께 이야기를 나눈 후 각자 적어보세요.)

1. 2학년 교과통합 프로젝트 두 번째 수업의 제목을 써보고 이 수업을 왜 하는지 이야기해 보자.

2. 다음 글을 읽고 질문에 답해보자.

> 우리 사회의 현재 모습은 결코 그냥 만들어진 것이 아닙니다. 이 땅에 먼저 살았던 수많은 할머니, 할아버지, 그리고 아버지, 어머니들의 간절한 소망이 담겨 있고 그분들은 그 소망을 이루기 위해 때때로 목숨을 내놓고 치열하게 싸워야 했고, 죽도록 열심히 살았다는 사실을 가슴으로 느꼈으면 좋겠습니다.
>
> 「김현정샘이 하고 싶은 역사 수업」중에서

(1) 새로운 세상을 향한 선조들의 노력을 역사 교과서에서 찾아 써보자.(3개 이상)

　　①
　　②
　　③

(2) 내가 원하는 새로운 세상이 있다면 어떤 세상인가?(구체적으로)

(3) 이 땅의 후손들에게 더 나은 세상을 만들어주기 위해 나는 무엇을 해야 할까?

3. 교과통합 프로젝트 수업 '새로운 세상을 향한 발걸음' 교과별 활동 안내

시기	주제	교과	교육 활동
4월 ~ 5월	새로운 세상을 향한 발걸음	역사	• 프로젝트 사전 교육 • 역사 속에서 새로운 세상을 향한 노력 알아보기(동학농민운동, 5·18 민주화운동, 수요집회)
		창체/독서	• 책, 영상으로 보는 동학농민운동, 5·18 민주화운동, 위안부 할머니들 이야기
		사회	• 지도 읽기, 체험활동 계획 수립 및 일지 만들기
		학급자치	• 체험활동 계획 최종 수립
		음악	• 세상을 바꾼 음악 배우기
		창체	• 사회참여 활동 • 주제별 답사(광주 및 전남 일대-5월 13일~5월 15일) • 전쟁과 여성인권 박물관 관람 후 수요집회 참가(6월~12월)
		국어	• 역사·사회와 관련된 참여시 배우고 시 창작하기
		영어	• Democracy 단어의 이해와 노래 배우기(체험학습 사전 활동) • 체험학습을 통해 보고 배우고 느낀 점 발표하기(체험학습 사후 활동)
		미술	• 역사적 사건을 그림으로 표현하기

(1) 위 안내표를 보고 가장 기대되는 교과 활동을 골라보고 이유를 말해보자.

주제 11:

간추린 이야기(모둠원과 함께 이야기를 나눈 후 각자 적어보세요)

1. 세 소녀의 기록에 담긴 기억을 정리해보자.

	1942년 6월, 유대인 소녀	1960년 서울, 여고생	1980년 광주, 여고생
당시 소녀의 나이 (현재 나이)			
관련된 역사적 사건			
원인			
결과			
나의 기억에 남는 기록·장면			

2. 세 소녀가 일기(기록)를 쓴 이유를 통해 기록이 중요한 이유를 설명해보자.

과거와 현재의 대화(모둠원과 함께 이야기를 나눈 후 각자 적어보세요)

1. '과거를 기억하지 못하는 이들에게 과거는 반복된다'(미국의 철학자 조지 산타야나)는 무슨 의미일까? 실제 사례를 들어 말해보자.

주제 12:

| 개념 잡기 | 간추린 이야기(모둠원과 함께 이야기를 나눈 후 각자 적어보세요)

※영상(지식채널e 「4·16」)을 시청한 후 활동해보자.

1. 2014년 4월, 세월호 참사 소식을 들었을 때 가장 마음이 아팠던 부분, 그리고 가장 이해가 안 되었던 부분을 이야기해보자.

2. 세월호 유가족들이 간절하게 원하는 것은 무엇이며 그분들이 거리에서 시위를 해야만 하는 이유는 무엇 때문일까?

3. 세월호 참사의 시작부터 지금까지 진행과정에서 가장 큰 문제점이라고 생각하는 것은 무엇인지 말해보자.

4. 읽기 자료 『금요일엔 돌아오렴』을 읽고 이야기해보자.
   - 2014년 4월 16일을 잊지 않고 기억해야 하는 이유는 무엇일까?

   - 그리고 나는 무엇을 어떻게 기억하고 싶은가?

※ 영상(지식채널e 「가만있으라」) 시청 후 활동

| 한 걸음 더! | 과거와 현재의 대화(모둠원과 함께 이야기를 나눈 후 각자 적어보세요)

다시는 4·16과 같은 이런 참사가 일어나지 않게 하기 위해서 내가 해야 할 일, 할 수 있는 일은 무엇일까?

1. 다음 제시된 활동을 참고해서 한 개 이상 활동을 선택해보자.

> 1. 희생자, 생존학생에게 엽서 쓰기(광화문 광장에 전달)
> 2. 노란 리본 만들기
> 3. 청와대에 엽서 쓰기
> 4. 「진실은 침몰하지 않는다」 노래공연 연습, 「천 개의 바람이 되어」 합창하기
> 5. 그림 그리기
> 6. 4·16 참사의 진실을 알고, 알리기 위해 노력하기(관련 책, 영상 자료 보고 글쓰기, SNS에 글 올리기, UCC 제작하고 알리기)
> 7. 기타

2. 그 실천 행동 중 우리 동네 사람들의 행동을 이끌어낼 수 있는 가장 좋은 실천 행동을 말해보자.

* 선택한 활동을 실천해보고 그 결과물을 5월 8일까지 제출해주세요.(수행평가 반영)

주제 13: 우리 모두 사회참여 활동을 해보아요

| 개념 잡기 | (모둠원과 함께 이야기를 나눈 후 각자 적어보세요.)

■ 활동지 주제 12번 활동 '한 걸음 더!'를 구체화해보자

〈예시〉
희생자, 생존 학생에게 엽서 쓰기(광화문 광장에 전달), 노란 리본 만들어 나누기, 청와대에 엽서 쓰기, 「진실은 침몰하지 않는다」 노래공연 연습, 「천 개의 바람이 되어」 합창하기, 그림 그리기, 4·16 참사의 진실을 알고, 알리기 위해 노력하기(관련 책, 영상 자료 보고 글쓰기, SNS에 글 올리기, UCC 제작하고 알리기……)

1. 우리 모둠이 기획한 실천을 구체화하여 다음 표에 정리해보자.

모둠원(누가)	
실천 내용 (무엇을, 어떻게)	
실천 기간(언제)	
실천 공간(어디에서)	
준비물	
실천인증방법	

2. 보고서 기획
실천 후 제출할 보고서(수행평가임)의 내용을 기획해보자.

보고서 형식	
보고서 내용	
보고서 제출일	
실천 효과 증명 방법	

3. 우리 모둠이 하는 실천이 우리 사회를 어떻게 변화시킬 수 있을지 상상해서 말해보자.

2. '연결 짓기'로 잔잔한 배움이 일어나는 교실 속에서

수업에서 흔히 만날 수 있는 문제 상황은 주로 연결 짓기가 매끄럽게 되지 않을 때 나타난다. 활동지를 통해 모둠 활동을 최대한 촉발시키고 난 후에는 그것을 표현하고 공유하는 과정을 반드시 거쳐야 한다. 그런데 토론하고 발표하는 문화에 익숙하지 않은 우리나라의 학교 현장에서, 그것도 질문하는 것을 튀는 행동쯤으로 여기는 문화 속에서, 자신의 생각을 공적으로 말한다는 것이 쉬운 일은 아니다. 더욱이 용기를 내어 발표한 자신의 발언에 대해 '틀렸다'라는 지적을 받게 되면 학습자는 용기를 잃게 되고, 어쩌면 다시는 표현하고자 하는 용기를 갖지 못하게 될 수도 있다.

따라서 이러한 지점에서 교사의 연결 짓기 능력이 요구되는데, 학생의 발언을 의미 있는 것으로 만들고 학생과 학생의 생각을 연결 지어 사고를 확장시키거나, 또는 학생의 발언으로부터 생각할 거리를 즉석에서 만들어내는 능력도 때로는 필요하다. 김현정 선생님은 이러한 점에서 '연결 짓기의 달인'이라고 할 만큼 탁월하다. 다음은 2014년 11월의 제안 수업이 있던 날, 참관했던 동료 선생님들이 김현정 선생님의 수업에 대해 이구동성으로 제시한 말들이다.

2014년 11월 19일 제안 수업 및 수업 연구회

백○○ 이○○ 같은 경우, 모둠 활동을 하다가 선생님이 다가오니까 "임진 왜란 이야기를 하다가 왜 생뚱맞게 수요집회 이야기가 나와요?" 하는 질문을 던진 모양이다. 일견 쓸데없어 보여 무시할 수도 있고, 선생님이 알아서 이렇게 설계한 거라며 넘어갈 수도 있는 질문까지 포착하여 아이들에게 다시 되돌리는 질문으로 연결하였다. "이 질문에 대해 어떻게 생각하니?"라는 발문으로.

임○○ 아이들 한 명 한 명의 목소리를 들을 수 있어서 좋았다. 내 수업 시간에는 하는 아이들만 발표하는 경우가 많은데, 평소에 잘 말하지 않는 아이들의 목소리도 골고루 들을 수 있게 연결 짓더라. 자신이 임진왜란 때의 사람이었다면 '자살할 것'이라는 발언에도 당황하지 않고 "그래. 그때 당시에는 자살하는 사람들도 많았겠지?"라는 피드백을 해주는 모습이 인상 깊었다.

김현정 선생님의 연결 짓기에서 발견할 수 있는 또 다른 점은 바로 눈앞의 문제가 혼자만의 것이 아니라는 인식에 있다. 학생이 제시하는 질문, 어쩌면 당황스러울 수도 있는 대답 앞에 교사는 혼자 놓인 것이 아니다. 수업을 통해 발견되는 모든 문제 상황은 그 수업을 공유하는 모든 사람들의 것이며, 수업은 교사 한 사람의 것이 아니기에 문제를 혼자서 해결할 수 있다는 오만은 버려야 한다. 김 선생님은 바로 이러한 점을 잘 인지하고 있었으며, 따라서 학생이 제기한 질문조차 저인망底引網의 그물로 건져내듯이 발굴하여 전체가 함께 생각할 수 있는 기회로 만들 수 있었던 것이다.

김 선생님의 연결 짓기가 매끄러울 수 있었던 것은, 학생들이 활동에 몰입하여 배울 수 있도록 수업을 설계할 뿐 아니라 모둠 활동을 할 때 아이들의 활동 장면을 구체적으로 관찰하고 경청할 줄 알기 때문에 가능한 일이었다.

이날 수업이 끝나고 진행된 수업 연구회에서 나온 말들 중 압권은 단연 '영혼이 있는 수업'이었다는 성찰이었다. 수업자도, 사회자도, 컨설턴트도 모두 눈물짓게 만든 수업. 이 수업을 빛나게 해준 요인을 말로 다 설명하는 데에는 한계가 있을 듯하지만, 동료 교사와 함께한 면담 및 학생들이 작성한 소감문을 통해 언급된 점들을 다시 한 번 요약해보고자 한다.

가. 동료 교사가 말하는 이 수업의 빛나는 순간

첫째, 수업 설계가 노련하고 능숙하기에 활동지와 읽기 자료가 깔끔하다. 평소에 역사 수업을 하면서 다듬어진 아이들의 읽기 능력이 다른 수업 시간에도 발현되고 있다는 게 느껴진다.

진○○ 김현정 선생님의 활동지를 보면 군더더기가 없다. 적당한 발문과 적당한 읽기 자료, 깔끔하다는 느낌이 든다. 나는 욕심이 생겨서 이런 말도 써봤다가, 저런 사진도 가져와 봤다가 하는 등의 욕심이 생기는데…….

우○○ 나도 교과서 읽는 것을 중시하는데, 특히 생물에서 '인체' 파트는 교과서 읽기 부분이 잘 구성되어 있어서 읽기 훈련을 시킨다. 그런데 평소 역사 시간에 읽는 훈련이 잘되어 있기 때문에 과학 시간에도 수월하게 활동이 가능하더라.

둘째, 수업철학이 확고하다. 역사를 잘못 접근하면 한쪽 면만을 바라보는 우를 범할 수 있는데, 김현정 선생님은 아이들로 하여금 다양하게 사고하고 표현할 수 있도록 유도하고 있었다. 역사의 흐름 속에서 '선과 악'의 구도를 찾아내어 평가하고 단죄하는 것이 아니라, '사람'을 중심에 두고 이야기한다. 사람이 가장 중요하다는 철학이 수업을 통해 느껴진다.

진○○　지난 공개수업 때도 느꼈지만, 확실히 '사람'을 중심에 두고 있다는 게 그냥 느껴진다. 임진왜란 같은 경우도 그냥 '원인-경과-결과', 그리고 결과 같은 경우에도 '인명 피해, 토지 황폐화' 같은 이야기만으로 끝나는 게 아니라, 그 속에 있었던 사람의 이야기를 하더라. 이번 공개수업 말고 다른 수업을 보았었는데, 그 수업에서도 어떤 역사적 인물을 평가하는 활동이었는데, 그것도 그 인물을 현대적 감각에서 평가할 수 있도록 디자인했었다. '붕당' 이야기였는데, 거기에서도 그냥 과거의 인물인데 현재 오늘을 사는 사람인 것처럼 바라보면서, 끊임없이 사람에 초점을 맞추고 있었다.

권○○　수요집회도 그렇고 이번 공개수업에서도 그렇고, 나는 깜짝 놀랐던 게 이분이 정말 평화주의자라는 점이다. 보통은 역사적인 사실들이 나왔을 때 선과 악으로 이분하고 평가하는 것에 시선을 맞추는데, 임진왜란의 피해자는 우리 민족뿐 아니라 왜인도 해당된다는 점을 부각시킨 것을 높이 평가하고 싶다.

우○○　놀라운 건 아이들이 '일본 놈＝나쁜 놈, 우리＝피해자'라는 생각을 하지 않고 다양하게 생각하는 점이었다. 역사라는 게 어떻게 보면 한쪽 면에서만 바라볼 수 있는데, 다양하게 사고할 수 있도록 유도하는 점이 좋았다. 사고가 닫혀 있으면 불가능한 일이다.

셋째, '사람'에 대한 애정은 교과의 주제로 발현되는 것을 넘어서서, 소외받는 학생들에 대한 돌봄으로 이어졌다. 주로 배움으로부터 소외되어 있는 아이들을 골라서 발언 기회를 주고, 그 아이들의 모둠 활동을 자세히 관찰하고 경청해두었다가, 공유할 때 적극적으로 연결 짓는 모습이 인상적이었다. 아이들을 자세히 보고 오래 바라보며, 평소 수업의 모든 순간마다 내 앞에 마주한 학생의 생각과 감정의 움직임에 주목하여 그 움직임의 결을 따라 마음을 쏟았을 것이라고 미루어 짐작할 수 있다.

　백○○　주로 배움에서 소외되는 아이들을 골라서 발언 기회를 주었다. 수업 설계도 연결 짓기도 매끄럽다는 게 거기에서 드러나더라. 수업 디자인을 자칫 잘못하면 그 아이들에게 발표시켰을 때 어쩌면 주춤거렸을 수도 있는데, 김현정 선생님은 어느 누구의 대답도 그냥 흘려버리지 않았다. …… 돌아다니면서 아이들 이야기를 잘 들어서 기억하고 있다가 그 아이들로 하여금 표현할 수 있도록 유도한 것도 좋았는데, 그 아이들이 대부분은 배움에 소극적인 아이들이었다는 것. 내가 수업 시작하기 전에 체크해보니까 평소 수업에서 자주 빠져나가는 아이들이 어느 정도 있는 반이었는데, 그 아이들을 집중적으로 발표시키더라.

나. 학생들이 말하는 교과통합수업의 기억

　첫째, 아이들은 교과통합수업을 '수업 같지 않은 수업, 놀이 같은 수업'으로 인지했다. 학교를 감옥에 비유하는 아이들, 집에 가지 못하고 학교에 남아야 하는 상황을 끔찍한 것으로 여기고 있는 우리 아이들이 학교 수업에 완전히 몰입할 수 있었다면, 이것은 매우 획기적인 일이 아닐까?

　문○○　그래도 이렇게 힘든 상황을 커버할 아이디어가 굉장히 많이 나왔다. 붓 대신 손바닥, 손바닥 대신 분무기, 후에는 아예 커피 물을 종이에 다 부어버리고 손이나 붓으로 밀어내는 방식으로 종이에 물을 들였다. 교과통합 프로젝트를 준비하는 수업을 들었을 때, 선생님께서 아이들에게 아이디어가 굉장히 많이 나왔다고 말씀하셨는데, 정말 실감된다는 생각이 들었다. 수업이 노는 것처럼 재미있어서 그런지, 생각보다 금방 처리되었다. 평소에 말을 안 듣는 이기적인 남자애들도 이땐 의욕 폭발로 딴짓을 하지 않고 도와주었다. 이렇게 완성한 고지도는 모두 모아 보니 정말 멋있었다. 해적 만화나 영화에 나오는 보물 지도의 분위기가 우리가 만든 고지도에서도 흐르는 것 같았다. …… 난 이런 교과통합수업에 참여하면서 '수업이 이렇게 재미있어도 되나?' 하는 생각이 들었다. 해마다 많은 선생님들이 우리 학교의 교과통합수업을 보고 간다는 말이 거짓이라 생각했었는데, 이젠 조금 이해가 되었다.

둘째, 교과통합수업을 통해, 예전에는 아무런 의미도 없던 대상에조차 아이들은 의미를 부여했다. 자신과 아무런 상관도 없어 보이는 사물 한 조각, 그것은 교과통합수업의 경험을 통해 매우 중요한 의미로 재탄생한다. 흙 속에 묻힌 상태의 토기는 다만 하나의 몸짓에 지나지 않았지만, 그것이 발굴되어 재탄생하는 순간 '잊혀지지 않는 하나의 눈짓'이 된다. 마치 김춘수의 시 「꽃」이 연상되는 순간이다.

박○○ 깨진 토기를 다시 붙이면서 나는 느꼈다. 이 토기가 그때는 많이 중요한 역할을 했을 거라고……. 지금은 이렇게 쓰이지 않고 있지만 옛날에는 중요했을 거라는 것을 느꼈다. 그렇게 초록 테이프로 힘들게 붙이고 붙인 토기를 보며 생각한 것은 참 의미 있었다.

셋째, 교과통합수업은 설문에 참여한 모든 아이들의 태도와 행동을 크든 작든 변화시켰다. 교육 현장에서 이루어지는 많은 활동들의 의미와 효과에 대해 의구심 가득한 표정으로 바라보고 있는 외부의 시선들이 있다는 것을 잘 알고 있다. 그리고 때로는 교육적 의미가 아이들에게 제대로 전달되지 않아 우리의 마음을 아프게 할 때도 있다. 그러나 다음 글들을 읽어보면, 우리의 노력이 헛된 것만은 아니었다는 점만큼은 분명해진다.

김○○ 그리고 자유발언을 할 사람을 정했는데, 어쩌다 보니 나로 정해졌다. 그때 나는 너무 싫었다. 사람들 앞이라 창피할 것이고 대본 쓰는 것도 귀찮았기 때문이다. 그리고 '어차피 나랑 무관한 사람들이고 내가 이 자유 발언 한 번 한다고 달라지는 것도 아닌데 왜 해야 되는가?' 같은 부정적인 생각만 했었다. …… 점점 내 차례는 다가오고, 대본만 중얼중얼 말하고 있을 때 드디어 나의 순서가 왔다. 떨리는 가슴을 진정시키고 할머니와 사람들 앞에서 나는 기죽지 않고 최대한 발음이 틀리지 않게 큰 목소리로 자유 발언을 했다. 발언이 끝나자마자 나는 할머니가 잘 들으셨는지, 너무 발음과 목소리 크기에만 신경을 써서 부자연스럽지는 않았는지, 시선 처리가 잘 되었는지 등, 많은 걱정을 했는데 나의 우려와는 달리 할머니는 나의 부족한 연설을 기특하게 봐주셨다. 단 한 순간, 아주 짧은 1분이었지만, 그 1분이라도 할머니께 힘이 되기 위하여 노력했던 것이 드러났나 보다. 이 경험은 여러모로 나에게 감사한 경험인 것 같다. 전에는 위안부 할머니들도 잘 모르고 수요집회가 있는 줄도 모르던 내가 이것을 통해 역사에 대해 더욱 공부하고 위안부 할머니들께 힘이 되려고 노력하는 나로 변해가고 있다. 짧은 발언이지만 그 발언을 통해 역사에 대한 부정적 가치관이 바뀌었다. 정말 처음에는 질색하며 싫어하던 나였지만, 지나고 되돌아보니 너무 소중한 경험이고 평생의 고마운 일이다.

원○○ 이전에는 위안부 여성에 대해 엄청나고 끔찍한 고통을 겪었지만 일본이 절대 자신들이 한 짓이 아니라고 부인하고 있는데 계속해서 수요집회를 한다고 해서 과연 일본 정부가 인정을 하고 용서를 빌까 하고 생각했다. 이 경험 이후에는 우리의 참여가 할머니들에게는 큰 희망이자 위로가 되고 아무것도 안 하는 것보다 이렇게 집회를 열고 세상에 알리는 것이 언젠가는 세상을 바꾸는 계기가 될 것이라고 생각하게 되었다.

원○○ 나 혼자 참여하는 것은 크게 도움이 되지 않는다고 생각하여 서

명운동, 시위 등에 참여하지 않았는데, 이제는 한 사람의 참여가 여러 명의 참여를 유도하고 작은 도움이 모여 큰 도움을 만들 수 있다고 생각하게 되었다.

우리가 교육을 통해 기르고자 하는 인간상이 어떠한 것인지 십분 생각하게 해주는 글이다. 30년 만에 찾아왔다는 한파를 뚫고 아이들과 함께한 수요집회의 현장이 우리에게 남겨준 것은, 우리 아이들이 적어도 소외된 이웃을 한 번 더 돌아볼 줄 알며, 부조리한 일에 침묵하지 않는 어른으로 성장할 수 있으리라는 기대와 희망일 것이다.

3. 학교와 세상의 경계를 허물며
─삶이 담긴 평가를 꿈꾸다

점점 더 강조되고 있는 논술형 평가에 대한 부담이 크다고들 한다. 하지만 마인드를 바꾸고 연대하여 수업 방법을 혁신했을 때 평가는 너무나 자연스럽게 변화되는 것을 목격할 수 있다. 활동중심수업의 설계는 내 수업의 종착역을 자연스럽게 '사고력을 요구하는 평가'로 이끌어주기 때문이다. 김현정 선생님은 활동 중심으로 진행한 수업조차도 자연스럽게 평가와 연결 짓곤 한다. 점점 확대되고 있는 교사의 평가권을 최대한 활용하면서, 동시에 자신의 수업을 빛나게 해주는 방법을 이 지점에서 찾을 수 있으리라.

권○○ 수업 시간에 이루어진 활동들이 그대로 시험 문제화되더라. 통합수업은 평소 수업과 다르다고 생각하여 그냥 활동으로만 끝내고 평가로 이어지지 않는 경우가 많은데……

진○○　예를 들면 '흙 속의 낯선 기억을 찾아서' 프로젝트의 일환으로 체험하러 다녀온 발굴 현장의 유물이 어느 시대 유물이었는지를 묻는 문제 등을 들 수 있다. 시험 문제에 발굴 현장에서 찍은 사진도 적극 활용하는 것을 보았다.

수업이 바뀌면 평가도 바뀔 수밖에 없다. 배움의 공동체 철학을 바탕으로 펼쳐졌던 모둠별 협력 수업 중심으로 아이들의 생각을 만들고, 공유하고, 더 깊이 있는 배움과 성장을 만들어왔던 역사 수업, 특히나 교사와 학생들이 함께 만들어가는 역사 수업의 평가는 아무래도 기존의 평가와는 다를 수밖에 없다.

2014학년도 2학년 1학기 역사과 평가 계획

평가 종류	지필평가				수행평가				
반영 비율	50%				50%				
횟수/영역	1차		2차		교과통합 I	교과통합 II	포트폴리오	논술형 평가	역사 자료 해석
	선택형	서술형 논술형	선택형	서술형 논술형					
만점 (반영 비율)	70점 (17.5%)	30점 (7.5%)	70점 (17.5%)	30점 (7.5%)	10점 (10%)	10점 (10%)	10점 (10%)	10점 (10%)	10점 (10%)
	100점(25%)		100점(25%)						
서술형·논술형 반영 비율	7.5%		7.5%		·	10%	·	10%	10%
평가 시기	4월 5주		7월 2주		3월 3주	5월 2주	5월 3주	6월 2주	7월 1주
평가 내용 (성취 기준)	역9111~ 역9263		역9211~ 역9262		역9232	역9233 역9234	역9111 역9222	역9224	역9212

김현정 선생님의 2011년 '을사조약' 공개수업과 관련된 지필평가 문항과 2014년의 '임진왜란 결과' 공개수업을 바탕으로 만들어진 지필평가 문항을 비교해보면, 선택형 문항에서 서술형 평가로의 큰 변화를 읽을 수 있다. 다음은 지필평가와 논술형 수행평가의 일부분이다.

2014학년도 2학년 1학기 역사 교과통합Ⅰ 수행평가 기준

성취 기준		역 9111. 역사의 의미를 알고, 역사를 학습하는 목적을 이해한다.
성취 수준	상	역사의 의미를 역사 학습의 목적과 관련지어 설명할 수 있다.
	중	역사의 의미를 설명하고, 역사를 학습하는 목적을 말할 수 있다.
	하	역사 학습의 필요성을 말할 수 있다.

학기	영역 (만점)	등급	평가 척도	배점
1 학 기	교과 통합 Ⅰ (10)	평가 기준	• '흙속에 담긴 낯선 기억을 찾아서'의 수업 목적을 잘 알고 있는가? • 고고학과 역사 용어를 알고 있는가? • 옛날의 것을 '발굴'해서 현재의 시점으로 바라볼 수 있는가? • 옛사람들의 삶과 이야기가 묻어나는 살아 있는 역사를 들려주는가? • 설화에 맞는 유물, 유적, 다양한 흔적을 잘 찾았는가? • 2가지 이상의 시대와 공간의 자료를 활용하였는가? • 모둠원과 협력하며 활동을 열심히 하였는가?	
		A	위의 평가 요소 모두를 만족하는 경우	10
		B	위의 평가 요소 중 6가지를 만족하는 경우	9
		C	위의 평가 요소 중 5가지를 만족하는 경우	8
		D	위의 평가 요소 중 4가지를 만족하는 경우	7
		E	위의 평가 요소 중 3가지를 만족하는 경우	6
		F	위의 평가 요소 중 2가지를 만족하는 경우	5
		G	위의 평가 요소 중 1가지 이하를 만족하는 경우	4
		H	본인의 의사에 의한 수행평가 미응시자(기본점수)	3
			학업성적관리규정 제22조에 의한 수행평가 미응시자	2

　지필평가의 경우, 그림 자료를 제시하고 서술형 평가 문항으로 임진왜란에 대한 역사적 평가를 할 수 있도록 구성하고 있다. 수행평가의 경우는 논술형 평가를 도입하여 전쟁의 불필요함, 평화 교육, 이 시대 일본과의 외교 관계에 대한 고민까지 담아내고 있다.

　단순한 지식 암기식 발문 방식에서 서술형·논술형 평가로의 확대는 삶의 철학을 담아내는 배움 중심의 역사 수업이 가야 할 당연한 길이었다고도 할 수 있다. 그리고 역사 시간에 교과통합수업으로 펼쳐냈던 활동들을 그대로 살려 지필평가와 수행평가에 반영함으로써 수업과 평가를 아주 긴밀하게 밀착시킴과 동시에 역사 수업 평가의 새로운 지평을 보여 주고 있다고 하겠다. 다음은 그 평가의 예들이다.

2011년도 공개수업 '을사조약' 관련 지필평가(왼쪽)
⇨ 2014년도 공개수업 '임진왜란 결과' 관련 지필평가(오른쪽)

[2~4] 다음 인물을 보고 물음에 답하시오.

차례로 박제순, 이지용, 이근택, 이완용, 권중현

2. 위의 인물들이 찬성한 조약으로 적절한 것은? (3.0점)
   ① 을사조약
   ② 한일의정서
   ③ 한일신협약
   ④ 한일병합조약
   ⑤ 제1차 한일협약

3. 위 인물들을 제거하려 한 의거활동가는? (3.2점)
   ① 민영환
   ② 윤봉길
   ③ 이재명
   ④ 나철, 오기호
   ⑤ 전명운, 장인환

4. 위 조약이 무효인 까닭으로 적절하지 않은 것은? (3.5점)
   ① 고종의 위임장이 없었다.
   ② 정식으로 비준되지 않았다.
   ③ 국민들의 동의 없이 이루어졌다.
   ④ 이토 히로부미의 협박에 의해 이루어졌다.
   ⑤ 국제 조약에 당연히 있어야 할 이름이 없다.

▲'을사조약' 공개수업 관련:
수업에서 전개되었던 역사적 사실 그대로를 선택형 문제로 묻는 유형이다.

[서술형 1] 제시된 삽화를 보고 답하시오.
(총 10점)

1) 내가 만약 위와 같은 상황에서 농민(백성)이라면 어떻게 행동했을지를 그 이유와 함께 쓰시오. (4점)

_____
_____
_____

2) 임진왜란이 끝난 후 왕실과 조정이 해결해야 할 문제가 무엇인지 한 가지만 제시하고 그 해결책을 쓰시오. (6점)

_____
_____
_____

▲'임진왜란의 결과' 공개수업 관련:
역사적 사실 속에서 내가 찾아야 할 가치관과 생각을 연결 짓고, 임진왜란 이후의 역사적 상황과 당시의 현실적 문제를 묻는 서술형 문항이다.

2014년도 논술형 수행평가 및 학생 작품

2014학년도 2학년 역사과 2학기 수행평가
논술형 평가

출제교사 : 김현정

일시 : 2014년 11월 일   학년   반   번   성명 (   )

| 평가영역 | 역사 논술형 평가 | 관련단원 | Ⅴ 조선의 성립과 발전 4. 외세 침략의 극복 | 점수 | 10점 만점 |

제목:

제목: 누구를 위한 무엇을 위한 전쟁이었나?

'임진왜란의 결과' 공개수업 관련: 과거와 현재를 연결 짓는 논술형 수행평가. 아이들은 수요집회 참가 경험과 관련된 글을 쓰기도 하였다.

수행평가에 대한 학생 답안이다.

특히 이 수행평가에서 아이들은 창의적 체험활동 시간과 연계하여 기획한 '수요집회' 참가 경험까지 곁들여 자신의 생각과 의견을 논술함으로써, 역사 수업이 결국은 '과거와 현재의 대화'이자 '삶을 배우는 장'이 될 수 있음을, 그리고 그것이 김현정 선생님의 수업철학임을 고스란히 보여 주었다.

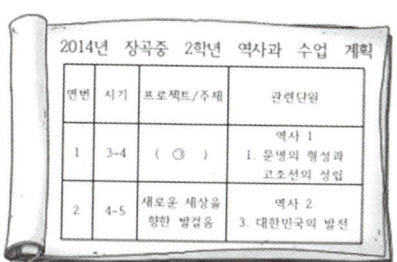

1-1. 제시된 표의 빈칸 (㉠)에 들어갈 교과통합 프로젝트 수업의 제목을 쓰시오. (2점)

1-2. (㉠) 수업의 목적을 역사 교과 측면에서 간단하게 쓰시오. (4점)

'흙 속의 낯선 기억을 찾아서' 관련: 교과통합수업의 주제 및 내용을 묻는 지필평가

1. 다음은 2014년 장곡중 2학년 고고학 체험활동 중 견학 사진이다. 제시된 발굴 현장과 관련된 설명으로 적절한 것은? 【3.2점】

① 대량의 뗀석기가 발굴되었다.
② 조선시대 집터가 발굴되었다.
③ 석기를 만들었던 암석은 주로 현무암이었다.
④ 높은 흙기둥 위에 있는 유물일수록 오래된 것이다.
⑤ 다양한 크기의 유물이 발굴되어 이 시기에 계급이 형성되었음을 알 수 있었다.

'흙 속의 낯선 기억을 찾아서' 관련: 실제 발굴 현장 탐방의 경험에 역사 이론 수업을 반영한 지필평가

1. 제시된 소설과 영화의 소재가 되었던 역사적 사건에 대한 설명으로 적절한 것은? 【4점】

영화 「화려한 휴가」　　이경혜의 단편소설 「명령」

① 해당하는 역사적 사건은 8·15 민주화운동임.
② 1980년 5월 부산과 마산에서 동시에 일어남.
③ 6월 민주항쟁 이후 일어난 사회 개혁 운동임.
④ 전두환, 노태우 등 신군부 세력의 집권을 반대함.
⑤ 결과 박정희를 중심으로 일부 군인들이 권력을 장악함.

'새로운 세상을 향한 발걸음' 관련: 학생들이 감상했던 소설 및 영화의 역사적 사건을 묻는 지필평가

2014학년도 2학년 역사과 　1학기 수행평가 교과통합 2 (새로운 세상을 향한 발걸음)		출제 교사 : 김 현 정		
일시 : 2014년 6월 일	학년	반	번 성명 ( )	
평가 영역	교과통합 프로젝트(2) 새로운세상을 향한 발걸음 (5·18 민주운동 소개하는 글쓰기)	관련 단원	역사 (2) 대한민국의 발전(정치 변화와 민주주의 발전)	점수 10점 만점

5·18 민주화운동 소개하는 편지 글쓰기
당신은 1980년 5월 전라도, 광주에서 살던 19세 고등학교 3학년 학생입니다. 당신은 5·18 민주화운동 당시 계엄군에 맞서 총을 들었던 시민 군입니다. 지금은 1980년 5월 27일 새벽 1시 전남 도청입니다.

당신은 계엄군의 진입 작전이 시작(새벽 4시)되기 전에 마지막으로 사촌에게 편지를 씁니다.
사촌은 경기도 시흥에 살고 있는 중학교 2학년 학생입니다.
당신의 사촌은 당시 광주가 아닌 다른 지역의 사람들과 마찬가지로 지난 열흘 동안 일어났던 일을 잘 모르고 있습니다. 국내 언론의 보도에 따라 빨갱이들이 일으킨 폭동이라고 알고 있습니다.

※ 편지에는 다음과 같은 요소를 포함시켜야 합니다.
조건:
1) 당신이 왜 5·18 민주화운동에 참여했고, 무엇을 위해 싸웠는가?
2) 1979년에 일었던 중요한 사건 두 가지를 설명하고, 이 사건이 5·18 민주화운동과 어떤 관련이 있는가?
3) 1980년 5월 18일~27일까지 열흘 동안 광주에서는 도대체 무슨 일이 있었는가?
4) 5·18 민주화운동에서 우리가 꼭 기억해야 하는 것은 무엇인가?
5) 5·18의 진실을 아는 것이 왜 중요한가?
6) 30줄 이상 쓰기

제목 :

'새로운 세상을 향한 발걸음' 관련: 5·18의 진실을 아는 것이 왜 중요한지를 담아, 당시의 인물이 되어 편지 쓰기(수행평가)

우리가 아이들로 하여금 협력할 시간과 기회를
더 많이 제공할 수 있다면, 근심과 외로움,
그리고 점점 더 세력을 확장하며 위세를 떨치고 있는
비인간화에 대처할 수 있는 방법을
우리의 아이들은 분명히 스스로 찾아낼 것이다.
- 어느 교사의 희망 메모

1. 새로운 세상을 향한 발걸음
- 새로운 세상을 만들기 위해 노력한 분들의 간절한 소망을 담아

가. 우리가 이 길을 함께 걷게 된 계기

'새로운 세상을 향한 발걸음(이후 '발걸음')'은 5월의 달력에 담긴 역사 이야기를 통해 공감의 시간을 갖고자 기획한 프로젝트이다. 2014년 5월로 예정되어 있었던 학급별 체험학습을 통해 5·18 민중항쟁의 현장을 답사하는 동시에, 각 교과의 수업 시간에는 하나의 주제로 수렴되는 다양한 활동을 경험하도록 기획한 거대 프로젝트였다. 그런데 이 땅의 교사라면 결코 남의 일이라고 여겨지지 않는 사건, 4·16 세월호 참사는 '발걸음' 프로젝트에도 영향을 주고 말았다. 5월의 현장 체험학습 자체가 불가능해진 것이다.

하지만 장곡의 선생님들은 여러 가지로 어려운 상황 속에서도 '발걸음' 프로젝트에 대한 협의를 통해 또 하나의 들썩거림을 만들어냈다. '발걸음' 프로젝트를 고정된 매뉴얼로만 인식했다면 '현장 체험학습 취소=프로젝트 취소'로 이어졌을지 모른다. 그러나 2014학년도 4월 18일, 2학년부

교무실 한쪽 구석의 회의 탁자에 모인 선생님들은 협의회를 통해 또 다른 대안을 만들어가기 시작했다. 이날 이야기한 내용은 약 2주간(5월 1일부터 5월 16일까지)을 '발걸음' 프로젝트 주간으로 정하자는 것, 그리고 각 교과의 선생님들이 수업 시간에 진행할 수 있는 활동들로는 어떤 것이 있을지 논의하는 것 등이었다.

우선 시작은 5월 1일로 잡고, 이날은 2학년의 모든 학급이 동일한 활동을 진행하기로 했다. 3교시는 프로젝트의 의미를 이해하는 시간, 4교시는 '책으로 만나는 5·18 민주화운동', 그리고 5~6교시는 '영화로 만나는 5·18 민주화운동' 시간으로 운영하는 것이다. 이날 아이들이 선생님과 함께할 활동지는 역사 교사인 김현정 선생님의 도움을, 5·18 관련 단편소설 선정은 독서지도사 선생님의 도움을 받았다. 물론 수업 진행은 각 교시별 교과 교사가 하되, 활동지는 같은 것을 함께 공유하는 것이다. 이렇게 해서 2014년 5월 1일, 2학년의 모든 학급은 '발걸음' 프로젝트를 내면화할 수 있는 기회를 접하게 된다.

이렇게 활동의 초기 단계에서 교과통합 프로젝트의 철학과 의미를 공유하는 시간은 꼭 필요하다. 활동의 의미를 잘 모르고 참여하게 되면 아이들에게는 주제가 망각된 활동만 남을 수도 있기 때문이다. 그래서 왜 이러한 통합수업을 하는 것인지를 활동 첫 단계에서 공들여 전달하면 나머지 활동들도 물 흐르듯 자연스럽게 이어지는 경우가 많다.

2015년 5월 1일 일정

5월 1일 일정	진행	내용
3교시	프로젝트의 의미 이해하기	프로젝트 수업 이해, 교과별 활동 내용 소개
4교시	책으로 만나는 5·18 민주화운동	이경혜 단편소설 「명령」 읽기 및 활동지 작성
5~6교시	영화로 만나는 5·18 민주화운동	영화 「화려한 휴가」 감상 및 활동지 작성

이후로 약 2주에 걸친 프로젝트 주간을 통해 국어 시간에는 참여시

가 무엇인지, 그리고 1980년의 광주를 소재로 한 시와 2014년의 4·16을 소재로 한 시를 배우며 시를 창작해보았고, 영어 및 음악 시간에는 영화 「레미제라블」의 주제곡 「Do you hear the people sing?」을 해석하고 불러보자는 이야기들이 오고갔다.

1980년의 광주와 18세기 혁명기의 프랑스, 그리고 2014년의 대한민국……. 어찌 보면 시간과 공간의 연관성이 전혀 없을 것 같아 보이는 이 사건들은 '천천히, 느리게, 그러나 언젠가는 반드시 변화될 수 있다는 믿음'을 갖고 치열하게 살아온 무수히 많은 민초들의 이야기였고, 이를 우리 아이들과 함께 이야기하고 싶었다. 더 나은 사회를 만들기 위해 노력했던, 그리고 노력하고 있는 사람들의 이야기를 우리가 수업에서 다룰 수 있다면, 새로운 세상을 위한 시간과 공간이 앎이 되고, 그 앎이 언젠가는 삶으로 이어지는 날도 올 수 있지 않을까?

이렇게 계획하고 진행한 5월의 역사 이야기는 5월로 끝나지 않았다. 그동안 2학년 특색 활동으로 진행해온 '봉사활동'을 2014학년도에는 '사회 참여 봉사활동'으로까지 확장하고 있었던 것이다. 일반적으로 교육과정 내에서 이루어지는 '봉사활동'이라고 하면 청소나 노인 봉사 같은 것들만 떠올리기 십상이다. 그런데 2013학년도의 특색 활동을 반성하고 평가하는 과정을 통해, 2014학년도에는 '일본군 위안부 문제 해결을 위한 수요집회 참여'를 해보자는 참신한 생각 하나를 얻을 수 있었다. 원래 인간은 관성의 동물이기 때문에 한번 정해진 관습을 버리고 새로운 것을 선택하여 시도하는 일이 쉬운 일은 아니다. 그런데 교장선생님의 이러한 제안이 제안으로 끝나지 않고 현실이 될 수 있었던 것은, 구성원들이 서로 협의하고 존중하는 조직 문화 속에서 교사들이 이것을 관리자의 명령이 아니라 창의적인 제안으로 받아들일 수 있었기 때문에 가능한 일이었다. 어느 누군가 한 사람의 독단으로만 결정한 생각은 집단지성의 힘을 능가할 수 없을 뿐 아니라, 모든 사람들의 생각이 모이면 그것은 부분의 합 이상의 의미를 갖는다.

나. 수업 설계 들여다보기

1. 역사 5월 1일 모든 반 동시 진행 사전 교육 시간	• 사전 교육 시간을 운영하였습니다. 새로운 세상을 향한 선조들의 노력을 교과서에서 찾아보고, 이 프로젝트의 교과별 활동(사회·역사·국어·영어·음악·미술)을 안내하였습니다. • 5·18 민중항쟁에 대한 지식과 문제의식에 대한 설문 조사를 실시하였습니다. 내가 알고 있는 내용과 의문점을 중심으로 정리하며 이야기를 나누어보았습니다. • 단편소설 「명령」에 나오는 등장인물의 독백을 지금 우리의 삶으로 가져와보는 작업을 했습니다. • 영화 「화려한 휴가」를 감상하고 난 후, 국가 권력에 의해 국민의 생명과 안전이 위험해진 사례가 있는지 이야기해보았습니다.
2. 국어 참여시의 개념 참여시 창작하기	• 사전에서 '참여 의식'이라는 단어를 찾아 보고, '참여시'란 어떤 시를 말하는 것인지 이야기 나누었습니다. • 김준태의 시 「아아 광주여, 민족의 십자가여」와 서정주의 시 「처음으로」를 비교 감상한 후, 김수영의 「시여, 침을 뱉어라」의 일부를 읽고 문학과 역사의 관계를 생각해보는 시간을 가졌습니다. • 함민복의 「숨쉬기도 미안한 4월」을 읽고, 세월호 희생자를 추모하는 참여시를 창작해보았습니다.
3. 영어 노래 해석	• 'Democracy'라는 단어의 어원에 대해 알아보았습니다. • 노래 「Do you hear the people sing?」을 해석하고, 'a democratic place'를 자기 자신의 말로 정의해보았습니다.
4. 음악 노래 부르기	• 노래 「Do you hear the people sing?」을 듣고 모두 함께 불러보았습니다.
5. 미술 민중화 그리기	• 민중미술이 무엇인지 배우고, 모두 함께 협력하여 민중화를 그려보았습니다.
6. 창체 사전 교육 전쟁과 여성인권 박물관 견학 수요집회 참여	• 수요집회에 참가하기 전, 사전 교육을 실시하였습니다. 집회에서 사용할 피켓을 만들고, 자유발언을 담당할 사람과 노래 「바위처럼」에 맞춰 율동할 사람을 정했습니다. • 홍대입구역에 있는 '전쟁과 여성인권 박물관'을 둘러본 후, 일본대사관으로 이동하여 위안부 할머니들과 함께하는 수요집회에 참여하였습니다. • 학생 인솔은 창체 담당 교사 세 명과 2학년 부장 및 역사 담당 교사가 돌아가며 맡았으며, 한 학급당 1명씩의 학부모 봉사단이 함께 참여하였습니다.

다. 중학교에서 블록 수업을 자주 한다고? 그게 가능해?

우리나라의 중등학교는 한 학급을 가르치는 교사가 여러 명이다. 초등학교에서는 한 명의 교사가 한 학급을 대상으로 여러 과목을 가르치기 때문에, 교육과정을 재구성하는 일이 중등학교에 비해서는 용이한 편이다. 반면에 중등학교는 여러 명의 교사가 한 학급을 가르치기 때문에, 여러 교과의 교육과정을 함께 재구성하는 일이 쉽지만은 않다. 자신이 전공으로 선택했던 교과에 대한 전문가적 자존심이 강하기 때문이다. 그러나 쉬운 일은 아니지만 교과와 교과 사이의 벽을 허물고 연결 지점을 찾는 순간 엄청난 창조적 집단지성 학습이 일어날 수 있다.

이는 커다란 피자 한 판을 모든 교사들이 함께 만드는 과정에 비유할 수 있다. 분절된 교실 속에서 아이들은 매 수업 시간마다 작은 피자를 만들고 있다. 그 피자는 만들기에 따라 그럴싸해 보일 수도 있고, 정말로 훌륭한 수도 있으며, 볼품없을 수도 있고, 때로는 만들다 말고 끝나버릴 수도 있다. 하지만 여러 명의 교사가 커다란 피자 한 판을 함께 만든다고 가정해보자. 예를 들어 국어 시간에 피자도우를 만들고 역사 시간에는 치즈를, 도덕 시간에는 올리브를, 과학 시간에는 감자를 만든다면? 이러한 교과의 재료들을 모아 여러 명의 교사들과 함께, 그리고 아이들과 함께 '커다란 피자 한 판'이라는 교과융합수업을 만들어내는 것이다. 내 수업의 재료가 다소 볼품없을지라도 내 수업의 빈자리는 옆자리 교사의 좋은 재료가 채워주게 된다. 이러한 협력을 끊임없이 함께 경험하며 살아온 교사들이 만들어낸 학교 문화는 어떠한 빛깔일까? 반복적으로 지속된 협력의 경험들은 협력을 증가시키는 따뜻한 순환을 불러오지 않았을까?

이쯤 되면 중등학교의 교사들도 '블록 수업'을 도입하고 싶어 한다. 그런데 일반적으로 초등학교에 비해 중등학교에서는 블록 수업을 운영하는 것이 쉽지 않다. 하루에 5시간 내지 7시간의 수업이 모든 학년의 모든 반에 걸쳐 진행되어야 하고, 각각의 시간에 따른 교과 선생님 역시 다를 수밖에 없기 때문에, 누군가의 휴가나 출장이 생기면 수업을 교환해야 하는데, 수업 교환이 일어나는 순간 다른 반의 수업도 교환해야 하는 도미노 현상이 일어나기 때문이다. 다음과 같은 예를 보자.

교과통합수업으로 인한 시간표 변경 (예시)

일자	교시	2학년					
		1반	6반	7반	8반	9반	10반
3월 31일 (월)	1교시	수학 (임○○)	국어 (백○○)	체육 (정○○)	사회 (방○○)	역사 (김○○)	과학 (임○○)
	2교시	체육 (정○○)	영어 (이○○)	사회 (진○○)	사회 (방○○)	역사 (김○○)	수학 (양○○)
	3교시	영어 (장○○)	체육 (정○○)	수학 (양○○)	역사 (김○○)	사회 (방○○)	체육 (이○○)
	4교시	국어 (강○○)	국어 (백○○)	체육 (정○○)	역사 (김○○)	사회 (방○○)	과학 (임○○)
	5교시	동아리활동 (강○○)	동아리활동 (이○○)	동아리활동 (함○○)	동아리활동 (양○○)	동아리활동 (장○○)	동아리활동 (임○○)
	6교시	동아리활동 (강○○)	동아리활동 (이○○)	동아리활동 (함○○)	동아리활동 (양○○)	동아리활동 (장○○)	동아리활동 (임○○)

위 시간표는 2014학년도 2학년을 대상으로 실시한 '흙 속의 낯선 기억을 찾아서' 프로젝트를 위해 수업 시간표를 변경한 사례이다. 학교에서 멀지 않은 곳에 위치한 '능곡동 선사유적지'로 이동하여 모의 발굴 체험을 하기 위해 3월 31일부터 4월 4일까지 매일 2개 학급씩 묶어 4시간씩의 블록 수업을 운영했다. 언뜻 보면 간단해 보이는 이 하루의 시간표 속에는 엄청나게 많은 사람들의 배려와 노고가 숨어 있다. 우선 사회 교사와 역사 교사가 뜻을 같이했을 것이고, 수업계 선생님의 엄청난 노고가 필요했을 것이며, 학년 초에 수업 일수 및 수업 시수 확보 계획을 치밀하게 짜는 일이 있었을 것이다.[3] 그뿐인가? 기본 시간표를 변경하는 일이 전

---

3. 장곡중학교의 '수업일수 및 수업시수 확보 계획'을 짜는 일은 대단히 복잡한 작업이다. 다양한 창의적 체험활동 및 교과통합수업으로 인해 블록 수업을 진행할 때가 많을 뿐 아니라 외부로부터 끊임없이 들어오는 지원 요청 및 출장으로 인해 수업 교환이 잦을 수밖에 없기 때문에, 중등학교에서 필수적으로 확보해야 하는 수업시수를 위해서는 1년 치의 모든 날짜 및 차시를 하나하나 수작업하여 계획을 치밀하게 설계하는 작업이 필요하기 때문이다.

체 교사에게 주는 피로도는 무시할 수 없음에도 불구하고, 수업 변경에 대해 교사들이 양해하고 배려하는 문화가 저변에 깔려 있었을 것이다. 물론 이런 문화가 하루아침에 생겨난 것이 아님은 분명하다. 수업을 중심에 놓기 위해 행정 업무를 간소화하고, 관리자는 관리하는 교사가 아니라 지원하는 교사라는 마인드를 갖는 일련의 과정들이 끊임없이 있어왔을 것이다. 인간은 주위의 사물과 타인의 협력이 없으면 세상을 살아가기 힘든 존재라는 것이 여기에서도 여실히 드러난다.

▶학생 작품

세상을 바꾸는 나의 첫걸음

장곡중학교 2학년 10반 원○○

2학년 1학기 때 교실에서 TV로 「화려한 휴가」라는 영화를 보았다. 그 당시 역사 시간에 5·18 민주화운동, 6월 민주항쟁 부분을 배우고 있어서 참고 자료로 이 영화를 보았다. 이 수업은 '새로운 세상을 향한 발걸음'이라는 제목을 가진 교과통합수업이어서, 역사 교과 외에 다른 교과에서도 이와 관련된 내용의 수업을 했다.

역사 교과에서는 위와 같이 우리나라의 민주항쟁 등에 대해 알아보았고, 국어 시간에는 5·18 민주화운동과 관련된 참여시를 읽어보았다. 나아가 영어 시간에는 우리나라가 아닌 외국의 민주 운동에 관련된 영화인 「레미제라블」을 보고, 음악 시간에는 「레미제라블」에 나온 시민들이 시위할 때 부르는 노래를 불러보았다. 말로만 사건에 대해 설명을 듣는 것이 아닌, 영화도 보고 직접 노래도 불러보니 그 당시의 상황을 더 가까이서 지켜보는 듯한 느낌이 들었다.

역사 시간에 「화려한 휴가」라는 영화를 보고 그냥 교과서에 쓰여 있는 설명을 볼 때는 몰랐는데, 영화를 보니 그 당시의 처참한 상황을 실감나게 느낄 수 있었다. 그리고 영화에 나온 배경에 관한 참여시를 읽었는데, 피해자 가족들의 절망스럽고 슬픈 마음을 생생히 전달받은 느낌이었다. 영어 시간에 단지 「레미제라블」을 보고 영화에 나온 노래의 가사를 해석만 해보는 것이 아니라, 음악 시간과 연관되어 직접 노래를 불러보니 더욱더 기억에 남았다.

처음에 '새로운 세상을 향한 발걸음'이라는 교과통합수업을 한다고 했을 때 '굳이 이렇게 여러 교과를 연결 지어 해야 되나?'라는 생각이 들었지만, 지금은 '이렇게 하는 것이 더욱 기억에 남고 재미있구나' 하는 생각이 든다. 우리 반은 아직 가지 않았지만 곧 참여할 위안부 수요집회도 기대된다. 교과통합수업과 연관되어 직접 피켓도 만들고 연설도 준비하고 하는 이런 과정을 거쳐 실제로 광화문에서 하는 수요집회에 참가한다는 것이 단지 말로만 설명을 듣고 머리로만 아는 것보다 더 의미 있고 뜻깊은 활동인 것 같다고 생각했다. 그리고 오랫동안 기억에 남을 것 같다.

5·18에 대한 수업 전 인식 조사 설문지 [역사]

주제 10: 새로운 세상을 향한 발걸음

▶ 5·18 민중항쟁에 대한 지식과 문제의식 조사

■ 수업 전 인식조사 설문지

1. 1980년 5월 18일 광주에서 어떤 일이 일어났는지 알고 있습니까?
   ① 잘 알고 있다.   ② 알고 있다.   ③ 듣거나 본 적은 있지만 잘 모른다.   ④ 전혀 모른다.

1-2. 1980년 5월 18~27일까지 광주에서 무슨 일이 있었다고 알고 있는가?

2. 1980년 5월 18일 광주에서 일어난 사건은 무엇을 통해 알게 되었습니까?
   ① TV나 신문에서   ② 잡지에서   ③ 학교의 선생님으로부터
   ④ 부모님이나 친지로부터   ⑤ 친구로부터   ⑥ 사회단체의 행사 참여를 통해서
   ⑦ 광주 관련 책자를 통해서 ⑧ 인터넷을 통해서   ⑨ 교과서를 통해서

3. 5·18 민중항쟁 국립묘지인 망월동을 방문한 적이 있습니까?
   ① 있다.   ② 없다.

■ 내가 알고 있는 5·18

1. 5·18 민중항쟁과 관련하여 자신이 알고 있는 사실이 있다면 연상되는 모든 단어를 적는다.

2. 단어들을 연결하여 문장으로 만든다. 문장을 만들 때는 반드시 자신이 알고 있는 사실을 문장으로 만든다.

3. 문장을 만든 후에는 문장을 바탕으로 궁금한 사항을 그 아래 적어보자.

〈예시〉
단어: 광주, 민주화, 5·18, 전두환
문장: 광주에서 민주화운동이 5·18일에 일어났다.
　　　5·18은 전두환과 관련이 있다.
의문점: 5·18 민주화운동은 왜 광주에서 일어났는가?
　　　　민주화운동이란 어떤 것인가?
　　　　5·18일 하루에 무슨 일이 일어났는데 운동이라고 하는가?
　　　　5·18에 전두환은 무엇을 했는가?

주제 11

▶ 책으로 만나는 5·18 민주화운동(단편소설 「명령」, 이경혜)

| 개념 잡기 | (모둠원과 함께 이야기를 나눈 후 각자 적어보세요.)

1. 책을 읽으면서 느낀 감상을 친구들과 이야기 나눠 봅시다.

2. 소설 속 인물 중에서 가장 위로가 필요한 사람을 선택하여 마음을 표현하는 글을 써보자.

| 한 걸음 더! | 과거와 현재의 대화(모둠원과 함께 이야기를 나눈 후 각자 적어보세요)

1. 다음 글을 읽고 답하시오.

> ㉠ 인류가 저지른 가장 비열하고 끔찍한 일들은 대부분 명령이라는 이름 아래 행해졌다. 명령을 내린 자는 자신의 손에 피를 묻히지 않고, 명령에 따라 움직인 자는 명령이란 방패 아래 자신의 억눌린 사악함을 다 드러낸다. 혹은 명령이란 이름 뒤로 뻔뻔스레 숨는다. 명령을 통해 그들은 공생관계가 된다.

(1) ㉠에 해당하는 역사적 사건을 본문에서 찾아보자.

(2) ㉠에 해당하는 일을 2014년 현재 우리 사회에서 찾아보자.

2. '역사란 결국 한 사람의 이름을 사무치게 기억하는 일일 뿐일지도 모른다'는 작가의 말처럼 2014년 지금 현재 내가 사무치게 기억하고 싶은 이름이 있다면?

기억하고 싶은 이름	이유

주제 12

▶ 영화로 만나는 5·18 민주화운동(영화 「화려한 휴가」)

Ⅰ 개념 잡기 Ⅰ (모둠원과 함께 이야기를 나눈 후 각자 적어보세요.)

1. 내가 느낀 5·18
   영화 「화려한 휴가」를 보고 난 후 느낌이나 소감을 자유롭게 말해봅시다.

2. 영화 속 상황처럼 국가 권력에 의해 국민의 생명과 안전이 위험해진 사례가 있을까?

3. 5·18 민주화운동에 대해 더 많이 알고 싶은 점이나 의문점을 적어보세요.

과거(1980년)와 현재(2014년)를 소재로 한 시를 감상한 후, 우리 시대의 참여시 이야기하기 [국어]

대단원	창작의 기쁨	새로운 세상을 향한 발걸음
소주제	의미를 담아서	2학년 ( )반 ( )번 이름 ( )

1. '참여시'란 용어를 들어본 적이 있나요? 사전에서 '참여 의식'이라는 단어를 찾아 그 뜻을 적은 후, '참여시'란 어떤 시를 말하는 것인지 써보자.

2. 역사 시간에 배운 '광주 민중항쟁' 및 「화려한 휴가」의 내용을 떠올리며, 1980년의 광주를 배경으로 한 시 한 편을 감상해보자.

망월동

김진경(광주 서석초 4학년)

언니 오빠들이 봄비를 맞으며
노래를 부릅니다.
무덤 속의 오빠들에게
들려주는 노래입니다.
안경 쓴 할머니가
비를 맞으며
엉엉 웁니다.
무덤 속의 언니가
보고 싶은가 봅니다.

노래 소리를 듣고
무덤 속에서
제비꽃이 피어납니다.
엉엉 우는 소리를 듣고
풀잎들이
할머니 머리를 만져 줍니다.
5·18 묘역에서는
비가 와도
깃발이 펄럭입니다.

지은이가 무슨 말을 하고 싶어 하는지 이야기한 후, 이 시의 주제를 정리해보자.

3. 함민복 시인의 다음 시를 감상해보자.

숨쉬기도 미안한 4월

함민복

배가 더 기울까 봐 끝까지
솟아 오르는 쪽을 누르고 있으려
옷장에 매달려서도
움직이지 말라는 방송을 믿으며
나 혼자를 버리고
다 같이 살아야 한다는 마음으로
갈등을 물리쳤을, 공포를 견디었을
바보같이 착한 생명들아! 이학년들아!

그대들 앞에
이런 어처구니없음을 가능케 한
우리 모두는…….
우리들의 시간은, 우리들의 세월은
침묵도, 반성도 부끄러운
죄다

쏟아져 들어오는 깜깜한 물을 밀어냈을
가녀린 손가락들
나는 괜찮다고 바깥 세상을 안심시켜 주던
가족들 목소리가 여운으로 남은
핸드폰을 다급히 품고
물 속에서 마지막으로 불러 보았을
공기방울 글씨
엄마,
아빠,
사랑해!

아, 이 공기, 숨쉬기도 미안한 사월

(1) 이 시의 화자는 어떤 상황에서 이 시를 썼을까?

(2) 이 시를 통해 무슨 말을 하고 싶어 하는지 생각해보자.

4. 시인 김수영의 「시여, 침을 뱉어라」의 일부분을 읽어보자.

시는 온몸으로 , 바로 온몸으로 밀고 나가는 것이다. 그것은 그림자를 의식하지 않는다. 그림자조차도 의지하지 않는다. 시의 형식은 내용에 의지 않고 그 내용은 형식에 의지하지 않는다. 시는 그림자에조차도 의지하지 않는다. 시는 문화를 염두에 두지 않고, 민족을 염두에 두지 않고, 인류를 염두에 두지 않는다. 그러면서도 그것은 문화와 민족과 인류에 공헌하고 평화에 공헌한다. 바로 그처럼 형식은 내용이 되고 내용은 형식이 된다. 시는 온몸으로, 바로 온몸을 밀고 나가는 것이다.
이 시론도 이제 온몸으로 밀고 나갈 수 있는 순간에 와 있다. … (중략) … 자유의 과잉을, 혼돈을 시작하는 것이다. 모기소리보다도 더 작은 목소리로, 시작하는 것이다. 모기소리보다도 더 작은 목소리로 아무도 하지 못한 말을 시작하는 것이다.
아무도 하지 못한 말을. 그것을…….

– 시인이 말한 '시여, 침을 뱉어라'라는 말의 의미가 무엇인지 이야기해보자.

2학년 영어 활동지_No.11   a step toward tomorrow(새로운 세상을 향한 발걸음)

1. Let's learn a song and talk about it.

Do you hear the people sing?   ♫ words

Do you hear the people sing?   1. slaves
Singing a song of angry men?   2. echo
It is the music of a people   3. crusade
Who will not be slaves again   4.
When the beating of your heart   5.
echoes the beating of the drums   6.
There is a life about to start   7.
When tomorrow comes   8.
                                                      9.
                                                      10.
Will you join in our crusade
Who will be strong and stand with me?   ♫ sentences
Beyond the barricade   when the beating of your heart echoes
Is there a world you long to see?   the beating of the drums
Then join in the fight
That will give you the right to be free   Beyond the barricade, Is there a world
                                                      you long to see
Will you give all you can give
So that our banner may advance   Will you give all you can give
Some will fall and some will live   So that our banner may advance
Will you stand up and take your chance?
The blood of the martyrs   The blood of the martyrs will water
Will water the meadows of France   the meadows of France

『레 미제라블』(프랑스어: Les Misérables)은 1862년에 프랑스의 작가 빅토르 위고가 쓴 소설로, 잘
알려진 19세기 소설 중 하나다. 제목인 레미제라블은 '   '이라는 의미이며, 우리나라에
서는 『장발장』으로도 소개되었다. 프랑스 민중들의 비참한 삶과 1832년에 있었던 프랑스 6월 봉기
를 소재로 하였다.

1. What words or phrases seem 'undemocratic'?
2. What words or phrases stand for 'democracy(hope or a new world)'?
3. What do they need to do to make a more democratic world according to the song?

2. Can you define 'a democratic place' with your own words?
ex) It is a <u>country</u> where <u>all the people can express their own voices</u>.

It is a _____ where _____ .

마. 사후 평가와 반성은 다음 해를 위한 밑거름이 되어

장곡의 2학년 교사들은 '발걸음' 프로젝트의 평가회를 위해 2014년 6월 13일에 다시 모였다. 시작이 있으면 끝이 있고, 그 끝은 다른 시작을 위한 밑거름이 된다.

'새로운 세상을 향한 발걸음'은 2014년도에 처음 기획하여 시도한 활동이지만, 교육적 의미와 파급 효과가 매우 선명했기 때문에 2015년도에도 그대로 이어나가고 있다. 실제로 이제는 위안부 할머니와 함께하는 수요집회 참가 시기를 폭넓게 확장하여 진행하고 있으며, 학급별 현장 체험학습 장소를 광주, 전남, 전북 지역으로 선정하여 역사 속에서 새로운 세상을 만들기 위해 살았던 사람들의 삶을 좀 더 생생하게 추체험하는 일까지 추진하고 있다.

2. 실학의 시대를 만나다
─조선 후기에 피어난 실학이라는 이름의 꽃을 찾아서

가. 우리가 실학의 시대를 여행하게 된 계기

장곡중학교의 1학년 1학기 국어책을 살펴보면 '농업을 살릴 방책을 올립니다'라는 제목의 글이 실려 있다. 조선 후기의 실학자였던 박제가가 임금에게 올린 상소문으로, 『북학의』에 실려 있었던 원문을 중학생이 이해할 수 있게 한글로 번역한 글이다. 이 단원의 성취 기준은 주장이 담긴 옛글을 읽으며 글쓴이의 주장과 근거, 그리고 사회에 미칠 효과를 예측하는 데 있다.

그러므로 이 글을 이해하기 위해서는 조선 후기의 사회상과 역사적 흐름에 대한 배경 지식이 필요한데, 이러한 것들은 국어 교사가 다 다루기도 버겁고 국어 시간에 다 다룰 만큼의 여유가 있는 것도 아니었다. 더욱

이 교육과정 편제상 역사 과목은 2학년 때 처음 배우게 되는데, 국어 교과서에 들어가 있는 박제가의 글은 1학년 교과서에 수록되어 있다.

이러한 상황에서 선생님들이 생각할 수 있는 최선의 방법은 역시 '재구성'이었다. 2학년 때 처음 배우는 역사 과목의 단위수가 2단위여서, 2학년 학생들이 역사 수업을 접할 수 있는 기회는 사실상 일주일에 두 시간뿐이다. 그런데 역사 수업은 사건의 인과관계를 통해 사건이 흘러가는 모습을 보아야 하기 때문에, 배워야 할 양이 많다는 것이 항상 고민거리이다. 그렇다고 국어와 역사의 통합을 위해 2학년의 역사 과목을 1학년으로 들여오는 것은 교육과정 편제상 불가능하다. 그렇다면? 국어의 1학년 교과서에 들어가 있는 텍스트(박제가의 글)를 과감하게 버리고 다른 텍스트를 취하거나, 아니면 그 텍스트를 2학년 국어 시간에 다루면 될 일이다.

우리 학교의 국어 선생님들은 박제가의 글을 버리는 것보다 2학년 때 다루는 것이 좋겠다고 마음을 모았고, 여기에 김현정 선생님의 적극적인 지원과 함께 역사, 국어, 한문, 수학, 미술 과목의 통합으로 조화로운 하모니를 이룰 수 있었으며, 학생들은 18세기에 꽃피었던 실학의 시대를 여행할 수 있게 되었다.

나. 통합수업, 그 따뜻한 협력의 힘

국어 시간에는 우선 박제가의 글을 읽는 것으로 시작했다. 1학년 교과서에 수록된 텍스트를 2학년 때 배우는 실정이었기 때문에, 활동지에 교과서 원문을 그대로 실어 한 번 읽은 후 이 글을 통해 알 수 있는 사회·문화적 상황을 알아보자는 활동을 바로 제시했다. 그런데 학생들은 이미 그 당시의 사회·문화적 상황을 잘 알고 있었다. 왜냐하면 역사 시간에 조선 후기의 사회상을 배우고 있는 중이었고, 농업기술 및 상품화폐경제의 발달, 그리고 신분제 변동 등에 관한 이야기가 역사 수업을 통해 한창 피어나는 기간이었기 때문에, 국어 시간에는 이러한 것들을 따로 이야기할 필요가 없었던 것이다.

이렇게 사회·문화적 상황을 알아보는 문제를 쉽게 해결할 수 있었기 때문에, 국어 시간에는 FTA 체결의 문제점 및 농산물 직거래 방법을 소개한 기사문을 함께 읽고, 오늘날의 농촌에 닥친 문제를 해결할 방법을 생각하고 써보는 활동까지 이어졌다. 앞서 이 단원의 성취 기준이 글쓴이의 주장과 근거, 그리고 사회에 미칠 효과를 예측하며 읽는 데 있다고 했었는데, 역사 시간을 통해 충분한 지원을 받았기 때문에 국어 시간에는 더 나아가 근거를 들어 주장하는 글을 쓰는 활동까지 펼칠 수 있었다.

수업에서 과거와 현재를 연결 짓고, 교실과 사회를 연결 짓는 일은 중요하다. 실학자들이 원하는 새로운 세상이 어떠한 것이었는지 생각해본 후, 2014년 현재 대한민국의 학부모와 학생들이 갖고 있는 어려움과 해결 방안을 이야기해볼 수 있도록 설계한 활동지는 과거와 현재의 대화를 통해 삶의 문제를 생각해볼 수 있게 한다(역사 활동지 주제 45 참고: 249~250쪽). 미술 시간에 조선 후기의 풍속화를 감상하며 그 시대의 시대성과 연관 지어 작가가 어떤 마음으로 그 그림을 그렸을지 상상해보는 활동 역시 과거와 현재가 만나는 지점이 아닌가! 한문 시간은 또 어떠한가? 정약용의 한시 「애절양哀絶陽」을 해석하며 조선 후기의 백성들이 세금 횡포를 견디다 못해 끔찍한 자해까지 저지르는 고통스러운 현실을 이해할 수 있었다면, 이 또한 과거로의 여행을 통해 공감의 시간을 갖는 활동일 것이다. 그뿐인가? 이러한 일련의 과정들이 비슷한 시기에 통합적으로 다루어졌기 때문에 역사 시간에 다루었던 실학 시대의 농촌 문제를 현재의 농촌 문제와 연결 지음으로써 교실 속 배움을 사회로까지 확장할 수 있었다(국어 활동지 참고: 251~254쪽). 이처럼 통합수업의 경험은 그 자체가 갖고 있는 따뜻한 협력의 힘으로 인해 교사를 성장하게 하고 배움을 꽃피게 한다.

과목	통합수업 내용	수업 자료	평가
국어	• 실학의 시대 읽기 －박제가의『북학의』감상 －글쓴이의 주장과 근거 파악하기 －2014년 농촌의 문제를 파악하고, 이에 　대한 해결 방안 생각해보기	『북학의』활동지	'이 시대의 농촌 문제와 해결 방안'을 주제로 글쓰기
역사	• 역사: 조선 후기 실학의 등장 및 개념 －실학과 실학자들 이야기－중농학파와 　중상학파의 개혁론 이해 －과거와 현재의 대화－오늘의 문제 짚 　어보기	영화 영상 자료「광해」 정약용의 한시「애절양」 박지원의『양반전』 박제가의『북학의』 김홍도의 풍속화 지식채널e 영상 자료 홍대용의『담헌서』	조선 후기 실학을 이해하고 현재 우리 사회의 문제점을 찾아 그 대안을 제시
한문	• 실학과 관련된 용어 이해하기 • 정약용의 한시「애절양」해석하기	자전	실학 용어 해석하기 한시「애절양」 해석하기
미술	• 조선 후기 풍속화 감상을 통한 시대 변 　화 읽기(김홍도, 신윤복) 및 비평활동 • 이 시대의 풍속화(민화) 그리기	풍속화, 민화, 진경산수화 등 그림 자료	이 시대의 풍속화 (민화) 제작

다. 교과별 활동지 엿보기

농업기술 보급 및 화폐경제의 발달로 인한 사회의 변화 [역사]

주제 44

| 개념 잡기 | (모둠원과 함께 이야기를 나눈 후 각자 적어보세요.)

1. 농업기술의 보급으로 농촌사회에 나타난 변화

(가) 지금 남쪽에서는 모두 모내기를 하여 농사를 짓는다. 직접 논에 벼를 심는 직파법보다 노동력이 5분의 4나 절약이 된다. 따라서 집안에 아이들을 비롯하여 부릴 수 있는 노동력이 조금이라도 있는 사람들은 경작을 거의 무한으로 할 수 있다.『성호사설』

(나) (놀부는) 그 많은 논과 밭을 저 혼자 차지하고 농사를 짓는다. ……
살진 밭에 면화하기, 자갈밭에 조 갈고, 황토밭에 참외 심고, 비탈밭에 담배하기

(흥부는) 이월동풍에 가래질하기, 삼사월에 부침질하기, 일등전답 무논 갈기, 이집저집 돌아가며
이엉엮기, 궂은 날에 멍석 말기 ……『흥부전』

문제는 놀부는 소수인 반면 흥부는 다수였다는 것이다. 당시 "부자의 토지는 거대한 규모로 늘어가고 가난한 자는 송곳 하나 꽂을 땅이 없으니, 부자는 더욱 부자가 되고 가난한 자는 더욱 가난해지고 있다"는 얘기가 나올 정도로 소수의 토지 독점은 심각한 사회문제였다. 대토지 소유자는 놀부처럼 농민 출신이 있기도 했지만 대부분은 양반들이었다. 양반 지주들은 두 차례의 전쟁을 거치면서 국가의 행정 력이 약화되자 권력과 지위를 앞세워 많은 토지를 독점하여 부를 쌓았다. 그러나 그럴수록 '땅 없는 농 민'은 늘어만 갔고, 빈부격차는 점점 커졌다.

(1) (가)와 같은 농업기술의 보급으로 농촌사회에 나타난 변화는 무엇인가?

(2) 위 자료를 통해서 알 수 있는 당시 농촌사회의 문제점은 무엇이고 이것이 조선 사회 전체에 주는 영향은 무엇일까?

2. 조선 후기 상품화폐경제의 발달과 사회의 변화

(1) 조선 후기 상업 활동이 활발해질 수 있었던 배경
　① 농업 생산력이 향상되고 인구가 (　　)(으)로 몰려들어 상품의 소비 시장이 확대되 었다.
　② (　　)가(이) 전국적으로 시행되면서 공인들이 왕실과 관청에서 필요한 물품을 대량 으로 구입하였다.
　③ 정부로부터 허가받지 않은 상업 행위를 금지하는 금난전권을 폐지하여 자유로운 상업 활동을 보장하였다(신해통공, 1791).
　④ 장인들이 관청에 소속되어 일하는 관영수공업 대신 자신의 제품을 만들어 직접 판매 하는 민영수공업이 발달하여 상품 생산이 활발하였다.

(2) 다음과 같은 상업 활동을 무엇이라고 하는지 쓰고, 이러한 모습이 나타난 배경을 말해 보자.

허생은 안성의 한 주막에 자리 잡고서 밤, 대추, 감, 배, 귤 등의 과일을 모두 사들였다. …… 과일 값이 크게 폭등하였다. 이에 허생은 10배의 값으로 과일을 되팔았다. -『연암집』, 「허생전」.

3. 조선 후기 신분제의 변동

연도	양반호(%)	상민호(%)	노비호(%)
1729	26.29	59.78	13.93
1765	40.98	57.01	2.01
1804	53.47	45.61	0.92
1867	65.48	33.96	0.56

울산지역 신분별 인구 구성비, 『조선후기 사회변동 연구』

(1) 임진왜란과 병자호란 이후 정부가 부족한 재정을 확보하기 위해 백성들로부터 곡식이
나 돈을 받고 역을 면제해주거나 관직을 부여하는 정책을 실시하였다. 그렇게 되면 군역
이나 세금 부담에서 벗어날 수 있었으니, 경제적으로 여유가 생긴 상민들의 관심이 높았
다. 노비들도 전쟁 중에 (　　)를(을) 쌓으면 그 수준에 따라 노비 신분에서 벗어나게 해
주거나 관직을 주기도 했다.

또 노비들 중에는 전쟁의 혼란한 틈을 타서 (　　)를(을) 없애고 다른 곳으로 도망가서 신
분을 숨기며 살기도 했다.

결과적으로 조선 후기 신분의 구조는 양반층의 수는 크게 (　　　)(하)고, 상민층의 수는
(　　)(하)고, 노비는 거의 (　　)(하)게 되었다. 그래서 관청에 소속된 (　　　)를(을) 상
민으로 해방시켜 국가 재정과 군역을 확보하기도 했다.

(2) 조선 후기 양반층의 사회적 지위 변화

> 조선 후기 양반층 가운데는 정치에서 밀려나고 경제적 변화에 적응하지 못해 몰락하는 경우가 많았다.
> 반면 다양한 방법으로 양반 신분을 얻어 수령이나 향리들과 결탁하여 세금을 징수하는 등 향촌 사회에
> 서 영향력을 행사하며 백성들을 수탈하는 양반층도 발생하였다.

– 조선 후기 양반층은 (　　) 되고, 숫자는 (　　)(으)며, 양반의 권위는 (　　)되어 양반 중
심의 신분제가 흔들리게 되었다.

｜한 걸음 더!｜ (과거와 현재의 대화)

1. 다음 소설을 읽고 답하시오.

> 양반의 아내가 비난하였다. "평생 독서만 좋아했으니, 환곡(가난한 사람들을 위해 쌀을 빌려주었던 제
> 도) 갚는 것에는 아무 소용이 없구려." "흥, 양반이라고?" "양반이란 한 푼 어치도 못된다오." 하고 화
> 를 내었다. 그 마을의 한 부자가 이 소문을 듣고 가족들과 상의하였다. "양반이 비록 가난하여도 언제
> 나 존경 받고 영광스럽다. 나는 비록 부자이지만 늘 비천하여 감히 말을 탈 수 없고, 양반을 보기만 하
> 면 몸을 구부려 어찌할 줄 모른다. …… 지금 ㉠양반이 가난하여 환곡을 갚지 못한다 하니, 앞으로 더
> 가난해져서 그 형편이 실로 양반 신분을 지킬 수 없을 것이다. 우리가 그걸 사서 가지도록 하자." 하였
> 다. 〈박지원, 『양반전』〉

(1) ㉠과 같이 양반이 가난한 이유를 설명해보자(정치적 측면에서).

(2) 위 소설처럼 조선 후기에 신분 매매가 가능해진 이유는 무엇이고, 왜 부자는 양반이 되
려고 하였을까?

2. 다음 그림 해석을 통해 당시 시대상을 알아보자.

실학자들이 원했던 새로운 세상 [역사]

주제 45

| 개념 잡기 | (모둠원과 함께 이야기를 나눈 후 각자 적어보세요.)

1. 다음 용어의 뜻을 정리해보자.
   • 실학:

2. 조선 후기에 농촌과 도시에 나타난 경제적 변화로 인한 사회문제를 설명해보자.

구분	경제적 변화	사회문제(나타난 문제점)
농촌		
도시		

3. 실학자들이 원하는 새로운 세상은 어떤 세상일까?

(1) 다음 표를 완성하면서 실학자들의 개혁안을 정리해보자.

구분		농업 중심 개혁론(중농학파)	상공업 중심 개혁론(중상학파)
실학자			
사회문제는 어디에서 비롯되었다 생각하는가?			
사회문제 해결책은?			
실학자들의 구체적인 개혁안	유형원:		유수원:
	이익:		홍대용:
	정약용:		박지원:
			박제가:
농업 대책			

(2) 조선 후기 실학자들이 원하는 새로운 세상은 어떤 세상이었는지 이야기해보자.

| 한 걸음 더! | (과거와 현재의 대화)

1. 우리가 원하는 새로운 세상은 어떤 세상일까?
(1) 2014년 현재 대한민국 국민들이 가지고 있는 어려움을 그림으로 나타내보자.

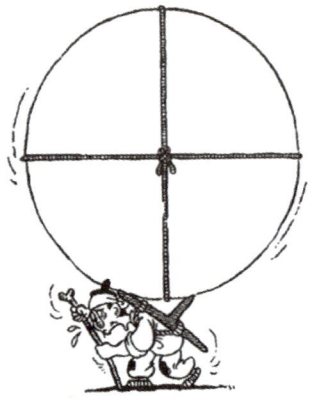

2014년 대한민국 국민들(부모님)의 어려움   2014년 대한민국 학생들(나)의 어려움

(2) 위에서 제기된 문제(어려움)들은 어디서 비롯되었다고 생각하는지를 각각 써보자.

(3) 2014년 현재 대한민국 국민생활의 어려움을 해결할 방안을 생각해보자.

(4) (1)에서 나타난 문제 해결을 위해 우리 청소년들이 할 수 있는 일은 무엇이 있을까?

대단원	생각과 마음을 나누는 글	실학의 시대를 만나다
소주제	현실을 넘어	2학년 ( )반 ( )번 이름 ( )

농업을 살릴 방책을 올립니다

박제가

엎드려 올립니다. 신은 지난해 12월, 농업을 권장하고 농사에 대한 책을 구한다는 임금님의 말씀을 들었습니다. 임금님의 뜻을 고을 백성들에게 전하였더니 모두 기쁨에 차서 임금님의 은혜를 칭송하며 덩실덩실 춤을 추었습니다. 우리 백성들을 먹고살게 하는 농사야말로 대단히 중요한 일입니다. 임금님께서는 농사를 중히 여긴 옛일을 본받으셔서 백성들이 굶주리거나 추위에 떠는 일이 없도록 하는 것을 가장 우선하는 정책으로 삼으셨습니다. 백성들이 그 혜택을 곧 누릴 수 있을 것입니다.

신이 수령의 직책을 맡은 지가 어느새 3년이 되었습니다. 이 산골 고을의 백성들이 사는 모습을 살펴보았습니다. 백성들은 화전을 일구고 나무를 하느라고 열 손가락 모두 뭉툭하게 못이 박혀 있지만 입고 있는 옷이라고 해야 십 년 묵은 해진 솜옷에 불과하고, 집이라고 해야 허리를 구부리고서야 들어가는 움막에 지나지 않습니다. 먹는 것이라고는 깨진 주발에 담긴 밥과 간도 하지 않은 나물뿐입니다.

몹시 슬프고 괴로운 마음이 들어 입에서 탄식이 흘러나왔습니다. 그리고 현재의 제도를 바꾸지 않는다면 하루아침도 살 수가 없다고 판단하였습니다. 제가 맡은 고을 하나만 그런 것이 아니고 모든 고을이 같은 실정입니다. 이제 농업을 장려하고자 하신다면 먼저 다음과 같은 일을 하셔야 할 것입니다.

첫 번째로 오로지 공부만 하는 유생을 줄이는 일입니다. 과거 시험을 치르면 시험장에 나오는 이가 거의 10만 명이 넘습니다. 이 10만 명뿐만 아니라 이들의 부모 형제들은 농업에 종사하지 않습니다. 이들은 농업에 종사하지 않는 것에만 그치지 않고 농민을 부립니다. 그로 인해, 농업은 나날이 가볍게 여겨지고 과거 시험만 더욱 중요시되고 있습니다. 과거에만 전념하는 유생의 수를 줄이지 않고, 그들을 나무라기만 한다면 농사로 먹고사는 백성의 삶은 점점 피폐해질 것입니다.

유생을 줄이려면 먼저 유생이 소속된 서원의 스승으로부터 그의 문장과 행실이 과거 시험에 응시할 자격이 있다는 추천장을 받게 해야 합니다. 그다음에 고을의 원님으로부터 다시 추천을 받은 사람 가운데서 선발하여 서울로 올려 보내게 합니다. 그런 뒤 엄격하게 사실 여부를 대조하여, 이를 통과하면 경서를 외는 시험을 치르게 하고, 합격하면 고시관 앞에서 시험을 보게 합니다. 이 네 단계를 거치도록 하면 무턱대고 시험을 보려는 이는 없을 것입니다.

두 번째는 수레를 사용해야 합니다. 농사가 사람의 창자라고 한다면, 수레는 혈맥이라 할 수 있습니다. 혈맥이 통하지 못하면 사람은 살이 찌고 윤기가 흐를 수 없습니다. 수레는 농사에 직접 관련되지는 않지만 농사에 큰 도움을 주는 것이므로 나라에서 먼저 힘써야 할 일입니다.

수레는 모든 물건을 실어 나를 수 있어서 그 이로움이 막대합니다. 그런데 오직 우리나라만 이 수레를 이용하지 않는데, 그 까닭을 물으면 사람들은 산이 높고 험해 길이 막혀 있기 때문이라고 합니다. 수레를 운행하면 길은 저절로 열립니다. 약간만 길을 닦는다면 험한 고개도 수레로 다닐 수 있습니다.

수레를 운행하여 유통만 잘 된다면 사방 물가는 며칠 내로 고르게 조정할 수 있을 것입니다. 영동에서는 꿀이 나지만 소금이 없고, 관서 지방에서는 철이 생산되지만 감귤이 없고, 함경북도에서는 삼[麻]은 흔하지만 무명은 귀합니다. 수레를 이용하면 자기 땅에서 많이 나는 물건으로 다른 곳의 필요한 물건과 교환하여 풍족하게 살 수 있을 것입니다.

어떤 사람은 말을 이용하면 충분하다고 말합니다. 말 한 마리와 수레 한 대를 비교해보면 말이 오히려 빠른 면도 있지만 수레로 짐을 끄는 노력과 말의 등으로 짐을 싣고 가는 노력은 크게 다릅니다. 수레를 끄는 말은 병이 들지 않습니다. 게다가 대여섯 마리가 수레를 끌면, 말 대여섯 마리가 짐을 등에 싣는 것에 비해서는 여러 배의 이익이 있습니다.

신은 농사를 살피는 관리입니다. 제가 원하는 바는 이 고을의 백성이 편안히 살면서 제각기 자기 일에 열심히 종사하고, 공인과 상인이 모여들며, 도적들이 사라지고, 교량과 객사 및 변소에 이르기까지 깨끗하게 짓고 수리하며, 산과 강에서 사냥을 하고, 배와 수레를 통행시키고, 어린아이들은 병들지 않고, 늙은이들은 태평을 구가하는 것입니다. 그런 상태는 모두 근본을 다지고 농업에 힘써서 집집마다 넉넉하고 사람마다 풍족한 이후에야 가능합니다. 한 개의 고을이 이와 같이 되면 온 나라도 이와 같이 되어, 풀잎이 바람에 쓰러지고 역말이 소식을 전하듯이 그 효과가 빠를 것입니다. 신은 아침에 이런 결과를 보고 저녁에 죽는다 해도 아무 후회가 없습니다. 보잘것없는 저의 의견이라도 귀담아듣겠다고 하시는, 참으로 분에 넘치는 임금님의 은혜를 입고 보니 개인적인 생각이라도 숨길 수가 없습니다. 제가 젊어서 연경을 여행하고, 그때 보고 듣고 배운 바를 바탕으로 평소 깊이 생각한 기록을 "북학의"라고 이름을 지었습니다. 책을 올리니 살펴보시고 선택하시기를 바랍니다.

1. 이 글을 통해 알 수 있는 사회·문화적 상황을 설명해보자.

2. 이 글에 담긴 글쓴이의 주장과 근거를 정리한 후 상소를 올린 의도를 파악해보자.

주장	근거

상소문의 의도:

FTA 체결의 문제점 및 농산물 직거래 방법을 소개한 기사문을 읽기 자료로 제공함 [국어]

다음 자료를 참고로, 2014년 농촌의 문제를 파악하고 이에 대한 방책을 강구해보자.

(가) 최근 정부는 쌀 관세화를 비롯한 한·중 FTA 등 각종 FTA를 체결하면서 개방화 속도를 한 껏 올리고 있다. 이로 인해 농업인과 축산인들은 2014년도가 악몽의 한 해로 기억될 것이다.

연이은 개방화의 물결 속에 준비가 덜 된 농·축산인들은 깊은 시름에 빠져 허우적거리고 있다. 정부는 우리나라의 미래를 위해 어쩔 수 없이 FTA 등을 실시할 수밖에 없다고 이야기하고 있다.

그러면서 FTA로 피해를 보는 산업에 있어서는 확실한 대책을 마련해 지원한다는 말을 해왔다. 하지만 그동안 정부가 내놓은 지원 대책은 현장에 있는 농·축산인들에게 실질적으로 와 닿지 않고 있다. 도대체 정부는 무엇을 어떻게 해서 FTA로 피해를 보는 산업에 지원을 한다는 것인지 모르겠다.

이는 농업예산을 보면 확연히 알 수 있다. 올해 농업예산은 고작 3.2%밖에 오르지 못했다. 전체 예산 증가율인 5.7%에도 한참 못 미치는 수준이며, 쌀 관세화와 영연방 FTA 지원 예산 등을 제외하면 실질적으로 증가한 것은 0.3%에 그친다.

정부가 추진한 개방 위주의 정책으로 한국 농업은 정말 위기에 몰려 있다. 가뜩이나 우리 식탁에 올라오고 있는 먹거리 70~80%는 수입산이다. 특히 중국산으로 가득 채워져 있는 상황이다. 이런 상황에서 한중 FTA가 체결되면서 이제는 90% 이상이 수입산으로 채워질 것으로 보인다. 여기에 우리의 주식인 쌀마저 개방화됐기 때문에 아마도 얼마 지나면 우리 밥상에는 수입산만 올라와 있을 것이다. 실제로 서울 시내 대부분의 식당에서는 이런 현상이 가속화되고 있는 게 현실이다.

정부는 개방화라는 이름 아래 한국 농업을 깊은 어둠 속으로 파묻고 있다. 과연 정부의 선택으로 20년 후 우리들에게 식량주권이라는 게 있을지 참으로 두려워진다.

－[기자수첩] 한국농업, 개방화 파고에 시름 잠겨 / 한국농업신문 2014. 11. 20.

(나) 대전에 사는 소비자 ㄱ씨가 구입하는 대부분의 국산 농산물은 4~5번의 유통과정을 거친다. ㄱ씨가 구입한 충남 당진산 무는 당진에서 104km 떨어진 서울 가락시장으로 집결한 뒤 가락시장에서 153km 떨어진 대전의 오정시장으로 넘어간다.

당진산 무가 서울을 거쳐 대전 오정시장에 도착하기까지 이동한 거리(푸드마일)는 257km에 달한다. 만약 당진산 무가 오정시장에 직접 공급된다면 푸드마일은 113km로 확 줄어든다. 당진 농민이 ㄱ씨와 직거래를 할 경우 푸드마일은 더 짧아진다.

푸드마일을 줄이는 대표적인 방식이 '지역 먹을거리(로컬푸드)' 직매장이다. 충남 홍성 홍동농협은 지난해 로컬푸드 직매장을 열었다. 홍동면 농민들이 자신이 생산한 농산물로 매대를 꾸리고 직접 관리한다.

유기농 토마토, 딸기, 쌀을 판매하는 이선재 씨(43) 매대에는 이씨의 사진, 휴대전화 번호, 주소, 친환경 발효 액체비료 등의 정보가 공개된다. 이씨는 "인근 도시에 사는 소비자들이 내가 키운 농산물을 맛보고는 직접 농장을 방문하는 경우가 종종 있다"고 말했다.

윤병선 건국대 교수는 "푸드마일을 줄이는 일은 단순히 물리적 거리만이 아니라 생산자와 소비자의 사회적 거리, 심리적 거리를 줄여 안전한 먹을거리, (농민의) 얼굴이 담긴 먹을거리를 만들자는 것"이라며 "지역 먹을거리를 구매하면 지역경제가 순환되는 효과도 있다"고 밝혔다.

－농수산물 개방 20년, 우리 식탁 어떻게 바뀌었나
(직매장·직거래… 농민과 소비자 사이 거리 줄어들수록 먹을거리는 안전) / 경향 비즈엔라이프 2014. 11. 24.

(다) 제철꾸러미란, 생산자가 인터넷 등을 통해 주문을 받은 뒤 다양한 제철 농산물을 스티로폼 등에 포장해 주기적으로 소비자에게 배송해주는 형태의 직거래를 말한다. 업체 '완주 건강한 밥상'은 일주일에 한 번씩 소비자한테 상추나 콩나물, 유정란, 파프리카, 감자 등이 담겨 있는 3가지 형태의 꾸러미를 배송해준다. 가령 '알뜰꾸러미'는 한 달에 4번 배송해주고 10만 원을

완주 로컬푸드 직매장

받는데, 제철 채소, 과일, 육류, 밑반찬 등 9가지 내외의 농산물이 포함돼 있다.

'용진농협 로컬푸드 직매장'은 인근 전주 등지에서 온 소비자들이 북적거려 오전이면 물건이 동이 날 정도라고 한다. 직매장을 통하면 그날 생산한 농산물이 그날 바로 식탁에 오를 수 있는 장점이 있다고 한다. 로컬푸드 직매장은 2012년 3곳에서 올 9월 현재 58곳으로 늘어나는 등 직거래의 대표적 아이콘으로 각광을 받고 있다고 농식품부는 설명했다.

로컬푸드란 지역에서 생산한 친환경 먹거리를 지역에서 소비하는 운동으로, 생산자와 소비자 간 사회적 관계의 거리를 줄이는 것을 의미한다. '당일 수확, 당일 포장, 당일 판매'를 기치로 내걸고 있다. 5가지 기본원칙도 있다. '지역 내 농가가 직접 생산한 상품을, 생산 농가가 직접 포장하고, 직접 가격을 결정한 후, 판매대에 직접 진열하며, 팔고 남은 나머지 물건을 직접 회수한다'는 것이다.

(1) 2014년 우리 농촌에 닥친 문제들은 무엇이 있을까? (가)를 참고하여 써보자.

(2) (나) 또는 (다)를 읽고, 오늘날 농촌에 닥친 문제를 해결할 방안을 제시해보자.

라. 사후 평가와 반성은 다음 해를 위한 밑거름이 되어

2013년에 처음 실시하여 2014년까지 이어진 실학 프로젝트는 2015년에도 계속 이어지고 있다. 2015학년도의 3월 말, 장곡중학교의 선생님들은 1박 2일 워크숍을 떠나며 실학박물관을 견학하는 것으로 일정을 잡아, 배움이 삶이 되고 그 삶이 다시 배움으로 이어지는 순환을 경험하고 돌아왔다. 다음은 실학박물관에서 얻어온 다산의 글 일부이다.

아들아! 천하의 기준에 옳은 것을 지키며 이익을 얻는 것이 가장 높은 등급이고, 옳은 것을 지키며 해를 입는 것은 그다음이며, 옳지 않은 것을 좇아 이익을 얻는 것이 세 번째이고, 가장 낮은 것이 옳지 않은 것을 좇아 해를 입는 것이다.

다산이 아들에게 주었던 이 편지글은 200년의 세월을 건너 우리에게 대화를 건넨다. 동시에 김현정 선생님이 2011년에 역사 수업을 열면서 썼던 글도 떠오른다.

학생들이 역사 수업을 통해서 우리 사회의 현재 모습은 결코 그냥 만들어진 것이 아니고, 이 땅에 먼저 살았던 수많은 할머니, 할아버지, 그리고 아버지, 어머니들의 간절한 소망이 담겨 있음을 알았으면 좋겠습니다.

이처럼 배움은 우리의 삶 곳곳에 묻어 있으며, 그렇게 묻어 있는 배움의 흔적을 찾아 떠나는 과거와 현재의 대화는 앞으로도 계속될 것이다.

★ 세 번째 고수

손가영 선생님과 함께하는 영어 수업

_손가영·이윤정

1 손가영 선생님이 들려주는 영어 수업 이야기

배움은 단순히 암기하는 것이 아니다.
배움은 자연스럽고 자발적이고 산발적인 것으로
이야기를 듣고 자신의 생각을 끄집어내고, 보태고,
더 나아가 자신의 의문을 던질 수 있는 것이다. ……
내 수업이 실패했던 이유는
'어떻게 가르칠까?'만을 고민했기 때문이다.
교사들이 고민해야 할 것은 '어떻게 배우게 만들까?'이다.
- 본문 중에서

1. 장곡중, 첫 발령지에서 만난 혁신학교

교사라면 누구나 한 번쯤은 꿈꾸었을 것이다. 학생들과 함께 호흡하는 수업, 배움의 대화와 가슴 벅찬 깨달음의 순간들이 넘쳐나는 교실. 나도 예외는 아니다. 부푼 꿈을 안고 나의 첫 발령지인 '장곡중학교'로 향했던 2월의 어느 날. 나는 첫날부터 적잖이 당황스러운 경험을 하게 되었다. 2학년 담임교사로 배정받은 내가 가장 먼저 했던 일은 교실에 들어가 교실 배치를 'ㄷ'자로 바꾸는 것이었다. 무거운 책상을 이리저리 낑낑거리며 옮기면서, 도대체 왜 혁신학교에서는 학생들이 이런 형태로 앉아 수업을 해야 하는지 의아했다. 장곡중학교에서의 첫날을 나는 그렇게 기억하고 있다. 그 후로 몇 달간 힘들었다. 학기 초에 조용하던 학생들이 서로 친해지면서 'ㄷ'자 배치의 자리는 서로가 수업 내용과 관련 없는 눈빛 교환을 더욱 쉽게 만들었고 모둠별 활동을 할 때면 어제 먹은 치킨 이야기부터 시작해서 드라마 주인공 험담까지 다채로운 주제로 학생들의 수다를 북돋았다. '아, 도대체 왜 자리 배치를 이렇게 하는 거야?'라고 느낄 즈음, 나의 수업에 대해 진지하게 고민해보게 되었다.

배움중심수업을 협동 학습쯤으로 착각한 나는 모둠별 활동을 한답시고 영어 교과서의 활동들을 모두 활동지에 집어넣었다. 그리고 조를 만들게 했고 활동지를 해결하게 했다. 학생들은 빈칸에 답만 대충 적어 넣고 배우지 않았으며, 따라서 모둠별 활동은 잡담으로 넘쳐났다. 시험 기간이 다가오면 진도에 쫓겨 모둠 활동 따위 온데간데없이 사라지고 다시 일제식 수업을 진행했다. 이런 주기가 2번 정도 반복되자 나도 학생들도 모둠 활동의 의미를 찾지 못하고 있었다.

'결국 내 수업 디자인의 문제구나.'

수업을 더 잘하고 싶다. 어떻게 해야 할까? 고민하던 나는 '아! 수업 실기 대회에서 1등급을 받은 선배님의 수업 동영상을 보면 무언가 배울 수 있지 않을까?'라는 결론에 도달했다. 그날 학생들이 귀가한 후 나는 혼자 교무실에 남았다. 그리고 나의 성장 노트와 펜을 꺼냈다. 어느 선생님의 수업 동영상이 재생되기 시작했고, 딱 3분 만에 나는 어떤 깨달음을 얻었다. 그리고 이 깨달음이 그 후 5년 장곡중학교에서 나의 수업을 바꾸어놓았다.

내가 본 그 동영상의 수업은 훌륭한 수업이었다. 디자인도 훌륭했고 선생님의 영어 구사력도 뛰어나셨다. 하지만 나는 학생들이 수업에 어떻게 참여하고 있는지 어떠한 단서도 얻을 수 없었다. 선생님을 가장 잘 찍을 수 있는 위치에서 카메라가 촬영한 45분 동영상의 주인공은 앞에 계신 선생님이었다. 장곡중학교에서 근무한 지 몇 달 되지 않았지만 나는 이런 카메라의 위치에 익숙하지 않았다. 수업의 주인공은 학생이고, 배움의 주인도 학생이며, 카메라는 교실 앞에 위치하여 학생들의 배움을 찍는 것이 당연한 일이었다. 학생들이 모둠 활동을 할 때면 카메라는 모둠으로 들어가 그들이 어디서 배우고 어디서 주춤거리며 어떻게 협력하는지를 촬영한다. 이렇게 촬영된 영상은 학생들의 배움에 대한 단서를 제공한다. 또한 자신이 디자인한 활동과 학생들의 호흡이 잘 맞는지 아닌지를 돌아보

게 하고, 어떤 과제를 협력 과제로
제시해야 학생들의 배움의 점프를
이룰지 생각해보게 한다.

그날 저녁, 나는 집으로 돌아
오며 많은 생각을 했던 것 같다.
왜 배움중심수업을 해야 하는가
가 스스로 납득이 되는 순간이었
다. 교육의 방향이 이것임을 확신

할 수 있었다. 수업의 주인공은 교사가 아니라 학생이다. 학생들이 배우게
만드는 것이 수업이다. 그렇다면 '배운다'는 것이 무엇인가? 나는 사실 그
때까지 '배움'이 무엇인지, '배운다'는 것이 어떤 것인지 한 번도 고민한
적이 없었다.

나는 늘 '어떻게 가르칠까'만을 고민했었다. '어떻게 아이들이 알아듣기
쉽게 설명해줄까? 어떻게 하면 더 재미있게 수업 내용을 전달할 수 있을
까?'가 수업 전 내 고민의 전부였다. 이런 고민들의 결과로 나온 수업들은
다음과 같다. 수업 목표는 'to부정사와 동명사를 취하는 동사들'이었다.
너무 헷갈리는 이 동사 목록들을 어떻게 암기하기 쉽게 가르칠까 고민하
다 「산토끼」 노래에 동사들을 집어넣었고 수업 시간에 학생들과 함께 신
나게 불렀다. 아이들은 즐거워했고, 복도에서도 그 노래를 부르고 다녔다.
흐뭇해진 나는 나의 수업이 의도한 목표를 효과적으로 달성했음에 도취
되어 있었다. 몇 주 후 중간고사가 있었고 나는 문항 정답률을 보던 중
충격을 받았다. to부정사와 동명사를 취하는 동사들을 묻는 문제의 정답
률이 30프로도 되지 않았다. 즉, 대부분의 학생들은 나의 수업으로부터
배운 게 없는 것이다.

배움은 단순히 암기하는 것이 아니다. 배움은 자연스럽고 자발적이고
산발적인 것으로 이야기를 듣고 자신의 생각을 끄집어내고, 보태고, 더

나아가 자신의 의문을 던질 수 있는 것이다. 위 예의 수업이 실패한 이유는 학생들이 진정으로 배우지 않았기 때문이다. 학생들이 배우지 못한 이유는 내가 '어떻게 가르칠까?'만을 고민했기 때문이다. 교사들이 고민해야 할 것은 '학생들을 어떻게 배우게 만들까?'이다.

이날 이후, 나는 수업을 디자인할 때 '학생들이 이 활동을 어떻게 배울까'를 머릿속에 그리며 고민했다. 그렇게 고민한 활동지들을 가지고 수업에 들어가면 학생들의 모둠 활동의 양상이 달랐다. 아이들의 배움의 질이 다르다는 것이 눈으로 확인된다. 이런 경험을 하고 나서 어떻게 활동지 디자인을 대충 할 수 있겠는가? 그 후 5년간 나는 정말 수업을 처절하게 고민하고 섬세하게 디자인하려고 노력했다. 그리고 누군가 물으면 "교사도 창작의 고통을 겪는다"고 말했다.

2. 나는 수업으로 성장하는 교사였다

나는 수업으로 성장하는 교사였다. 나는 수업 공개를 겁내지 않는 교사였기 때문이다. 내가 수업 공개를 겁내지 않게 된 이유는 장곡중학교에서 수업 공개의 첫 경험을 가졌기 때문이다. 많은 선생님들께 공개수업은 굉장히 부담스럽고 가능하면 미루고 싶은 일일 것이다.

평소에는 쓰지 않는 학습 목표를 칠판에 쓰면 학생들로부터 "쌤, 왜 갑자기 안 하시던 행동을 하세요?"라는 당황스러운 질문을 받으며, 수업을 성공적으로 이끄는 데 불필요한 여러 가지 것들을 수업 지도안에 세세하게 적어야 한다. 그날만은 대부분의 프린트물을 칼라로 출력하며 아침부터 맘 졸이게 된다. 그렇게 조마조마하게 수업 공개를 끝내고 나면 동료교사들에게 쓰디쓴 칭찬을 들어야 한다. "이것은 좋았지만 이건 이렇게 했으면 더 좋았을 것 같아요." 칭찬인데 칭찬이 아니다. 이런 말들 한 마디 한 마디가 모여 비수가 되어 가슴에 꽂힌다. 그리고 그날 잠자리에 누우면 그 말들이 생각난다.

하지만 장곡중학교에서의 수업 공개 장면은 위의 묘사와는 정반대이다. 장곡중학교의 수업 공개는 동 교과끼리가 아닌 교과의 벽을 넘어 실시된다. 모든 교사들은 모든 수업을 참관한다. 수업에 참관한 교사들은 학생들의 배움을 잘 관찰하기 위해 저절로 몸을 낮추게 된다. 심지어 학생들 옆에 무릎을 꿇고 쭈그려 앉아 계시는 선생님들도 많은데 이는 학생들의 눈높이에서 학생들의 배움을 관찰하기 위함이다. 수업 참관 후 이어지는 수업 연구회는 말 그대로 수업에 관한 '담론'이 이루어지는 자리이다. 수업을 참관한 모든 교사는 자신이 그 수업에서 배운 점과 학생들의 배움을 관찰한 이야기를 나눈다. 서로가 배우고 관찰한 것들을 공유하고 격려하는 따뜻한 시간이다. 이 시간만은 서로의 이야기를 경청하고, 서로를 인정하며 또 응원한다. 또 수업에 전혀 집중하지 못하는 학생들에 대한 고민을 함께하며 '아, 나만의 고민이 아니구나'라는 위안을 얻는다. 예를 들면, 영어 수업 시간에 수업에 잘 집중하지 못하는 한 학생이 역사 공개수업 시간에도 그렇다면, '이 친구를 어떻게 배우게 만들까?'를 그 학생을 가르치는 모든 교사가 함께 고민하는 것이다. 선생님들 입에서 쏟아져 나오는 그 학생에 관한 정보들-수업 태도, 선호하는 과목, 교우관계, 학교생활 등-을 바탕으로 학생이 배움에서 소외되는 원인을 다각적으로 분석할 수 있고, 종합적인 대책을 마련할 수 있다. 수업에서 학생의 문제 행동이 교사 개인이 오롯이 고민하고 해결해야 하는 문제라면 '아, 내 수업의 문제인가'라는 생각부터 시작해서 굉장히 좌절감이 들지만 공동체가 함께 해결해야 하는 문제라면 모두가 힘을 모아 더 근본적이고 종합적으로 대책을 마련할 수 있고 또 적극적으로 실천할 수 있다.

이런 수업 공개와 수업 연구회를 통해 수업자와 참관자 모두가 배운다. 수업자의 입장에서는 수업을 참관한 선생님들만큼의 지원자가 생기는 것이고, 자신이 보지 못한 학생들의 배움을 세심하게 피드백 받을 수 있는 기회가 되는 것이다. 또한 수업 참관자의 입장에서는 다른 교과 수업을 통해 자신의 수업 안목을 넓히고, 교육 전문가로 성장하는 기회를 가지게 된다. 학생들의 배움은 교과별로 분절되어 존재하지 않는다. 그것은 서로가 연결되어 펼쳐져 있다. 교과의 구분은 가르치는 사람의 편의를 위해 만들어진 것이다. 따라서 다른 교과의 수업을 참관함으로써 학생들이 다방면에서 어떻게 배우는지를 관찰할 수 있다.

다른 교과의 수업이 나의 교과 전문성 향상에 얼마나 도움이 되는가를 이야기하면 다들 의아해한다. 하지만 수학, 도덕, 기술, 과학 등의 다른 교과 수업은 나의 수업에 많은 영감을 제공했다. '어떤 주제가 영어과가 아닌 타 교과에서 어떻게 진행되고 있는가'에 대해 아마 대부분의 선생님들은 생각해본 적조차 없을 것이다. 영어 교과는 각 단원이 다방면의 주제로 수업이 전개되기 때문에 다른 교과들과의 연결고리를 찾으면 교과 통합으로 진행하여 학생들의 배움을 더 깊게 만들 수 있다. 그 예로 수학과의 이차방정식과 황금비를 영어과의 'Mathematics in Beauty'라는 단원과 연결시킨 예, 그리고 과학과의 중력과 가속도, 자극의 반응 속도를 영어과의 'Magic Science Tricks' 수업과 연결시킨 예가 있다. 이렇게 많은 이점을 가진 수업 공개를 왜 마다하겠는가? 그래서 나는 누군가 수업 공개를 요청하면 "네! 들어오세요!" 했고 이런 수업 공개의 경험들이 나를 성장시켰다. 나는 진정 수업으로 성장하는 교사였다. 모든 수업에는 배울 점이 있었고 따라서 수업 참관과 수업 공개가 내 성장의 가장 큰 원동력이었다.

한 가지가 더 있다. 바로 동료 교사이다. 철학이 비슷한 동료 교사를 만난 2년 동안 내 수업은 날개를 달았다. 혼자 고민하고 디자인하던 활동들은 동학년을 함께 가르치던 박소연 선생님을 만나면서 업그레이드되었다. 내 수업 아이디어를 들어줄 동료 교사가 있다는 것은 정말 최고의 행운이다. 내 아이디어들이 아무리 조악할지라도 함께 공유하다 보면 정말 좋은 수업의 자료로 변신했고, 교과서 재구성과 교육과정 재구성을 더욱더 활발하게 진행할 수 있었다. 또한 영어 교사의 시각과 식견으로 아이디어가 부족한 부분은 각계의 교과 선생님들을 따라다니며 질문했다. 그러면 귀찮아하지 않고 친절히 나의 교과 고민을 들어주고 상담해주셨다. 그리하여 나의 수업이 풍부해지기도 했고, 또는 함께 교과통합수업을 기획하기도 했다. 그 예로 교과서에 나오던 'Magic Science Tricks'라는 단원의 수업을 소개하고자 한다.

당시 교과서 본문은 중력과 가속도, 그리고 우리 몸의 자극과 반응 속도에 대해서 이야기하고 있었다. 과학적 사고에 익숙하지 않던 나는 본문 해석을 다 하였음에도 불구하고 무슨 내용인지 명확하게 이해할 수 없었다. '내가 이 정도면 학생들에게도 결코 쉽지 않겠구나.' 하는 생각이 들어 과학 선생님께 도움을 요청했다. 내용적 지식과 함께 이 내용이 과학 교과서에서 언제, 어떤 과에서 다루어지는지를 여쭈어보았고 1단원, 3월 중순 즈음에 바로 '중력과 가속도'에 대한 내용이 실험을 통해 다루어짐을 확인할 수 있었다. 심지어 영어 교과서에서 설명하고 있는 실험이 과학 교과서에 제시된 실험과 같은 실험이면서 오히려 더 간소화된 실험이었다. 따라서 연초에 연간 계획을 세울 때 당시 교과서 4과에 배치되어 있던 이 과를 3월에 배울 수 있도록 재배치하고, 학생들이 과학 시간에 실험을 한 후 영어 보고서를 쓰는 형식으로 관련 내용을 만날 수 있도록 수업을 설계했다. '중력과 가속도, 그리고 자극과 반응속도와의 관계를 실생활에서 접해볼 수 없을까.' 고민하던 중 당시 유행하던 프로그램인 '1박 2일'에서 출연자들이 달걀을 떨어뜨려 이마로 잡는 게임을 했는데, 이 게임이 바로 교과서의 과학적 원리를 그대로 이용한 것이었다. 그래서 두 번째 보고서는 학생들이 이 동영상을 보며 실험 장면을 간단히 그려보고 실험 절차와 원리를 직접 영어로 작성해보는 활동으로 디자인했다.

비록 새로 접하는 실험이지만 이미 같은 원리와 절차로 진행된 실험의 다른 버전이기 때문에 어렵지 않게 배운 것을 적용해나갈 수 있었다.

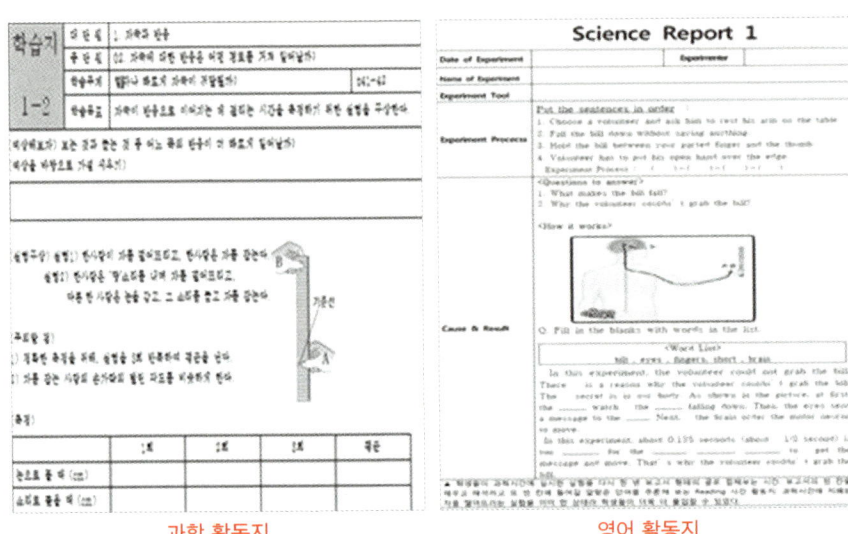

과학 활동지   영어 활동지

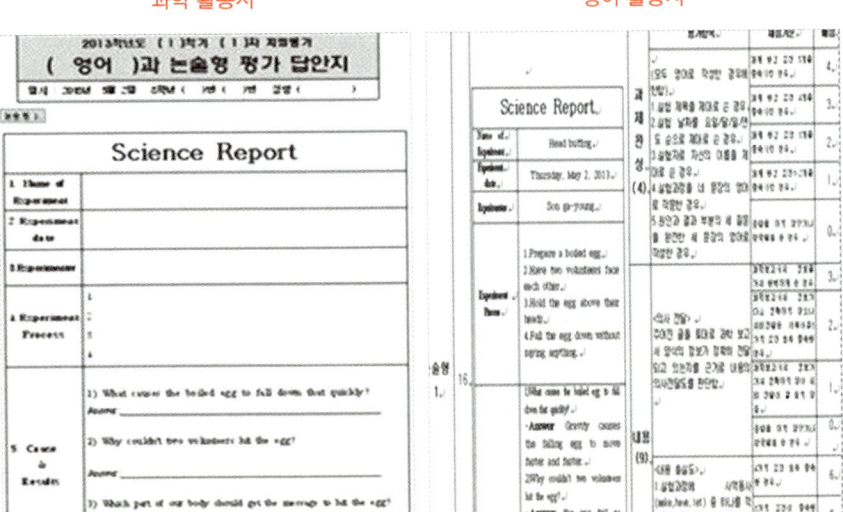

보고서 작성 논술형 문항   이원 목적 분류표의 문항 채점 기준표

3. 교사는 철학으로 수업한다

교사는 철학으로 수업한다. 수업은 기술이 아니다. 배움중심수업에는 매뉴얼이 없다. 수업은 '단 한 명의 학생도 수업에서 소외시키지 않으려는' 교사의 갸륵한 마음에서 시작되어 그 마음이 수업을 준비할 때 주제의 선택, 섬세한 활동 디자인에서부터 수업 중의 배려와 케어, 수업이 끝난 후의 반성, 동료 교사와의 협의, 그리고 다음 차시 계획 등의 과정에 갖가지 노력으로 녹아난다. 그 모든 마음과 과정이 철학을 녹여내는 과정이며, 이런 철학을 가진 교사들이 함께 학생들의 배움에 대해 이야기하고, 배움에서 소외되는 학생들을 안타까워하고, 함께 해결책을 모색하려 애쓰는 공동체가 바로 학교공동체이다. 많은 학교들이 '혁신학교'의 타이틀을 달고 혁신을 이야기하지만 실제로 그들의 이야기는 굉장히 공허한 경우가 많다. 학생들의 배움이 장곡중학교만큼 소중하게, 그리고 대단하게 이야기되는 학교는 없을 것이다. 이런 교사들의 노력이 넘쳐흐르자 학부모들도 지역사회도 함께하기 시작했다. 학교공동체가 교육의 장으로서 지역사회와 화합할 때 마을공동체 교육이 완성된다. '한 명의 아이를 키우기 위해서는 온 마을이 필요하다.' 이 아프리카 속담은 바로 장곡중학교와 장곡동 마을의 교육공동체를 일컫는 말이 아닐까 생각해본다.

나의 수업철학은 기본적으로 '시험을 위한 수업을 하지 말자'이다. 따라서 수업에 대한 나의 고민에는 항상 '이 수업 주제로 어떻게 학생들이 '나'를 만나고 '세상'을 만나게 할까?'가 담겨 있다. 이렇게 교과서 밖의 나와 세상을 만나는 수업 디자인은 항상 학생들의 인격적 성장을 지향하는 방향으로 나아간다. 교사가 디자인한 활동지를 학생들은 모둠을 이루어 서로 협력하며 배운다. 그 과정에서도 세상을 살아가는 법을 배운다. 서로의 이야기를 경청하는 법, 배려하는 법, 그리고 친구의 도움을 보조하는 기특한 실천도 기꺼이 한다. 많은 친구들이 동료들의 울타리 안에서 케어를 받고, 그마저도 힘든 친구들은 교사가 돌본다. 그런 관계 안에서 수업 시간에 외롭게 혼자만의 섬을 이루고 있는 학생은 거의 없다.

앞으로 전개될 이야기는 모두 지난 5년간 내가 장곡중학교에서 한 수업 이야기이다. 교과서 재구성을 시작하게 된 계기부터 수업 주제들이 나, 사회, 그리고 세상으로 어떻게 날개를 달고 퍼져나갔는가를 나의 수업철학과 실제 수업의 예를 들어 이야기해보고자 한다.

가. 왜, 교과서를 재구성하게 되었냐고요?

내가 처음으로 교과서를 재구성하게 된 계기를 떠올려본다. 배움중심 수업을 시도한 지 일 년 반, 교과서 활동으로 모둠 활동을 하는 데 한계를 느꼈다.

첫째, 교과서는 학생들에게도, 그리고 교사인 나에게도 재미가 없다. 교과서는 아이들의 관심사, 그리고 그들 사이에 이슈가 되는 문제들에 무관심하다. 그저 아이들에게 가르치면 좋을 교훈적인 이야기들이 나열되어 있을 뿐이다. 요새 아이들이 어떤 아이들인가? 온갖 자극과 정보에 기민히 반응하고 SNS를 통한 자기표현과 상호작용에 능한 '디지털 원주민 Digital Natives'이라 불린다. 그들은 컴퓨터, 스마트폰 등에 둘러싸여 그전 세대와는 다르게 정보를 주고받고 의사소통하며 자라왔다. 따라서 그들이 사용하는 학습 방식도 그전 세대들과 다르고, 또 질적으로 다른 사고 방식을 가지고 있다고 해도 과언이 아니다. 그들이 의사소통하고 관계를 만들어가는 방법들을 가만히 관찰해보면, 우리가 고수해오던 전통적인 교사 중심의 일방적인 수업 방식으로는 더 이상 학생들이 사고하고 배우도록 할 수 없음을 깨달을 수 있다.

둘째, 많은 학생들이 교과서를 학원에서 배우고 온다. 배우고 온다고 다 아는 것도 아니지만, 그래도 수업 시간의 내용이 지겹고, 별로 듣고 싶지 않다. 그래서 모둠 활동을 시키면 모두 입을 꾹 다물고 앉아 있는 경우가 대부분이다. 입을 열지 않는 이유는 여러 가지가 있지만 한 번 했던 것을 다시 하자니 지겹고 반복하기 싫어서인 경우가 대부분이다. 그렇다고 그 학생들이 학원에서 배워온 내용을 제대로 알고 있는 것은 또 아니다. 하지만 학생들은 자신이 알고 있다고 착각해버리고, 그들의 배움이 딱 거기서 멈춰버리는 예들을 교실에서 많이 볼 수 있다.

셋째, 교과서의 많은 주제들은 그저 피상적으로만 다루어진다. 학생들에게, 그리고 그들의 삶에 깊이 침투하지 못하고 시험을 준비하기 위한 암기 대상으로만 인식되는 이 내용들은 결국 학생들의 삶에 아무런 영향을 미치지 못한다. 이것이, 왜 우리 어른들이 영어 수업 시간에 배우고 읽은 수많은 영어 지문들 중에서 단 하나의 지문도 기억하지 못하는가의 이유이다. 우리가 대화할 때 피상적인 내용으로는 더 이상 이야기를 전개시킬 수 없듯이, 피상적인 내용의 교과서도 학생들 사이의 배움의 소재로 발전되지 못한다.

이런 생각들을 하고 있던 어느 날, 교과서의 'What is culture?'라는 단원의 디자인을 구상하다 답답해졌다. 교과서에서는 'What is culture? It is the "software of the mind." Human beings all have the same "hardware," the human brain. But our "software" is different.'라는 문장을 시작으로 문화를 설명하고 있다. "아니, 문화가 얼마나 흥미롭고 다채로운 현상인데, 이것을 이렇게 다룰 수밖에 없는 건가?" 한숨을 푹푹 쉬며, 내가 여행을 통해 새로운 문화를 경험했을 때의 흥분과 즐거움, 그리고 문화 충격들을 토대로 교과서를 재구성해보았다. 그 시작은 내가 외국 여행에서 느낀 크리스마스와 새해에 대한 사람들의 인식 차이였다. 한국에서는 크리스마스는 주로 연인, 친구와 함께 보내는 시간이지만 새해는 가족과 함께라는 인식이 지배적이다. 하지만 미국은 정반대이다. 그래서 당시 널리 읽히던 만화 『광수생각』에서 그림을 빌리고 이런 인식 차이를 만화의 내용으로 만들어 사용하였다. 아이들의 눈이 반짝였다. 만화를 읽고 학생들은 문화적 차이에 대한 자신의 생각을 한 문장의 영어로 적어보는 과제에 몰입했다. 아이들은 입을 열어 저마다 느낀 바를 이야기했으며, 그것을 영어로 표현하려고 사전을 뒤적이기 시작했다.

다음 차시의 듣기 수업에서도 교과서 내용은 제쳐두고 외국인이 우리나라에 와서 겪은 문화 충격을 이야기하는 동영상을 이용해서 수업을 진행하였다. 한 외국인이 한국에 와서 가장 적응하기 어려웠던 부분이 한국의 전화 문화이다. 우리는 편하거나 격식을 차리지 않아도 되는 대상과 통화할 때 전화를 시작하는 말과 마무리하는 말로 "어~"라는 소리를 높낮이나 길이를 달리하여 사용할 때가 많다. 전화를 받을 때 내는 "어" 소리는 "여보세요"나 "안녕하세요?"를 대신하는 말이고 전화를 끊을 때 사용하는 "어~"는 "안녕히 계세요"나 "이제 끊어도 좋습니다"라는 신호를 대신하는 말이다. 그래서 우리는 무심코 "어~"라고 대답하고 전화를 끊는다. 그리고 그것은 상대방을 불쾌하게 하는 행위가 아니다. 하지만 이런 문화를 모르는 외국인의 경우 "어~"라는 소리를 이제 전화를 끊어도 된다는 신호로 인지하지 못한 채 전화기를 계속 들고 있게 되고, 상대방은 이미 전화를 끊은 상태인 경우가 발생하는 것이다. 이런 자신의 경험을 바탕으로 한국 사람들의 전화 문화를 소개해놓은 한 외국인의 동영상은 정말 좋은 수업 자료가 되었다(동영상 출처 https://www.youtube.com/watch?v=VrrxSqDgPf4).

동영상을 몇 번이고 돌려보며 듣기 수업을 진행한 후 영상에 사람들이 달아놓은 댓글을 해석하며 이런 한국의 전화 문화가 다른 이들의 시각에 어떻게 비추어지는지를 알아보았다. 이런 수업을 통해 학생들은 말 그대로 'What is culture?'라는 질문에 한 발짝 다가가 자신만의 생각들을 키워가고 있었다. 모둠별로 이야기는 넘쳐났으며, 학생들은 영어라는 날개를 달고 표현하고 싶어 했다. 이 수업을 하며 주제의 중요성-학생들의 사고를 자극하기에 얼마나 발전적인가, 그리고 수업의 과정을 통해 주제에 관한 자신의 생각을 형성해가는 것의 중요성을 깨달았다.

교과서 재구성, 교육과정 재구성은 필요하다. 적절한 자극이 주어졌을 때 학생들은 입을 연다. 그리고 이야기한다. 그리고 잊고 있었던 한 가지 사실을 깨닫게 된다. 요즈음의 학생들은 자기표현에 능한, 자신을 표현하기 좋아하는 존재이다. 이렇게 수업의 재미를 처음으로 맛본 나는 그 후 항상 주제의 발전성을 가장 중요하게 생각했다. 적절한 주제의 방향이 선정되고 나면 단원 전체 흐름도를 그렸다. '주제'를 중심에 두고 각 차시 내용을 고민하는 과정에서 교과서에서 취할 내용과 버릴 내용을 구분했고, 제시된 학습 목표와 필수 학습 요소, 성취 기준에 따라 더 깊게 배워야 할 것들과 그렇지 않은 것들을 나누었다. 그 후 영어의 '4 skills'를 중심으로 'Vocabulary-Listening-Speaking-Grammar-Reading-Writing'의 순서에 따라 각 차시 수업을 조직했다. 이 작업을 통해 매 차시를 그냥 교과서에서 주어진 것들을 아무 생각 없이 쫓아가는 수업이 아니라 '학생'들을 중심에 두고 나의 철학을 담아 수업할 수 있었다. 또 주제를 중심으로 내용을 유기적으로 조직할 수 있었다. 각 차시를 유기적으로 조직한다는 의미는 예를 들면 나의 경우 1차시에는 단원에 나오는 필수 단어를 모두 배우는 어휘 학습 시간을 가진다. 그리고 2차시는 주제와 관련된 Listening 활동, 3차시는 Listening에서의 핵심 표현을 말하는 Speaking 수업, 4차시는 Reading 수업을 위한 Grammar, 5~7차시는 Reading, 마지막 8차시는 Reading에서의 내용을 바탕으로 한 Writing 수업으로 조직한다.

단원 전체 흐름 조직하기

1st V	2nd L	3rd S	4th G	5th R_1
	6th R_3	7th R_2	8th W	

가능하다. 심지어 문법 수업도 배움 중심으로 진행할 수 있다. 다만 영어 교과의 특성에 따라 그리고 교사의 스타일에 따라 철학을 적용하는 방식이 조금 달라질 뿐이다. 내가 '배움중심수업으로 심지어 문법 수업도 잘할 수 있구나!'라고 처음으로 느낀 수업을 소개하고자 한다. 바로 장곡중학교에 발령받은 2년 차 초에 했던 수업인데, 이 수업이 내게는 학생들을 신뢰하고, 끊임없이 수업을 연구하게 하는 하나의 계기가 되었다.

여고생 시절에 내가 특히 어려워했던 if 명사절과 부사절 부분의 수업을 준비해야 했다. '어떻게 설명을 해야 학생들이 if 명사절과 부사절의 개념을 확실히 알게 될까' 고민 끝에 다음과 같은 활동지로 수업을 했다.

활동지 구성을 살펴보면 먼저 if 명사절과 부사절을 '시'라는 문맥 내에서 만나고 이를 해석해보는 것이다. 이를 위해 if 명사절과 부사절이 모두 사용된 시를 하나 지었다. 이 시의 일부는 어떤 팝송의 가사를 인용한 것으로 학생들에게 선생님이 첫사랑과 이별한 후 지은 시라고 소개했다. 시의 소개와 함께 학생들은 뜨거운 반응을 보였다. 시의 제목이 'Baby, I'm not sure if this is love'이다. 여기서 'Baby가 도대체 누구일까?'의 문제로 학생들은 의견이 분분했고, 그 대상을 찾기 위해 사전을 가지고 열심히 모르는 단어를 찾고, 서로 물어가며 시를 해석했다.

시의 해석을 공유하고 내용 이해를 묻는 질문들을 해결한 후, 시에 등장하는 if 명사절과 부사절만을 가지고 모둠별로 이야기해보는 활동을 했다. if 명사절과 부사절의 의미와 역할 면에서의 차이점을 모둠별로 이야기해보도록 했고, 나는 돌아다니며 모둠별로 나누는 이야기를 들으며 공유할 때 발표시킬 모둠별 순서를 정했다. 공유의 순서도 랜덤이 아니다. 잘 경청해보면 어떤 한 조에서 해결하지 못한 답을 다른 조에서는 해결하고 있다. 그리고 또 어떤 조는 교사인 나도 예상치 못한 의문점을 가지고 끙끙대고 있다. 이렇게 모둠별로 학생들이 배우는 이야기 역시 좋은 수업의 자료이자 새로운 입력이 될 수 있다. 나는 답을 찾지 못한 조의 고민을 먼저 공유시키고 그 이야기의 답을 찾은 조로 연결시켰다. 그러자 내가 구구절절 명사와 부사의 역할, 구와 절의 차이점, 명사절과 부사절의 역할 등등을 설명하지 않아도 학생들의 이야기가 연결이 되면서 학습하고자 한 목표에 도달했다. 그리고 모든 모둠에서 명확하게 이야기되지 않은 부분-문장에서 명사절의 역할-은 다시 모둠 활동으로 던졌다. 그러자 이 문제에 대해서 학생들은 다시 이야기해보기 시작했고 모둠별로 나눈 이야기 중에는 이런 내용도 있었다.

명사절이 …… 문장에서 없으면 안 되는 필수적인 거 그런 거 아냐? 그러니까 롤 없으면 내가 살 수 없듯이, 롤과 같은 존재인 거네! 얘가 없으면 의미가 완성되지 않는 그런 거 아냐?

이 이야기를 들으며 이것이야말로 명사절에 관한 가장 완벽한 정의라고 생각했다. 교육과정상의 정의, 또는 딱딱한 문법용어를 사용한 교사의 정의가 아니라 인간미 넘치는 아이들의 명사절에 관한 정의이다. 이런 학생들의 이야기를 공유시키며 명사절과 부사절을 이해시켰고, 다음 차시에서도 if 명사절과 부사절이 쓰인 문장을 주고 몇 명의 학생들에게 차이점을 설명해보게 하여 복습시켰다. 난 이 수업에서 명사절과 부사절의 차이점을 한 번도 설명해주지 않았지만 학생들은 배웠다. 이 수업을 교사 중심 수업으로 진행했다면 분명히 다음과 같은 과정으로 수업이 이루어졌을 것이다. 먼저 구와 절의 차이점을 설명한 후, 명사와 부사의 역할을 설명하고, 그 후 명사절과 부사절의 역할과 차이점을 설명한다. 그 후 학생들에게 연습문제를 주고 명사절과 부사절을 해석하고 구분하게 한다. 하지만 대부분의 학생들이 이미 선생님이 앞에서 어려운 말로 문법 이야기를 할 때 잠들어 있거나 집중력을 잃고 만다. 사실 이것은 나의 경험이다. 그래서 나는 오랫동안 부사절과 명사절의 차이점을 잘 구분하지 못했고, 이런 악순환을 학생들은 겪지 않았으면 하는 마음으로 활동지를 디자인하게 되었다.

'앎'에는 여러 단계가 있다. 그냥 답을 찾을 수 있는 앎, 답을 찾을 수 있고 그 이유를 설명할 수 있는 앎, 그리고 답을 찾고 설명을 할 수 있을 뿐만 아니라 다른 사람의 배움을 보조할 수 있는 앎까지. 이 중 제대로 무엇인가를 안다는 것은 후자에 속한다고 생각한다. 교사 역시도 그런 경지에서 학생들을 가르치는 것이므로. 수업을 통해 학생들이 가장 최고 경지의 앎에 도달할 수 있도록 하는 것이 수업을 통해 교사가 느낄 수 있는 가장 큰 기쁨이 아닐까 생각한다.

다. 수업으로 성장하는 아이들과 함께

요즈음 아이들은 '나'를 사유할 시간이 없다. 자아를 형성하고 자신에 대한 고민을 해야 할 시기에 아이들은 과도한 학업과 경쟁에 허덕인다. 또한 '나'의 가치가 형용할 수 없는 수많은 어휘로 표현되는 것이 아니라 단순한 등수로 평가받고 있다. '남보다 못한 나' 또는 '남보다 잘한 나'가 아닌 진정한 내 모습을 찾아갈 수 있도록 도울 수 없을까?

이미 언급했듯이 나는 영어 수업이 단순히 영어적 지식과 기술만을 전달하는 장이 되어서는 안 된다고 생각한다. 아이들의 메마른 영혼의 성장을 힘껏 돕는 한 시간의 수업을 하는 것이 나의 교육철학이다. 그래서 수업의 주제를 정하고 발전시켜나갈 때 학생들의 인간적 성장 역시 지향하는 디자인을 실현했다. 그 시작은 바로 수업의 주제와 '나'의 연결고리를 만들어주는 것이다. 그 순간, 수업과 배움은 진지한 '나의 일'이 되고, 학생들에게 더 중요해진다. 두 가지 수업을 대표적인 예로 이야기해보고자 한다.

(1) 내 삶의 비전 찾기

교과서 11단원 'Tell us about your jobs'를 디자인하기에 앞서 이제 곧 고등학생이 될 학생들이 수업을 통해서 자기 자신과 미래에 대해서 진지하게 생각해볼 수 있는 기회를 만들어주고 싶었다. 주제의 발전성을 고민하던 중 단순히 'Jobs'보다는 'Vision'이 학생들의 인생을 더 폭넓게 조망할 수 있겠다는 결론을 내렸다. 수업의 과정은 학생들이 자기 자신의 성향에 대해 생각해보고 적합한 직업 유형에 대한 정보를 모을 수 있도록 하고, 마지막은 학생들이 자신의 비전을 이야기해보도록 하자라는 큰 흐름을 잡았다. 전체가 8~9차시 정도로 각 차시별 내용들이 유기적으로 연결되어 있다. 수업 흐름 스토리보드는 '자신이 어떤 사람인지 생각해보고 다른 친구들이 나를 어떻게 생각하는지 물어보기(성격을 나타내는 형용사 이용), MBTI 검사를 영어로 실시하고 자신에게 어울리는 분야, 학과 분석하기, Holland 검사를 영어로 실시하고 자신의 직업 성향 파악하기, 여러 가지 직업인들의 생활에 대한 글 읽기, 자신의 꿈에 대해 친구와 대화해보기, 인생에서의 건강, 관계, 직업, 경제, 여가 분야의 비전 세워보고 친구들과 공유하기'로 짜였다.

각 차시별 소재는 교과서에 나오는 부분도 있지만 내가 필요하다고 느껴 첨가한 부분도 있다. 삼 주 정도 수업이 진행되는 동안 학생들은 'My Vision Report'라는 보고서에 매시간 자신에 대한 정보들을 차곡차곡 적고 이 정보들을 바탕으로 자신의 비전을 설정해보았다. 마지막 단계인 자신의 비전을 공유하는 수업에서 학생들은 자신들만의 방법으로 발표를 준비해왔다. 경제 전문가가 되고 싶은 어떤 학생은 PPT 자료를 멋지게 만들어와 프

〈My Vision Board〉 자신의 비전 공유

Tell us about your job 단원의 단원 흐름도

Job, Future Vision
⇩

| 1st Job Vocabulary (Career Song, Crosswords puzzle) | 2nd Speaking Listening (Asking students' own personality using 'seem to') | 3rd Reading 1 (MBTI Test & Result sharing) | 4th Reading 2 (Holland Test & Result sharing) | 5th Reading 3 (Textbook: Tell us about your jobs) |

| 6th Reading 4 (Textbook: Tell us about your jobs) | 7th Speaking (Asking partners' dream jobs, reasons, their efforts and role models) | 8th Writing + Sharing (My vision Board) |

수업의 과정에서 학생들이 MBTI, Holland 검사 등을 통해 자신의 특징, 성향이나 직업 흥미를 충분히 알아본 후 직업인들의 하루에 관한 교과서 본문을 읽고 자신의 꿈과 비전을 직접 쓰고 말해보는 마지막 활동으로 이어진다.

레젠테이션을 했고, 검도 선수가 꿈인 어떤 친구는 죽도를 가지고 와서 씩씩하게 자신의 꿈을 나누었으며, 화가가 꿈인 한 아이는 자신의 비전을 상징하는 그림을 그려왔다. '빚보증을 절대 서지 않겠다. 아내와 함께 늙어가겠다. 하루에 3번 명상을 하겠다. 생물학을 발전시키겠다. 아프리카의 어린이들을 후원하겠다.' 등등 저마다의 이야기를 자랑스럽게 하는 아이들 모두가 주인공이었다.

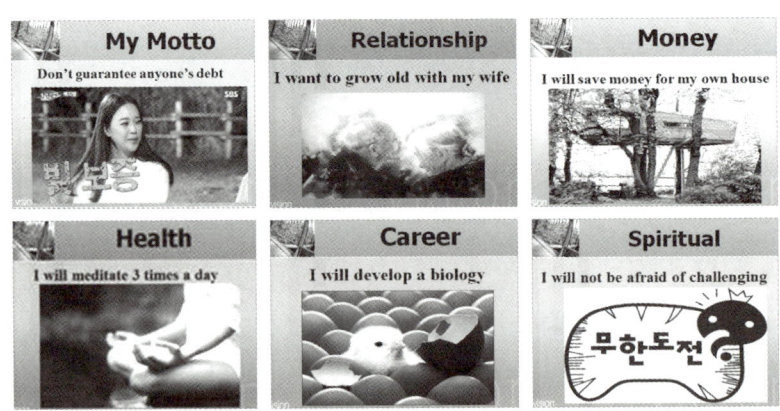

생물학자가 꿈인 한 학생이 발표한 비전보드

(2) 내적인 아름다움을 찾아서

학생들의 학교생활을 잘 들여다보면 그들이 하고 있는 고민이 무엇인지, 그리고 내가 수업을 통해 도와줄 수 있는 부분은 어떤 것들이 있을지가 보인다. 담임교사로 있던 2013년 자신의 모습을 사랑하지 않고 특히 자신에게 하는 칭찬에 인색한 학생들을 보며 참 속상했다.

"아유, 우리 ○○예뻐!"라는 나의 칭찬에, "에이, 거짓말하지 마세요. 전, ○○처럼 키가 크지가 않아요. ○○처럼 다리가 예쁘지 않아요." 대뜸 대꾸하는 아이들. 거울에 비춰지는 아이들 자신의 모습은 과연 어떤 모습일까.

내 눈에는 말라 보이는 아이들이 살을 뺀다고 밥을 먹지 않는다. 내 눈에는 예쁘게만 보이는 한 아이는, 끊임없이 자신을 다른 사람들과 비교하고, 자신의 신체 이미지를 왜곡해서 보고, 또 자신을 평가 절하한다. 거울 속 자신이 생각하는 자기 모습이 아니라 남들이 아무렇지도 않게 툭 던진 말들을 자기의 모습으로 여긴다. 참 안타까웠다. 오늘날 우리 사회의 많은 미디어들은 돈으로, 숫자로 아름다움을 살 수 있다고 생각한다. 진정한 아름다움에 대해 아이들이 한 번쯤은 생각해볼 수 있는 기회를 주어야겠다고 생각했다.

교과서의 'Mathematics In Beauty'라는 단원은 서양의 건축물과 위대한 예술작품에서 찾을 수 있는 황금비에 대해서 이야기하고 있었다. 모든 아름다운 것들은 1:1.6 정도의 황금비를 가진다. '굳이 서양의 위대한 건축물과 예술품에만 황금비가 있을까? 우리 일상에도 황금비는 있을 텐데 …….' 하고 고민하던 중 사람의 얼굴에도 황금비가 있다는 사실을 알게 되었다. 수업의 주제인 '황금비'는 교과서에서 가져왔지만 주제의 연결과 확장은 교사의 몫이다. 동료 선생님들과 황금비에 대한 이야기를 하다 보니 황금비가 피보나치 수열, 이차방정식 등과 밀접한 관련이 있음을 알게 되었다. 따라서 황금비 수업은 수학 교과와 교과통합으로 진행되어 학생들은 수학 시간에 이차방정식을 통해 황금비를 처음으로 접하고, 황금비 관련 서적을 읽고, 일상생활에서 황금비를 직접 찾아보는 포트폴리오를 수행했다. 그 후 영어 수업 시간에 학생들의 수학 포트폴리오 자료를 이용하여 말하기 활동을 실시했다. 예를 들면, '주변에서 길이의 비를 측정하여 황금비가 되지 않는 이유 및 황금비가 되려면 어떻게 해야 할 지 대안 쓰기'라는 수학 과제에 어떤 학생은 아버지의 키를 측정하여 '아빠가 황금비가 되려면 42.6cm의 깔창을 깔아야 한다'는 결론을 얻었다. 이런 재미있는 과제들을 보며 깔깔 웃으며 학생들은 'A부터 B까지의 비율은 1:1.6이다', '깔창' 등의 단어들을 익혀나갔다. 다음 사진 자료는 수업 시간에 이용했던 수학 과제들의 사진이다.

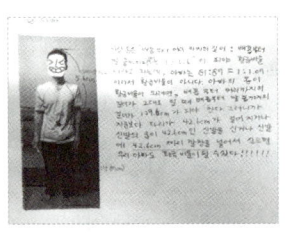
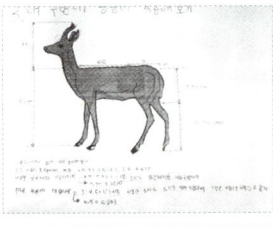
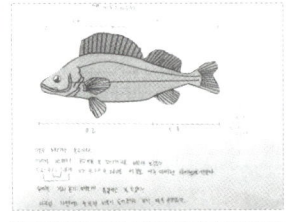
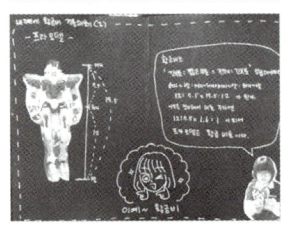

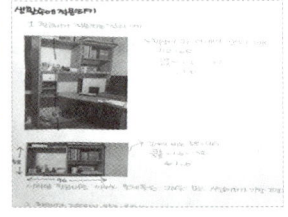

그 후 수업의 흐름은 Vocabulary-우리 얼굴의 황금비 찾기(Reading 1)-내면적 아름다움은 무엇일까(Reading 2)-훈남, 훈녀 이야기(Reading 3)-훈남, 훈녀가 되기 위한 내적 조건들 써보기(Writing 1)-우리 반 훈남, 훈녀와 그 이유 투표(Writing1 & Speaking)- 자신을 사랑할 것을 권유하는 광고 카피 쓰기(Writing 2)로 조직되었다. '아름다움은 완벽한 황금비와 숫자로 계산 가능하다'는 읽기 자료에 이어, 학생들은 '진정한 미', '내

적인 아름다움', 그리고 우리가 흔히 말하는 '훈훈하다' 등이 어떤 자질들을 가지는지 생각해보았다. 그리고 영어사전에 등재되어 있지 않은 '훈남', '훈녀'가 어떤 사람을 일컫는지를 정의하여 써보았다. 이 수업을 통해 간절하게 바란 것이 있다면 '아름다움'이란 눈에 보이는 것이 다가 아니라는 것을 학생들이 알게 되는 것이었다. 자기 내면의 소중하고 아름다운 것들을 지키고, 자신들의 품위를 스스로 인정함으로써 내면의 건강한 자신감을 조금이라도 회복했으면 하고 기도했다.

황금비와 내적인 아름다움 수업 사진

  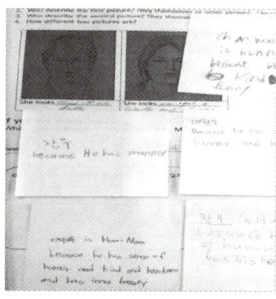

조원들과 함께 읽기 자료 해석하기   얼굴의 황금비 측정해보기   훈남, 훈녀를 뽑고 그 이유 써보기

4. 민들레 홀씨를 꿈꾸며

장곡중학교에 첫 발령을 받은 나는 빈 그릇에 '배움 중심'이라는 가치를 차곡차곡 그리고 가슴 벅차게 담아왔다. 누군가 교직의 가장 큰 장점이 무엇이냐고 물으면 주저하지 않고 '수업할 때 느끼는 보람과 짜릿함'이라고 말했다. 단순 지식의 전달자가 아니라 학생들의 인생을 함께 공유하는, 그리고 그들의 긍정적 성장을 지지하는 어른으로서, 지원자로서 힘들었지만 정말 보람된 하루하루였다. 그 보람이 나를 고민하고 또 고민하

게 만들었고, 그런 고민들은 창작의 고통을 통해 멋진 수업 소재가 되었다. 수업에서 아이들과 함께 호흡하고 성장하고 있다는 가슴 벅참은, 느껴본 사람만이 안다. 이 모든 것의 원동력은 개인의 화려한 수업 기술도 아니고, 멋진 말발도 아니고, 학생들을 제압하는 카리스마도 아니다. 학교라는 공동체에서 수업을 이야기하고, 수업을 고민하고, 수업을 통한 성장을 함께 추구하는 '동료'가 있어서 가능한 이야기였다. 그들은 끝없이 나의 성장판을 자극한다. 교직 인생에 그런 동료와 함께했다는 것이, 언제라도 수업을 배움을 이야기할 수 있다는 것이 정말 다행이다.

우리 사회는 요즈음 크고 작은 흉흉한 사건들로 인해 불안하다. 도무지 믿기지가 않는 윤 일병 사건이나 가슴 먹먹해지는 세월호 참사. 이 모든 사건에 우리나라의 모든 어른들의 책임이 있다고 생각한다. 책임 있는 어른으로서 교사들이 할 수 있는 일은 무엇보다도 한 시간 한 시간의 수업을 통해 아이들을 귀하게 성장시키는 것이다. 교육이란 학생들을 인지적으로뿐만 아니라 대인적으로, 그리고 실존적으로 성장할 수 있는 경험을 통해서 사회의 중요한 일원으로 건강하게 성장하도록 돕는 일이다. 이것이 '수업을 왜 기술이 아닌 철학으로 해야 하는가?'의 답이라고 생각한다.

지금은 장곡중학교가 아닌 다른 학교에 근무하면서 무엇보다 철학을 공유하고 학교의 문화를 바꾸는 것이 이런 수업 혁신의 기본이며 전부라는 것을 뼈저리게 느낀다. 교사 혼자의 힘으로는 가능한 일이 아니다. 그렇다고 내가 할 수 있는 일이 없는 것도 아니다. 길을 걷다 보면 사람들의 무관심 속에 아무렇게나 피어 있는 민들레 씨앗은 살짝 다가가기만 해도 흩날린다. 학교 현장에는 소통 없고, 생명이 없는 수업에 지친 나의 동료들이 많다. 민들레 씨앗 같은 그분들에게 먼저 다가가 배움을, 수업을 이야기하는 일이 지금 내가 할 수 있는 최선이지만, 조금씩 바람을 보태 씨앗을 흩날려보려 한다.

2 다양한 삶이 빛나는 영어 수업, 미래를 담다

배움에서 자신을 소외시키지 않는 학생들은
우리가 살아가는 세상에서도 자신을 소외시키지 않아요.
교실 안과 교실 밖 세상을 별개로 보아서는 안 된다는 거죠.
우리가 배우는 이유는 세상을 잘 살아가기 위해서라고 생각해요.
교실과 세상을 연결해주는 다리는 교사가 만들어줄 수 있어요.
－ 본문 중에서

1. 교사의 열정이 숨 쉬는 영어 수업 들여다보기

가. 수업 기획으로 엿보는 영어 수업

손가영 선생님의 수업에는 언제나 '아이들'이 있다. 교사와 아이들이 소통하는 교육이라는 현장에 아이들이 있다는 건 당연한 이야기다. 하지만 조금은 냉철하게 자신을 되돌아볼 필요가 있다. 내 수업 속에는 언제나 아이들이 있는지. 수업 속에 아이들이 있다는 말은 수업을 하는 '이유'에 아이들이 있다는 말과 동일하다. 수업 속에 아이들이 있다는 말은 아이들의 삶이 고스란히 수업 속에 녹아 있다는 말이기도 하다. 손가영 선생님의 수업은 그렇다. 아이들의 삶을 담기 위해 끊임없이 고민하고 연구한다. 아이들의 고민이, 아이들의 미래가, 아이들의 삶이 수업 속에 고스란히 담겨 있다.

수업을 통해 아이들의 생각과 마음이 성장했으면 좋겠다고 선생님은 얘기한다. 또한 아이들이 사회의 중요한 일원으로 건강하게 성장하도록 돕는 것이 교육이라고 선생님은 말한다. 영어가 의사소통 능력을 길러주는 도구로서의 과목이라는 생각을 넘어서서 아이들의 삶을 이야기할 수 있는 교과여야 한다는 선생님의 철학이 잘 담겨 있는 말이다. 이러한 선생님의 철학은 각각의 수업을 기획하고 설계할 때 고스란히 녹아 들어간다.

자신이 왜 수업을 하는지, 자신의 수업을 통해 아이들이 어떻게 자랐으면 좋겠는지에 대한 끊임없는 고민과 성찰이야말로 아이들과 함께 교사도 성장할 수 있는 이유가 아닐까.

(1) 주제 선정, 세상을 향한 징검다리 놓기

수업 속에서 아이들의 성장을 도모하기 위한 선생님의 고민은 연초 교육과정 협의에서부터 시작된다. 선생님은 교과 내용과 아이들을 어떻게 연결시킬 것인가를 가장 먼저 고민한다고 했다. 영어는 언어다. 언어는 결코 삶과 분리될 수 없다. 그렇기 때문에 영어 교과에서 아이들의 삶을 이야기한다는 것은 어쩌면 당연한 일일 것이다. 여기서 선생님은 '주제'의 중요성을 얘기한다. 사실 교과서의 모든 주제가 좋은 주제는 아니다. 그렇기 때문에 나름의 기준을 가지고 주제를 골라내야 한다. 선생님의 기준은 '아이들'이다. 교과 내용을 아이들과 그리고 아이들이 있는 세상과 연결시켜줄 뿐만 아니라 이것이 확장될 수 있도록 도와줄 수 있는 주제가 좋은 주제라는 것이다. 아이들의 삶(과거, 현재, 미래)과 관련하여 시·공간을 초월해 효력을 발휘할 수 있는 주제, 세상과의 연결고리 속에서 배우고 실천할 거리들을 만들어줄 수 있는 주제가 좋은 주제라는 것이다. 연초에 선생님이 계획했던 주제는 'Earth Hour, 황금비(내적인 아름다움), 월드컵, 의사소통(어떻게 하면 좋은 의사소통이 되는가), 음식 이야기' 등이었다.

주제가 결정이 되면 언제 진행할지 시기를 정해 연간 계획을 세워요. Earth Hour는 매해 3월 말에 진행되는 전 세계적인 행사이기 때문에 이 주제를 가지고 3월 말에서 4월까지 진행하려고 했고, 황금비에 이어 월드컵은

6월에 진행하려고 계획을 세웠어요. 방학 숙제인 '외국인 인터뷰하기' 자료로 수업을 진행하는 의사소통 주제는 2학기 초에, 음식 이야기는 그 이후로 진행하려고 계획했죠.

'Earth Hour'는 아이들이 자신들의 삶의 터전인 지구에 대해 한 번 더 생각해보고, 지구를 위해 참여하고 실천하는 삶을 살았으면 하는 바람이 담긴 주제이다('3. 세계 속에서 공존을 꿈꾸는 교과통합수업'에서 자세히 다룸). '황금비'는 끊임없이 자신을 다른 사람과 비교하고 자신에 대해 평가절하하는 아이들에게 내적인 아름다움의 중요성을 전하고 싶은 선생님의 사랑이 담긴 주제이다. 2014년은 브라질 월드컵이 열리는 해이다. 아이들을 비롯해 전 국민이 관심을 갖는 월드컵의 여러 모습에 대해 이야기 나누는 것이 '월드컵'('3. 세계 속에서 공존을 꿈꾸는 교과통합수업'에서 자세히 다룸)이라는 주제이고, 어떻게 하면 아이들이 의사소통을 잘 할 수 있는가에 대한 고민으로 탄생한 것이 '의사소통'이라는 주제이다.

연초에 계획했던 주제들		실제로 다루었던 주제들
Earth Hour, 황금비, 월드컵 의사소통, 음식 이야기	⇨	영어를 어떻게 배울 것인가 Earth Hour, 세월호, 영어 5형식, 월드컵, 의사소통, 음식 이야기

연초에 이렇게 계획을 세우긴 했지만 이 주제들은 고정적인 것이 아니다. 배움 자체가 획일적이지 않고 산발적인 것처럼, 수업 속에서 다뤄지는 주제 또한 굉장히 유동적이며 변화무쌍할 수 있다. 이는 무계획의 산발성과는 다르다. 앞으로 얘기하겠지만 선생님의 수업에서 주제가 변화하는 과정이나 이유에도 언제나 '아이들'이 있다. 아이들의 상황이나 필요에 따라 주제는 달라지고, 이는 아이들을 통해 더 큰 배움으로 실현된다.

손가영 선생님이 수업 속에서 세상을 향한 징검다리를 어떻게 놓아가는지 살펴보도록 하자. 애초 계획했던 주제가 사라지거나 계획과는 달리 삭제, 추가되는 것은 어떤 경우일까.

새 학년이 시작되고 첫 오리엔테이션 시간. "Who is a leader in learning"이라는 질문을 던지며 아이들이 스스로 'English Class Motto'를 정하기도 하고, '1. 실수를 두려워하지 말자, 2. 혼자 외롭게 박스 안에 갇혀 있지 말자, 3. 친구가 넘어졌을 때 함께 넘어져주는 친구가 되자(비난하지 말기)' 등 모둠 활동을 할 때 가져야 할 태도에 대해 만화 자료를 보며 생각해보는 시간을 가졌다. 이 과정에서 보인 아이들의 모습은 선생님을 다시 고민에 빠지게 만들었다. 영어 공부를 하고는 있지만 왜 해야 하는지 그 목적을 잃어버린 아이들, 자기 삶에서 영어는 언어(말)가 아니라 귀찮고 어려운 공부로만 여기는 아이들. 이런 아이들이 영어 교과에서 자신들의 삶을 이야기하고, 세상과 당당하게 만날 수 있도록 도와주기 위한 선생님의 고민은 '영어를 어떻게 배울 것인가'라는 주제를 선택하게 하였다. 그렇게 계획에 없던 주제 하나가 추가된 것이다.

"Why learn English?"에 아이들이 스스로 답을 찾을 수 있기를 바라는 선생님의 간절함은 '영어를 어떻게 배울 것인가' 수업 곳곳에서 충분히 찾아볼 수 있다. 주제가 주제인 만큼 동기유발 활동을 충분히 하는 것으로 시작, 영어를 배우면 왜 좋은지에 대한 영상을 통해 Listening 활동도 해보고, Reading, Writing, Vocabulary 등 각 분야에 대한 자신의 공부법을 돌아보는 활동도 진행하였다. 이 모든 활동들은 'My English Language Learner Profile'을 작성하는 활동으로 마무리되며 이 과정에서 아이들은 'English is important for me because…', 'I will need English in the future to…', 'My Language Profile', 'My plan' 등을 생각하고, 선생님의 간절함에 보답이라도 하듯 조금씩 조금씩 "Why learn English?"에 대한 해답을 찾아간다.

'영어를 어떻게 배울 것인가' 수업이 끝나고 난 뒤에는 계획대로 'Earth

Hour'가 진행되었다. 이 주제의 경우는 교과통합 프로젝트('지구를 생각하는 시간')로 진행이 되다 보니 예상보다 훨씬 더 주제가 깊어진 경우이다. 뿐만 아니라 주제가 깊어지다 보니 수업 기간이 길어지기도 했다. 하지만 그만큼 아이들에게서 책상에 머무른 지식이 아닌 세상을 향해 소리칠 수 있는 실천적 지성을 이끌어낼 수 있었던 것이 아닐까 한다.

'Earth Hour'가 마무리될 무렵, '황금비' 수업을 준비해야 하는 때에 뜻밖의 사건이 터졌다. 세월호 참사.

배움에서 자신을 소외시키지 않는 학생들은 우리가 살아가는 세상에서도 자신을 소외시키지 않아요. 교실 안과 교실 밖 세상을 별개로 보아서는 안 된다는 거죠. 우리가 배우는 이유는 세상을 잘 살아가기 위해서라고 생각해요. 교실과 세상을 연결해주는 다리는 교사가 만들어줄 수 있어요. 2014년 4월. 세월호 참사로 온 세상이 잿빛 감정으로 물들었던 그때, 저는 아무렇지도 않게 교과서의 아무 감정도 실려 있지 않은 듣기 자료를 제시할 수가 없었어요. 어떤 사건에 대해서 누구나 자신의 감정과 목소리를 가지고 이야기하죠. 교사가 수업 주제를 아이들의 삶과 세상과 잘 연결시켜주면 학생들은 조심스레 자신의 의견을 표현하려 해요. 그것이 아무리 서툰 시도일지라도 한 번의 시도가 모여 자신 있게 영어로 자기 이야기를 할 수 있는 아이들을 만든다고 생각해요.

이 비극적 사건에 대해 아이들이 느낀 바를 가감 없이 그리고 당당하게 표현할 수 있는 장을 만들어주고 싶었던 선생님은, '황금비' 대신 '세월호 참사 관련 영문 기사 읽기(Reading)-애도의 표현 배우기(Speaking)-세월호와 관련된 사람들에게 애도 편지 쓰기(Writing)'로 수업 주제를 조정했다.

학생들과 함께 시흥 시청의 합동 분향소를 방문했어요. 분향소에서 단원고 형, 누나들을 만나고 온 학생들은 마지막 차시인 편지 쓰기에 더욱 적극적으로 참여했고, 아이들이 직접 작문한 애도의 메시지는 교생선생님의 손길을 통해 분향소에 붙여지기도 했죠. 노란 종이에 꼭꼭 눌러쓴 아이들의 편지를 읽으며 놀라웠던 점은, 아이들도 세월호 참사에 대해 할 말이 많다는 것이었어요. 저는 학생들에게 '애도의 표현'만 알려주었고 '세월호와 관련된 사람들에게 편지를 써보자'라고 했을 뿐인데 세월호의 선장, 일등 항해사, 단원고 교감선생님, 희생자 부모님들, 승객들을 돕다 참사를 당한 승무원 박지영 씨, 구조된 학생들, 희생된 학생들, 잠수사들, 대통령, 해경 등등 아이들이 자신의 이야기를 하고 싶은 대상은 너무나도 다양했어요. 모르는 표현은 한영사전을 찾아가며, 친구들과 이야기하며 편지를 쓰는 아이들을 보며, 자신의 목소리를 당당히 낼 수 있는 어른이 될 모습을 생각하니 흐뭇해지기도 했어요.

세월호 수업에서는 '애도 편지 쓰기' 등 Writing 활동 비중이 높았는데 수업을 진행하다 보니 아이들이 문장 어순을 어려워한다는 것을 알게 되면서 또 다른 주제인 '영어 5형식'이 새로이 탄생하기에 이른다.

이렇듯 주제와 시기를 정해 연간 계획을 짜지만 이 주제들을 수업 속에서 실현시키는 과정에서 주제가 깊어지기도 하고, 아이들의 상황이나 수준 등에 따라 조금씩 변동되거나 추가·삭제되기도 한다.

(2) 수업 기획, 세상을 향한 징검다리 건너기

'아이들'을 중심에 두고 주제를 정하는 것이 1차적인 고민이라면, 이를 수업 속에서 제대로 실현시켜 목적을 달성하는 것이 2차적인 고민이라 할 수 있겠다. 핵심 성취 기준을 놓고 교과서를 분석해보았을 때 교과서의 단원에는 분명히 취해야 하는 부분과 변형을 하거나 다른 텍스트를 활용해도 좋은 부분이 있다. 이뿐만 아니라 교과서에서 다루기를 원하는 부분 중에서도 더 깊고 풍부하게 아이들과 배워봤으면 하는 부분이 있다. 이에 대해 선생님은 영어의 4 skills(listening, speaking, reading, writing)와 vocabulary, grammar를 조화롭게 그리고 균형 있게 조직하여 하나의 주제에 대한 전체 수업을 아래와 같이 기획한다.

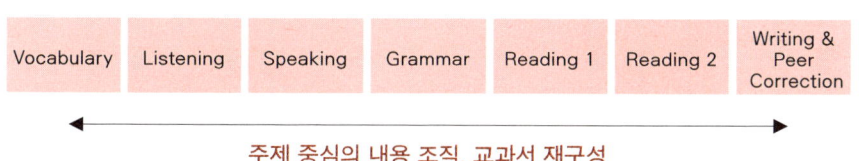

항상 Vocabulary로 시작해요. 모르는 단어가 들리는 경우는 없어요. 단어를 알아야 들리죠. '이해 가능한 입력Comprehensible Input'이라는 게 있어요. 이해가 가능해야 습득이 되고 배울 수 있다는 것이지요. 단어를 알아야 들을 수 있고, 들을 수 있어야 이해할 수 있고, 그래야 말하기도 가능한 거죠. 그리고 문법을 알아야 읽고 해석할 수 있고, 읽을 수 있어야 쓸 수 있는 거죠. 하나의 주제를 가지고 이런 흐름 속에서 수업을 진행하다 보면 결국 Writing에 가서는 아이들의 배움이 확장되는 것을 많이 볼 수 있어요.

위 조직은, 적절한 주제가 선정되고 방향이 결정되고 난 뒤에 그리게 되는 수업의 큰 그림 혹은 큰 흐름의 기본 틀이기도 하다. 그러다 보니 주제를 중심으로 체계적이며 유기적인 구성의 수업이 진행될 수 있고, 영양소가 골고루 배분된 식단을 마주하는 것처럼 듣기, 말하기, 읽기, 쓰기가 골고루 배분되어 균형 잡힌 수업을 만날 수 있는 것이다.

(3) 세상과 만나는 수업, 성장하는 아이들
연초에 계획한 '주제'를 가지고 선생님이 체계화한 구조를 바탕으로 수업을 진행하면서 실제 수업에서 주제가 어떻게 확장되고 변화되며, 이 주제를 가지고 교과 내용과 아이들을 어떻게 연결시키는지, 아이들은 또 어떻게 성장하는지가 한 수업을 예로 들어보면 더욱 분명히 보일 것이다. 선생님이 지난해 했던 수업 중에 '의사소통 수업'을 들여다보자.

선생님은 여름방학 숙제로 매번 '외국인 인터뷰하기'를 제시한다. 아이들이 교실에서 배운 것을 세상 속에서 실천해보기를 바라는 마음이 담긴 이 과제는 개학 후에는 다시 아이들에게 좋은 자료로 수업 속에 되돌아온다. '의사소통' 수업은, 아이들이 '외국인과 인터뷰하기'를 수행하기 전인 방학 전 수업과, '외국인과 인터뷰하기'를 수행한 개학 이후의 수업으로 나누어 살펴볼 수 있다.

우선 방학 전 '의사소통' 수업을 살펴보자. 〈주제 중심의 내용 조직〉에서 보았듯이 각 수업마다 가장 먼저 이루어지는 것은 Vocabulary 활동이다. 여기서 중요한 것은 '어떤 단어들을 아이들에게 제시해야 아이들이 더욱 잘 배울 수 있는가'이다. '의사소통' 수업의 경우에는 외국인과의 인터뷰에서 실제 사용된 단어들을 모아서 제시했다. 아직 아이들이 인터뷰하기 과제를 수행하기 전이기 때문에 이때는 지난해 아이들이 수행한 자료를 활용한다. 이처럼 필요한 단어가 명확하게 정해져 있는 경우가 아닐 때는 아이들에게 제공할 단어를 찾는 것도 쉬운 일은 아니다. 이런 Vocabulary 활동은 하나의 주제를 가지고 수업을 할 때 필요에 따라 몇 번이고 이루어지기도 한다.

Vocabulary 활동에 이어 다음은 Listening 활동이다. 지난해 아이들이 수행한 영상을 몇 번씩 반복해 들으며 올해 인터뷰를 수행할 아이들에게 더욱 도움이 될 만한 단어들을 뽑는다. 이 활동 역시 지난해 아이들이 수행한 영상 중 적절한 자료를 직접 듣고 받아써 script로 작성한 뒤 Listening 활동지(활동지 예시 참고)로 제시하였다.

다음으로 Speaking 활동이 이어지는데 Listening을 토대로 문장 말하기 연습을 실시한다. 그리고 방학 전, 아이들에게 '외국인 인터뷰하기' 과제가 제시되기에 앞서 안내 자료(활동지 예시 참고)가 나간다. 물론 이 안내 자료들은 '인터뷰'라는 말하기 장르의 흐름과 각 단계에서 수행해야 할 말하기 과업을 배우는 수업 자료이기도 하다. 무엇보다 이 안내 자료에는 언어적 요소뿐만 아니라 비언어적 요소body language까지도 생각해볼 수 있도록 구성되어 있어 매력적이다.

'외국인과 인터뷰하기' 활동은 모둠 친구들이 함께하는 활동이다. 그렇기 때문에 '인터뷰 계획 세우기 활동'이 꼭 필요하다. 이 활동에서 아이들은 함께하기를 원하는 친구들과 모둠을 편성한 뒤 둘러앉아 인터뷰 장소와 질문 내용을 미리 계획해본다. '외국인

'외국인 인터뷰하기' 활동 모습

과 인터뷰하기' 활동은 또한 수행평가에 해당한다. 그래서 선생님은 아이들에게 채점 기준표를 함께 제시해준다. '인터뷰 수행평가 채점 기준표'를 미리 나누어줌으로써 학생들이 '좋은 의사소통'의 조건들을 자신의 인터뷰에 적용해볼 수 있도록 하는 것이다.

이렇게 아이들은 방학을 맞이하게 되고 자신들이 원하는 장소에서, 자신들이 세웠던 계획대로 외국인을 만나 대화를 함으로써 좀 더 넓은 세상을 만나게 되는 것이다.

방학이 끝나고 아이들이 과제물로 가지고 온 인터뷰 자료들은 다시 아이들의 수업 자료로 활용된다. 이 자료들을 수업 자료로 활용하기 위해서 선생님은 아이들이 수행한 인터뷰 영상을 몇 번이고 반복해서 듣는다. 그속에서 아이들에게 제시할 Vocabulary 자료를 만든다. 단어 학습을 바탕으로 아이들의 인터뷰 과제물을 듣기 자료로 제시한다. '의사소통 수업'이

기도 하고, 아이들이 만든 자료가 인터뷰 자료이기도 하다 보니 그 어느 때보다도 듣기 활동을 많이 하게 된다.

이뿐만 아니라 인터뷰 내용 중에 좋은 내용들이 있으면 이것은 다시 또 다른 주제의 수업 자료로 만들어진다. 예를 들어 인터뷰 내용 중에 외국인의 시각에서 본 우리 문화 내용이 들어 있어서 이를 '문화'라는 주제로 뽑아 문화와 관련된 내용들을 묶어 다시 듣기 자료로 활용한 경우(활동지 예시 참고)가 그렇다. 음식 메뉴에 대·중·소가 있다는 것이나, 식사를 할 때 바닥에 앉아서 먹는 것 등 외국인의 눈에 낯선 우리나라 문화들이 인터뷰 내용 중에 포함되었다. 우리에게는 너무나 당연한, 그래서 우리 문화인 것들이 외국인들의 입을 통해 언급되면서 '우리에게 이런 문화들이 있었구나'를 새삼 느낄 수 있는 좋은 수업의 재료가 되는 것이다. 결국 의도하지 않았지만 아이들의 인터뷰 내용을 통해 문화 수업까지 확장되는 경우인 것이다.

아이들의 인터뷰 자료를 보다 보면 의사소통 기술 측면에서 부족한 부분들이 보이기 마련이다. 선생님은 아이들의 인터뷰를 관찰하고 부족한 의사소통 기술들을 모아 다시 '5 Effective Communication Skills'라는 읽기 자료를 만들어 제시한다.

한 학생이 외국인에게 'Have you ever experienced culture shock?'이라고 물었어요. 'Yes. Of Course!', 외국인이 신이 나서 대답했죠. 하지만 그 학생이 'Okay, next question.'이라고 하고 다음 질문으로 넘어가버렸어요. 외국인의 표정이 어두워지더라고요. 어떤 학생은 대화 내내 외국인과 한 번도 눈을 맞추지 않았어요. 미리 준비한 질문지에만 시선을 두었던 거죠. '아! 대화의 기본부터 함께 배워야겠다'라는 생각이 절실해졌어요. 그래서 학생들의 방학 숙제를 분석한 후, 가장 부족하다고 생각되는 의사소통 기술 5가지를 골라 '5 Effective Communication Skills'라는 제목의 Reading Text를 쓰기 시작했어요.

이 자료를 기준으로 아이들은 다른 친구들 인터뷰를 보며 체크하고, 피드백하는 시간을 갖는다. 그리고 아이들은 잘 구사하지 않지만 외국인들은 주로 사용하는 의사소통 기술들이 인터뷰 내용에 들어 있기 마련인데 이런 것들을 찾아 다시 한 번 정리해보는 시간도 갖는다.

의사소통 수업을 통해 '문화' 수업으로의 주제 확장이 이루어진 것처럼 또 한 번의 주제 확장이 일어난다. 'Small Talk'이 그것이다. 'Small Talk'은 한국의 의사소통에서는 약간 낯선 개념일 수 있지만, 외국의 경우에는 서로 모르는 사람들이 한 공간에 있을 때 날씨나 안부 등의 간단한 대화를 스스럼없이 나눈다. 예를 들면 지나가는 인사로 주로 나누는 "How are you?"라는 질문에는 대부분의 경우 "Fine thanks, So so, Same as always." 등의 간단한 대답이 요구된다. 이 질문에 자신이 어제 저녁부터 있었던 일을 오랫동안 나열하는 것은 발화의 적절성에서 벗어난다. 이런 부분을 좀 더 깊이 있게 다루어줄 필요가 있다고 판단한 선생님은 팝송 「Small Talk」(by Real Group)을 이용해 Small Talk에서 자주 사용되는 대화의 소재나 문구 등을 배우는 수업을 기획한다.

수업 속에서 아이들과 세상의 조우를 위한 선생님의 끊임없는 노력은 가히 눈이 부실 만하다. 아이들과 세상 사이에 선생님께서 지속적으로 놓아주는 수업의 징검다리들을 겅중겅중 건너는 아이들은 그렇게 끊임없이 세상과 만나는 아이들은, 또 그만큼씩 성장해나갈 것이다.

Listening Log

Class _____ Number _____ Name _____

Q1. _____?
Jason King: My name is Jason King.

Q2. _____?
Jason King: I'm from Ireland. My hometown is called Dublin. It's the _____
city of Ireland.

Q3. _____?
Jason King: I've been in Korea for about 4 and a half years. Long time. ···

Q4. _____?
Jason King: My first impression,, Well, there was _____ things but when I
arrived, it was very cold. There was snow. In Ireland, we don't have _____.
So the weather was very cold. I was _____, but it was nice.

Q5. _____?
Jason King: In Ireland, it's only middle _____. We don't have very high
weather or low weather. It's very_____ all the time.

Q6. _____?
Jason King: My favorite Korea food, I say. Sam-gyeob-sal or Galbi. I like
barbecues. Hmm Delicious.

Q7. _____?
Jason King: We have _____, _____ beef. But We eat a lot of
potatoes as well, like Korean people eat a lot of rice.

Q8. _____?
Jason King: Yes, I have. _____ times again. The food. Very different.
How we eat the food is very different. The weather, very different again, the
same thing. Also _____ _____ _____. _____ students
and older people. _____ people and older people. They use different
words. _____ words.. It's very different. It was a big surprise to me.

Q9. _____?
Jason King: At the moment, hot. It's very hot. But _____, I would say
very _____. Good word to describe. I felt very _____ here. Everyone
is very welcoming. It makes me feel good like my second home.

Summer vacation homework

Interviewing Foreigners!

Go to any place where there are lots of foreigners! Gang nam, Itaewon, Myeong-dong, Hong-dae, Insa-dong, Ansan station, Jung-ang-dong… and interview foreigners there!!

You can go by groups of 4 or 5. Enjoy new experience, and enjoy your summer vacation!! (그룹 명수는 상관없습니다. 영어를 사용하는 어떤 국적의 사람도 괜찮습니다. 다른 반 친구들과 짝지어 가셔도 됩니다. 대신 모든 사람이 적어도 2개의 질문은 해야 합니다. 인터뷰 영상을 찍을 때 목소리가 잘 들리도록 녹화해주세요. 목소리가 들리지 않으면 점수가 나가지 않습니다! 신경 써주세요. 동영상 파일명에는 조원 모두의 학번 이름이 다 들어가도록 하여 8/17까지 파일을 제출하세요.)

1. First Warming-up

"Do you have time? I want to interview you. This is my summer vacation homework. And would you mind if i record this interview?"(이 인터뷰를 녹화해도 될까요?)

2. Introducing yourself

자신을 먼저 소개 하는 것이 대화를 하는 사람들 사이의 '친근감'을 형성하는 중요한 요소입니다!

여러분들을 모두 소개 하고 나면 상대방의 이름도 물어봐야겠죠?

Nice to meet you. Let me introduce ourselves. We are from Janggok middle school in Siheung. My name is _____.(돌아가면서 소개하세요.) What's your name?

3. Building Rapport

대화 전 상대방을 칭찬을 해주세요! 그 사람의 외모, 이름, 얼굴, 키, 패션…… 모두 상관없습니다. 이런 칭찬 한마디가 상대방을 기분 좋게 만들고, 이 인터뷰를 살립니다.

• Wow, your _____ is nice / fancy / beautiful.
• You look great/ gorgeous/ awesome/amazing.
• I like your hairstyle, your dress, pants, your earings, your name.
• The color suits you well.(suit: 어울리다)
• 다른 칭찬들은 어떤 것들이 있을까요?

4. Possible Questions(자기 조의 질문 리스트 만들기, 원하면 다른 질문 추가 가능!)

Where are you from?

How long have you been here?(여기 얼마나 머물고 계신 거예요?)
What's your first impression about korea?(한국의 첫인상은 어때요?)
What's your favorite Korean food?
Have you ever experienced culture shock in Korea?(한국에서 문화 충격을 느낀 적 있어요?)
Would you give me one word to describe Korea?(한국을 한 단어로 묘사한다면?)

〈Further Questions〉 묻고 싶은 다른 질문들을 적어주세요!

5. Closing
  • Thanks very much. It helps me a lot.
  • Enjoy your visit in Korea.
  • Have a nice day!

6. 대화를 매끄럽게 이어 나가기 위해 어떤 태도(Body Language)가 필요할까요?

Eye Contact

Tip!

여러분이 외국인에게 "다시 한 번 더 말해주시겠어요?"라고 묻고 싶어요. 어떻게 물으면 되죠?

반대로 외국인이 여러분의 질문을 이해하지 못해도 이렇게 이야기할 겁니다.(실례지만 뭐라고요?)
Pardon? / I beg your pardon? / Excuse me?
그럼 여러분이 다시 한 번 또박 또박 말해주면 되겠죠?

294

아이들이 인터뷰 내용 중 외국인이 본 우리나라 문화와 관련된 내용들을 뽑아
'문화' 수업으로 확장하여 진행한 듣기 활동지

Korean Culture through Western Eyes

1. _____ from _____, _____

Also how people interact. Students and older people... younger people and older people. They use different words, respect words. It's very different. It was a big surprise to me.

2. Guillaume from _____, _____

Here, you need to 1)_____ food. In France, it's not like this. You have your food. Everyone in restaurant has his own food. But here, you need to 2) your big one in the middle and everyone eats from the middle. In France, it's not the same.

3. Colin form _____, _____

Yes, something's very different. When you eat, you 3))_____. no chair. It's very different. From the U.S. we always sit in chair.

4. Matthew from _____

Yes, when I first came here, I heard about 4)_____. It's very 5)_____ in Korea, and I went to Gangnam and many ladies, girls had same faces. That was 6)
.

5. Brenda from _____, _____

Maybe the most shocking thing for us would be... Maybe... I don't know. It's all 7)_____. Nothing is too shocking. So... Maybe what's shocking to me is for 8)_____. You go to school 9)_____ and you stay 10)_____, and then you do 11)_____(cram school), and you do other things, so for me, very shocking is 12)_____

13)_____ A lot, I think. Much more different than

14)_____. Western education, not so much stress.

15)_____, many many stresses I think. So I'm shocked by this.

나. 활동지로 완성되는 영어 수업

　'학교'는 한 명도 빠짐없이 모든 학생들의 배울 권리를 보장해야 하는 책임이 있다고 생각해요. 또 교사는 '모든 아이들이 배울 권리와 질 높은 배움을 보장하는 수업'을 할 책임이 있다고 생각합니다. 그래서 전 수준별 수업보다는 통합수업으로 진행해요. 수준별 수업은 '공부'를 경쟁자를 물리치기 위한, 경쟁에서 이기기 위한 도구로 전락하게 만들고, 배움을 지극히 개인적인 과정으로 전락시켜, 학생들이 타인과의 공유와 교류에서 얻을 수 있는 배움의 기회를 앗아간다고 생각하거든요.

　아이들의 성장을 돕는 수업, 한 명의 아이도 포기하지 않는 수업을 위해서는 아이들이 자발적으로 물어서 배우는 능동적인 수업이 가능해야 한다고 선생님은 말한다. 이를 실천하기 위해 소집단 활동(모둠 활동)을 활용해야 할 뿐만 아니라 잘하는 학생들의 질 높은 배움을 위한 점프 과제 제시를 포함해야 한다고 강조한다.

　혼자의 힘으로는 풀 수 없지만 집단 안의 네 명이 머리를 맞대면 풀 수 있는 과제를 제시했을 때, 협력적인 배움[1]을 통해서 한 명도 빠짐없이 배움에 도달할 수 있게 돼요. 게다가 학생들은 서로 간의 경쟁이 아니라 스스로 최선을 다하여 최고를 추구하는 탁월성을 실현할 수 있어요.

　선생님의 활동지에는 학생들이 반드시 알아야 할 공유 과제와 한 단계 더 배울 수 있는 점프 과제가 적절히 배치되어 있다.

---

1. 『생각과 말』에서 비고츠키는 '협력'의 필요성을 강조하고 있다. 협력을 통해 발달의 상위 지적 수준으로 자신을 고양시킬 수 있으며, 모방을 통해 그가 가지고 있는 것에서 그가 가지지 못한 것으로 나아가게 하는 아동의 가능성을, 교수-학습을 심리학적으로 연구할 때 중심에 놓아야 한다고 말하고 있다 (p. 480).

반드시 공유 과제를 제시하고 나서 점프 과제가 제시되어야 한다는 법칙은 없어요. 학생들은 교사가 일일이 짚어주지 않더라도, 때로는 응용 과제(점프 과제)를 함께 해결함으로써 기본 개념을 공고히 하기도 하거든요.

공유 과제-학생을 위한 기본 과제	점프 과제-점프를 위한 도전 과제
•수업에 참여한 학생이라면 대부분 해결 가능한 수준의 문제 •본 수업의 학습 내용과 학습 목표에 충실한 기본적인 문제 •수업에 참여하는 학생들이 성취해야 하는 1차적인 과제	•상 수준의 학생들도 쉽게 답을 구하지 못할 수준의 문제 •모든 학생에게 '문제 해결'이 아닌 '사고하는 기회'를 제공하는 문제 •상급 학년의 문제, 또는 차시 문제가 아닌 단원 문제를 도입하는 경우도 OK

다른 교과와 상대적으로 영어는 아이들의 수준 차이가 심한 과목이다. 이런 이유로 많은 교사들이 아이들을 수준별로 나누어 수업하거나 수업의 수준을 중간 정도에 맞추어 진행한다. 교사들이 쉬운 내용을 열심히 설명하고, 가르치는 이유는 중·하위권 아이들이 잘 이해하지 못할 것을 걱정해서이다. 하지만 그런 아이들일수록 교사의 구구절절한 설명은 잘 듣지 않을 뿐만 아니라 상위권에 있는 학생들은 그 설명 자체가 너무 지겹고 재미없다. 이런 악순환을 대부분의 교사들이 수업에서 되풀이하고 있다. 교사들은 또한 저학력의 아이들이 기초부터 밟아 차근차근 발전해간다고 생각한다. 손가영 선생님은 이에 대해 아이들은 때로 교사가 생각하는 반대의 과정으로 성장해가기도 한다면서 "학생들이 몰입해서 배우고 탐구할 수 있는 '수준 높고, 도전적인 과제'를 제시해야 한다"고 조언한다.

'시간조건 부사절에서는 미래시제 대신 현재시제를 사용한다'라는 문법 활동을 하다가 '3인칭 단수 현재일 때는 동사 뒤에 -s나 -es를 붙인다'라는 기초를 이해하게 되는 경우를 본 적이 있어요. 교사가 옆에서 하나하나 기초를 짚어준 것이 아니라, 오히려 친구들과 활동하다 자연스레 기초까지 알게 된 경우죠.

선생님은 또한 처음부터 '함께' 개인 작업을 하게 해야 한다고 말한다. 보통의 교실 상황에서, 배움에서 소외된 학생들의 가장 큰 특징은 '의존'도 '자립'도 할 수 없다는 것이다. 우리는 오랫동안 '공부'를 혼자 하는 것, 자신과 싸워야 하는 괴롭고 고독한 작업으로 생각해왔다. 하지만 생각해보자. 인간이란 본래 '왜?'라는 질문을 달고 산 호기심의 결정체 아닌가.

인간은 본질적으로 발달 지향적 존재이다. 어떤 새로운 것을 깨닫거나 발견할 때 큰 느낌을 느끼고, 자신도 모르게 '아하~!' 하는 탄성이 나온다. 새로운 깨달음, 나아가 자신의 발달에 기쁨을 느끼고 그것을 지향하는 존재가 바로 인간이라는 것이다.[2] 그러나 지금의 아이들에게 학습은 고통으로 각인된다는 것이 안타까울 따름이다.

인간이 본질적으로 가지고 있는 발달 지향적인 모습, 아이들 안에 잠들어 있는 지적 호기심을 깨울 수만 있다면 그것이야말로 진정한 배움이요, 성장이 아닌가 싶다. 교사는 활동지라는 도구 안에 이러한 장치를 넣어 '함께 배우기'를 실천해야 한다. 내가 모르는 것이 있더라도 다른 친구들에게 '의존'해서 그 과제를 해결해보려는 첫 시도를 하게 되게 것이다. 여기서 주목해야 할 것은 '함께' 개인 작업을 해야 한다는 것이다. 간혹 '함께 배우기'를 잘못 이해해 모둠별 과제니까 모둠별로 한 장의 활동지만 제시하는 경우가 있다. 이는 '의존'이나 '자립'을 이끌어내기는커녕 오히려 아이들을 배움에서 더욱 빠져나가게 하는 결과를 초래할 가능성이 높다.

'함께 배우기'를 잘못 이해한 적이 있어요. 모둠별 과제니까 모둠별로 하나의 활동지만 있으면 된다고 생각했죠. Listening Dictation 수업이었는데, 모둠별 과제이니까 4명이서 힘을 모아 해결해야 한다는 생각으로 활동지를 B4 용지에 크게 프린트해서 각 모둠에 한 장씩 나누어주었어요. Dictation

2. 『관계의 교육학, 비고츠키』, p. 23.

이 시작되었는데 결국 잘하는 아이들만 빈칸을 채워나가고 못하는 아이들은 흥미를 잃어갔죠. 이 순간, 뼈저리게 느꼈어요. 수업 시간에 주어지는 활동은 함께 해결해야 하는 과제이지만 또 한편으로 자신이 배움의 주인이 되어야 하는 개별 과제여야 한다는 것을요. 그 후로 다짐했어요. 활동지를 나누어줄 때 절대, 모둠별로 한 장의 활동지는 주지 말자. 모두의 숙제는 누구의 숙제도 아닌 것이 될 수도 있다는 것을 명심하자.

21세기의 학교에서는 자신의 아이디어를 아낌없이 제공하고 타자의 아이디어로부터 겸허하게 배움으로써 학생들의 고등정신능력을 길러줄 수 있어야 한다. 한 차시 내에서 질 높은 학생들의 배움은 점프 과제를 협력하여 해결하면서 일어난다. 표현하고 이를 공유하면서 서로의 차이를 배울 수 있다. 그래서 손가영 선생님은 "활동지를 디자인할 때 활동의 수를 너무 많이 계획하면 표현과 공유가 충분하게 일어나지 않고 한 차시 수업이 끝나버린다. 가능하면 활동의 수를 1~2개로 조정하고, 표현과 공유의 시간을 충분히 가짐으로써 학생들이 배움의 깊이를 넓게 가질 수 있도록 해야 한다"고 조언한다.

다. 교사의 고민, 활동지로 빛나는 순간

활동지를 제작해야지 마음먹었다고 뚝딱하고 활동지가 생산되는 것은 아니다. 하나의 주제를 수업 속에 녹여서 아이들과 연결시켜주기 위한 선생님의 고민과 노력은 활동지 제작에서 그 빛을 발한다.

우선 주제를 어떻게 수업 속에서 풀어나갈 것인가에 대한 전체적인 그림이 나와야 해요. 그리고 이 주제를 통해 아이들이 무엇을 얻고, 무엇을 배우고, 어떻게 성장하기를 원하는가를 다시 한 번 정리해서 이 내용들을 수업 속에 넣으려고 노력하죠.

전체적인 구상이 어느 정도 진행되면 '주제 중심의 내용 조직도 (Vocabulary → Listening → Speaking → Grammar → Reading → Writing & Peer Correction)'에 따라 활동지를 제작한다.

> Vocabulary 활동지 제작은 어렵지 않아요. 필요한 단어들은 맥락을 만들어 제시하면 되니까요. 제일 힘든 건 듣기 자료를 가지고 오는 거예요. 제가 다루고자 하는 주제에 대한 듣기 자료가 교과서에 다 있는 건 아니거든요. 교과서에 없는 경우가 대부분이죠. 그러다 보니 수업에서 활용하는 듣기 자료 중 교과서 Listening은 하나도 없어요.

특히 주제와 관련된 듣기 자료를 찾는 것이 가장 힘들다는 선생님은 인터넷 검색을 통해 자료들을 모은다. 주제가 정해진 상태에서 필요한 자료를 검색하기도 하고, 평상시에 관심을 가지고 자료를 검색하다가 좋은 자료들을 발견하여 이를 적절한 주제와 연결해서 수업에 활용하기도 한다. 일상생활 속에서 발견한 자료들을 주제와 연결하는 경우도 많다. 선생님은 특히 Google이나 Youtube를 많이 활용한다. 전 세계 사람들이 이용하는 사이트이기 때문에 우리의 견해와는 다른 관점들을 경험할 수 있고 이는 주제를 확대해나가는 자료로 활용하기에 안성맞춤이다.

선생님은 듣기 자료에 이어 Reading 자료 역시 만들기가 쉽지 않다고 고백한다. 주제를 따로 정하다 보니 읽기 자료 역시 주제에 맞는 적절한 텍스트를 찾아야 하고, 심지어는 선생님이 직접 쓰는 경우도 허다하다.

읽기 자료를 만들고 나면 이 활동지를 가지고 선생님이 직접 문제를 해결해본다고 한다. 아이들의 입장에서 활동지를 점검하는 것이다. 아이들의 입장이 되어서 활동지를 하나하나 꼼꼼히 살펴본다. 아이들이 못 채울 만한 것, 애매모호한 것이 있지 않나 확인하기도 하고, 아이들이 모둠 활동을 할 때처럼 사전을 직접 찾아보기도 한다. 아이들이 모르겠다 싶은 단어들을 직접 찾아보다 보면 아이들에게 제시할 Vocabulary 활동지에 대한 자체 피드백이 되기도 한다.

> 아이들이 모를 것 같은 단어들을 사전에서 직접 찾아봐요. 어떤 경우에는 제가 읽기 자료에서 필요한 단어는 부사형인데 사전에는 형용사까지만 나올 때가 있어요. 그러면 이 수업을 위한 가장 첫 단계인 Vocabulary 활동을 할 때 '형용사에 -ly 붙이면 부사가 되지. 이 단어는 형용사 찾으면 답이 나올 거야'라는 식으로 제시할 수가 있죠. 어떤 경우에는 사전에 뜻이 나오기는 하는데 설명 자체가 어려워 아이들이 못 알아들을 것 같은 경우가 있어요. 이럴 때는 '국어사전을 찾아보라고 해야지.' 하고 미리 생각해 볼 수도 있죠. 저 또한 국어사전을 미리 찾아보기도 해요. 이 결과들을 첫 번째 Vocabulary 활동지에 다시 반영해서 수정하기도 하죠.

선생님의 읽기 활동지를 보면 알 수 있듯이, 단순히 해석하고 그 내용을 빈칸 채우는 식이 아니기 때문에 모둠별로 할 만한 과제를 제시하는 것이, 그런 활동을 만드는 것이 어렵다고 말한다. 뿐만 아니라 모둠별 활동으로 난이도가 낮은 걸 제시하면 실패한다는 얘기도 덧붙인다. 답이 너무 쉽게 나오면 아이들에게는 배움도 없고, 성취감도 없기 때문이다. 적당히 어려운 과제를 제시해줘서 아이들이 사전을 뒤적이고, 서로 의논하며 해결했을 때의 희열과 성취감을 맛볼 수 있어야 하고, 그럴 때 아이들에게는 진정한 배움이 일어난다고 볼 수 있다.

선생님의 수업에는 'Peer Correction'이 있다. 보통 Writing 활동과 연결된 활동으로, 이 지점에서 아이들이 점프를 하는 경우가 많다고 한다. 'Peer Correction'은 대체로 두 가지 경우로 진행된다. 먼저, 아이들의 표현을 다시 아이들에게 돌려주는 경우이다. 쓰기 활동을 한 이후 아이들이 영작한 표현들을 검토 후 그중 의미는 같되 다양한 표현으로 영작된 것들을 모아서 한 카테고리로 묶는다. 이를 타이핑하여 다시 아이들에게 제시한다. 아이들은 이 활동을 통해 언어가 얼마나 풍부한 현상인가를 느끼며 자신이 몰랐던 표현들을 체크하여 자신의 것들로 만든다. 두 번째 경우는 모둠별로 Writing한 과제들을 모둠별로 거두어 한 명의 활동지에만 오류 사항에 'Error Correction' 기호들을 사용해 표시하는 것이다. 이는 아이들의 영작 결과를 모아서 타이핑할 만한 시간 확보가 힘들 때 사용하는 방법이기도 하다. 다음 시간에 활동지를 받아 든 학생들은 다시 조를 만들어 어떻게 표시된 부분을 수정해야 할지 논의한다. 이때 선생님은 모둠별로 돌아다니며 필요한 도움을 제공한다.

Writing과 Peer Correction 활동이 가능한 건 한영사전이 있기 때문이라고 선생님은 강조한다. 영어 시간을 위해 1인 1사전이 마련되었다. 이 사전을 가지고 아이들은 표현하고 싶은 것을 서툴든 그렇지 않든 간에 열심히 표현한다. 이 과정에서 아이들 수준에 맞지 않다 싶을 정도의 좋은 표현들이 나오기도 하고, 교과서에 한정된 어휘가 아닌 다양한 어휘들을 사용하기도 한다. 그야말로 점프요, 배움의 확장이 아닐 수 없다.

다음에 제시된 활동지는 '5. Ways of appealing to the mind' 단원의 전체 활동 중 Reading → Writing 과정의 일부에 해당하는 활동지다. 5단원의 내용은 '고객의 마음을 끄는 소리, 냄새, 소리'에 대한 설명문으로 아이들은 이 교과서 내용을 지루해한다. 그래서 손가영 선생님은 이 교과서의 내용을 아이들 주변의 환경과 연결시켰다. 먼저 각 대표색들이 지닌 의미를 알아보았다. 이 활동을 통해 아이들은 '녹색은 성장과 자연, 가족 지향의 의미, 파란색은 신뢰, 책임감, 평화'의 의미를 갖는다는 것을 알게 된다. 그 후 이런 색깔을 가진 동네의 가게나 레스토랑, 건물 등을 떠올려보는 활동을 제시했다. '분홍색-베스킨라빈스', '파란색-파리바게트' 등의 여러 가지 대답이 나왔다. 이 활동에서 바로 왜 수업의 주제와 세상을 연결시켜야 하는가의 이유를 볼 수 있다. 선생님은 학습 동기가 낮아

Reading text #1

Ways of Appealing to the Mind

1. Colors that Attract the Eyes

Colors not only improve the looks of products but also influence consumers' behavior. A few years ago, a computer company introduced a new product to the market, and people were especially crazy about its blueberry color. As a result, it was sold at a higher price than the same product in other colors.

Not only A but also B : A뿐만 아니라 B도   Improve 향상시키다   Product 상품

▶ Key word

▶ Sum up : C_____ can i_____ consumers' behavior a lot. For example, a computer with _____ color was sold more expensively.

Some restaurants also use colors to increase their sales. Have you noticed that most fast food restaurants are decorated with bright reds and oranges? Reds and oranges make people feel like eating and attract them to the restaurant.

Children's books and toys usually have bright colors like reds, blues, and yellows because children prefer them. However, the websites for the books and toys are designed with colors that parents are attracted to. Do you know why? It is the parents who will actually buy the books and toys.

decorate 장식하다   Feel like ~ing ~하고 싶다

▶ Key word

▶ Sum up : Colors can i_____ sales for r_____. For example, most fast food restaurant use b_____ and _____ because those colors a_____ people to the restaurant. Children's books and toys use _____ because _____. However, websites use colors parents p_____ because the real consumers of websites are the p_____.

Q. Fill in the chart

<Examples>

Colors → _____ — Computer company — Paragraph 1

Influence — _____ — Paragraph 2

Activity 1. Meaning of colors

Colors have their special meanings. That's why every store choose colors carefully. Match the list of words to the colors.

<Color Meanings>

power, energy, speed   romantic, warm, sweet, feminine
growth, nature, family   reliable, responsible, peaceful
cheerful, happy, fun

Colors	Meanings	Stores and Restaurants
Red		
Green		
Blue		
Pink		

Activity 2. Let's be a color designer!

If we re-designed our school, how would you change the colors? Choose one place in Janggok Middle School and change its color. Think about the reasons.

Places				
Science Room	Teacher's Office	Music Room	Main Hall	Computer Room
Our classroom	Home Economy Class	Auditorium	Art Room	English Cafe
Library	Nurse's Office	Elevator	Counseling Room	

ex) I'll change the color of **teacher's office** to **yellow**.
Because **yellow can make students less stressful when they are being punished.**

ex) I'll change the color of **teacher's office** to **blue**.
Because **blue can help teachers feel peaceful when they are tired.**

<My color design>
I'll change the color of _____ (place) to _____ (color).
Because _____

Reading 활동을 할 때 거의 참여하지 않고 있던 학생들이 이 활동에서 활발히 배우기 시작했다고 말했다. 그다음으로 우리 학교 지도를 주었다. 우리 학교의 구석구석을 살펴보며 자신이 원하는 곳을 원하는 색깔로 디자인하고 그 이유를 써보게 했다.

정말 기상천외한 답, 창의적인 답, 실용적인 답 등 여러 가지 얘기가 나왔어요. '초록색'은 '성장'을 의미하기도 하는데 어떤 아이는 학교의 엘리베이터를 초록색으로 디자인하겠다고 했어요. 왜냐하면 엘리베이터를 타고 올라갈 때마다 성장하는 느낌이 들 것 같기 때문이라고 얘기하더라고요. 어떤 아이는 우리 학교의 1층 중앙현관을 파란색으로 디자인하겠다고 했어요. '파란색'은 '신뢰'를 의미하는데, 우리 학교는 외부 손님도 많이 오기 때문에 파란색으로 디자인하면 신뢰의 느낌을 줄 수 있어서 좋겠다고 하더라고요. 이 문장들은 사실 영작하기 쉬운 문장은 아니에요. 하지만 아이들은 자신들이 표현하고 싶은 문장들이기 때문에 사전을 찾아가며, 친구들과 함께 낑낑대며, 어떻게든 만들어내더라고요.

이 활동에서 교과서의 내용은 더 이상 남의 이야기가 아닌 아이들의 생각이 되었고, 삶이 되지 않았나 싶다. 결국 아이들은 이 활동을 통해 한층 더 성장하게 되는 것이다.

2. 평가, 또 다른 수업 시간

가. 함께 배우고 함께 성장하는 시간, 수행평가

평가에서도 선생님은 아이들의 끊임없는 배움과 성장을 고민한다. 선생님은 평가가 진행되는 시간마저도 수업이라고 얘기한다. 예를 들어 말하기 수행평가를 진행한다고 하면 이 말하기를 듣는 친구들에게는 듣기 수업을 하는 것과 마찬가지의 효과를 얻을 수 있다. 그뿐만 아니라 친구들의 말하기 표현 중 좋은 표현들을 적어보게 하는 활동을 진행함으로써 쓰기 수업의 효과까지 얻을 수 있다. 그야말로 또 다른 배움의 기회가 아닐까.

수영 이론을 가르치고 나서 "자, 배웠으니 이제 수영해봐." 하며 바다에 던져 넣는 식의 수행평가를 실시하는 경우가 많다. 즉 수행평가를 수행하는 데 필요한 실질적인 능력을 키워주지는 않고 과제만을 제시하는 경우가 많다. 아이들이 배워야 할 것은 수영 이론이 아니라 수영을 할 수 있는 방법인데 말이다. 이런 면에서 봤을 때 손가영 선생님의 '평가'는 독특한 점이 많다. 손가영 선생님은 수영 이론을 가르치는 것이 아니라 수영하는 능력을 키워준다. 수업을 쭉 따라가다 보면 수행평가를 수행할 수 있는 능력이 길러진다. 이런 평가가 가능하도록 선생님은 평가를 계획하고 실시하는 모든 과정에서 다음의 여덟 가지를 항상 체크한다.

여덟 가지에 대한 고민 속에서 진행된 수행평가 중 한 가지 예를 들어 살펴보자.

수업 내용과 연계가 되는가?

수행평가 속에서 협동적 배움이 일어나는가?

학생들이 수행평가를 치를 준비가 되었는가?

배움이 더딘 학생들도 할 수 있게 만드는 평가인가?

학생들의 학습과정도 중요시하는가?

집단에 대한 평가도 이루어지는가?

평가의 결과를 함께 공유하며 배우고 성장하는가?

평가의 환류 효과(Washback Effect)가 있는가, 평가가 또 다른 배움과 연계되는가?

모둠 수행평가-레알 사전

이 수행평가는 당시 유행하던 개그 프로그램 중 한 코너(레알 사전)의 대본(스크립트)을 아이들이 직접 써보는 모둠 과제이다.

스크립트를 쓴다는 것은 주로 교과서에 제시되는 설명문 형식에만 익숙한 아이들에게 새로운 입력이 주어지는 것이다. 따라서 이 장르의 수사구조에 익숙해지기 위한 준비가 필요하다. 손가영 선생님은 「개그 콘서트」 레알 사전 '시험'편을 직접 영작하여 제시하고, 이 영어 스크립트를 아이들이 우리말로 해석해보게 함으로써 아이들이 스크립트 영작 활동에 한 발 다가갈 수 있도록 도와주었다(활동지 예시 참고). 그다음으로는 「개그 콘서트」 레알 사전 중 '개그 콘서트' 편 우리말 스크립트를 제시하여 아이들이 이를 영작하는 활동을 주었다.

이런 준비운동이 끝난 후 아이들은 모둠별로 자신들의 레알 사전 주제를 정하고 그 주제에 따라 기발한 정의들을 구상하기에 이른다. '주제 정하기 → 우리말로 내용 구성해보기 → 구성한 내용을 영작하기' 단계로 활동이 이루어지는데, 여기서 우리말 스크립트를 영어로 영작하는 활동은 3차시 정도로 교사의 지속적인 피드백과 함께 진행되었다.

준비운동을 했다 해서 아이들이 쉽게 스크립트 영작을 해낼 수 있는 건 아니다. 아이들이 힘들어하는, 그래서 교사의 도움이 필요한 순간을 알아채고 이를 놓치지 않는 것이 손가영 선생님의 큰 장점이다. 선생님은 영작 활동을 힘들어하는 아이들을 위해 '영어 코디법(박용호, 2009)[3]'을 구상한다(활동지 예시 참고). 이렇게 또 다른 수업 주제인 '문장 5형식'이 생겼고, 이것을 수업 주제로 다루어서 '단어는 모두 주고 어순만 배열하는 연습, 수사구조 연습' 등을 통해 아이들이 직접 문장으로 쓸 수 있도록 하는 지원을 아끼지 않았다. 이 '영어 코디법' 활동은 마중물이 되고 이후 아이들은 스크립트 영작 활동에 힘껏 펌프질을 하게 된다.

이렇게 1차 활동이 끝나고 나면 활동지를 모둠별로 수거하여 피드백을 해주는데, 이때 모둠원의 모든 활동지에 대해서가 아니라 맨 위에 있는 활동지 한 장에만 피드백을 해준다고 한다. 왜냐하면 피드백 과정 또한 아이들이 배울 수 있는 기회로 만들 수 있기 때문이

모둠별로 한 장씩 피드백을 해준 뒤
반별로 묶어놓은 활동지

다. 모둠 활동지 중 한 장의 활동지에만 되어 있는 선생님의 피드백을 보고 아이들은 나머지 활동지를 선생님이 하듯이 스스로 피드백하는 활동을 통해 영작하는 방법을 정확히 익힐 수 있고 이는 아이들이 수행평가 수행에 자신감을 갖게 하는 효과가 있다. 모둠별로 피드백이 완료되면 이 활동지를 가지고 다시 영작을 하고, 영작한 활동지 중 대표 하나를 선생님이 피드백 → 아이들이 모둠별로 다시 피드백, 이런 활동을 2~3차례 반

---

3. 박용호(2009), 『하룻밤에 보는 영문법』, 서울: 뉴런. pp. 10~18.

선생님의 피드백. 이는 다시 아이들에게 돌아가면 좋은 교과서가 된다.

복하고 나면 레알 사전 스크립트가 완성되고 수행평가가 완료된다.

한 가지의 수행평가가 완성되기까지 계속적인 피드백뿐만 아니라 문장의 형식들처럼 충분한 연습과 반복이 필요하다고 판단되는 부분에 대해서는 포트폴리오 과제를 제시함으로써 지속적인 연습을 하게 한다. 이 모든 과정을 통해 영작 수행평가를 할 수 있는 능력을 키워주고, 아이들은 이 과정에서 더욱 자신감을 얻게 되는 것이다.

모둠의 협력을 통해 하나의 과제를 수행하는 모둠 수행평가를 진행한다고 할 때 다음과 같은 염려의 목소리를 내기도 한다. 본인

Script for Contemporary Real Dictionary

MC : Today, we are going to change 'sports day'.
What does 'sports day' mean to students?
S1 : They enjoy sports day but, they suddenly become bored.
Because parents begin tug-of-war.

(skit)
Students : "Go class 1!!", "Go class 1!!"
MC : "now we start parents 'tug-of-war"
Students : "what the?!!"

MC : Then, what does 'sports day' mean to girls?
S2 : They had hard times to make cheering posters before but they lose them on the sports day

(skit)
Girl : I'm so tired. because I stayed up all night to make this.
On sports day...
Girl : Where is my cheering poster?!!

MC : Then, what does 'sports day' mean to boys?
S3 : They fall down when they run a relay race

MC : Then, what does 'sports day' mean to teachers?
S4 : They are expected to lose the game with parents on purpose

'레알 사전' 수행평가 학생 작품(평가의 환류 효과를 고려하여 아이들에게 환원하기 위해 타이핑함)

307

스스로는 아무것도 안 하면서 모둠 친구들 것만 베끼는 일명 '무임승차' 하는 경우가 생기지 않을까? 모둠이 협력해서 과제를 수행하면 수행 결과가 상향 평준화되는 것은 아닐까?

이에 대해 선생님은 모둠 상호평가와 자기평가를 실시하여 변별력을 유도한다. 배점을 2~0점으로 하여 잘했을 때와 하나도 안 했을 때를 구분하여 객관적으로 평가하게 한다. 이때 아이들은 어른보다 더 성숙한 평가를 한다. 심지어 자기평가를 할 때에도 객관성을 잃지 않는다. 아이들의 판단력은 놀라우리만치 명확하다. 이와 더불어 아이들이 활동하는 내내 수시로 선생님이 관찰하여 메모하는 것도 잊지 않는다.

영어 과목은 특성상 아이들 간의 편차가 심하기 때문에 결과만을 가지고 평가하거나, 단순히 영어 실력만을 가지고 평가한다면 늘 최하점을 받을 수밖에 없는 아이들이 있기 마련이고, 이 아이들은 평가 결과로 인해 다시 한 번 영어를 포기해야겠다는 확신을 안겨주는 결과를 낳게 된다. 하지만 선생님의 평가에서 이런 아이들은 영어를 해도 안 되는 높은 벽으로 인식하지 않는다. 영어를 못하는 아이가 창의적인 아이디어를 내서 주제를 선택할 때 결정적인 역할을 하기도 하고, 평소에는 수업에 참여를 잘 못하는 아이가 열심히 사전을 찾아가며 모둠에서 필요한 단어를 제공하여 영작 활동에 큰 도움을 주기도 한다.

이런 과정 속에서 아이들이 자신감과 성취감을 얻었을 것은 명약관화한 일이다. 수행평가 만점을 받는 아이들은 무엇을 제시해도 만점을 받는다. 하지만 아이들은 각각 여러 모양으로, 자신에게 맞는 모양대로 수행평가에 열심히 임한다. 아이들은 평가라는 이유로 경쟁하거나 집착하지 않고 협력하여 열심히 배운다. 수행평가 과정 자체가 아이들한테는 또 하나의 배움의 과정이다.

선생님이 직접 영작한 스크립트 '시험' 편. 전 차시에 제시된 어휘 활동지를 보며
영문 스크립트를 한국어로 해석해보는 활동지. 아이들을 위한 많은 준비운동 중 하나다.

Class _____ Number _____ Name _____

Gag Concert: Exam

1. Exam
(1) For a top student: Bragging with sigh
"I knew the answer, but I missed it! I missed only one!!!"
(2) For a poor student: Shouting with joy instead of sigh
"I didn't know the answer, so I just took a guess. Yeah!! I got one question right!"
(3) For college students: Writing a letter of excuse to the professor instead of answer.
"Dear. Professor. I couldn't study for the exam because last night, my mother was suddenly sick……."
(4) For teachers: Suddenly being transformed to an alien.
"I have eyes even on my head!!"

현대 레알 사전(한국어 해석)

1. 시험 편

(1) _____
" _____ "

(2) _____
" _____ "

(3) _____
" _____ "

(4) _____
" _____ "

문장의 1~5형식을 공부하기 위한 영어 문장 코디법 활동지

Q1. 밖에 나가기 위해 없어서는 안 될 필수 아이템 3가지는?

_____ ?

Q2. 쌀쌀한 날씨에는 없으면 이상한, 불편한, 아이템은?

_____ ?

Q3. 좀 더 엣지 있는 화려한 패션을 위하여 쓸 수 있는 것은?

_____ ?

	기분 따라 액세서리(M)는 모든 형식에 적용 가능!	S, V, O, S.C, O.C 기호로 나타내보자.
1형식	윗옷 + 아래옷	
2형식	윗옷 + 아래옷 + 윗옷과 어울리는 외투	
3형식	윗옷 + 아래옷 + 신발	
4형식	윗옷 + 아래옷 + 하이힐 + 단화	
5형식	윗옷 + 아래옷 + 신발 + 신발과 어울리는 외투	

Practice 1: 문장 성분 표시하기: s, v, o, s.c, M

(1) I / didn't use / paper cups / for a week.

(2) It / wasn't / difficult.

(3) I / just / carried / my tumbler / when / I / went / to school.

(4) Carrying a tumbler / bothered / me / a little.

(5) But / I / felt / great / because / I / can reduce / disposable products.

(6) I / think / that / I / can save / natural resources.

(7) We / can make / our planet / sustainable / with small green actions.

(8) Save / our one-only planet / by not using paper cups.

나. 지필평가로 또 한 번 성장하는 아이들

수행평가에서 볼 수 있었듯이 선생님 평가의 가장 큰 특징은 평가 또한 수업의 연장이라는 것이다. 이는 지필평가라고 예외는 아니다. 시험 문제를 낼 때 선생님은 '수업 시간에 배운 내용을 아이들이 얼마만큼 이해했는가'를 판단할 수 있는 문제를 낸다고 한다. 아이들의 성취도를 측정하는 문제를 낸다는 건 여느 선생님들과 다를 바가 없다. 하지만 손가영 선생님의 차이는 시험이 끝나고 난 뒤부터 시작된다. 아이들의 성취 수준을 파악한 뒤 그 결과를 다시 수업으로 돌려 아이들이 성장하는 데 필요한 도움을 준다.

그 첫 번째 예가 '영어 시험 SWOT 분석'이다. 교과서 지문을 암기해서 내용 파악 위주의 시험 문제에 익숙한 아이들이 첫 시험을 보고 난 뒤 충격을 받았을 것이라는 건 자명한 일이다. 선생님의 시험 문제는 수업 시간에 모둠별 활동으로 제시됐던 방식대로 출제되기 때문이다. 예를 들어 수업 시간에 끊어 읽기나 직독·직해하는 방법을 배웠다면 끊어 읽고 직독·직해하는 문제가 그대로 출제되는 식이다. 배운 것이 시험 문제로 출제된다는 것이 뭐 그리 충격받을 일이겠는가? 하지만 다른 유형의 시험 공부에 익숙해 있던 아이들은 수업과 같은 시험 문제에 자못 당황했을 것이다.

그래서 선생님은 첫 시험 결과가 나온 뒤 '영어 시험 SWOT 분석' 시간을 가졌다. 이런 시험의 장점을 살펴보기도 하고, 자신의 공부 방법에 대해 성찰할 뿐만 아니라 잘 본 친구들의 얘기를 들어보면서 앞으로 어떻게 준비하면 좋을까를 고민했다. 이 활동을 통해 아이들은 선생님의 시험 유형에 대해 이해를 하게 되었을 뿐만 아니라, 학교 수업과 모둠 활동에 더 충실히 참여해야 한다는 깨달음도 얻게 되었다. 적어도 '선생님이 진정으로 자신들을 도와주려는 마음이 있구나'라는 것을 느꼈다고 했다. 두 번째 시험부터는 이 작업이 필요 없을 만큼 아이들이 성장했음은 어

영어 시험 SWOT 분석

Strength(장점)	Weakness(약점)
이런 시험의 장점은?	나의 공부 방식 나누기. 시험 보고 난 후 돌아보니, 내 공부 방식 중 효과 없었던 방법 써보기.
Opportunities(우리의 기회)	Threat(위협)
어떻게 하면 다음 영어 시험을 더 잘 준비할 수 있을까?	더 나은 상황 (시험 본 후 정말 하지 않는 상황)을 위협하는 요소는 어떤 게 있을까? 쌤한테 바라는 점도 좋아!

찌 보면 정말 당연한 얘기다.

두 번째 예로는 '틀린 문제 피드백하기'이다. 시험을 보고 나면 문항 분석을 한다. 분석 결과 아이들이 어려워하고 많이 틀린 문제들을 모아 수업 자료로 만들어 활용한다. 문항 분석을 통해 아이들이 어려워하는 부분을 골라 골든벨 퀴즈 학습 자료로 만들어 아이들이 모둠별로 함께 공부하게 하고 반별로 골든벨 퀴즈 대회를 개최한 것도 기발한 피드백 방식 중 하나이다. 이 내용을 다음 시험에 다시 출제한다는 것은 너무도 당연한 일이다.

세 번째는 수업 시간에 진행하는 '오답 노트'이다. '오답 노트'를 활용하는 선생님은 많다. 하지만 손가영 선생님의 경우에는 수업 시간에 선생님과 함께 작성한다는 점에서 좀 다르다. 시험이 끝나면 선생님은 '오답 노트'를 작성하기 위한 활동지를 만들어 아이들에게 제시한다. 아이들은 자신이 틀린 문제를 분석하기 시작한다. 틀린 문제에 대해, 선생님의 출제 의도를 파악하고 자신이 틀린 이유를 분석해서 작성한다. 틀린 문제를 모두 작성하게 하면 그렇지 않아도 영어에 자신 없고 영어 공부를 힘들어

하는 아이들은 틀린 문제가 많아 오답 노트를 작성하는 수업 시간을 힘들어하게 된다. 이는 다시 영어를 싫어하게 되는 악순환의 고리를 만드는 일이 되기 때문에 선생님은 아이들에게 틀린 문제 중에서 6개 정도 골라서 작성하게 한다. '6개 정도만이라도 제대로 알자'라는 숨은 뜻도 있다. 그렇게 아이들이 오답 노트를 작성하는 동안 선생님은 아이들이 적는 내용을 꼼꼼하게 살피며 피드백을 해주고 돌봐주신다.

이런 작업들을 하는 목적이 무엇이냐는 질문에 선생님은 "아이들이 조금의 배움이라도 이루길 바라기 때문"이라고 했다. 아이들이 배울 수 있도록 하는 선생님의 이런 처절한 노력이 선생님을 더욱 특별하게 만드는 이유가 아닐까 한다.

평가의 가장 큰 목적은 무엇일까? 아이들의 성취 정도를 파악하는 것? 물론 아이들의 성취 정도를 파악하는 것이 중요하다. 그렇다면 아이들의 성취 정도를 파악하는 목적은 무엇일까? 성취 정도에 따라 줄을 세우기 위해서? 그건 아니다. 평가 결과를 다시 아이들에게 환원함으로써 또 다른 배움과 성장의 기회를 주기 위함이다. 손가영 선생님의 평가가 특별한 이유가 여기에 있다.

3 세계 속에서 공존을 꿈꾸는 교과통합수업

1. 지구를 생각하는 시간

"교육은 경험의 내부에, 경험에 힘입어 이루어지는 것이면서, 동시에 경험을 위하여 이루어지는 발달development within, by, and for experience"이라고 존 듀이는 말했다. 이는 교육이 경험을 통하여 이루어져야 한다는 의미이고, 하나의 경험이 교육에 힘입어 이후의 경험과 관련을 맺으면서 성장해 간다는 의미이다. 진정한 교육이 경험을 통하여 이루어진다고 해서 모든 경험을 진정으로 똑같이 교육적인 것으로 본다는 뜻은 아니다. 경험은 그것이 무엇이든지 간에 이후 경험의 성장을 억제하거나 왜곡하는 결과를 가져온다면 비교육적인 것이다.[4]

교육에는 언제나 경험이 있기 마련이다. 경험 없는 교육은 오히려 불가능하다. 그럼에도 존 듀이가 교육이 경험을 통해 이루어진다고 말한 것은 우리가 수업 속에서 아이들에게 제공하는 경험들에 대한 질적 고민을 하게 만든다. 새로운 상황에 대한 판단력과 문제 해결력이 결핍된 아이들,

---

4. 『존 듀이의 경험과 교육』, pp. 23~36.

자신의 생각을 내세우기보다 지시해주는 게 더 편하다는 수동적인 아이들, 학습이 귀찮고, 왜 배워야 하는지의 물음표가 없는 아이들……에게 '우리는 어떤 경험을 제시했던 것일까? 어떤 경험이 아이들을 이렇게 만든 것일까?'를 치열하게 고민해야 하는 시점이 아닌가 한다.

손가영 선생님은 이런 고민들 속에서 '교육적인 경험'을 제공하기 위한 노력을 아끼지 않는다. 그중 하나가 교과통합 프로젝트이다. 교과통합 프로젝트가 탄생한 기저에는 '수업 속 경험이 아이들의 삶과 연결되어 있지 않다', '아이들의 삶과 연결되지 않은 경험들은 결코 교실 밖에서의 자신의 경험과 연결되어 발전적으로 확산되지 않는다'라는 반성이 있다. 물론 우리 삶에 필요한 지식의 내용은 오히려 통합된 형태의 지식이라는 점, 그래서 가르치기 편리하게 분절해놓은 교과를 통합적으로 다루어야 한다는 점, 명확한 교과의 분류가 사고의 통합과 연결에 장애가 된다는 점 등도 교과통합 프로젝트를 고민하고 실천하는 이유에 포함된다. 어떤 이유와 목적이든 수업 속 경험이 아이들의 삶과 연결되어야 한다는 결론에 이르는 것은 동일하다.

이러한 고민 속에서 선생님은 지금껏 언급했듯 수업을 기획할 때에도, 활동지를 만들 때에도, 수업 속에서도, 심지어 평가를 실시하는 순간에도 그 중심에는 '아이들'과 그 '아이들의 삶'이 놓여 있는 것이다. 그리고 자신의 삶과 연결된 수업 속 경험을 통해 아이들이 교실 밖에서도 자신의 경험과 수업 속 경험을 연결 지어 발전적으로 확산시키기를, 그렇게 성장해가기를 바라는 선생님의 바람이 고스란히 녹아 있는 것이다.

영어 교과서 단원 중 'Lesson 10. Sustainable Life Style'을 보면서 손가영 선생님은 한 번 더 고민한다. 어떻게 하면 아이들이 교육적인 경험을 가지고 실천적인 삶 속에서 성장할 수 있을까?

예술가에게만 창작의 고통이 있는 게 아니에요. 교사에게도 매 차시 수업 기획과 활동지 만들기가 창작의 고통이에요. 무엇보다 나름대로 아이들과 함께 다루고 싶은 주제가 정해져도 이것을 어떻게 풀어나가고 실천까지 연결할 수 있을까를 고민하는 것이 가장 큰 창작의 고통인 것 같아요. 하지만 이럴 때 동료 교사가 있다는 것이 얼마나 큰 기쁨인지 몰라요. 동료 교사와 고민을 함께 나누면 그 고통은 반으로 아니 그 이상으로 줄어들 수 있거든요. 동 교과 선생님들뿐만 아니라 동학년 타 교과 선생님들과도 수시로 얘기해요. '지구를 생각하는 시간' 프로젝트도 그렇게 시작하게 됐어요.

교과통합 프로젝트 '지구를 생각하는 시간' 과목별 계획표

교과	수업 내용	차시
과학	• 지구의 복사평형과 온실 효과 • 온실기체 증가의 이유와 지구 온난화 • 지구 온난화를 막기 위한 실천 • 환경 신문 제작	4
영어	• Earth Hour • IWIYW 공약 만들기, 공유하기 • 읽기 자료를 통해 지구 온난화 알기(이산화탄소와 음식의 관련성, 식습관과 환경문제의 관련성, 환경 친화적 식단) • IWIYW 영상 만들기, 세계인들과 공유하기(코멘트 달기) • 환경을 위한 실천	4
수학	• 국가별 CO_2 발생량 평균 구하기 • 대푯값	2
국어	• IWIYW 영상 만들기(영상 언어의 특성 활용, 스토리보드 작성) • 지구 환경의 소중함 알고 내면화하기	6
지리	• 시차의 발생으로 보는 '전등 한 시간 끄기 캠페인' • '전등 한 시간 끄기 캠페인' 동참	2
기술	• 재활용품을 활용한 오토마타 만들기	4
가정	• 폐의류를 활용한 생활 소품 만들기	4
음악	• IWIYW 영상의 배경음악(캠페인송) 작곡하기	4

이 프로젝트는 과학 시간에 복사평형 실험 자료를 분석하여 복사평형 개념을 이해하고, 온실 효과와 지구 온난화 현상에 대해 이해하는 것으로 시작한다. 과학 시간을 통해 환경문제의 원인과 그 심각성을 자각한 아

이들은, 전 세계적인 운동인 1시간 불끄기 행사 참여를 시작으로 환경을 위해 자신들이 실천할 수 있는 것들을 고민해보고 이를 실천하기 위한 IWIYW 공약을 세운 뒤 그대로 실행에 옮긴다. 공약을 세우는 모습과 실천하는 모습을 담아 IWIYW 영상이 만들어지

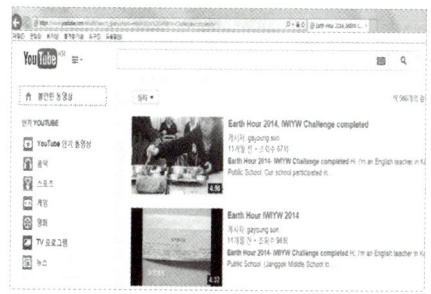

Youtube에 학생들 영상 게시하여 전 세계인과 공유

고 이 영상을 Youtube에 탑재함으로써 전 세계인들과 공유한다. 재활용품을 이용하여 오토마타를 만들고, 폐의류를 가지고 생활 소품을 만드는 활동으로 마무리되는 이 프로젝트를 통해 아이들은 어떤 경험을 했을까? 그리고 그 경험은 아이들의 후경험에 어떤 영향을 줄까? 교과통합 프로젝트가 마무리되고 난 뒤 아이들이 작성한 설문 내용을 들여다보면 그 해답을 찾을 수 있지 않을까 싶다.

　많은 아이들이 급식을 남기지 않고 먹기, 핸드폰 사용량 줄이기, 사용하지 않는 전원 플러그 뽑기, 계단 이용하기 등 쉽게 실천할 수 있지만 꾸준히 하기는 어려운 사항들을 꼭 실천하겠다고 약속했다. 그리고 아이들이 실제로 실천하는 모습을 보았을 때 물론 영상을 만들고 프로젝트 때문에 하는 거지만 보기가 정말 좋았다. 그리고 영상으로 만들다 보니 공식적으로 약속을 한 것처럼 자꾸 내 머릿속에 실천하기로 한 사항들이 맴돌고, 앞으로도 잊지 않고 지키려고 노력하고 싶다는 생각이 든다. …… 교과통합이 아니었다면 그냥 동영상을 아무 생각 없이 만들었을 텐데 영상을 만들기 위해 국어 시간에는 영상 기법을 배우고 스토리보드를 작성하고, 체계적으로 차근차근 배워나갔기 때문에 보다 보람 있고 더 알차게 영상을 만들 수 있었던 것 같다. 음악 시간에도 영상에 들어갈 노래를 만들기 위해 작사를 직

접 했다. 각 교과에서 준비
하여 하나의 작품을 만들
었다는 것이 정말 흥미롭
고 설레는 일이다. 교과통
합 프로젝트 때문에 지구
를 지킬 수 있는 일을 했
지만 이 프로젝트 때문에

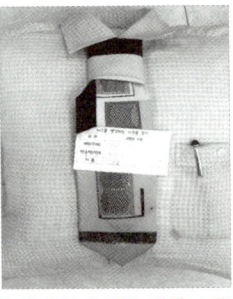

폐의류를 활용하여 만든 생활 소품

지구에 대해 한 번 더 생각하게 되고 지구를 위해 할 수 있는 일을 한 번
더 찾고, 또 그것을 행동으로 옮기게 된 것 같다. 그리고 혼자 하는 것이 아
니라 친구들과 함께했던 것이기 때문에 더 많이 이야기하고 더 많이 소통
할 수 있어서 친구들과도 더 가까워질 수 있었을 뿐만 아니라 또 다른 추억
을 만들 수 있어서 좋았다.

－3학년 7반 박○○, '지구의, 지구에 의한, 지구를 위한' 중에서

2014년 3월, 영어 시간에 제일 처음으로 '지구를 생각하는 시간－Earth
Hour' 프로젝트에 대해 들었다. 'Earth Hour'에서 주최한 'I will if you will'
캠페인에 참여하는 활동이었다. 과학 시간에는 환경 신문을 만들고, 가정
시간에는 안 쓰는 옷으로 목베개를 만들었으며, 음악 시간에는 환경 노래
를 직접 작곡하였다. 이 모든 것을 담아 동영상을 만들었는데, 장기 프로젝
트였지만 굉장히 재미있었고 완성작을 보니 뿌듯했다. 교과통합 프로젝트에
서 가장 기억에 남는 활동은 'I will if you will' 캠페인과 이것을 동영상으
로 제작한 것이다. 'I will if you will'은 나와 같이 프로젝트를 하게 된 친구
들이 환경에 대해 좋은 실천(내 모둠 친구들은 1주일 동안 핸드폰을 충전시키
지 않고 사용하였다)을 이행하면 내가 무언가를 하겠다는 공약을 거는 활동
이었다. 이러한 캠페인을 하기에 앞서 모둠 친구들과 해외 여러 외국인들이
이미 참가한 영상을 보고, 해석하고, 참가 방법 동영상도 해석하고, 공약을

정하고 영어로 바꾸며 준비를 했다. 그러고 나서 공약을 이행했는데, 모둠 친구들이 실제로 핸드폰을 1주일 동안 충전 없이 사용하였고, 나는 그에 대한 공약으로 동물보호 캠페인을 하였다. 동물보호 캠페인을 공약으로 한 이유는 환경에 관한 캠페인이다 보니 환경을 파괴시킨 사람들로 인해 피해를 받은 동물들을 사람들이 알아주길 바라서였다.

그렇게 옆 동네로 버스 타고 가서 동물 잠옷을 입고 포스터를 들고 번화가를 1시간 동안 걸어 다녔고 이 모든 것을 그때그때 짝이 옆에서 촬영하였다. 스토리보드를 작성하고 환경에 관한 뉴스, 사진들을 수집하고, 'I will if you will' 영상도 집어넣고, 배경음악으로 음악 시간에 작곡한 노래도 깔아 넣었다. 이러한 과정을 거치며 동영상을 만드는 방법, 카메라로 영상을 찍을 때 어떤 기법이 효과적인지 알게 되었다. 마지막으로 완성된 환경 영상을 Youtube에 게시하여 전 세계 사람들과 공유했다.

Earth Hour IWIYW 영상

교과통합 프로젝트를 하면서 좋았던 점은 직접 경험을 하게 되어서 좋은 추억과 경험이 된다는 것이다. 친구가 공약을 이행할 수 있도록 나 또한 텀블러를 사용하는 실천을 지키고 직접 동영상도 만들며 환경에 관한 자료를 수집하다 보니 심각성이 매우 와 닿았다. 다른 동네에 가서도 활동을 하고 영상 만드는 데도 시간이 오래 걸렸던 만큼 결과물에도 애착이 갔다. 또한 모둠 활동이다 보니 학기 초라서 서먹했던 모둠 친구들과도 말을 많이 하여 친해지게 되었다. 교과통합 프로젝트는 전혀 연관성 없어 보였던 과목들이 하나로 어우러진다. 동영상을 참신하게 구성하기 위해 머리도 쥐어짜고 석고를 둥그렇게 굳혀 유성 사인펜으로 칠하고 냄비에 끓이는 힘든 과정을 거쳐 제작한 영상인 만큼 끝나고 나니 나에게 남는 것이 훨씬 많다. 여러 교과통합 프로젝트 덕에 추억이 많이 쌓였고 다른 사람들에게도 자랑할 수 있는 경험이라 좋다. 무엇보다도 '지구를 생각하는 시간' 프로젝트를 계기로 지금도 텀블러를 사용하고 있고 환경에 관심을 가지게 되어서 나에게 도움이 되었다. 뿌듯한 경험이었다.

- 3학년 10반 김○○, '지구로 통합되는 수업들' 중에서

이런 결과를 이끌어내기 위해 손가영 선생님은 매 차시 수업을 어떻게 기획하고 디자인했을까? 선생님 스스로 섬세하고 정교한 작업이라고 얘기하는 수업 기획을 위한 큰 그림을 제시하면 아래와 같다.

① 주제의 흐름

Earth Hour 2014 ⇨ IWIYW Campaign ⇨ Global Warming and Carbon Dioxide

② 매 차시 디자인의 주안점
1) 학생들을 중심에 두고 내용 가감하기
- 교과서에 제시된 Earth Hour 2007 이야기를 Earth Hour 2014 정보로 바꾸기
- IWIYW Campaign이 어떤 것인지 영문 홈페이지 내용을 중심으로 reading text 쓰기
- IWIYW Campaign에 참여하는 방법 reading text 쓰기

2) 매 차시 수업을 통해 학생들이 과제를 수행할 수 있는 역량 길러주기
- Reading과 Listening을 위한 단어(예문과 함께 제시)
- IWIYW 공약 쓰기를 위한 환경 관련 표현들 배우기(Pre-writing 수업)

- Grammar: 영어 어순(문장 5형식) 수업, To 부정사 수업

3) 영어의 4가지 기술(Reading, Listening, Speaking, Writing)을 적절히 사용하되 차시가 진행됨에 따라 Receptive Skills에서 Productive Skills를 발현할 수 있도록 돕기
- 전 세계 여러 사람들의 IWIYW 공약 보기(Listening): Youtube 동영상 자료 검색하여 수업 자료로 내용도 수준도 적절한 것으로 골라 듣기 수업 준비
- 조원들과 함께 실천 가능한 IWIYW 공약 써보고 실천 계획 세우기(Writing)
- 실제로 공약 실천하고 동영상 찍기(국어 시간에 미리 스토리보드 작성)
- 환경 프로젝트 수업이 모두 끝난 후 소감을 인터뷰하기(Speaking-Last Interview)

■ 인터뷰 질문
1. How did you feel while you were doing this project?
2. What was the most impressive action for the environment?
3. What's your green comment to the people all around the world?

4) 수업의 과정에 알맞은 수행평가 계획 세우고 채점 기준 알리기
- 환경의 심각성을 일깨우고 자신들의 실천(Earth Hour, IWIYW Campaign 참여)을 담은 동영상 제작하기(조별 영상)
- 동영상이 말하기 수행평가로 반영됨을 미리 학생들에게 공지하고 채점 기준 알려주기
- 국어 교과와 매 차시 수업의 순서에 대해 긴밀히 협조하여 영어 시간에 준비한 것들이 동영상 스토리보드에 충분히 반영되어 제작되도록 하기

5) 세계시민의식 기르기
- 존 듀이는 '한 사회는 그 사회에 걸맞은 학교를 갖는다'라고 했다. 세계시민으로서 환경 지식들을 직접, 그리고 친구들과 실천하고 영상과 인터넷이라는 채널을 통해 그것들을 전 세계인들과 공유하는 경험은 학생들의 의식 성장에 지대한 영향을 미칠 것이다.

반성적 사고나 문제 해결의 과정과 단계에서 판단하고 있는 지성은 실천적일 수밖에 없다.[5] 이러한 지성은 분절된 과목에서보다는 교과통합이

---

5. 『혁신교육 존 듀이에게 묻다』, p. 196.

라는 환경에서 더욱 빛을 발하지 않을까 한다. 여러 과목을 넘나들고 이를 아우르는 통섭적인 사고는 하나의 주제에 대한 실천적인 지성을 만들 수밖에 없지 않을까.

가. 활동지로 보는 '지구를 생각하는 시간'

(1) 영어 활동지와 평가지

Part 2. IWIYW Campaign

I Will If You Will is a campaign / to encourage positive action / for the environment. It's all about a simple promise for the environment. Ask yourself, "What can I do to make a sustainable world?" Then, take a small action / to save our planet! It can be walking to work instead of driving or starting recycling. Check out some of the ideas already posted on Youtube.

I WILL   IF   YOU WILL

IWIYW Commitment on Youtube

Q. Fill in the Blanks in Korean.

1. 나는 나의 남자친구에게 _____ 할 거야.
   만약 1,000명의 사람이 재활용하기로 약속한다면, 2013년에.

2. 나는 나의 머리를 _____ 할 거야.
   만약 30,000명의 사람들이 Earth Hour에 참여한다면.

3. 500명의 사람들이 일주일 동안 자동차 대신에 _____ 을 이용한다면,
   우리는 이 빌딩의 _____ 까지 걸어 올라갈 것이다.

4. 나는 내 핸드폰 _____ 를 _____ 시간 동안 사용하지 않을 거야.

5. 나는 무료 _____ 수업을 열 거야.
   만약 500명의 사람들이 'I will if you will' 도전을 _____ 한다면.

---

6. 나는 일주일을 _____ 없이 살 거야.
만약 500명의 사람이 24시간 동안 전기 없이 사는 것을 받아들인다면.

7. 나는 나의 _____ 를 초록으로 염색할 거야.
만약 1,000명의 사람들이 Earth Hour를 지지한다고 약속한다면.

8. 나는 _____ 을 할 거야.
만약 10,000명의 사람들이 Earth Hour를 하기로 신청한다면.

Words to sum up: Write down meanings in Korean.

Q. Listen Carefully and Fill in the Blanks.

1. I'll propose to my boyfriend if 1,000 people commit to recycle in 2013.

2. I'll shave my head if 30,000 participate in Earth Hour.

3. "If 5000 people agree to take ①_____ instead of their cars for one week,
we will climb 96 stories, this building."

4. I will not use all 3 of my mobile phones for 72 hours.

5. I'll ②_____ a free yoga class if 500 people upload their own
'I will if you will' challenge.

6. I'll live one week without electric power if 500 people accept doing it for 24 hours.

7. I'll be ③_____ this ④_____ green if 1,000 people ⑤_____
to support Earth hour."

8. I'll do a flash mob if 10,000 people sign up for the Earth Hour.

1. recycle:	4. flash mob:
2. story:	5. support:
3. electric power = electricity:	6. sign up:

교과서에는 없는, Earth Hour 홈페이지 내용을 바탕으로
읽기 지문을 직접 작성한 IWIYW Campaign 활동지(Reading 2).
다른 사람들의 공약을 듣는 Listening 활동이 함께 이루어졌다.

[13. 서술형 4]

Read the following passage and answer the questions.

Carbon dioxide is one of the main causes of global warming. (A) Global warming causes unexpected weather changes and destroys the environment. (B) As the planet heats, the weather changes a lot. (C) As a result, we cannot expect our lifestyles to be sustainable. (D) So, it is very important that we reduce the amount of carbon dioxide we give off. (E)

13. (A)~(E) 중 아래의 문장이 들어갈 가장 자연스러운 위치는? 【4.5점】

① (A) ② (B) ③ (C) ④ (D) ⑤ (E)

For example, many places will be hotter, some colder, some wetter, and others drier.

[서술형 4]

위 글을 읽고 다음 차트의 (1)~(4)에 들어갈 적절한 단어, 구, 또는 문장을 영어로 채우시오. 【8점】

Carbon dioxide
⇩
(1) _____
⇩
(2) results in _____
destroys the environment
⇩
results
(3) We cannot _____ our lifestyle
⇩
Solution: We should reduce the amount of carbon dioxide we give off

Q. How can we reduce carbon dioxide at school?
(4) _____
(완전한 영어 문장으로 작성할 것)

(1) _____
(2) _____
(3) _____
(4) _____

[서술형 5]

다음 포스터를 보고 일상에서 실천할 수 있는 한 가지를 영작하시오. 【4점】

Answer

_____
_____
_____
_____
_____
_____

지필 평가 문제 (중3)-서술형 문제 5번의 경우
학생들이 배운 내용을 토대로 응용할 수 있도록 문제를 출제하였다.

324

(2) 타 교과 활동지

과학 활동지 일부

1. 지구 복사평형

(1) 복사 에너지:

① 태양 복사 에너지와 지구 복사 에너지

구분	태양 복사 에너지	지구 복사 에너지
정의		
형태		

(2) 지구 복사평형

탐구 목표:
탐구 과정:

1. 검은색 알루미늄 컵에 온도계를 꽂은 뚜껑을 덮고, 200W 전등에서 30cm 떨어진 곳에 그림과 같이 전등과 일직선이 되도록 컵을 놓는다.
2. 전등을 켜고 온도가 일정하게 유지되는 구간이 나타날 때까지 1분 간격으로 컵의 온도를 측정한다.

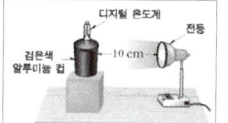

시간(분)	0	1	2	3	4	5	6	7	8	9	10
온도(℃)	25	25.5	27	27.9	29	30.2	31	31	31	31	31

탐구 결과:

1. 시간에 따라 컵의 온도가 어떻게 변하는지 그래프로 그려보자.
(1) 알루미늄 컵 속 기온이 일정해지는 때는 언제인가?
(2) 시간이 지남에 따라 컵 속의 기온은 어떻게 변하는가?

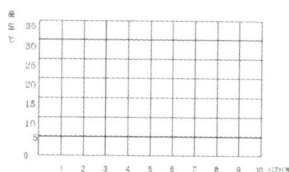

(3) 컵의 온도가 그래프와 같이 변하는 이유를 컵이 받아들이고 내보내는 에너지양으로 설명해보자.
　① 가열이 시작될 때:
　② 일정 시간이 지날 때:
(4) 실험 결과를 바탕으로 지구의 평균 기온이 비슷하게 유지되는 이유를 설명해보자.

대단원	V. 통 계 1. 대푯값과 산포도 1-1. 대푯값(126쪽~131쪽)	활동지 8
소주제		3학년 ( )반 ( )번 이름 ( )

▶ 생각하기 ① 강을 건널 수 있을까?

전쟁을 치르고 있는 장수가 병사들을 이끌고 적진을 향해 가던 중 강을 만나게 되었다. 장수가 그 강에 대해 잘 알고 있는 동네 노인에게 강의 평균 수심이 얼마냐고 물었더니 노인은 평균 수심이 _____라고 답했다. 장수는 가장 작은 병사의 키가 _____이므로, 강을 걸어서 건널 수 있다고 판단하고 진격을 명하였다. 그러나 병사들은 강을 건너지 못하고 모두 물에 빠져버렸다.

(1) 병사들이 강을 건너지 못한 이유는 무엇일까?

▶ 생각하기 ② 국가별 CO_2 배출량

구분	미국	중국	일본	독일	영국	한국	프랑스	평균
1971	4275	868	756	993	645	55	435	a
1981	4612	1468	897	1038	566	125	425	b
1991	4856	2321	1076	941	577	250	386	c
2005	5844	5130	1230	820	542	464	390	d
2006	5764	5683	1220	821	544	472	380	e
2007	5851	6044	1242	804	529	499	373	f
2008	5684	6558	1198	803	522	513	374	g
평균	h	i	j	k	l	m	n	

(2) 계산기를 이용하여 위 빈칸 (a)~(n)을 채우세요.

평균적으로 CO_2를 가장 적게 배출한 나라는 어디인가요? 최근 가장 적게 배출한 나라는 어디인가요?

국어 활동지 일부

대단원	6. 세상에 알리다	활동지 3학년
소단원	(2) 영상 언어의 특성	3학년 ( )반 ( )번 이름 ( )

* 교과서 229~236쪽을 읽고 다음 활동을 해보자.

1. 카메라와 대상 간의 거리에 따라 숏을 구분할 때 다음의 영상들은 어떤 숏을 사용하였
   는지 구분하여 말해보자. 또 어떤 경우에 이 숏을 사용하면 좋은지, 왜 그런지에 대해 정
   리해보자.

(1)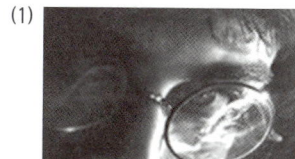
　　　　　　　　　　　숏의 종류:
　　　　　　　　　　　어떤 경우에 사용하면 좋을까? 왜 그럴까?

(2)
　　　　　　　　　　　숏의 종류:
　　　　　　　　　　　어떤 경우에 사용하면 좋을까? 왜 그럴까?

(3)
　　　　　　　　　　　숏의 종류:
　　　　　　　　　　　어떤 경우에 사용하면 좋을까? 왜 그럴까?

(4)
　　　　　　　　　　　숏의 종류:
　　　　　　　　　　　어떤 경우에 사용하면 좋을까? 왜 그럴까?

1. 내가 사는 세계
❷. 위치에 따른 지역 차이

■ 위치에 따라 달라지는 시간

▶ 탐구하기!
'Earth Hour' 동영상을 보고 물음에 답하시오.

1. 동영상에 나오는 지도에서 불이 순차적으로 꺼지는 이유를 생각해보자.

2. 이번 'Earth Hour' 행사에 참여한 동영상을 찍어 유튜브에 올렸다. 우리나라(135°E)에서 3월 29일 밤 10시에 올린 동영상을 미국 뉴욕(75°W)에서는 언제 확인이 가능할까?

▶ 탐구하기!
런던에 있는 친구를 만나기 위해 비행기표를 예약하고 있다. 다음 예약 현황을 보고 물음에 답하시오(인천: 135°E, 런던: 0°).

1. 인천에서 출발하여 런던까지 갈 때 총 비행시간은 얼마인가?

2. 귀국하는 날 부모님이 공항에 마중나오시기로 했다. 도착은 몇 시인가?

음악 활동지 일부

대단원	나도 작곡가	활동지 3학년
소단원	캠페인송 만들기	3학년 ( )반 ( )번 이름 ( )

1. 캠페인송을 듣고 어떠한 내용이 떠오르는지 마인드맵을 그려 표현해보자.

2. 캠페인송을 듣고 어떠한 내용이 떠오르는지 마인드맵을 그려 표현해보자.

3. 사용하고자 하는 박자와 빠르기말을 적고, 가사 만든 것을 정리하자. Melody를 생각해 보고, 라임을 만들어보자.

4. 완성되어가는 캠페인송의 내용을 녹음하자. 수정할 부분이 있다면 어떤 부분을 수정하 고 싶은지 적어보자.

가정 활동지 일부

수업 교과	가정	활동지 3학년
지도단원	친환경적 의생활	3학년 ( )반 ( )번 이름 ( )

▶ 읽어보기

기성복의 발달로 요즘에는 직접 옷을 만들어 입는 일이 드물지만 때로는 내가 원하는 것과 일치하는 디자인의 옷을 찾기 어려울 때도 있고, 돈이 부족하여 새 옷을 마련하기 어려울 때도 있다. 이때 간단한 바느질 방법과 옷 만드는 방법만 잘 알고 있으면 어느 정도 수선이 필요한 옷은 직접 손질하여 입을 수도 있고 자신의 체형에 맞으며 원하는 디자인의 옷을 만드는 제작 경험을 통해 창의력, 인내력, 성취감의 기쁨도 느낄 수 있다. 더불어 기존에 있던 옷을 변형시켜 입는 재활용 과정을 통해 재창조의 기쁨을 느낄 수 있으며 이를 통해 친환경적인 의생활도 실천할 수 있다. 따라서 이 단원에서는 일상생활에서 활용할 수 있는 간단한 수선 방법을 통해 기존 의복에 장식하는 과정, 손바느질을 통해 새롭고 창의적이며 실생활에서 활용 가능한 물품 등을 간단한 제작하는 과정을 통해 자원을 재활용하는 다양한 방법을 모색하도록 하여 친환경적인 의생활을 실천할 수 있도록 한다.

또한, '2014 Earth Hour' 교과통합의 일환으로 가정에서도 폐자원으로 분류해야 할 의복을 이용할 수 있는 방법을 고려해보고 지구를 생각하는 시간을 갖고 작게 생활속에서 실천할 수 있는 방법을 기획하고자 했다.

생활 속에서 재활용될 수 있는 것들을 이용하여 어떤 장식을 만들 수 있을까?

우리 주변에서 버려지는 물품을 이용하여 업사이클링 할 수 있는 방법은 무엇이 있을까?

구상한 물건이 쓰임새 있고 창의적인 것은 어떠한 것들이 있을까?

재활용품을 제작하는 활동에서 원래의 상태보다 나은 작품을 만들기 위해 가급적이면 쓰레기를 줄이고 추가적인 낭비가 발생하지 않도록 하는 것은 무엇이 있을까?

▶ 실습 과정

손바느질의 기초(실 꿰는 방법, 실 끝 매듭짓기 등), 바느질의 종류(감침질, 새발뜨기, 공그르기, 박음질, 홈질, 휘갑치기) 등 기초 지식 및 적절한 용도와 방법을 습득한다.

1. 구체적인 재활용 계획을 세워보기(마인드맵을 활용하기)
2. 재활용했을 때의 디자인을 그림으로 표현해보기
3. 필요한 준비물과 부족한 재료가 무엇인지 알아보고, 어디에서 구할 수 있는지 조사하기
4. 직접 재활용을 시행하기 위해 필요한 기술 또는 지식이 무엇인지 생각해보기
5. 재료 준비하기
6. 헌 옷을 바탕으로 재단하기
7. 옷감을 순서대로 놓고 시침핀을 꽂아 고정시킨 후 창구멍을 남기고 돌려 박기
8. 창구멍으로 뒤집은 후 공그르기로 창구멍을 막고 다림질을 하기
9. 원하는 디자인과 꾸밈 그리고 장식을 통하여 완성하기
10. 평가하기

> ▶ 생각하는 시간을 갖기
>
> 1. 간단한 생활 소품을 사진 자료나 동영상 자료 등을 활용하여 만드는 제작과정과 소품 만들기에 필요한 준비물 등을 자료 조사 과정을 통해 준비하게 한다.
> 2. 생활 속에서 재활용될 수 있는 것들을 이용하여 만들 수 있는 장식은?
> 3. 우리 주변에서 버려지는 물품을 이용하여 업사이클링 할 수 있는 방법은 무엇이 있을까? 구상한 물건이 쓰임새 있고 창의적인 것은 어떠한 것들이 있을까?
> 4. 재활용품을 제작하는 활동에서 원래의 상태보다 나은 작품을 만들기 위해 가급적이면 쓰레기를 줄이고 추가적인 낭비가 발생하지 않도록 하는 것은 무엇이 있을까?
> 5. 현재 학생들이 준비 및 실천하고 있는 방법
>   오래된 청바지: 바짓부리에 덧단 대기, 바짓부리의 올 풀기, 가방 만들기
>   입지 않는 옷: 줄여서 인형 옷 또는 강아지 옷 만들기, 소품 주머니 만들기, 팔을 떼어낸 후 조끼 만들기, 파우치 백 등

2. 월드컵, 그 빛과 그림자

장곡중학교에는 집단 지성을 키워가는 전문적 학습공동체가 여럿 있다. 그중 하나가 '수업 보기 모임'이다. 매월 셋째 주 토요일마다 수업 영상을 본 뒤 이에 대해 이야기를 나누는 활동을 통해 다른 사람들의 수업에서 배울 점을 찾고, 자신의 수업을 성찰하는 기회를 갖는다. 장곡중학교 교사만이 아닌 희망하는 모든 교사가 참여할 수 있는 학습공동체이다.

○○중 체육 수업을 봤을 때의 일이다. '츄크볼' 경기를 하는 팀과 이를 중계하는 하는 팀으로 나눠 진행되는 체육 수업이었다. '츄크볼'은 1970년에 스위스의 생물학자 H. 브랜드가 기존의 구기 종목을 '침략적'이라고 규정하고 이에 대해 '비침략적인' 게임을 구상하면서 만들어진 것이라고 한다. 그렇기 때문에 몸싸움도 없고 상대팀에 대한 방해도 허용하지 않는 새로운 발상의 게임이다. 평상시 스포츠에 대해 그다지 관심이 없었던 탓도 있겠지만 구기 종목이 침략적이라는 생각을 해보지 못했던 터라 '츄크

볼'은 스포츠에 대해 한 번 더 생각하게 하는 충분한 계기가 되었다. '츄크볼' 이야기를 비롯하여 수업에 대한 이야기가 무르익어가면서 우리 아이들에게도 스포츠에 대해 다각도로 생각해볼 수 있는 기회를 제공하고 싶다는 생각에 이르게 되었고, 이 생각들이 동료 교사들과의 협의를 거쳐 '월드컵 프로젝트'로 탄생하게 된 것이다.

2014년은 월드컵이 열리는 해이다. 그래서 '월드컵'이라는 주제로 한 개 학년이 아닌 세 학년이 모두 각 학년의 교육 목표[6]와 수준에 맞게 통합을 시도하게 되었다. 체육대회와 연계하여 진행된 이 프로젝트는 교과통합이긴 하지만 규모 면에서나 활동 면에서 한바탕 축제와도 같은 행사였다.

세 학년 30개 반이 월드컵 참가국(한국과 일본 제외) 30개국 중 추첨을 통해 1개국씩 선택. 각 반 해당국의 서포터스 활동의 하나로 만든 반 깃발을 들고 체육대회 시작과 함께 '입장 퍼레이드'를 펼치고 있다.

손가영 선생님은 이 프로젝트를 통해 아이들이 '세상'과 만나기를 원했다. 선생님은 '나'를 배움에서 소외시키지 않고, '세상'에서 소외시키지 않는 일들이 교실에서 이루어져야 한다고 말한다.

'월드컵, 그 빛과 그림자'라는 프로젝트를 통해 아이들은 월드컵의 양면을 살펴본다. 축구공 하나로 펼쳐지는 축제인 월드컵의 경제적 효과

---

6. 장곡중학교에는 '더불어 행복한 배움의 공동체'라는 비전을 실현하기 위한 학년별 교육 목표가 있다. '월드컵 프로젝트'를 계획하던 당시 2014학년도 교육 목표는 1학년 '즐거운 소통', 2학년 '행복한 배려', 3학년 '더불어 함께'였다. 교육과정을 재구성할 때나 교과통합을 기획할 때 그 근간이 되는 이 교육 목표는 매해 학생과 교사의 필요와 요구 분석을 바탕으로 결정된다.

'월드컵'을 주제로 한 세 개 학년 통합 프로젝트 계획표

통합 활동			·월드컵 참가국 중 한국과 일본을 제외하여 3개 학년 30개 반이 추첨을 통해 각 1개국씩 나라 선택 ·각 반은 해당 나라의 홍보 등 서포터스 활동 ⇨ 각 나라 상징 깃발 만들기, 학급별 홍보 활동
1학년	**주제**		**월드컵, 다문화의 차이를 넘어**
	활동내용	체육	• 월드컵 응원 활동(창작 체조) 기획 및 실천
		국어	• 월드컵 관련 기사 읽고 요약하기
		도덕	• 다문화에 대한 인식 전환
		과학	• 공의 움직임 이용, 힘과 속력 관계 알기
		가정	• 각 나라의 음식 만들며 음식 문화 이해하기
		수학	• 축구공 속에 담긴 수학의 원리 찾기
		음악	• 세계 다양한 음악 접해보기
		미술	• 각 나라의 특징 살려 반티 디자인하기
2학년	**주제**		**월드컵으로 하나 되는 우리**
	활동내용	체육	• 월드컵 응원 활동(창작 체조) 기획 및 실천
		국어	• 월드컵 응원, 나라 홍보문 쓰기
		역사	• 각 나라의 언어 및 생활 문화 조사
		영어	• 각 나라 홍보문을 영어로 번역하기
		미술	• 각 나라의 특징 살려 반티 디자인하기
		통합	• 6월 18일(한국 VS 러시아 전) 한마음이 되어 응원하기(07:00 등교) • 학급별 아침 비빔밥 만들어 먹기
3학년	**주제**		**월드컵, 그 빛과 그림자**
	활동내용	체육	• 월드컵 응원 활동(창작 체조) 기획 및 실천
		국어	• 월드컵의 양면을 다룬 논평을 읽고 주장과 근거 찾기, 글쓴이의 태도 평가 • 국제 행사가 갖는 화려함과 어두운 이면 알고 자신의 생각 정리하기 • 연설문의 특징을 알고 국제 행사에 대한 자신의 주장과 근거가 잘 드러나도록 연설문 작성하기 • 연설하기 및 연설을 듣고 비판적으로 평가하기
		사회	• 다양한 국가의 문화 및 자연환경 알기
		영어	• 축구경기와 관련된 여러 가지 표현 알기 • 아프리카의 축구팀 'FC Hope'의 이야기를 읽고 축구가 의미하는 바 생각해보기 • 영어로 축구 응원가 만들어 부르기
		수학	• 이차방정식을 통해 황금비 알기 • 황금비를 가진 정오각형을 이용해 축구공 만들기
		과학	• 에너지 전환과 역학적 에너지 보존 법칙 • 역학적 에너지 보존 법칙을 다양한 스포츠에 적용하기
		음악	• 각 나라별 가곡 이해하기, 각 나라별 전통 악기 알기

나 국가 브랜드 가치의 상승 등을 살펴보기도 하고, 노동 착취나 인권 침해 혹은 환경 파괴 등을 살펴보기도 한다. 그중에서 손가영 선생님은 월드컵으로부터 소외된 아이들에 관심을 가졌고, 역으로 이 소외된 아이들에게 희망을 주는 축구 이야기에 관심을 가졌다. 학교 대신 쓰레기장에서 하루를 보내고 아픈 가족들의 생계를 책임지는 아이들에게 지친 하루의 소소한 행복이자 꿈인 축구 이야기, 'FC HOPE 축구팀'을 소재로 하여 수업을 기획하기에 이른다. 'FC HOPE 축구팀'을 소재로 선택하게 된 뒷이야기도 재미있다. 교무실에 앉아 '영어 교과에서는 어떤 주제로 월드컵을 다루면 좋을까?'를 고민하던 손가영 선생님에게 한 과학 선생님이 자신이 평소에 기부를 하고 있는 자선단체 사이트에 기사로 실린 '아프리카 축구팀' 이야기를 해줌으로써 수업 설계 아이디어를 얻게 된 것이다. 선생님은 영어 교과의 고민을 동 교과 동료 교사만 공유할 수 있는 것이 아니라고 말한다. 옆의 국어 교사, 뒷자리의 과학 교사, 옆 반 수학 교사……모두가 모두의 조력자이며 협력자인 것이다. 즉 자신의 수업 고민이 서로 다른 시각을 가진 서로 다른 선생님들에 의해 새로운 관점으로 조망되고 이야기되며 수업의 소재로 발전하게 되는 것이다. 이런 이야기가 일상화된 학교에서 교사들의 수업과 학생들의 배움은 풍부해질 수밖에 없지 않을까.

'FC HOPE 축구팀'을 소재로 수업을 기획할 때의 걸림돌은 읽기 자료로 사용할 영문 기사가 없다는 것이었다. 'FC HOPE 축구팀'에 대한 영문 기사가 있었다면 더욱 좋았겠지만 없다고 해서 선생님에게 크게 문제가 되지는 않았다. 없다면 만들면 되는 것이기 때문이다. 여기서 또 한 번 선생님의 매력이 발산된다. 아이들과 함께 공유하고 싶은 이야기가 있고, 그것이 실현시키고자 하는 주제와도 맞을 경우 선생님은 어떤 조건 속에서도 기필코 그 이야기를 아이들과 나눌 수 있도록 만든다. 그럼으로써 아이들이 수업을 통해 만날 수 있는 세상을 점점 넓혀준다.

축구가 일부러 무거워질 필요는 없을 것이다. 그러나 그 이면의 소외된 사람들의 그늘도 돌아볼 줄 아는 아이들, 그리고 그 가벼운 축구를 하나의 삶의 희망으로 여기는 세상 저편의 또래들의 삶도 알면 좋겠다는 생각이 들었다. 사실 처음에는 축구의 지식적 측면을 알아보는 지문을 가지고 수업을 계획했었다. 우연한 기회에 아프리카 케냐, 희망학교 아이들의 첫 번째 유소년 축구단인 'FC Hope' 창단식에 대한 기사를 읽게 되었고, 가슴 한구석이 찡해왔다. … (중략) … 'FC Hope'라는 나만의 제목으로. 보고 즐기는 월드컵이 아니라 월드컵에서 의미를 찾아보고, 소외된 사람들의 그늘도 돌아볼 줄 아는 아이들이 되었으면 하는 마음으로 수업을 준비했다.

손가영 선생님의 공개수업 '수업철학 및 설계' 중에서

읽기 자료를 통해 'FC Hope 축구팀' 기사의 주인공인 'Simon'과 'Wilson'의 이야기를 살펴보고 그 감동을 담아 이들에게 전해줄 응원가를 만든다. 선생님의 수업 기획이 언제나 그렇듯 아이들에게 응원가를 만들라고 바로 던져주지 않는다. 응원가 하나를 만드는 작업에도 선생님의 섬세함이 돋보인다. '축구, 승리, FC HOPE'와 관련하여 떠오르는 단어들을 생각해보게 하고, rhyme(운)을 만들 수 있는 단어들을 찾아보게 하는 브레인스토밍을 전 차시에 실시한다. 이렇게 찾아낸 단어들을 가지고 아이들은 다음 시간에 응원가를 손쉽게 만들 수 있는 것이다.

이 활동을 통해 우리 아이들이 글의 주인공인 Simon, Wilson과 마음이 통했으면 좋겠어요. 아마 축구나 응원이라는 장르를 영어로 접근하는 것 자체가 아이들에게는 처음일 거예요. 하지만 모둠 아이들이 마음을 모으고 협력하면 아이들은 항상 감동을 주죠.

그리고 우리 아이들도 학교에서 견디며 살잖아요. 기나긴 수업을, 졸음을, 많은 과제들을, 그리고 덥고 추운 환경들을. 아프리카 소년들이 어려운 환경에도 불구하고 축구를 통해 꿈꾸듯 우리 아이들도 간절한 무언가를 꿈꿀 수 있었으면 좋겠어요.

가. 활동지로 보는 '월드컵, 그 빛과 그림자'

(1) 영어 활동지

Simon의 이야기가 담긴 읽기 자료. 영문 기사가 없어 선생님이 직접 영작하여 아이들에게 제공한 활동지다. 읽기 자료를 직접 쓸 경우 아이들 수준에 맞는 단어를 사용해 영작을 해야 하기 때문에 조금 더 신경이 쓰인다고 한다.

Soccer for Hope

*Translate this text with group members together and make interview questions in Korean.

The World Cup is a sporting event / for many people / *all over the world. In Africa, however, soccer is not just a sport / but a hopeful dream. The audition for 'FC Hope' just finished. Sixteen boys, including Simon, were selected for the FC Hope. They shed tears of excitement and happiness.

*all over the world 전 세계에

Simon still remembers the first day / (when he watched the poster of 'Hope Soccer Team Auditions'.) A shiver went through him / as he stood in front of the poster. It was the first sign of hope in his life. He has always dreamed of becoming a professional soccer player. Four years ago, a cow collided with him and punctured his left eye. *Due to the serious damage, doctors had to remove his left eye. *To make things worse, a sudden accident seriously damaged his fathers' brain. Since then, he had to work / to make a living. However, his special passion for the soccer still lived on.

*Due to = because of
*To make things worse: 설상가상으로

Soccer is ＿＿＿＿＿＿ to Simon

---

(2) 타 교과 활동지

국어 활동지 일부

대단원	2. 협상과 연설	3학년 ( )반 ( )번 이름 ( )
성취 기준		• 의견의 차이가 드러나는 문제에 대하여 적절한 근거를 들어 논증하는 글을 쓴다. • 연설을 듣고 내용과 형식을 비판적으로 평가한다.

* '국제행사 유치'에 대해 찬반 토론을 한 후, 자신의 생각을 정리해보자.

*연설문을 작성해보자.

연설 주제: 2018 평창올림픽, 국가에 이익인가?

1. 연설문을 쓰기 위한 개요를 작성하고, 조사할 내용을 정리해보자.

처음	• •
중간	• • • •
끝	• •

조사할 내용:

_____

_____

_____

(예시) 연설 주제: 우리에게는 이런 도서관이 필요합니다.

처음	• 지식기반사회가 되면서 독서가 중요해졌다. • 독서의 본질
중간	• 도서관의 문제점: 　- 도서관 수 부족 　- 독서 관련 프로그램 부족 • 해결 방안 　- 도서관 건립을 위한 정책 추진 　- 독서 진흥 프로그램 개발
끝	• 국가, 지방자치단체, 시민들 모두의 관심과 노력 촉구

관련 단원	Ⅲ. 이차방정식 2. 이차방정식의 활용	3학년 ( )반 ( )번 이름 ( )
성취 기준	• 황금비가 무엇인지 알 수 있다. • 이차방정식을 활용하여 황금비를 직접 계산할 수 있다. • 실생활에 황금비가 적용된 예를 찾을 수 있다.	

1. 황금비란 무엇인지 책에서 요약하여 구체적으로 적어보시오.

2. 우리 주변에 황금비가 적용되는 예는 아주 많습니다. 동영상 및 책에서 제시한 예를 3가지 드시오(단, 3개까지만 채점, 동영상 및 책에 나온 내용 아니면 인정 안 함).

   ①

   ②

   ③

3. 이차방정식을 활용하여 황금비를 구하는 과정입니다. 빈 칸에 알맞은 것을 넣으시오.

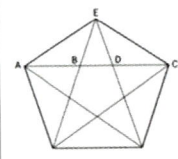

피타고라스는 정오각형에 대각선을 모두 그리면 정오각형 안에 별이 보인다고 하였다. 이 별모양을 피타고라스는 대단히 중요시 여겼고, 이 별 안에 다시 정오각형이 보이고…… 이와 같이 무한히 많은 별을 그려낼 수 있다. 피타고라스가 이 별을 중요시 생각한 것은 이 별 속에 황금비가 숨겨져 있기 때문이었다. 오각형 안의 이등변삼각형의 밑변의 길이 : 나머지 한 변의 길이 비 역시 이 숨겨져 있다. 피타고라스는 그들의 학파의 모든 사람에게 이 별모양을 자신의 가슴에 붙이고 다니라고 할 정도로 황금비를 대단히 예찬했다고 한다. 다음에 따라 황금비를 구해보자.

정오각형 안의 이등변삼각형 의 두 변의 길이 비(황금비, $\overline{AE} : \overline{AC}$)를 구해보자.

$\overline{AE} : \overline{AC}$ 라 하자.

△EBC는 이등변 삼각형이므로 $\overline{BC} = 1$이다.

△EAC ∽ △BAE(AA닮음)이므로

$\overline{AE} : \overline{AC} = \overline{AB} : \overline{AE}$

즉, $1 : x = x - 1 : 1$

비례식을 전개하여 정리하면

         = 0 , x =

x 는 선분의 길이이므로   이다.

∴ x : 1 =   : 1 이다. (단,   은 $\sqrt{5} \fallingdotseq 2.236$로 계산하여 유한소수로 표현)

*근의 공식을 떠올려보자.

$ax^2 = bx = c = 0$에서

x =

5장

수업으로 만들어가는 학교 문화,
그 지속가능한 길을 찾아서

_이경숙·백윤애

1 전문적 학습공동체, 이렇게 만들었습니다

혼자는 힘들고 외롭지만 함께라면 뭔가 해낼 수 있는
사람살이 그대로 학교라는 공간 속에서
우리 교사들이 할 수 있는 연대의 힘은
수업을 바꾸고, 학교를 바꾸고, 우리 삶의 질을 바꾸고,
어쩌면 세상을 바꿀 수도 있지 않을까.
- 어느 교사의 희망 메모, 본문 중에서

1. 학교 문화와 전문적 학습공동체

감히 행복하다고 말할 수 있는 학교는 어떤 학교일까. 지난 7월, 1학기 교육 활동 평가 워크숍을 떠나기 전 설문 조사를 실시했다. "현재 우리 학교생활에 대해 만족하는가?" 물었다. '매우 만족'과 '만족한다'를 합쳤더니 98%의 응답률이 나왔다. 이유를 물었다. 수업, 행정 업무 경감, 편하다 등등 다양한 답 속에 '동료성'이 가장 많았다. 워크숍에서 이 결과를 발표하는데, 선생님들의 환한 웃음과 큰 공감의 박수를 지금도 잊을 수가 없다.

그렇다. 동료성. 어떤 집단에서도 가장 중요한 것이 함께 근무하는 사람들과의 관계와 소통이 아닐까 싶다. 우리 학교가 '즐겁고 행복한 배움의 공동체'를 꿈꾸며 혁신학교를 만들어온 지 6년째. 2009년, 늘 떠나고 싶었던 학교에 독서토론 모임이 만들어지고 함께 책을 읽고 수업 이야기, 학교 이야기를 나누면서 출발한 혁신학교……. 배움의 공동체 철학을 바탕으로 기존의 수업을 바꾸고, 무너져가는 교실, 공교육을 정상화시키겠다는 꿈이 시작 지점에서부터 혁신학교 망할 거라는 예언과 질시를 들었던

그때를 되돌아보면 참으로 만감이 교차한다. '수업이 바뀌면 학교가 바뀐다'는 사토 마나부 교수의 책을 읽으면서도 의문을 품었던 시절이기에, 지금 이 자리에 오기까지 얼마나 많은 사연과 아픔이 쌓였는지 장곡 선생님들만은 아시리라.

어설프고 부족함도 많지만 지금 장곡중학교에서 펼쳐지고 있는 전문적 학습공동체, 함께 배우고 함께 성장하는, 혹은 함께하니까 즐겁고 행복한 그 날것의 모습 그대로를 들여다보자.

2. 전문적 학습공동체 구축을 위한 환경 만들기

가. 교수학습 중심의 시스템 구축 – 행정 업무 지원

학교라는 공공의 공간에서 교사의 본질은 무엇일까. 아무리 되짚어 생각해보아도 '수업'과 '아이들'이다. 행정 업무 경감, 업무 효율화 정착은 이제 더 이상 화두가 아니지만 아직도 채 걷어내지 못한 행정 업무나 잡무에 눌려 있는 학교들이 있다. 학교 단위 전문적 학습공동체가 제대로 만들어지려면 우선적으로 교사들이 행정 업무나 잡무에서 벗어나 수업과 아이들 속으로 들어와야 한다. 행정실무사 업무를 각 부서별로 공정하게 배치하고, 행정실무사의 역할과 핵심 업무 부과 등은 충분한 논의와 협력을 통해 이루어져야 한다.

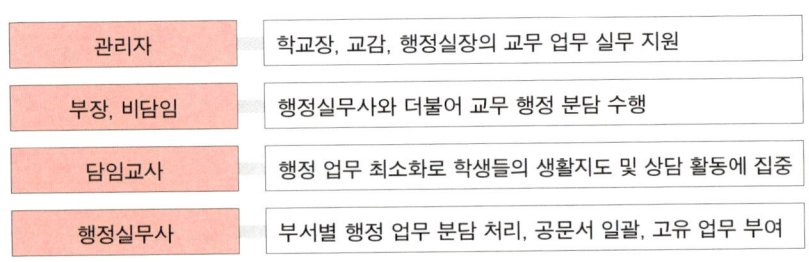

관리자	학교장, 교감, 행정실장의 교무 업무 실무 지원
부장, 비담임	행정실무사와 더불어 교무 행정 분담 수행
담임교사	행정 업무 최소화로 학생들의 생활지도 및 상담 활동에 집중
행정실무사	부서별 행정 업무 분담 처리, 공문서 일괄, 고유 업무 부여

협력적 관계를 바탕으로 한 교육과정 중심의 학교 운영

나. 교육 활동 중심의 학습 지원 환경 구축 – 학년 중심 시스템과 주간 교육과정

전문적 학습공동체를 구축하려면 학년 중심의 교육 활동 중심 체제를 만들고, 학교 일과 운영 시스템을 재구조화가 반드시 선행되어야 한다. 기존의 교무 업무 중심의 학교 조직을 학년 중심, 교수-학습 중심으로 전면 개편하여 수업 공개 및 교사 연수, 교사들의 협의 시간을 확보하는 것이 중요하다.

특히 주간 교육과정에서 수요일을 5교시로 운영하여 교사들의 연구 활동 시간을 보장해주는 시스템은 학교 전체적인 논의 과정을 거쳐 정하도록 한다. 물론 제대로 된 연구 활동 시스템을 만드는 일 또한 선행되어야 한다. 우리 학교는 이 수요일 중에서도 공개수업이 열리는 날만큼은, 정말 부득이한 경우가 아니라면 '출장도, 조퇴도 아니되옵니다~'를 외치고(?) 있다. 다음은 매주 수요일 교사 연수의 날에 운영되는 교사 연구 활동 시스템이다.

1주	2주	3주	4주·5주
학년 제안 수업연구회	교사 연수 교과협의회	전체 제안 수업연구회	교사 연구 동아리 개인 연구
학년별 공개수업 및 수업 연구회	인문학 강의 교과별 교재 연구 수업 활동지 제작 평가 자료 공유	전체 제안 수업 공개 전 교사가 함께하는 수업 참관 및 연구회 학교 철학 공유	주제별 소집단 연구 활동 교육 자료 공유 개인 연구 활동

3. 함께 만들어가는, 즐겁고 행복한 배움의 공동체

가. 집단지성의 학습공동체 구축 – 배움의 공동체 수업 공개와 연구회 운영

배움의 공동체 수업철학을 바탕으로 한 일상적인 수업 공개와 수업 연구회가 5년째 열리면서 학교 시스템으로 정착되었다. 매주 수요일은 5교시로 일과가 마무리되는데, 매월 첫째 주와 셋째 주 수요일, 우리들만의 공개수업을 위한 6교시가 별도로 운영된다.

일단 3월 말에서 4월 초쯤 배움의 공동체 수업철학과 수업을 보는 관점 등에 대한 연수와 더불어 수석교사의 모델 수업을 통해 실제 수업 관찰 및 수업 연구회의 문을 연다. 실제 수업에서 교사가 어떻게 되돌리고 연결 짓는지, 아이들의 발언 하나하나를 어떻게 경청하여 전체 공유를 하는지, 모둠별 협력 학습을 어떻게 만들어가는지, 모든 교사가 함께 관찰하며 배운다.

첫째 주 수요일은 전체 제안 수업으로 전 교사가 참여하며, 전입 및 신규 교사 중심의 수업을 함께 보고 배우는 시간이다. 특히 전 교사가 함께 하는 수업 연구회는 자기 수업을 성찰하고 반성하며 느낀 점을 공유한다. 배움중심수업을 어떻게 이끌어갈 것인지, 힘든 아이들을 어떻게 수업 속으로 끌어들일 것인지 함께 배우고 성장하는 소중한 시간이다. 수석교사의 컨설팅과 더불어 내부 공개로 진행되는 이 배움은 동 교과끼리의 협력하는 수업 설계 및 수업 활동지 공유뿐만 아니라 교육과정 재구성을 바탕으로 타 교과와 교육과정을 함께 만들어가는 교과통합수업으로 이어지는 중요한 지점이기도 하다.

셋째 주 수요일은 학년별 공개수업으로 각 학년별 담임교사 및 교과 담당 교사 중심으로 생활지도를 겸한 수업 연구회가 펼쳐진다. 2014년도까지는 NTTP 배움의 공동체 연수원학교 프로그램과 연계하여 진행하였

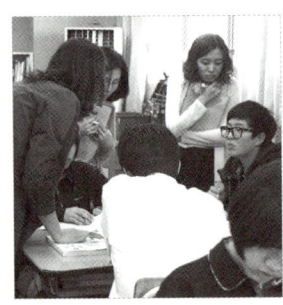
학년별 공개수업

수업 관찰 풍경

행복한 수업 연구회

다. 수업 공개 교사는 학년 초, 희망 교사를 우선으로 하며 각 교과별·학년별 협의회를 거쳐 전체적인 균형을 고려하여 선정한다. 다음은 2014년도 수업 공개 일정이다.

(1) 전체 제안 수업과 연구회 – 따뜻한 배움과 나눔, 수업 성찰의 시간

회차	일자	희망 교사	교과	학년	비고	수업 컨설팅
1	4월 2일(수)	박○○	국어	1-3	모델 수업	김○○
2	6월 11일(수)	안○○	기술	3-5	신규 교사	박○○
3	7월 2일(수)	곽○○	중국어	1-9	신규 교사	박○○
4	9월 3일(수)	최○○	수학	3-8	전입 교사	박○○
5	10월 1일(수)	진○○	사회	2-4	신규 교사	박○○
6	11월 5일(수)	장○○	체육	1-6	신규 교사	안○○

(2) 학년별 공개수업과 연구회 – 학생 중심 수업과 생활지도 협력 시스템

회차	일자	1학년		2학년		3학년	
		희망 교사	교과	희망 교사	교과	희망 교사	교과
1	4월 16일(수)	서○○	국어	정○○	체육	이○○	국어
2	5월 21일(수)	오○○	미술	임○○	수학	조○○	음악
3	6월 18일(수)	황○○	기술	권○○	한문	손○○	영어
4	9월 17일(수)	김○○	음악	백○○	국어	김○○	과학
5	10월 22일(수)	안○○	과학	조○○	미술	이○○	사회
6	11월 19일(수)	천○○	도덕	김○○	역사	박○○	영어
학년별 수업 컨설팅		김○○		안○○		박○○	

나. 수석교사 중심 상시 수업 컨설팅

우리 학교는 수석교사실이 없다. 수업에 대한 대화와 소통 및 상시적 컨설팅의 접근성을 높여야 한다는 수석교사의 철학에 기대어 2층 본교

무실에서 함께 생활하고 있는데,
덕분에 수석교사의 역할과 책무
성을 몇십 배 발휘하고 있다. 매월
2회 수석교사가 학교 전체 수업
참관을 통해 지속적인 수업의 질
관리를 하고 있으며, 이를 통해 배
움의 공동체 수업을 처음 하는 교
사들도 빠른 시일에 능숙하게 할

수석교사 박현숙 선생님의
좋은 수업 강의 모습

수 있도록 지원한다. 전입 및 신입 교사, 복직 교사, 기간제 교사 등을 위
한 집중적·체계적인 수업 컨설팅을 상시적으로 실시하고 있다. 그리고 배
움중심수업으로의 수업 진행, 수업 활동지 제작, 모둠별 협력 활동 지원,
교사의 역할 등에 대한 연수와 개별 면담 활동을 하면서 지속적으로 수
업 혁신의 바탕을 만들어가고 있다.

특히 전체 제안 수업이나 학년별 공개수업이 열리는 경우, 해당 교사의
사전 수업 설계 및 수업 참관 컨설팅을 1회 이상 진행함으로써 수업의 질
을 높이는 데 큰 역할을 하고 있다.

다. 행복한 배움과 성장의 혁신철학 연수

수업에 대한 끊임없는 고민과 성찰의 시간을 통해, 혁신학교 실천 사례
를 외부 학교들과 공유하면서 자발적인 연수 기회를 요구하게 되었다. 마
침 경기도교육청에서 만든 학교 단위 직무연수 프로그램인 'NTTP 배움
과 실천 공동체 연수'는 한 학교 교사들이 학교 철학을 공유하고, 교사로
서의 전문성 신장, 혁신학교 교사의 역량 강화에 더없이 좋은 시스템이었
다. 2014년에는 "배움을 통한 학교 혁신의 멈추지 않고 흐르는 강물 되
기"라는 연수 주제로 전체 교사가 100% 참여하는 60시간 직무연수가 진
행되었으며, 전체 제안 수업과 연계한 수업 공개 및 연구회, DMZ 생태학

교 탐방, 자체 강의, 교육 활동 워크숍 등과 더불어 별도로 매월 1회 월요일 4시부터 7시까지 '혁신'과 이어지는 인문학 강의를 기획하여 진행했다. 특히 윤지형 선생님의 책은 전체 교사들이 다 함께 읽고 교사로서의 고민을 함께 나누었다. 2014년도에 우리 학교에서 펼쳐진 강의이다.

구분	월	강사명	소속	강의 내용
외부 강사	3월	이범희	흥덕고 교장	혁신과 학급 운영-교실 들여다보기
	4월	박동섭	신라대 교수	혁신과 인문학-보통이 뭔데?
	5월	이상대	금옥중 교사	혁신과 교사-이 시대의 교사로 살아가기
	6월	하승우	한양대 교수	혁신과 경제-상상하라, 다른 교육
	9월	성병창	부산교대 교수	혁신과 학교-단위 학교 조직 진단
	10월	윤지형	부산 성내고 교사	혁신과 교육운동-다시 교육의 희망을 묻는다면
	11월	심우근	평택 비전고 교사	혁신과 인권-학교, 이 바람 부는 저잣거리에서

올해는 경기도교육청 차원에서 'NTTP'가 사라지고 '학교 안 전문적 학습공동체 직무연수' 프로그램으로 전환되었다. '자유학기제와 함께하는 마을교육공동체 교육과정 만들기'를 주제로 역시 전 교사가 함께하고 있다.

라. 더불어 함께하는 교육과정 운영 워크숍

혁신학교를 운영하면서 가장 큰 어려움 가운데 하나는 바로 해마다 일어나는 인사이동이었다. 일 년 동안 함께 열심히 공부하고 수업을 열고 철학을 공유하면서 소통의 기쁨을 느낄라치면……. 결국 새로운 사람들이 오고, 다시 시작해야 하는 지점에서 전입 교사 및 신규 교사까지 함께 참여하는 2월의 교육과정 만들기 워크숍이 꾸려진다. 작년부터는 5일 동안의 프로그램으로 재구성하여 진행하고 있다. 새로운 학교의 시작을 빡빡하게 짜인 연수로 만나는 선생님들의 고통은 학기가 시작되면서 학교

2월 새 학기 교육과정 연수-혁신학교 철학 공유

2월 새 학기 교육과정 연수-학년 통합수업 짜기

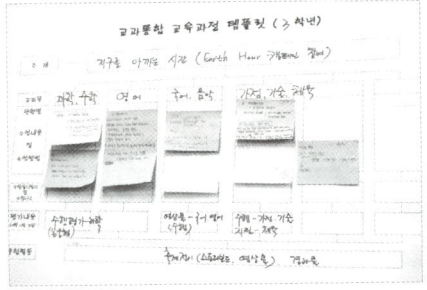
2월 새 학기 교육과정 연수-탬플릿

3월 전입 교사 환영 워크숍

에 적응하고 교육과정 운영 시스템에 저절로 녹아들면서 해소된다. 3월 말, 엄마인 교사들을 위한 어린이학교 프로그램까지 만들어서 1박 2일로 떠나는 전입 교사 환영 워크숍은 우리 모두 '장곡 가족', '장곡 교육공동체'라는 따뜻한 소통의 자리이다.

학기가 끝날 때마다 진행하는 학기별 교육 활동 실천 사례 나눔은 희망하는 교사를 원칙으로 하되, 의미 있는 교육 활동들은 챙

2014년 2학기 장곡중 교육활동 실천 사례 나눔 및 평가

1. 일시 : 2014. 12. 30(화) 14:00~16:30
2. 장소 : 4층 도서관 해움터
3. 대상 : 장곡중 교사 모두
4. 사례

순서	내용	발표자
1	인사말 여는 말씀	교감선생님
2	연수 2014 연말정산 안내	행정실
3	사정회 3학년 졸업사정회	교무기획부
4	인사위 구성 2015 인사위원회 선출	교무기획부
5	영상 영상, 2014 장곡중학교 한 해를 돌아보다	교육혁신부
6	외부연구발표 이형빈 선생님 연구 보고 및 질의응답	이형빈
7	평가사례 2014 각 부서별 평가 나눔	교무연구부
8	개혁사례 2015 부서 업무 개편 및 조정에 대하여	교무기획부
9	교육과정 장곡중학교 교육과정 혁신의 비밀을 열다 - 장곡 교육과정 길이 들여다보기	교육과정부
10	교육활동사례 1학년, 수업 속에서 성장하다 - 설문조사를 중심으로	1학년부장
11	교육활동사례 2학년, 우리 아이들이 달라졌어요!! - 수요힐링, 수업솔루션을 중심으로	2학년부장
12	교육활동사례 3학년, 무대에서 길을 찾다 - 연극체를 중심으로	3학년부장
13	동아리활동 과학동아리 운영 및 활동 사례 - 세 개의 동아리, 학교를 빛내다	정부과학부장
14	학급운영 개과천선을 꿈꾸며, 아직도 개과천선 중인 1학년 7반 이야기	정주안
15	외부 연구 교사 독서동아리가 만들어가는 학교문화	장연두
16	마무리 2014 교육활동을 마무리하며	교장 선생님

※ 기타 알림사항 및 마무리 - 2월 교육과정 만들기 직무연수 안내 등

학년 말 교육 활동 실천 사례 나눔 및 평가 프로그램

기기도 한다. 수업 이야기에서부터 교과통합, 학년별 창의적 체험활동 사례, 평가까지 다양한 실천 사례들이 공유되면서 또 다른 배움과 성장의 시간으로 꾸려진다. 2014년도 2학기 교육 활동 실천 사례 나눔 및 평가 시간에는 외부 전문 연구자의 시선을 통해 우리 학교 이야기를 들을 수 있었다. 2시간 30분 예정했던 연수 시간이 4시간을 훌쩍 넘었음에도 불구하고, 따뜻한 웃음과 격려 속에 끝까지 진지함을 잃지 않았던 선생님들의 눈빛이 지금도 잊히지가 않는다.

다음에는, 한 해 동안 전문적 학습공동체로서의 장곡중학교에서 내부적으로뿐만 아니라 혁신교육지구나 배움중심수업을 공유하는 외부 지역과도 연계하고 있는 다양한 연수와 워크숍 형태의 프로그램들을 한데 모아보았다.

주제	시기	운영 내용
교육과정 만들기 자체 연수	2월	• 매년 2월 말 인사발령 후 전 교직원 연수 • 신규·전입 교사 대상 혁신학교 철학 연수, 신규·전입 교사와 함께하는 새 학기 교육과정 짜기, 교육과정 재구성, 배움의 공동체 수업, 학생생활규정 논의, 학교교육 활동 공유
전입 교사 환영 워크숍	3월 1박 2일	• 전입 교사 환영 및 혁신학교 이해 워크숍 실시 • 교사들의 참여 확대를 위한 어린이학교 운영
여름 평가 워크숍	7월 1박 2일	• 혁신학교 자체 평가 워크숍 실시 • 교사들의 참여 확대를 위한 어린이학교 운영
학기별 교육 활동 실천 사례 발표회	7, 12월	• 학기별 교육 활동 실천 사례 나누기 • 교사들의 자율적인 참여 • 수업, 학급 운영, 교과통합, 생활지도 등 평가 설문 실시
수업 혁신 전문가 과정 직무연수	8월	• 여름방학 기간에 3박 4일 실시(8월 초, 안성 수덕원) • 배움의 공동체 수업 꿰뚫기 및 수업 컨설팅 직무연수 과정 개설 • 배움의 공동체 수업 영상 탐구, 수업 컨설팅 전문 교육, 학교 문화
혁신 교육 관련 연수	연중	• 경기도교육청 혁신학교 직무연수 및 혁신 아카데미 등 연수 참가 • 혁신교육의 이해와 실제 온라인 연수(기초/심화)
혁신교육연구회	월 2회	• 시흥교육지원청 및 혁신교육지구 지원 혁신교육연구회 활동 • 격주 화요일 17:00~19:00, 장곡중 수업 세미나실 • 혁신 교육의 방향 탐색 및 혁신학교 실천 사례 공유
새학교 네트워크	연중	• 혁신학교의 지속가능한 실천 사례 공유

4. 자발적 연구 모임들이 만들어가는 학교 문화

가. 7년째 진행 중인 독서토론 모임

교사들의 자발성과 동료성으로 똘똘 뭉친 오래된 모임이 있다. 혁신학교 이전부터 장곡중에서 교사들의 배움과 소통의 문화를 만들어왔던 '교사 독서토론 모임'이다. 어쩌면 이 모임이 우리 학교를 혁신학교로 만들었다고 해도 과언이 아닐 만큼 소중하고 소중한 독서 모임이다. 특이한 점은 마땅한 모임 이름도 없이 누구에게나 열려 있다는 점, 수석교사가 자신의 연구활동비를 탈탈 털어서 읽을 책을 사서 나눠준다는 점, 책 선정은 누구나 할 수 있는데 깊이 읽어야 하는 책들이 많다는 점, 교장선생님이나 교감선생님도 가끔 참여하신다는 점 등이다. 2009년부터 지금까지 매년 평균 8권 정도의 책을 읽었는데, 혁신학교 운영의 철학을 공유하거나 교사의 전문성 신장, 학교 문화 만들기, 시대의 변화나 교육의 방향성 읽기 등 실천적 교육 활동의 바탕을 만들어내는 가장 멋진 시간이기도 하다. 다음은 2014년 우리 학교 교사들이 함께 읽은 도서 목록이다.

월	책 제목	지은이	출판사
3월	『비고츠키 불협화음의 미학』	박동섭	에듀니티
4월	『심리학은 아이들 편인가』	오자와 마키코	서현사
5월	『세 학급이 들려주는 창조적 집단지성학습』	존 설리번	씨아이알
6월	『레비나스와 사랑의 현상학』	우치다 타츠루	갈라파고스
9월	『경기도교육감인수위원회 백서 함께 읽기』	경기도교육감인수위	
10월	『세상의 교사로 살다』	윤지형	교육공동체벗
11월	『바보 만들기』	존 테일러 캐토	민들레

나. 4년째 셋째 주 토요일도 공부해요!-우리들의 수업 보기 모임

매월 셋째 주 토요일 10시, 우리 학교 수업 세미나실에서는 수석교사가 주관하여 진행하는 수업 보기 모임이 열린다. 배움의 공동체 수업을 실천하는 교사들의 수업 동영상을 함께 보고 연구회를 자체적으로 운영하는데, 이 수업 보기 모임은 장곡중학교 교사뿐 아니라 인근의 초·중·고등학교 교사와 부천, 인천, 안산, 안양 등지의

4월 수업 보기 모임

교사들도 자유롭게 참가한다. 따라서 자연스럽게 이 연구회 시간을 통해 다른 학교의 수업을 공유하며 교류하고, 초등과 중등 수업 사이에 소통이 이루어진다. 특히 수업 이야기를 나누다가 수업 주제와 연계된 교과통합수업이 만들어지기도 하는데, 2014년 우리 학교에서 펼쳐진 전 학년 월드컵 프로젝트가 바로 2013년 11월쯤 중학교 체육 수업을 보고 난 후 우연히 탄생한 것이다.

한편 도 예산 지원을 받아 '통통담쟁이교실수업연구회'(2014)라는 이름으로 운영하고 있는 우수 교사 발굴 프로젝트와 맞물려서 수업 보기 모임 시간을 활용해 함께 만나고 협의하면서 좀 더 내실 있는 토요일이 만들어졌다. 다음은 2014년 함께 보며 배웠던 수업 영상들이다.

회차	일자	교과	학년	수업 교사	비고
1	4월	물리	고등학교 1학년	○○고 교사	
2	5월	국어	중학교 1학년	○○중 교사	
3	6월	국어	초등학교 6학년	○○초 교사	
4	7월	미술	중학교 1학년	○○중 교사	교과통합수업
5	9월	사회	중학교 3학년	○○중 교사	
6	10월	음악	중학교 1학년	○○중 교사	
7	11월	국어	초등학교 1학년	○○초 교사	

5. 전문적 학습공동체 구축을 위하여

가. 힘든 이유는 뭘까

　현재 일반 단위 학교의 경우 전문적 학습공동체 이야기를 하면 '시간 이 없다'는 말이 가장 많이 돌아온다. 7교시 수업-방과 후-각종 회의 및 연수-업무 처리 등 빡빡한 일과로 인해 허덕이고 있다는 표현이 맞을 것 이다. 이 교사들에게 적어도 함께 수업의 고민을 나누고, 함께 책을 읽고, 전문가의 강의를 듣고, 다른 학교 사례를 통해 우리 학교의 문제들을 진 단하고 해결책을 찾아보는 등의 활동은 먼 나라의 이야기일 뿐이다. 물론 혁신학교라고 해서 이런 고민이 없는 것은 아니지만, 그래도 시스템화한 전문적 학습공동체의 역할이 그 무엇보다도 중요하다는 인식이 자리 잡 고 있는 만큼 연수나 자발적 동아리 모임이 활발하고 진행 자체가 수월 하다.

　그렇다면 이러한 학교들의 어려움을 어떻게 해결해야 할까? 우리 학교 나 여타의 혁신학교에서 일상적으로 펼쳐지는 전문적 학습공동체 운영 사례와 일반 학교들이 느끼는 현실적인 벽을 바탕으로 부족하지만 몇 가 지 대안을 제시해본다.

나. 대안을 찾아서

(1) 교사들에게 시간을 만들어주자

　우선 교사 연수 시간 확보를 위해 학교 운영 시스템이 바뀌어야 한다. 매주 교사 연수의 날 운영 시스템을 도입하려면(주 1회 5교시 운영), 주당 수업 시수 최소화, 스포츠클럽 운영으로 인한 시수 증가 문제가 먼저 해 결되어야 한다. 그리고 학년 중심, 혹은 교과 중심 교육 활동 체제 구축 뿐 아니라 행정실무사의 공문 전담 및 고유 업무 부여 등 교사들의 행정 업무 경감, 관행적으로 이어지는 잡무를 없애거나 줄이기 등이 유기적으로 진행되어야 한다.

(2) 교사들이 스스로 움직이게 하자

민주적 의견 수렴 및 공감대 형성이 필요하다. 전문적 학습공동체의 필요성에 대한 단위 학교의 치열한 고민과 성찰의 시간을 확보하려면 민주적인 학교 운영을 통해 교사들의 충분한 의견 수렴 및 공감대 형성이 우선되어야 한다. 특히 관리자들의 일반 교사들에 대한 무한 신뢰와 따뜻한 지원 등 부드러운 리더십이 절실하다. 전문적 학습공동체 중심 학교 문화나 시스템 구축에 대한 관리자들의 긍정적 인식 변화 및 공감을 이끌어내는 것이 선행되어야 할 과제이다. 그리고 나서 교사들이 원하는 맞춤형 프로그램, 자발적인 연구 모임 등에 대한 지원, 연수 이수 시간 인정, 예산 지원 등의 행정적 지원이 동반된다면 교사들이 자발적으로 움직일 것이다.

(3) 소집단 연구회 및 동아리를 살아 움직이게 하자

시간 및 공간 확보, 예산 지원이 절실하다. 학교 단위의 학교 철학과 주제를 중심으로 한 교사 연수 시스템을 학년별, 교과별 협의 체제를 겸한, 좀 더 실질적으로 살아 움직이는 소집단 연구회 수준으로 끌어올리는 작업이 요구된다. 더불어 수석교사 중심의 수업 연구 동아리나 교사들의 전문적이면서도 다양한 학습공동체 문화 확산을 실천적으로 진행하되, 형식적으로 흐르고 있는 현재 교사 동아리 운영 등의 문제를 해결할 수 있는 방안도 제시되어야 한다.

(4) 모든 학교 운영의 중심에 '수업'과 '아이들'을 올려놓자

수업이 바뀌면 학교가 바뀔 수 있다는 믿음과 실천이 필요하다. 학교 단위의 수업 공개 및 수업 연구회 시스템을 활성화하고, 학년 단위의 생활지도 시스템을 수업과 연계-임상 수업화하여 수업이 어려운 학급의 문제나 아이들의 어려움을 진단하고 함께 해결해가는 수업 공개 문화를 만들어보자. '보여주기' 위한 수업이 아닌 일상의 수업을 공유하면서 연구회를 통해 교사들이 함께 배움과 성장의 경험을 나누는 학교 문화가 저절로 만들어질 것이다. 기존의 형식적인 워크숍이나 연수 문화를 단위 학교별 교육공동체 속의 연대와 소통의 시간으로, 협력하고 배려하는 동료성 구축으로 발전시켜가는 것도 대안이 될 수 있다.

얼마 전 수업 시간에 도종환 시인의 「담쟁이」를 아이들과 읽었다. '절망의 벽' 앞에서 힘들어하는 '우리' 앞에서 '한 뼘이라도 여럿이 손잡고', '담쟁이 잎 수천 개를 이끌고', '결국 그 벽을 넘는' 담쟁이는 혼자가 아닌 함께 가는 공동체와 연대하는 공간으로서 또 다른 상징일 수밖에 없다.

늦가을이면 우리 학교 담벼락은 온통 붉은 담쟁이 잎, 그 잎이 떨어진 자리마다 남겨진 담쟁이 뿌리들이 겨울 한복판의 풍경을 맨몸으로 고스란히 담고 있다. 그때마다 생각한다. 그랬구나. 무성한 담쟁이 잎들에 둘러싸여 있을 땐 보이지 않았던 뿌리들이 저 직각의 벽돌 벽에서 서로의 몸과 몸을 엮어 저렇게 버티고 있었구나…….

이는 어쩌면 늘 아이들과 함께 배우고 성장하는 교사를 꿈꾸는 장곡중학교의 모습이기도 하다. 혼자는 힘들고 외롭지만 함께라면 뭔가 해낼 수 있는 사람살이 그대로 학교라는 공간 속에서 우리 교사들이 할 수 있는 연대의 힘은 수업을 바꾸고, 학교를 바꾸고, 우리 삶의 질을 바꾸고, 어쩌면 세상을 바꿀 수도 있지 않을까. 그 꿈이 혁신학교이고 실천의 바탕이 바로 전문적 학습공동체 구축이리라.

2 강물, 마침내 함께 바다로 흐르는

시간이 흐르면서 더욱 강하게 드는 생각은 이런 것이다.
내가 아니어도 누군가는 나서겠지만,
내가 참여하지 않으면 내 다음으로 예고되어 있는
이름 모를 그 누군가의 변화는 불가능하리라는 것.
한꺼번에 모든 것을 다 바꿀 수는 없지만
천천히, 느리게, 그러나 언젠가는 반드시 변화될 수 있다는 믿음.
— 본문에서

1. 바로 지금, 여기에서

Scene #01

나의 살던 고향은
꽃피는 산골
복숭아꽃 살구꽃 아기 진달래
울긋불긋 꽃 대궐 차리인 동네
그 속에서 놀던 때가 그립습니다.

2015년 5월 16일, 장곡중학교가 위치한 장곡동에 마을학교가 만들어진다. 마을학교가 생긴다는 소식에 모여든 마을 주민들과 개소식을 함께한다. 장곡중학교 1학년 학생들의 농사 체험을 위해 애쓰고 계신, 목수이자 목사인 마을의 어른이 오래도록 사용하라고 좋은 나무를 사용하여 공사를 마친 이곳. 지역의 일꾼으로 오래도록 지역에 몸담고 있는 어른이 교장을 맡고, 마을 사람들 여럿으로부터 십시일반으로 정성과 재능과 마음을 모아 시작하게 된 마을학교 '너도.' 이날 이곳에서 아름다운 화음으로 울려 퍼진 '고향의 봄'은 여기에 모인 모든 사람들의 마음에 오래도록 진한 향기로 남았다.

Scene #02

6월 26일날 '너도' 좀 써도 될까요?

왜?

2학기 자유학기제 계획서를 좀 써야 하는데……. 혼자 쓰자니 너무 막막해서 두어 명이서 같이 밤 새워 머리 좀 맞대보려고요. 침낭 가져가서 밤 새워 구상하다가 졸리면 누워 자고…….

그래. 써.

그래도 담당하시는 분께 미리 연락은 드려야겠지요?

내가 연락해줄게.

교무실에서 박현숙 선생님과 이렇게 이야기를 나눈다. 옆에서 이 대화를 듣고 있던 왕언니 선생님은 누가 시킨 일도 아닌데 어떻게 그런 생각을 할 수 있었는지, 그렇게 신명나게 일할 수 있는 원동력이 무엇인지 물어온다. 글쎄……. 누가 시킨 일도 아니고 이렇게까지 한다고 해서 떡이 나오는 것도 아닌데 나는 왜 이러고 있는지 스스로에게 자문해본다. 스스로 내린 답은 바로 '혼자가 아니라는 것'이었다.

무모한 혁신학교 전도사, 전국의 학교를 젖과 꿀이 흐르는 행복한 학교로 바꾸는 허황된(?) 꿈을 꾸며 열심히 뛰어다니고 있는 박현숙 선생님, 과거와 현재의 대화를 통해 좀 더 나은 세상을 꿈꾸며 주제가 숨 쉬는 배움을 묵묵히 실천하고 있는 김현정 선생님, 수업을 통해 아이들의 마음을 보듬고 보듬어 그들의 삶에 잔잔한 잔물결을 일으키기를 바라는 손가영 선생님. 이들은 모두 혼자가 아니었다. 혼자가 아니었기에, 뜻을 같이 할 수 있는 동료가 곁에 있었기에 함께 성장할 수 있었다. 사람들이 모여 함께할 때, 거기에는 개개인이 갖고 있는 재능의 합 이상의 무엇인가가 분명 존재한다. 수업을 통해 아이들과, 그리고 동료와 함께 호흡하며 자라고 있다는 느낌은 경험해본 사람만이 알기에……

해마다 아이들은 텅 빈 교실을 남기고 더 넓은 세상을 향해 떠나간다. 순환 근무를 해야 하는 공립학교이기에 선생님들도 시간이 흐르면 함께 했던 마음만을 남긴 채 떠나갈 수밖에 없다. 하지만 시간이 흐르고 구성원이 바뀌어도, 여기에 모였던 사람들이 함께했던 마음은 오래도록 잊히지 않는 하나의 눈짓으로 남을 것이다. 의미가 될 것이다. 그리하여 하나씩의 이야기와 배움으로 재탄생할 것이다. 마치 애니메이션 '원피스'의 주인공 루피가 각자의 빛깔이 뚜렷한 동료들을 한 명 한 명 모아가며 그때마다 하나씩의 이야기를 만들어가듯이……

2. 천천히, 느리게, 그러나 언젠가는 반드시

마음속에 떠오르는 여러 가지 생각은 어느 덧 소용돌이치며 2010년의 한 구석으로 우리를 안내한다.

Scene #03

새로운 학교 문화 및 바람직한 학교장 상, 교사의 배움과 성장을 위해 동료성을 구축하는 방안 등에 관한 이야기를 나누면서 '학교를 바꾸는 일'이 먼 나라에 있는 남의 이야기만은 아니며, 나의 참여를 통해서도 가능할 수 있음을 깨닫는 교사가 있다. 장곡중학교에서 이러한 밑으로부터의 변화가 자연스럽게 진행되고 있음을, 그리고 그러한 변화의 중심에 수업이 있음을 알게 되면서부터 스스로도 여기에 동참하고 싶다는 강렬한 욕구를 갖는다.

같은 책을 함께 읽고 여러 명의 교사들이 함께 이야기 나누며 토론한다. 교사들이 배움을, 그리고 아이들의 성장을 이야기한다. 그리고 배움을 위해 수업을 열기로 마음을 모으기 시작한다. 수업을 열고, 마음을 열고, 아이들과 함께 호흡하고 성장하며 이야기하고 또 이야기한다. 아이들은 어른들로부터 '스스로 설 수 있는 힘'을 얻는다. 스스로가 학교의 주체이자 주인이라는 것을 깨닫는다. 교사들은 수업과 교육과정을 함께 재구성하며 따뜻한 협력의 힘을, 그 힘의 위대함을 피부로 느낀다. 이제 모두가 함께하는 연대의 힘은 학교를 넘어서서 마을 속으로 깊숙이 걸어 들어가고 있음을 느낀다.

참 힘들었던 시절, 행복한 학교를 꿈꾸며 수업을 바꾸고 마음을 모아온 지 어느 덧 6년째의 세월이 흐르고 있다. 어떤 사람들은 현재 장곡중학교와 장곡동이 온통 애를 쓰고 있는 마을 만들기에 대해 의문을 제기하기도 한다. 너무 무모하고 현실감 없는 꿈이 아니냐고……. 그러나 6년 전, 혁신학교를 시작하며 모두가 배우는 학교를 꿈꾼다고 했을 때, 그때도 사람들은 같은 질문을 하곤 했었다.

어쩌면 나 하나 바뀐다고 세상이 하루아침에 달라지는 일 따윈 애초에 없을지도 모른다. 그러나 시간이 흐르면서 더욱 강하게 드는 생각은 이런 것이다. 내가 아니어도 누군가는 나서겠지만, 내가 참여하지 않으면 내 다음으로 예고되어 있는 이름 모를 그 누군가의 변화는 불가능하리라는 것. 한꺼번에 모든 것을 다 바꿀 수는 없지만 천천히, 느리게, 그러나 언젠가는 반드시 변화될 수 있다는 믿음. 이러한 가치관의 변화는 수업 방식의 변화뿐 아니라 학교에서의 인간관계, 더 나아가서는 사회 전체의 인간관계까지도 새롭게 하는 하나의 운동임을 믿고 있으며, 이러한 믿음은 우리로 하여금 배움의 끈을 놓지 않을 수 있도록 하여 이 글을 쓰고 있는 지금까지도 줄곧 우리를 일깨우는 원천이 되고 있다.

이 얼마나 매력적인가? 수업을 바꾸겠다는 마음을 먹었을 뿐인데, 교육과정을 재구성하기 위해 선생님들이 모였고, 수업을 통해 아이들과 함께 성장했으며, 더 나아가 마을은 학교의 교육과정을 이해하고 학교는 마을과 함께 아이들을 키울 수 있을 거라는, 새로운 희망의 싹이 움트고 있다. 이런 모든 변화의 중심에 연대의 힘으로 우뚝 서 있다는 것, 정말 매력적인 일이 아닌가? 눈부신 하늘빛 찬란한 이른 아침이나 저녁 노을빛 타는 저문 날에도, 햇빛 쏟아지는 맑은 날이나 눈비 내리는 궂은 날에도, 서로를 놓지 않고 끝끝내 함께 바다로 흘러가는 저 유장한 강물처럼……

담쟁이넝쿨 무성한 7월, 통통담쟁이교실연구회의 웃음을 담아

삶의 행복을 꿈꾸는 교육은 어디에서 오는가?

미래 100년을 향한 새로운 교육 · 혁신교육을 실천하는 교사들의 필독서

▶ 교육혁명을 앞당기는 배움책 이야기
혁신교육의 철학과 잉걸진 미래를 만나다!

한국교육연구네트워크 총서

01 핀란드 교육혁명
한국교육연구네트워크 엮음 | 320쪽 | 값 15,000원

02 일제고사를 넘어서
한국교육연구네트워크 엮음 | 284쪽 | 값 13,000원

03 새로운 사회를 여는 교육혁명
한국교육연구네트워크 엮음 | 380쪽 | 값 17,000원

04 교장제도 혁명
한국교육연구네트워크 엮음 | 268쪽 | 값 14,000원

05 새로운 사회를 여는 교육자치 혁명
한국교육연구네트워크 엮음 | 312쪽 | 값 15,000원

06 혁신학교에 대한 교육학적 성찰
한국교육연구네트워크 엮음 | 308쪽 | 값 15,000원

07 진보주의 교육의 세계적 동향
한국교육연구네트워크 엮음 | 324쪽 | 값 17,000원

08 더 나은 세상을 위한 학교혁명
한국교육연구네트워크 엮음 | 404쪽 | 값 21,000원

혁신학교
성열관 · 이순철 지음 | 224쪽 | 값 12,000원

행복한 혁신학교 만들기
초등교육과정연구모임 지음 | 264쪽 | 값 13,000원

서울형 혁신학교 이야기
이부영 지음 | 320쪽 | 값 15,000원

혁신교육, 철학을 만나다
브렌트 데이비스 · 데니스 수마라 지음
현인철 · 서용선 옮김 | 304쪽 | 값 15,000원

혁신교육 존 듀이에게 묻다
서용선 지음 | 292쪽 | 값 14,000원

다시 읽는 조선 교육사
이만규 지음 | 750쪽 | 값 33,000원

대한민국 교육혁명
교육혁명공동행동 연구위원회 지음 | 224쪽 | 값 12,000원

한국교육연구네트워크 번역 총서

01 프레이리와 교육
존 엘리아스 지음 | 한국교육연구네트워크 옮김
276쪽 | 값 14,000원

02 교육은 사회를 바꿀 수 있을까?
마이클 애플 지음 | 강희룡 · 김선우 · 박원순 · 이형빈 옮김
352쪽 | 값 16,000원

**03 비판적 페다고지는
세상을 변화시킬 수 있는가?**
Seewha Cho 지음 | 심성보 · 조시화 옮김 | 280쪽 | 값 14,000원

04 마이클 애플의 민주학교
마이클 애플 · 제임스 빈 엮음 | 강희룡 옮김 | 276쪽 | 값 14,000원

05 21세기 교육과 민주주의
넬 나딩스 지음 | 심성보 옮김 | 392쪽 | 값 18,000원

**06 세계교육개혁:
민영화 우선인가 공적 투자 강화인가?**
린다 달링-해먼드 외 지음 | 심성보 외 옮김 | 408쪽 | 값 21,000원

대한민국 교사, 어떻게 가르칠 것인가?
윤성관 지음 | 320쪽 | 값 15,000원

아이들을 어떻게 가르칠 것인가
사토 마나부 지음 | 박찬영 옮김 | 232쪽 | 값 13,000원

아이들의 배움은 어떻게 깊어지는가
이시이 쥰지 지음 | 방지현 · 이창희 옮김 | 200쪽 | 값 11,000원

모두를 위한 국제이해교육
한국국제이해교육학회 지음 | 364쪽 | 값 16,000원

경쟁을 넘어 발달 교육으로
현광일 지음 | 288쪽 | 값 14,000원

독일 교육, 왜 강한가?
박성희 지음 | 324쪽 | 값 15,000원

핀란드 교육의 기적
한넬레 니에미 외 엮음 | 장수명 외 옮김 | 452쪽 | 값 23,000원

▶ 비고츠키 선집 시리즈
발달과 협력의 교육학 어떻게 읽을 것인가?

생각과 말
레프 세묘노비치 비고츠키 지음
배희철·김용호·D. 켈로그 옮김 | 690쪽 | 값 33,000원

도구와 기호
비고츠키·루리야 지음 | 비고츠키 연구회 옮김
336쪽 | 값 16,000원

어린이 자기행동숙달의 역사와 발달 I
L.S. 비고츠키 지음 | 비고츠키 연구회 옮김
564쪽 | 값 28,000원

어린이 자기행동숙달의 역사와 발달 II
L.S. 비고츠키 지음 | 비고츠키 연구회 옮김
552쪽 | 값 28,000원

어린이의 상상과 창조
L.S. 비고츠키 지음 | 비고츠키 연구회 옮김
280쪽 | 값 15,000원

연령과 위기
L.S. 비고츠키 지음 | 비고츠키 연구회 옮김
336쪽 | 값 17,000원

수업과 수업 사이
비고츠키 연구회 지음 | 196쪽 | 값 12,000원

성장과 분화
L.S. 비고츠키 지음 | 비고츠키 연구회 옮김
308쪽 | 값 15,000원

의식과 숙달
L.S 비고츠키 | 비고츠키 연구회 옮김
348쪽 | 값 17,000원

분열과 사랑
L.S. 비고츠키 지음 | 비고츠키연구회 옮김
260쪽 | 값 16,000

관계의 교육학, 비고츠키
진보교육연구소 비고츠키교육학실천연구모임 지음
300쪽 | 값 15,000원

비고츠키 생각과 말 쉽게 읽기
진보교육연구소 비고츠키교육학실천연구모임 지음
316쪽 | 값 15,000원

비고츠키와 인지 발달의 비밀
A.R. 루리야 지음 | 배희철 옮김 | 280쪽 | 값 15,000원

교사와 부모를 위한 비고츠키 교육학
카르포프 지음 | 실천교사번역팀 옮김 | 308쪽 | 값 15,000원

▶ 창의적인 협력수업을 지향하는 삶이 있는 국어 교실
우리말 글을 배우며 세상을 배운다

중학교 국어 수업 어떻게 할 것인가?
김미경 지음 | 340쪽 | 값 15,000원

토론의 숲에서 나를 만나다
명혜정 엮음 | 312쪽 | 값 15,000원

토닥토닥 토론해요
명혜정·이명선·조선미 엮음 | 288쪽 | 값 15,000원

어린이와 시
오인태 지음 | 192쪽 | 값 12,000원

이야기 꽃 1
박용성 엮어 지음 | 276쪽 | 값 9,800원

이야기 꽃 2
박용성 엮어 지음 | 294쪽 | 값 13,000원

인문학의 숲을 거니는 토론 수업
순천국어교사모임 엮음 | 308쪽 | 값 15,000원

수업, 슬로리딩과 함께
박경숙·강슬기·김정욱·장소현·강민정·전혜림·이혜민 지음
268쪽 | 값 15,000원

▶ 남북이 하나 되는 두물머리 평화교육
분단 극복을 위한 치열한 배움과 실천을 만나다

10년 후 통일
정동영·지승호 지음 | 328쪽 | 값 15,000원

분단시대의 통일교육
성래운 지음 | 428쪽 | 값 18,000원

선생님, 통일이 뭐예요?
정경호 지음 | 252쪽 | 값 13,000원

김창환 교수의 DMZ 지리 이야기
김창환 지음 | 264쪽 | 값 15,000원

▶ 4·16, 질문이 있는 교실 마주이야기
통합수업으로 혁신교육과정을 재구성하다!

통하는 공부
김태호·김형우·이경석·심우근·허진만 지음
324쪽 | 값 15,000원

내일 수업 어떻게 하지?
아이함께 지음 | 300쪽 | 값 15,000원
2015 세종도서 교양부문

인간 회복의 교육
성래운 지음 | 260쪽 | 값 13,000원

교과서 너머 교육과정 마주하기
이윤미 외 지음 | 368쪽 | 값 17,000원

수업 고수들 수업·교육과정·평가를 말하다
박현숙 외 지음 | 368쪽 | 값 17,000원

도덕 수업, 책으로 묻고 윤리로 답하다
울산도덕교사모임 지음 | 320쪽 | 값 15,000원

체육 교사, 수업을 말하다
전용진 지음 | 304쪽 | 값 15,000원

교실을 위한 프레이리
아이러 쇼어 엮음 | 사람대사람 옮김 | 412쪽 | 값 18,000원

마을교육공동체란 무엇인가?
서용선 외 지음 | 360쪽 | 값 17,000원

학교생활기록부를 디자인하라
박용성 지음 | 268쪽 | 값 14,000원

교사, 학교를 바꾸다
정진화 지음 | 372쪽 | 값 17,000원

함께 배움
학생 주도 배움 중심 수업 이렇게 한다
니시카와 준 지음 | 백경석 옮김 | 280쪽 | 값 15,000원

공교육은 왜?
홍섭근 지음 | 352쪽 | 값 16,000원

자기혁신과 공동의 성장을 위한
교사들의 필리버스터
윤양수·원종희·장군·조경삼 지음 | 280쪽 | 값 14,000원

함께 배움 이렇게 시작한다
니시카와 준 지음 | 백경석 옮김 | 196쪽 | 값 12,000원

함께 배움 교사의 말하기
니시카와 준 지음 | 백경석 옮김 | 188쪽 | 값 12,000원

미래교육의 열쇠, 창의적 문화교육
심광현·노명우·강정석 지음 | 368쪽 | 값 16,000원

주제통합수업, 아이들을 수업의 주인공으로!
이윤미 외 지음 | 392쪽 | 값 17,000원

수업과 교육의 지평을 확장하는 수업 비평
윤양수 지음 | 316쪽 | 값 15,000원
2014 문화체육관광부 우수교양도서

교사, 선생이 되다
김태은 외 지음 | 260쪽 | 값 13,000원

교사의 전문성, 어떻게 만들어지나
국제교원노조연맹 보고서 | 김석규 옮김 392쪽 | 값 17,000원

수업의 정치
윤양수·원종희·장군 지음 | 280쪽 | 값 14,000원

학교협동조합,
현장체험학습과 마을교육공동체를 잇다
주수원 외 지음 | 296쪽 | 값 15,000원

거꾸로교실,
잠자는 아이들을 깨우는 수업의 비밀
이민경 지음 | 280쪽 | 값 14,000원

교사는 무엇으로 사는가
정은균 지음 | 292쪽 | 값 15,000원

마음의 힘을 기르는 감성수업
조선미 외 지음 | 300쪽 | 값 15,000원

작은 학교 아이들
지경준 엮음 | 376쪽 | 값 17,000원

감성 지휘자, 우리 선생님
박종국 지음 | 308쪽 | 값 15,000원

대한민국 입시혁명
참교육연구소 입시연구팀 지음 | 220쪽 | 값 12,000원

교사를 세우는 교육과정
박숭열 지음 | 312쪽 | 값 15,000원

전국 17명 교육감들과 나눈
교육 대담
최창의 대담·기록 | 272쪽 | 값 15,000원

들뢰즈와 가타리를 통해
유아교육 읽기
리세롯 마리엣 올슨 지음 | 이연선 외 옮김 | 328쪽 | 값 17,000원

교육과정 통합, 어떻게 할 것인가?
성열관 외 지음 | 192쪽 | 값 13,000원

 동양사상에게 인공지능 시대를 묻다
홍승표 외 지음 | 260쪽 | 값 15,000원

 학교 혁신의 길, 아이들에게 묻다
남궁상운 외 지음 | 268쪽 | 값 15,000원

 프레이리의 사상과 실천
사람대사람 지음 | 352쪽 | 값 18,000원

 혁신학교, 한국 교육의 미래를 열다
송순재 외 지음 | 608쪽 | 값 30,000원

 페다고지를 위하여
프레네의 『페다고지 불변요소』 읽기
박찬영 지음 | 296쪽 | 값 15,000원

 노자와 탈현대 문명
홍승표 지음 | 284쪽 | 값 15,000원

 선생님, 민주시민교육이 뭐예요?
염경미 지음 | 244쪽 | 값 15,000원

 어쩌다 혁신학교
유우석 외 지음 | 380쪽 | 값 17,000원

 미래, 교육을 묻다
정광필 지음 | 232쪽 | 값 15,000원

 대학, 협동조합으로 교육하라
박주희 외 지음 | 252쪽 | 값 15,000원

 학교 민주주의의 불한당들
정은균 지음 | 276쪽 | 값 14,000원

 교육과정, 수업, 평가의 일체화
리사 카터 지음 | 박승열 외 옮김 | 196쪽 | 값 13,000원

 학교를 개선하는 교장
지속가능한 학교 혁신을 위한 실천 전략
마이클 풀란 지음 | 서동연·정효준 옮김 | 216쪽 | 값 13,000원

 공자던, 논어는 이것이다
유문상 지음 | 392쪽 | 값 18,000원

 **교사와 부모를 위한
발달교육이란 무엇인가?**
현광일 지음 | 380쪽 | 값 18,000원

 교사, 이오덕에게 길을 묻다
이무완 지음 | 328쪽 | 값 15,000원

 낙오자 없는 스웨덴 교육
레이프 스트란드베리 지음 | 변광수 옮김 | 208쪽 | 값 13,000원

 끝나지 않은 마지막 수업
장석웅 지음 | 328쪽 | 값 20,000원

 대구, 박정희 패러다임을 넘다
세대열 엮음 | 292쪽 | 값 20,000원

 경기꿈의학교
진흥섭 외 지음 | 360쪽 | 값 17,000원

 학교를 말한다
이성우 지음 | 292쪽 | 값 15,000원

▶ 교과서 밖에서 만나는 역사 교실
상식이 통하는 살아 있는 역사를 만나다

 전봉준과 동학농민혁명
조광환 지음 | 336쪽 | 값 15,000원

 남도의 기억을 걷다
노성태 지음 | 344쪽 | 값 14,000원

 응답하라 한국사 1·2
김은석 지음 | 356쪽·368쪽 | 각권 값 15,000원

 즐거운 국사수업 32강
김남선 지음 | 280쪽 | 값 11,000원

 즐거운 세계사 수업
김은석 지음 | 328쪽 | 값 13,000원

 교과서 밖에서 배우는 역사 공부
정은교 지음 | 292쪽 | 값 14,000원

 팔만대장경도 모르면 빨래판이다
전병철 지음 | 360쪽 | 값 16,000원

 빨래판도 잘 보면 팔만대장경이다
전병철 지음 | 360쪽 | 값 16,000원

 영화는 역사다
강성률 지음 | 288쪽 | 값 13,000원

 친일 영화의 해부학
강성률 지음 | 264쪽 | 값 15,000원

강화도의 기억을 걷다
최보길 지음 | 276쪽 | 값 14,000원

 광주의 기억을 걷다
노성태 지음 | 348쪽 | 값 15,000원

 선생님도 궁금해하는
한국사의 비밀 20가지
김은석 지음 | 312쪽 | 값 15,000원

 걸림돌
키르스텐 세룹-빌펠트 지음 | 문봉애 옮김
248쪽 | 값 13,000원

 역사수업을 부탁해
열 사람의 한 걸음 지음 | 388쪽 | 값 18,000원

 진실과 거짓, 인물 한국사
하성환 지음 | 400쪽 | 값 18,000원

 한국 고대사의 비밀
김은석 지음 | 304쪽 | 값 13,000원

 조선족 근현대 교육사
정미량 지음 | 320쪽 | 값 15,000원

 다시 읽는 조선근대교육의 사상과 운동
윤건차 지음 | 이명실·심성보 옮김 | 516쪽 | 값 25,000원

 음악과 함께 떠나는 세계의 혁명 이야기
조광환 지음 | 292쪽 | 값 15,000원

 논쟁으로 보는 일본 근대교육의 역사
이명실 지음 | 324쪽 | 값 17,000원

 다시, 독립의 기억을 걷다
노성태 지음 | 320쪽 | 값 16,000원

▶ 더불어 사는 정의로운 세상을 여는 인문사회과학
사람의 존엄과 평등의 가치를 배운다

 밥상혁명
강양구·강이현 지음 | 298쪽 | 값 13,800원

 도덕 교과서 무엇이 문제인가?
김대용 지음 | 272쪽 | 값 14,000원

 자율주의와 진보교육
조엘 스프링 지음 | 심성보 옮김 | 320쪽 | 값 15,000원

 민주화 이후의 공동체 교육
심성보 지음 | 392쪽 | 값 15,000원
2009 문화체육관광부 우수학술도서

 갈등을 넘어 협력 사회로
이창언·오수길·유문종·신윤관 지음 | 280쪽 | 값 15,000원

 동양사상과 마음교육
정재걸 외 지음 | 356쪽 | 값 16,000원
2015 세종도서 학술부문

 교과서 밖에서 배우는 철학 공부
정은교 지음 | 280쪽 | 값 14,000원

 교과서 밖에서 배우는 사회 공부
정은교 지음 | 304쪽 | 값 15,000원

 교과서 밖에서 배우는 윤리 공부
정은교 지음 | 292쪽 | 값 15,000원

 한글 혁명
김슬옹 지음 | 388쪽 | 값 18,000원

 좌우지간 인권이다
안경환 지음 | 288쪽 | 값 13,000원

 민주시민교육
심성보 지음 | 544쪽 | 값 25,000원

 민주시민을 위한 도덕교육
심성보 지음 | 500쪽 | 값 25,000원
2015 세종도서 학술부문

 교과서 밖에서 배우는 인문학 공부
정은교 지음 | 280쪽 | 값 13,000원

 오래된 미래교육
정재걸 지음 | 392쪽 | 값 18,000원

 대한민국 의료혁명
전국보건의료산업노동조합 엮음 | 548쪽 | 값 25,000원

 교과서 밖에서 배우는 고전 공부
정은교 지음 | 288쪽 | 값 14,000원

 전체 안의 전체 사고 속의 사고
김우창의 인문학을 읽다
현광일 지음 | 320쪽 | 값 15,000원

 카스트로, 종교를 말하다
피델 카스트로·프레이 베토 대담 | 조세종 옮김
420쪽 | 값 21,000원

▶ 평화샘 프로젝트 매뉴얼 시리즈
학교 폭력에 대한 근본적인 예방과 대책을 찾는다

 학교 폭력 어떻게 만들어지는가
문재현 외 지음 | 300쪽 | 값 14,000원

 아이들을 살리는 동네
문재현·신동명·김수동 지음 | 204쪽 | 값 10,000원

 학교 폭력, 멈춰!
문재현 외 지음 | 348쪽 | 값 15,000원

 평화! 행복한 학교의 시작
문재현 외 지음 | 252쪽 | 값 12,000원

 왕따, 이렇게 해결할 수 있다
문재현 외 지음 | 236쪽 | 값 12,000원

 마을에 배움의 길이 있다
문재현 지음 | 208쪽 | 값 10,000원

 젊은 부모를 위한 백만 년의 육아 슬기
문재현 지음 | 248쪽 | 값 13,000원

 별자리, 인류의 이야기 주머니
문재현·문한뫼 지음 | 444쪽 | 값 20,000원

 우리는 마을에 산다
유양우·신동명·김수동·문재현 지음 | 312쪽 | 값 15,000원

▶ 살림터 참교육 문예 시리즈
영혼이 있는 삶을 가르치는 온 선생님을 만나다!

 꽃보다 귀한 우리 아이는
조재도 지음 | 244쪽 | 값 12,000원

 선생님이 먼저 때렸는데요
강병철 지음 | 248쪽 | 값 12,000원

 성깔 있는 나무들
최은숙 지음 | 244쪽 | 값 12,000원

 서울 여자, 시골 선생님 되다
조경선 지음 | 252쪽 | 값 12,000원

 아이들에게 세상을 배웠네
명혜정 지음 | 240쪽 | 값 12,000원

 행복한 창의 교육
최창의 지음 | 328쪽 | 값 15,000원

 밥상에서 세상으로
김흥숙 지음 | 280쪽 | 값 13,000원

 북유럽 교육 기행
정애경 외 14인 지음 | 288쪽 | 값 14,000원

▶출간 예정

참된 삶과 교육에 관한 생각 줍기